El Poder del

Sexo

La Fuerza Irresistible

El manual de sexo y matrimonio

Waltere Asili Koti

Derechos de autor

ISBN: 978-1-959251-25-5

Número de control de la Biblioteca del Congreso: 2023904852

Imagen de portada de Expert Book Publishing
Diseño de portada de libro por Expert Book Publishing
Revisión, edición y formato por Expert Book Publishing
Impreso en los Estados Unidos de América.
Primera edición impresa 2023.
Autor: Waltere Asili Koti

Editor:KOTILIBROS

Visítenos en línea: www.walterekoti.com

Otros libros de este autor: Defendiendo los pensamientos suicidas; Eres elegido; comprender sus emociones; Manejar las emociones cambiantes

Tabla de contenidos

Dedicación

Las ganancias de este libro y otros libros que he escrito se utilizarán para avanzar en la construcción del reino de Dios en la Tierra. Con ese fin, dedicamos las páginas de este libro a las viudas y huérfanos de todo el mundo, pero especialmente a los de Camerún. Actualmente estamos patrocinando a varios huérfanos en Camerún brindándoles comida, refugio, matrícula y alojamiento. Estamos en las etapas de planificación para aumentar nuestro apoyo y atención a más huérfanos. La situación de los huérfanos es desesperada. Se abandona a niños de tan solo seis años para que se las arreglen solos.

No hay comida para comer, ningún lugar donde dormir y nadie que les oriente. Al menos, en el mundo occidental existe una red de apoyo para brindar atención, pero en la mayoría de los demás países ese apoyo recae sobre los hombros de la familia. Brindamos apoyo a varias familias, pero esta se destaca: una joven madre soltera murió repentinamente y dejó a tres hijos y sin padre ni familia extendida que les brindara atención y apoyo. Otra madre murió y dejó cuatro hijos, y organizamos que una familia acogiera a uno de los niños mientras los otros tres se quedaban con su padre biológico. Éste era un verdadero huérfano, sin madre ni padre. Únete a la lucha ya que la tarea es enorme. Como dijo una vez Edmund Burke: "Lo único necesario para el triunfo del mal es que los hombres buenos no hagan nada".

Si esta cita te conmueve, entonces haz algo, cualquier cosa. Según un informe de la ONU, aproximadamente en 2019, Camerún tenía alrededor de 900.000 personas desplazadas, de las cuales el 51 por ciento son niños. Sin familia, niños de hasta seis años están solos. Las ganancias de este trabajo se utilizarán para apoyar a estos niños huérfanos. El problema de los huérfanos no es exclusivo de Camerún, es un problema global. El ejemplo más terrible es la situación actual en Ucrania, que ha dejado a niños sin hogar y abandonados. Otras situaciones desgarradoras similares a esta, es lo que está sucediendo en Haití y muchos otros países alrededor del mundo.

Introducción

El sexo es una fuerza irresistible y muy pocos poseen la capacidad de resistir su ira. Su poder es placentero, pero también puede destruir todo lo que encuentra a su paso si se usa mal. El sexo es a la vez placentero y destructivo. El sexo trae satisfacción y disgusto. Este es el acto más gozoso del mundo, pero también puede ser el más destructivo. Reyes, presidentes y reinas han disfrutado del sexo o han sido humillados y humillados por el poder del sexo. El sexo se puede utilizar para bien o para mal. Los hombres, y a veces las mujeres, más poderosos del mundo son fácilmente humillados por una joven o un hombre muy hermoso a través del poder del sexo. El pensamiento racional de los poderosos y los bien conectados queda fácilmente desactivado por el poder del sexo.

Esta es una fuerza innata e imparable que incapacita a los hombres más valientes y, a veces, a las mujeres. El sexo está en la mente de casi todos los seres humanos, pero pocos se atreven a hablar abiertamente de ello. El sexo impregna toda nuestra existencia, de modo que todo lo que hacemos se centra en el sexo. Nadie quiere admitirlo, pero pensamos constantemente en el sexo y es por eso que, aunque nuestra forma de vestir y de vestir es principalmente para cubrir nuestro cuerpo, poco a poco se ha convertido en un medio para impresionar y atraer al sexo opuesto, teniendo en mente el sexo.

El sexo es la cúspide del placer y para la mayoría de las personas en el planeta, no hay nada que se acerque al sexo. La fuerza que atrae o atrae a dos personas de sexos opuestos para que se acerquen entre sí es una fuerza imparable. Esta fuerza de atracción está más allá de toda explicación y razón. Las personas que se sienten atraídas por estas fuerzas pierden cualquier apariencia de pensamiento racional; toda razón lógica es vencida por esta fuerza irresistible. La gente hace cosas realmente salvajes y locas en nombre del sexo. La gente viaja por todo el mundo en busca de sexo y amor. Las personas huyen a un destino desconocido con alguien que acaban de conocer y saben muy poco o nada sobre ellos, todo en nombre del sexo y el amor. Cualquier sentido, lógica o razón es completamente erradicado mediante el poder de atracción de la atracción sexual.

El sexo tiene la capacidad de ser constructivo o destructivo, y es por eso que hoy en día existe mucha confusión en la sociedad sobre el papel del sexo. Esta es la actividad más importante en la vida de cualquier persona; y, sin embargo, se sabe muy poco al respecto. Los padres rara vez hablan con sus hijos adolescentes, que están a punto de entrar al mundo e ir a la universidad, sobre la actividad más importante de sus vidas. A decir verdad, los padres sólo pueden transmitir lo que ellos mismos saben, por lo que no sorprende que los niños no sepan absolutamente nada sobre sexo porque lo más probable es que los padres no sepan nada o muy poco sobre sexo. Como suele decirse, "Una manzana no cae lejos del árbol". De repente, los niños son arrojados al mundo para que descubran las cosas por sí mismos. Y los resultados de la sociedad en general son muy evidentes. La sociedad está lidiando con el caos y la confusión sexual. Cada uno hace lo que le parece bien.

La llegada de los avances tecnológicos, como Internet y los teléfonos móviles, ha expuesto exponencialmente los problemas de la promiscuidad sexual. Estos avances no provocaron estas actividades promiscuas sino que sólo magnificaron o expusieron lo que ya estaba allí. Y aquí hay una cita sobre esto:*Una de las principales razones del aumento de la incidencia de la adicción al sexo es el auge de Internet y, por tanto, del cibersexo. Hoy en día, cualquiera puede acceder a material sexualmente gráfico con unos pocos clics. Las salas de chat sexual y las aplicaciones de citas y encuentros sexuales permiten a las personas localizar rápida y fácilmente a otras personas que buscan encuentros sexuales. Esta gratificación instantánea puede alimentar hábitos adictivos..*[1]

El deseo humano de promiscuidad en el sexo es un problema social mayor de lo que la mayoría está dispuesta a admitir. Aquellos que están en el lado receptor de una pareja promiscua resultan heridos emocionalmente y de otro modo; a veces, quedan heridos permanentemente. Y aquí hay una cita sobre eso:*La adicción al sexo puede causar muchos problemas en las relaciones, especialmente en parejas casadas o monógamas de larga duración. A menudo, alguien con adicción al sexo buscará múltiples parejas fuera de su relación. También es frecuente que acaben con problemas económicos derivados de la gratificación sexual, lo que puede provocar una tensión importante con su cónyuge.*[2]

Estos deseos de más y más sexo causan estragos en las vidas de quienes reciben tales comportamientos. Y los efectos van mucho más allá de los problemas físicos, como los financieros y similares; también conducen a graves trastornos emocionales:*Las parejas románticas, especialmente las mujeres, suelen sufrir emocionalmente*

---

[1]

https://www.therecoveryvillage.com/process-addiction/sex-addiction/sexual-addiction-statistics/
[2]

https://www.therecoveryvillage.com/process-addiction/sex-addiction/sexual-addiction-statistics/

cuando descubren que su pareja tiene adicción al sexo o ha cometido infidelidad. Hasta el 80% desarrolla depresión, mientras que el 60% desarrolla trastornos alimentarios. Las parejas o personas con adicciones sexuales también tienen más probabilidades de contraer ITS, como el VIH o el VPH.[3]

La naturaleza destructiva de la promiscuidad sexual es más rampante de lo que sugiere este informe. Aquí hay una hoja informativa más: El número de personas en los Estados Unidos que viven con adicción al sexo se estima actualmente entre 12 y 30 millones. Tanto hombres como mujeres pueden verse afectados, aunque existe poca investigación sobre la adicción al sexo femenino. Los hombres con adicción al sexo tienen un promedio de 32 parejas sexuales, mientras que las mujeres tienen un promedio de 22 parejas sexuales. La adicción al sexo y la pornografía a menudo van de la mano. Muchas personas con adicción al sexo recurren al porno para satisfacer sus deseos. Muchas personas con adicción al sexo dicen que dependen de la pornografía y se angustian cuando pasan largos períodos sin verla.[4]

Estas estadísticas son, en el mejor de los casos, modestas y puede que no sea una exageración concluir que la falta de control sobre nuestros deseos y pensamientos sexuales es un problema innato en el ser humano.

Una nueva ley acaba de entrar en vigor en el estado de Luisiana, que requiere que su residencia verifique su edad antes de usar una aplicación o visitar cualquier sitio web

---

[3]
https://www.therecoveryvillage.com/process-addiction/sex-addiction/sexual-addiction-statistics/
[4]
https://www.therecoveryvillage.com/process-addiction/sex-addiction/sexual-addiction-statistics/

pornográfico, y aquí está la cita:nueva ley estatal(PDF, cortesía de tarjeta madre) entró en vigor el 1 de enero y exige que los sitios web que contengan "una parte sustancial" de "material perjudicial para menores" soliciten a los usuarios que demuestren que tienen 18 años o más. La "parte sustancial", según la nueva ley, es más del 33,3 por ciento del contenido de un sitio web. Como los principales sitios de pornografía ya han comenzado a pedir a los visitantes que verifiquen su edad.[5] Estamos en una situación triste ya que el mundo se hunde y se hunde rápidamente.

El caso de la adicción sexual es cuando la persona simplemente carece de restricciones o control sobre sus pensamientos e impulsos sexuales. Alguien que tiene 32 parejas sexuales masculinas y 22 parejas sexuales femeninas son claramente casos de deseos sexuales fuera de control. La cuestión desconcertante es descubrir la fuerza impulsora detrás de estos deseos sexuales fuera de control. Estas fuerzas son tan poderosas que abruman cualquier capacidad humana de contenerse, e incluso los hombres o mujeres más valientes quedan impotentes ante un poder tan abrumador del sexo. Reyes, reinas y presidentes simplemente quedan impotentes ante el ataque de los impulsos y deseos sexuales.

Este no es simplemente un problema estadounidense, sino un problema global. Este es claramente un problema de la raza humana. Este problema es tan grande que, en verdad, toda persona nacida de mujer lucha por controlarse sexualmente. Cualquier persona que sea sincera y honesta consigo misma puede admitir que lucha con pensamientos

---

5

https://www.aol.com/news/louisiana-government-id-to-access-porn-online-015313277.html

12

impuros relacionados con el sexo. La gran diferencia es actuar sobre esos pensamientos.

Incluso aquellos que no son adictos admitirían que sus pensamientos sobre el sexo no están donde les gustaría que estuvieran. Sí, es posible que algunos nunca actúen según esos pensamientos, pero los pensamientos siempre están ahí hacia esa persona en la oficina, en la iglesia, en línea, un vecino, en la fila del supermercado, etc. Con el tiempo, estos pensamientos se han normalizado en la sociedad en general. Este libro intentará desentrañar el misterio del poder detrás de esta fuerza irresistible y cómo ha dado forma a la humanidad desde tiempos inmemoriales. La pregunta del millón es ¿cómo pasó todo?

Capítulo 1

El origen del sexo

El origen del sexo es un tema intrigante y algo desconcertante. Hablamos del origen del sexo en el sentido específico que se refiere al ser humano en contraposición al sentido general que se refiere a todos los seres. La verdad simple y llana del asunto es que el sexo, en lo que se refiere a los humanos, ha existido desde que existen los humanos. Y por "sexo" no me refiero a cuestiones de género masculino o femenino, que por supuesto son parte de la discusión; Me refiero principalmente a las relaciones sexuales en el contexto de los seres humanos.

Esto es lo que Holly Dunsworth, profesora asociada de Antropología en la Universidad de Rhode Island, dijo sobre el origen y la evolución del sexo:*Pero después de los orígenes del sexo, hubo que pasar otros 1.500 millones de años para que se produjeran las relaciones sexuales -como las conocemos los vertebrados-. Me refiero al tipo de sexo reproductivo que tienen los humanos y otros mamíferos, así como algunas aves, reptiles, anfibios y peces, con un órgano penetrante masculino externo y un área de recepción femenina interna.*[6]

Este profesor de esta prestigiosa universidad concluyó dos cosas: (1) las relaciones sexuales ocurrieron y luego (2) las relaciones sexuales ocurrieron 1.500 millones de años después de que ocurrieran las relaciones sexuales. Pero aquí está su respuesta al origen del sexo:*Hay múltiples*

---

[6]

https://www.sapiens.org/column/origins/sexual-evolution-pleasure/

respuestas a la pregunta de de dónde venimos: los primeros homínidos, los monos, la sustancia viscosa primordial o el Big Bang, por nombrar algunas. ¿Cómo empezó el sexo en el mundo evolutivo? Las algas, la mugre verde que arrasa en nuestras peceras, así como las algas marinas que apesta nuestras playas de verano, incluyen algunos de los organismos de reproducción sexual más simples del planeta. Estos linajes se remontan a casi 2 mil millones de años. Las algas lo hacen. Las plantas lo hacen. Los insectos lo hacen. Incluso los hongos lo hacen. Gran parte de este sexo implica liberar espermatozoides al viento o al agua para que puedan ser transportados a huevos cercanos (como en los musgos), confiar en una especie diferente para transportar gametos masculinos a los femeninos (muchas flores o maniobrar dos cuerpos para que las aberturas a los órganos reproductivos internos están lo suficientemente cerca entre sí para el intercambio de líquidos (la mayoría de los insectos y la mayoría de las aves)).[7]

Y en el contexto de este libro, por coito me refiero a humanos, hombres y mujeres. Para que exista una relación sexual, debe haber, por necesidad, componentes masculinos y femeninos como partes del acto sexual. El profesor mencionado anteriormente no respondió a la pregunta sobre el origen de las relaciones sexuales, sino que explicó el sexo en el contexto de la evolución. Ella explica que el sexo significa el proceso mediante el cual las bacterias y otros organismos mutan. El profesor no explicó realmente el origen de las relaciones sexuales, sino que sólo se le citó diciendo que las relaciones sexuales se produjeron 1.500 millones de años después de las relaciones sexuales.

---

[7]

https://www.sapiens.org/column/origins/sexual-evolution-pleasure/

Esta comprensión sobre el sexo y las relaciones sexuales está influenciada por los pensadores evolucionistas. Según su entendimiento, las bacterias existieron en la Tierra antes que los mamíferos. Creer en la evolución deja al lector con muchas preguntas sin respuesta:(1) ¿De dónde se originaron las bacterias? (2) ¿Cómo y dónde aparecieron repentinamente los mamíferos, incluido el hombre (es decir, la humanidad)? El origen de las relaciones sexuales no puede entenderse completamente en el vacío; debe entenderse en el contexto del origen del hombre. La cuestión de dónde vino el hombre es central para el sexo y las relaciones sexuales.

El origen del hombre

¿De dónde somos y cómo llegamos aquí? Ésta es la cuestión fundamental sobre la que descansan todas las demás. El origen del sexo y de las relaciones sexuales en particular no puede comprenderse adecuadamente sin una comprensión firme del origen del hombre. La respuesta a esta pregunta se basa en muchas otras respuestas a la búsqueda humana. Sin comprender verdaderamente el origen del hombre, podemos terminar con una comprensión errónea de por qué estamos aquí, en la Tierra, y hacia dónde vamos desde aquí una vez que nuestro tiempo haya expirado. Se han propuesto muchos puntos de vista sobre el origen del hombre, pero debido al espacio limitado que se nos ha asignado, centraremos nuestra atención en dos puntos de vista, a saber: los puntos de vista evolucionista y creacionista.

La visión evolucionista del origen del hombre

La idea de que el hombre evolucionó de otra criatura a un ser humano es bastante desconcertante. Esta idea, supuestamente llamada "teoría de la evolución", plantea una infinidad de preguntas en lugar de proporcionar respuestas reales. Si el hombre evolucionó a partir de otra criatura, ¿de dónde vino entonces la criatura original que inició el proceso de evolución? ¡La criatura original no apareció de la nada! ¿Cómo evolucionaron los sexos, masculino y femenino? ¿Cómo es posible que la estructura ósea masculina y femenina sea tan singularmente diferente? ¿Cómo procrean hombres y mujeres según la teoría de la evolución? ¿Te imaginas que tu nuevo vehículo que está estacionado frente a tu casa estuviera allí? En realidad, nadie lo logró, ¡pero evolucionó con el tiempo y apareció en la entrada de su casa! ¿En realidad? Y si los humanos evolucionaron, entonces, según los evolucionistas, ¿el sexo también debe haber evolucionado?

Aquí hay una cita de evolucionistas sobre la evolución humana: El proceso mediante el cual los seres humanos se desarrollaron en la Tierra a partir de primates ahora extintos. Visto desde el punto de vista zoológico, los humanos somos Homo sapiens, una especie portadora de cultura que camina erguida y que vive en el suelo y que muy probablemente evolucionó por primera vez en África hace unos 315.000 años. Ahora somos los únicos miembros vivos de lo que muchos zoólogos llaman la tribu humana, Hominini, pero hay abundante evidencia fósil que indica que fuimos precedidos durante millones de años por otros homínidos, como Ardipithecus, Australopithecus y otras especies de Homo, y que nuestra especie también vivió durante un tiempo simultáneamente con al menos otro miembro de nuestro género, H.[8]

---

[8]

https://www.britannica.com/science/human-evolution/Background-and-beginnings-in-the-Miocene

17

Esta entrada sobre la evolución humana comenzó usando palabras cuidadosamente elaboradas para describir lo que llaman "evolución humana", es decir, un proceso mediante el cual los seres humanos en la Tierra se desarrollaron a partir de primates ahora extintos. La palabra "proceso" se utiliza aquí para sentar las bases del argumento de que no fue instantáneo, sino que ocurrió con el tiempo. Y el tiempo es un componente valioso e indispensable en el argumento evolutivo sobre el origen del hombre. Debe haber evolucionado mucho tiempo para que las especies muten. Hay poco o ningún consenso sobre la cantidad de tiempo necesaria para que una especie mute a otra forma de especie. Algunos arrojaron números como millones de años, y otros incluso llegarán a miles de millones de años. No hay evidencia de que las especies hayan mutado en una especie completamente ajena y, sin embargo, esta hipótesis es ampliamente creída, aceptada e incluso enseñada en nuestras escuelas públicas como un hecho. Otra palabra que se utiliza en este artículo es "desarrollado". Esta palabra se usa en el contexto de "seres humanos desarrollados en la Tierra a partir de primates ahora extintos". Esta palabra implica una progresión, y encaja bien con la narrativa evolutiva, de que los humanos obtuvieron su ser a partir de algún ser no humano.

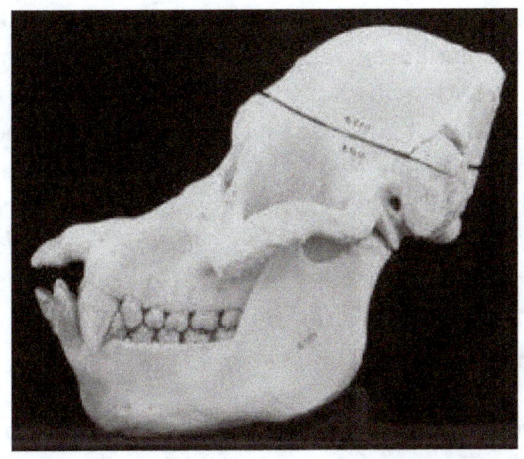

Cráneo de orangután[9]

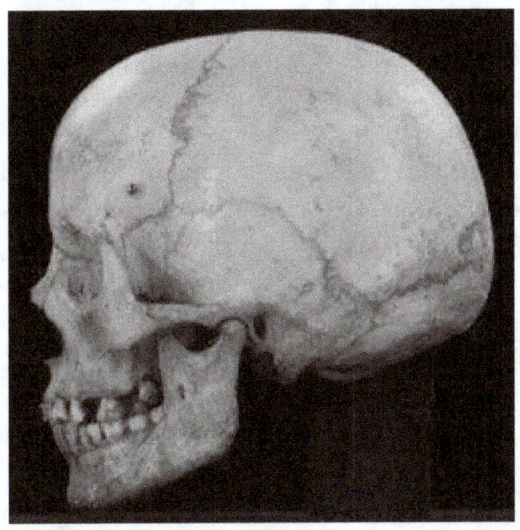

Cráneo del cerebro humano

---

[9]
https://answersingenesis.org/human-evolution/ape-man/did-humans-really-evolve-from-apelike-creatures/

Las imágenes del cráneo de arriba demuestran claramente una diferenciación entre el cráneo humano y el de simio. La evidencia es bastante clara de que existe una posibilidad casi nula de que un cráneo de simio pueda mutar en un cráneo humano. Aquí hay algunos comentarios al respecto:*Quizás la mejor manera de distinguir el cráneo de un simio del cráneo humano sea examinarlo desde una vista lateral. Desde esta perspectiva, la cara del humano es vertical, mientras que la del simio se inclina hacia adelante desde la parte superior de la cara hasta la barbilla.*.[10]

No hay evidencia de una mutación en la estructura y el diseño de los huesos del cráneo. Y esto es lo que dijo el autor de esta entrada: Además, nosotros y nuestros predecesores siempre hemos compartido la Tierra con otros primates simiescos, desde el gorila actual hasta el extinto Dryopithecus. Antropólogos y biólogos de todo el mundo aceptan que nosotros y los homínidos extintos estamos relacionados de alguna manera y que nosotros y los simios, tanto vivos como extintos, estamos relacionados de alguna manera. Sin embargo, la naturaleza exacta de nuestras relaciones evolutivas ha sido objeto de debate e investigación desde que el gran naturalista británico Charles Darwin publicó sus monumentales libros Sobre el origen de las especies (1859) y El origen del hombre (1871). Darwin nunca afirmó, como algunos de sus contemporáneos insistieron en que había dicho, que "el hombre descendía de los simios". Del mismo modo que descartarían cualquier noción popular de que cierta especie extinta sea el "eslabón perdido" entre los humanos y los simios.[11]

---

[10]

https://answersingenesis.org/human-evolution/ape-man/did-humans-really-evolve-from-apelike-creatures/

[11]   https://www.britannica.com/science/human-evolution

Esta entrada señala que nosotros, los humanos y nuestros predecesores (no estoy seguro de quiénes son) siempre hemos compartido la Tierra con otros primates parecidos a los simios. La esencia del argumento aquí es que los seres humanos evolucionaron de un ser parecido a un mono a un ser humano durante un largo período de tiempo, pero nadie sabe con seguridad cuánto tiempo. El autor de esta entrada, citado anteriormente, salió en defensa de Charles Darwin al afirmar que Darwin nunca afirmó que el hombre descendiera de los simios.

Este es un débil intento de los defensores del darwinismo de retroceder en los temas y argumentos centrales presentados por Darwin y sus simpatizantes. Este es el argumento central expuesto en su libro "El origen de las especies". Por esto es conocido el darwinismo. Cuando los presionan y acorralaron para que proporcionaron evidencia de que el primate evolucionó hasta convertirse en humano, así es como respondieron:*El primate antiguo no ha sido identificado y es posible que nunca se sepa con certeza, porque las relaciones fósiles no están claras incluso dentro del linaje humano, que es más reciente. De hecho, el "árbol genealógico" humano podría describirse mejor como un "arbusto genealógico", dentro del cual es imposible conectar una serie cronológica completa de especies, que conduzcan al Homo sapiens, en la que los expertos puedan ponerse de acuerdo.*

Los partidarios del darwinismo luchan desesperadamente por defender lo indefendible. Hablan literal y figuradamente desde ambos lados de la boca.

Criaturas parecidas a simios de las que supuestamente evolucionó el ser humano[12]

Se citan anteriormente diciendo que el antiguo primate no ha sido identificado y es posible que nunca se conozca con certeza. Esta afirmación por sí sola destruye los argumentos centrales del darwinismo. Los seres humanos evolucionaron a partir de algún primate antiguo, pero dicho primate no ha sido identificado (y tal vez nunca lo sea). Se trata de una hipótesis pura y simplemente especulativa, carente de respaldo probatorio. Los simios no aparecieron repentinamente en la tierra y se convirtieron en nuestros antepasados. Debe haber alguna causa u origen de todas las cosas, incluidos los simios.

El argumento de la primera causa

El primer argumento de causa sostiene que alguien o algún ser está detrás del orden cosmológico creado. Los cielos no aparecieron repentinamente en el cielo de la nada. La luna, el sol, las estrellas, el mar y la tierra no aparecieron de repente. La distancia entre el sol y la tierra se calcula y

---

12

https://answersingenesis.org/human-evolution/ape-man/did-humans-really-evolve-from-apelike-creatures/

mide con precisión para que todos los seres creados en la tierra o el mar no se congelen ni se quemen hasta extinguirse. Su automóvil o su casa no aparecieron repentinamente en su ubicación.

Las cosas no surgen de repente de la nada. Causa y efecto son parte de nuestra vida diaria. Si hay un efecto, entonces debe haber habido una causa. En la mentalidad evolucionista, las formas de vida evolucionan y mutan con el tiempo, pero ¿cómo llegaron a existir las formas de vida originales antes de la génesis del proceso evolutivo? En el contexto del origen del sexo, la humanidad no puede aparecer repentinamente con sus partes sexuales masculinas y femeninas en su lugar, porque debe haber una causa primera. La respuesta de Charles Darwin y sus defensores a esto resulta ser la teoría del Big Bang, o algún derivado de ella.

Aquí hay un informe que intenta explicar la evolución a la luz de los argumentos de la primera causa: un nuevo estudio dirigido por investigadores de Adelaida ha estimado por primera vez las tasas de evolución durante la "explosión cámbrica", cuando aparecieron la mayoría de los grupos animales modernos, entre 540 y 520 hace millones de años. Los hallazgos, publicados hoy en línea en la revista "Current Biology", resuelven el "dilema de Darwin", la aparición repentina de una plétora de grupos de animales modernos en el registro fósil durante el período Cámbrico temprano.[13]

Este informe plantea más preguntas que respuestas al debate sobre la primera causa. El informe afirma que los grupos de animales aparecieron hace entre 540 y 520

---

[13] https://www.sciencedaily.com/releases/2013/09/130912131753.htm

millones de años. La palabra clave aquí es "apareció" y la pregunta lógica es "¿apareció de dónde?". Hubo una explosión y de la explosión aparecieron los grupos de animales. Si este fue un evento real, entonces ¿quién hizo que aparecieran y de dónde se originaron? Aquí se da a entender de alguna manera que la explosión es la primera causa, pero cualquier persona lógica no encontrará que eso sea lógicamente posible.

Esto es lo que Tomás de Aquino, uno de los teólogos y filósofos católicos más respetados, dijo sobre el argumento de la primera causa:*En el mundo de las cosas sensibles encontramos que existe un orden de causas eficientes. No se conoce ningún caso (ni tampoco es posible) en el que una cosa sea causa eficiente de sí misma; porque si así fuera sería anterior a sí mismo, lo cual es imposible. Ahora bien, en las causas eficientes no es posible llegar al infinito, porque en todas las causas eficientes sucesivas, la primera es causa de la causa intermedia, y la intermedia es causa de la causa última. Ahora bien, quitar la causa es quitar el efecto.*

Luego, si entre las causas eficientes no hay causa primera, no habrá causa última ni intermedia. Pero si en las causas eficientes se puede llegar hasta el infinito, no habrá causa eficiente primera, ni habrá efecto último, ni causa eficiente intermedia; todo lo cual es claramente falso. Luego es necesario admitir una causa primera, a la que cada uno da el nombre de Dios.[14]

Tomás de Aquino ha presentado una defensa filosófica hábilmente elaborada para el argumento de la

---

[14]
https://www3.nd.edu/-jspeaks/courses/2020-21/10106/PDFs/2-1st-cause.pdf

primera causa al afirmar que existe un "orden de causas eficientes". La implicación aquí probablemente es que existen causas ordenadas, a diferencia de las teorías evolutivas darwinianas de la aleatoriedad. Las causas están cuidadosamente orquestadas. Luego continúa explicando que no se conoce ningún caso de que algo sea causa eficiente de sí mismo. Será como si una cosa fuera causa y efecto en sí misma. Será como una cosa que se crea a sí misma. Tomás de Aquino argumentó: "Porque así sería anterior a sí mismo", a lo que el propio Tomás de Aquino respondió: "lo cual es imposible". Procedió a concluir: "Por tanto, es necesario admitir una causa primera, a la que cada uno da el nombre de Dios". Tomás de Aquino hizo una destacada apología filosófica del argumento de la primera causa que conduce perfectamente a una defensa teológica de la primera causa y del creacionismo. visión del origen del hombre.

La visión creacionista del origen del hombre

Este capítulo trata sobre el origen del sexo, es decir, las relaciones sexuales entre seres humanos, hombres y mujeres, para ser precisos. Este tema no puede entenderse completamente en el vacío, sino que debe entenderse en el contexto de una comprensión adecuada del hombre y su origen. El argumento aquí es que algún ser está detrás del orden creado, y se ha demostrado que la noción de selección aleatoria o teoría del Big Bang carece de apoyo. Para que Dios sea el creador, no puede ser creado, porque si es creado, entonces no puede ser Dios. Para que un ser sea la causa del orden creado, dicho ser debe estar fuera del orden creado.

Un ser así está fuera del tiempo y no está limitado por él. Un ser así no tiene principio de días ni fin de vida. Tal ser se menciona como la causa de todas las cosas creadas, visibles e invisibles.: *En el principio, Dios creó los cielos y la tierra,* Génesis 1:1. Este versículo es una declaración resumida del orden de la creación. Génesis 1:1 declara lo que Dios creó, y Génesis 1:2-31 detalla cómo lo hizo. La frase "cielo" y "tierra" es una forma hebrea de usar extremidades para expresar una idea que lo incluye todo. No hay nada más allá del cielo y la tierra. Y en los versículos 1-31, detalló lo que se incluye en la expresión cielo y tierra. Esto incluye la creación de todas las cosas, incluido el hombre. La idea aquí es que el hombre no es el resultado de alguna selección aleatoria que ocurrió repentinamente, o la evolución de algún primate parecido a un simio a lo largo de millones o miles de millones de años. Los seres humanos surgieron gracias al plan ordenado y orquestado de un diseñador inteligente.

El cerebro humano, y todo el cuerpo, es tan complejo que no hay nada parecido en el universo. Aquí hay una entrada en el sitio web de National Geographic: Aquí hay algo que debe comprender: el cerebro humano es más complejo que cualquier otra estructura conocida en el universo. Con un peso promedio de tres libras, esta masa esponjosa de grasa y proteína está formada por dos tipos generales de células llamadas glía y neuronas, y contiene muchos miles de millones cada una.

Las neuronas se destacan por sus proyecciones ramificadas llamadas axones y dendritas, que recolectan y transmiten señales electroquímicas. Los diferentes tipos de células gliales brindan protección física a las neuronas y las ayudan, y al cerebro, a mantenerse saludables. La idea de que el hombre evolucionó a partir de un primate parecido a un simio simplemente no está respaldada por la biología ni las Escrituras. Este informe biológico identifica la complejidad del cerebro humano como, "no hay nada igual en el universo". No existe ninguna similitud entre el cerebro de los simios y el de los humanos. Dios realmente dijo:*Hagamos al hombre a nuestra imagen y semejanza, y señoree en los peces del mar, en las aves del cielo, en las bestias, en toda la tierra, y en todo animal que se arrastra. sobre la tierra. Génesis 1:27.*

Esta es la primera vez que se menciona el origen y la creación del hombre, y Dios se identifica como el creador del hombre. Esto es de enorme importancia porque todos los intentos de determinar el origen del hombre eran expediciones de caza. El texto anterior dice: "Hagamos al hombre a nuestra imagen, conforme a nuestra semejanza". La palabra que se traduce aquí como "hombre" proviene de la palabra hebrea "Adán" que significa humanidad en el sentido general, o seres humanos en general, y no significa "hombre" como en "varón" en este contexto. Ésta es la palabra general para humanidad.

Luego se procede a "hacer la humanidad a imagen y semejanza de Dios". Es muy profundo que la humanidad esté hecha a imagen y semejanza de Dios. El hombre fue lo último de la creación de Dios, y ninguna otra criatura está hecha a imagen y semejanza de Dios. El hombre se diferencia de los animales en que algunos atributos de Dios le han sido otorgados. Dios bondadosamente ha transferido al hombre algunos de Sus atributos, como: amor, bondad, compasión, bondad, dominio propio, paciencia y otros; estos se encuentran en el hombre pero no se encuentran en ningún otro ser creado. El hombre es la corona del orden creado por Dios.

Entonces el texto dice:*Así que creó Dios al hombre a su imagen, a imagen de Dios lo creó; varón y hembra los creó, Génesis*1:27. La palabra "creado" se ha usado en este mismo versículo tres veces, y eso debería decirnos algo cuando Dios usa la misma palabra tres veces en un versículo tan corto. Esta es la misma palabra usada en Génesis 1:1, cuando Dios creó los cielos y la tierra. Cuando se usa esta palabra y Dios es el sujeto, entonces esta palabra, en este contexto, significa crear de la nada.

Creación Ex Nihilo

Creación ex nihilo es una frase latina que significa que Dios creó al hombre y al resto de la creación de la nada. Esta es una información muy importante en el debate sobre el origen del hombre y el sexo. La respuesta evolucionista al origen del hombre y de los sexos es la teoría del Big Bang; Incluso si existe algo llamado el Big Bang, Darwin o sus defensores apenas abordaron el origen del Big Bang. ¿De dónde vino el Big Bang? ¿Quién causó el Big Bang (si realmente existió)? Pero los creacionistas afirman firme e inequívocamente que Dios creó todas las cosas de la nada.

Los evolucionistas difícilmente podían entender una idea tan novedosa de algo creado a partir de la nada. Pero Génesis 1:1 dice: "En el principio creó Dios los cielos y la tierra". Esta única afirmación es suficiente para responder a la pregunta de la "génesis, comienzos, orígenes" de todas las cosas. Esta declaración no deja lugar a especulaciones, porque si alguien cuestiona esta declaración, entonces la pregunta más importante no es solo con esta declaración, sino que hay problemas mayores con la inerrancia y la infalibilidad de las Escrituras.

No existía nada antes de que Dios creara los cielos y la tierra, por lo que la pregunta lógica que normalmente surgiría sería algo como: ¿De dónde vino la materia prima? Cuando pensamos en crear algo, normalmente pensaríamos en reunir materia prima, pero este versículo simplemente dice que en el origen del tiempo, Dios, de la nada, creó todo.

Si esta afirmación no te conmueve, ¡no sé qué lo haría! Esta afirmación está fuera del ámbito de cualquier razonamiento, comprensión y comprensión humanos. Se necesitaría la habilitación divina para creer en esta afirmación. Esta afirmación transforma la vida si realmente se cree.

La palabra "creado" que se usa en Génesis 1:1 en nuestras traducciones de la Biblia al inglés se traduce de la palabra hebrea "bara" y esta palabra casi siempre se usa para la actividad divina. Dios es siempre el tema cuando se usa esta palabra. A menudo se utiliza en el contexto de crear algo nuevo, sorprendente.[15] Se usa en Salmo 51:10 para crear un corazón limpio, para referirse a un corazón transformado que no es como el corazón anterior. Esta palabra casi nunca se usa cuando el hombre es el sujeto de la acción, por lo que cuando el versículo dice que en el principio Dios creó los cielos y la tierra, entonces debe ser alguna acción milagrosa realizada por Dios. Y así, la persona brillante y lógica puede plantear algunas objeciones y decir: "¿Pero cómo lo hizo Dios y de dónde sacó la materia prima?" Esa es realmente una pregunta justa y lógica, pero la respuesta simple es que Dios hizo que los cielos y la tierra existieran. Dios decretó la existencia de los cielos y la tierra.

Creacionismo fiduciario

Fiat es una orden, decreto, edicto o mandato autorizado. Esta palabra está definida por el diccionario Merriam-Webster como: *una orden o acto de voluntad que crea algo sino como si sin mayor esfuerzo.*[16] Entonces, un gobierno por decreto sería un gobierno que gobierna por decreto. Todo lo que decreta se convierte en ley, y esos

---

[15]   https://biblehub.com/bdb/1254.htm
[16]   https://www.merriam-webster.com/dictionary/fiat

decretos o decretos son transformados en acciones por su gente. Nadie se atreve a objetar u oponerse a una orden del gobierno. *El origen de la palabra "fiat" en inglés está relacionado con el origen del mundo mismo. Tomada del significado latino en tercera persona del imperativo, "hágase", esta palabra aparece en la traducción latina del Génesis, el primer libro de la Biblia, cuando Dios proclamó: "Hágase la luz".*".[17] Y así, la idea de que los cielos y la tierra fueron creados por decreto es muy pertinente para el origen del sexo y la humanidad.

Dios mismo es la primera causa que hizo que todo llegara a existir. Este es también otro concepto que desconcierta a la mentalidad evolutiva. ¿Cómo pueden las palabras habladas hacer que las cosas lleguen a existir? Esta es una creación instantánea de la tierra que ocurrió sin ningún lapso de tiempo. *Dios dijo: Sea la luz; y fue la luz,* Génesis 1:3. Los evolucionistas dirían que la creación del cielo y la tierra fue un proceso lento y gradual, pero el relato del Génesis es una acción inmediata e instantánea de Dios.

La inmediatez del argumento creacionista es fundamental para el argumento de la creación progresista defendido por los evolucionistas. El argumento central del darwinismo es que deben haber transcurrido millones o miles de millones de años para que el hombre evolucione de simio a ser humano. Y así, cuando se les presenta la evidencia de Génesis 1, se ven obligados a redefinir algunas cosas en el relato bíblico para que se ajusten a su narrativa evolutiva. Y para que funcione en sus mentes, tratan de negar la interpretación literal de Génesis 1. Por ejemplo, la palabra

---

[17]

https://www.dictionary.com/e/fiat/#:-:text=The%20origin%20of%20the%20word,light%E2%80%9D%20(fiat%20lujo).

"día" usada en Génesis 1:5 y en todo Génesis 1 en realidad no podría significar un día literal de 24 horas como lo sabemos.

Tendrían que redefinir la palabra para que signifique un largo período de tiempo. Porque admitir que la creación ocurrió literalmente en 6 días calendario destruiría el argumento evolutivo ya que el hombre no podría haber evolucionado en tan poco tiempo. Recuerde que el tiempo es un concepto clave y vital en la teoría de la evolución. La palabra que se traduce como día en nuestras traducciones de la Biblia al inglés se traduce de la palabra hebrea "yom". Podemos saber con un alto grado de certeza por el contexto inmediato y su uso en todo el Antiguo Testamento que "yom" significa literalmente un día calendario de 24 horas.

¿Qué más podría significar cuando dijo:*Y llamó Dios a la luz Día, y a las tinieblas llamó Noche. Y fue la tarde y la mañana el primer día.*, Génesis 1:5. Dios mismo definió el significado de "yom" como "mañana" y "tarde". Y la mañana y la tarde son dos divisiones del día que lo convierten en un día de 24 horas.*La palabra "yom" se utiliza más de 2000 veces en el Antiguo Testamento hebreo. En más del 95% de esos casos, la palabra significa día de 24 horas. (La mayor parte del 5% son expresiones como "día del Señor". Así que llegamos a cada aparición de la palabra "yom", con la expectativa de que probablemente signifique un día de 24 horas.*[18] Y los evolucionistas y otros que no se aferran a una interpretación literal del Génesis están en una búsqueda desesperada de encontrar alguna manera de hacer que el relato de la creación se ajuste a su narrativa.

Algunos interpretan el Génesis como poesía o alegoría en lugar de una narración histórica, que es lo que

---

[18]

http://www.interactingwithjesus.org/resources/genesis1.pdf

es. Otros llegan incluso a hacer de Génesis 1:1 un relato de la creación y de Génesis 1:2-31 otro relato de la creación. Inventaron la llamada "teoría de la brecha" para implicar que Dios creó los cielos y la tierra en Génesis 1:1, y luego, millones o miles de millones de años después, comenzó la creación nuevamente en Génesis 1:2. Se hacen todos los esfuerzos posibles para imponer la idea de que el hombre evolucionó a lo largo de millones o miles de millones de años, y la teoría de la Vieja Tierra ayudaría a avanzar en la posición evolutiva de que el hombre evolucionó a lo largo de millones o miles de millones de años. La teoría de la Tierra Vieja es la visión de que la Tierra tiene millones o miles de millones de años, mientras que la visión de la Tierra Joven defiende que la Tierra tiene entre 11.000 y 13.000 años, según las fechas registradas en Génesis y registros extra bíblicos.

La creación del hombre

El hombre es la corona de la creación de Dios. Supongo que probablemente hayas escuchado la frase "Deja lo mejor para el final". El hombre era el último elemento de Su calendario, y el hombre era y es el mejor en comparación con el resto de la creación. No hay absolutamente ninguna comparación entre el hombre y cualquier otro ser creado. Puedes amar a tu gato o a tu perro, pero siguen siendo y seguirán siendo un animal. Puedes dormir con tu gato o tu perro, pero siempre seguirán siendo un gato o un perro. Después de haber hecho todo lo demás, hizo al hombre. Hizo al hombre el sexto día de la creación. El hombre no pudo haber sido creado el primer día de la creación porque no existían tierra ni agua.

El hombre está compuesto principalmente de tierra y agua, y esos materiales aún no existían. Pero, repito, Dios es

Dios, y simplemente podría haber creado al hombre mediante la palabra el primer día; pero a partir de Sus prerrogativas divinas, eligió crear los cielos y la tierra primero. Él sabe exactamente lo que está haciendo. El hombre es el único ser creado que tiene alguna semejanza con Dios en cualquier forma o modo. El hombre es el único ser creado a imagen y semejanza de Dios. Esto es lo que se dice:*Así que creó Dios al hombre a su imagen, a imagen de Dios lo creó; varón y hembra los creó*, Génesis 1:27. Por primera vez se introducen en la narrativa los sexos, masculino y femenino. Del hombre surgió una nueva subdivisión; hombre y mujer.

La edad del hombre cuando fue creado no se menciona explícitamente en el texto de las Escrituras, pero se puede inferir que el hombre probablemente tenía entre veintitantos y treinta años. Dice al final de Génesis 2:5 que "no había hombre que labrara la tierra". Dios no hizo que lloviera sobre la tierra porque no habría nadie para cortar la hierba. Tan pronto como Dios envió lluvia para regar la tierra (Génesis 2:6), Dios formó al hombre.*Y formó el Señor Dios al hombre del polvo de la tierra, y sopló en su nariz aliento de vida, y el hombre fue un alma viviente*, Génesis 2:7. La fuente del hombre es el polvo de la tierra. El hombre no evolucionó de un simio, sino que surgió del polvo de la tierra. Y una vez que llovió, Dios procedió a formar al hombre.

El hombre no tuvo que crecer sino que fue creado instantáneamente en una edad adulta productiva, listo para la productividad. Dios ya había creado la materia prima necesaria para formar al hombre del polvo de la tierra, a saber: la tierra y el agua. Dios crea su propia materia prima, pero los evolucionistas nos dicen que la materia evolucionó con el tiempo hasta convertirse en otra cosa. La ley de conservación de la masa establece que "la materia ni se crea ni se destruye". El Dios de toda la creación desafía la ley de conservación porque Él crea la materia y puede destruirla al pronunciar Su palabra. Todos los seres creados, incluido el Hombre, procrean según su especie; un mono da a luz a un mono. Un simio nunca evolucionará hasta convertirse en humano con el tiempo. Son especies innatamente distintas con ADN distinto y no existe la posibilidad de mutación.

Creación de los sexos

Entonces este versículo dice que Dios creó al hombre a Su propia imagen y la palabra hebrea que aquí se traduce como hombre proviene de la palabra "Adán", para significar la humanidad en general; pero en la siguiente línea del versículo, dice que Dios lo creó; masculino y femenino, y la palabra inglesa "masculino" en este versículo proviene de la palabra hebrea "Zakar". Esta palabra es una ruptura de Adán, que representa a la humanidad en general o al varón en algunos casos, según el contexto. En este contexto, la palabra significa un descendiente humano varón de Adán. Esta palabra también puede referirse a la descendencia masculina de animales, Éxodo 13:12, a diferencia de los géneros humanos masculino y femenino como en Deuteronomio 4:16. La traducción NVI de la Biblia tradujo la palabra hebrea "zakar" como hombre y "naqeba" como mujer. Estas palabras hebreas para género deberían traducirse correctamente como masculino y femenino, y no como hombre y mujer. Han sido traducidas correctamente en otras traducciones de la Biblia en inglés.

Entonces, los géneros fueron creados por Dios para que las especies se multiplicaran y no se extinguieran. Vemos que el género no se limita a la humanidad, sino que todo ser vivo creado tiene el género masculino y femenino con el propósito principal de la procreación. Si Dios creó los géneros según Génesis 1:27, ¿existe alguna posibilidad de que algún otro ser creado pueda descargar los géneros? ¿Cómo podría un ser creado crear lo que no creó? Los géneros masculino y femenino son innatamente distintos con códigos de ADN muy complejos que están incrustados en cada uno y conservados por el creador. Estoy hablando aquí de géneros en el sentido general; ya sean humanos o bestias, son singularmente distintos.

La palabra que se traduce como mujer en Génesis 1:27, en la mayoría de nuestras traducciones al inglés, proviene de la palabra hebrea "naqeba", y esta palabra lleva consigo el significado genérico de hembra de humanidad o bestia. Se usa para una niña, Jeremías 31:22 y Levítico 15:33. También se usa en referencia a una hembra animal en Génesis 6. :19, Génesis 7:3; y en Levítico 4:28, en referencia a una cabra sin defecto. La palabra se usa para distinguir los géneros. Los géneros son claramente diferentes en apariencia física, estructura biológica y estructura emocional. El creador intencionalmente diseñó los géneros para que fueran distintos y diferentes para cumplir Sus propósitos divinos. Entonces una mujer es una mujer, pero una mujer no necesariamente puede ser una mujer; podría ser una mujer de algún otro ser creado, como las bestias y otros.

La creación de la mujer

La creacion de mujer No surgió de la nada, sino de una necesidad. La creación del hombre fue buena, pero también planteó otros problemas al hombre recién creado. Si el hombre se hubiera quedado solo en la tierra, ¿qué habría pasado? Después de que Dios creó los sexos en Génesis 1:27, dio la orden:*Y Dios los bendijo, y les dijo Dios:*

Fructificad y multiplicaos, y llenad la tierra, y sojuzgadla; y señoread en los peces del mar, en las aves de los cielos, y en todo ser viviente que se mueve. sobre la tierra, Génesis 1:28. Este versículo les ordena que sean fructíferos, se multipliquen y llenen la tierra. Aquí se da a entender que este mandamiento es para que los sexos sean fructíferos y se multipliquen, y fue inmediatamente después de la creación de los sexos pero antes de la creación del hombre en Génesis 2:7.

Entonces, surgió la necesidad de que la mujer fuera creada para cumplir el mandamiento de ser fructíferas, multiplicarse y henchir la tierra. ¿Cómo podría el hombre fructificar y multiplicarse si estuviera solo? El hombre no podía cumplir los mandamientos de Dios sin la ayuda de una mujer, lo que plantea otro problema. El texto dice: *Y dijo el Señor Dios: No es bueno que el hombre esté solo; Le haré ayuda idónea para él."* Génesis 2: 18. Todo hasta este punto fue declarado por Dios como muy bueno, pero cuando se trataba de que el hombre estuviera solo, Dios declaró que no era bueno. Entonces, la segunda razón por la que fue necesaria la creación de una mujer fue como compañera del hombre.

Entonces, la procreación y el compañerismo son las dos razones principales que Dios dio para crear mujer. Pero el texto dice que el hombre necesitaba una "ayuda idónea" para él, pero ¿qué es eso? La NVI y la NASB tradujeron esto como "una ayuda adecuada para él", pero hay otras traducciones que difieren. La idea básica aquí es la de alguien que acompaña al hombre, lo complementa y lo completa. Dondequiera que el hombre fuera deficiente, la mujer llenaría el vacío. Dios podría simplemente haber proporcionado un gato, un perro, una serpiente o algún otro ser creado para que fuera la ayuda del hombre, pero eso simplemente no funcionará porque no eran como el hombre y no podían ser su compañero.

El hombre necesitaba a alguien que fuera como el hombre y que también fuera creado a imagen de Dios. Los animales simplemente no encajan en esa descripción. Y el texto dice, *Y Adán puso nombre a todo ganado, ave de los cielos y a todo animal del campo; pero como no se encontró ayuda idónea para él,* Génesis 2:20. El hombre (Adán) ya estaba ocupado nombrando a los demás seres creados como le había ordenado Dios, pero otros seres no podían ser su compañero. ¡Ama a tu perro y a tu gato tanto como quieras, pero recuerda esta verdad profunda y simple! No pueden y nunca tomarán el lugar de los compañeros humanos.

Entonces Dios se puso a trabajar para encontrar una solución para el hombre: *Y Jehová Dios hizo caer un sueño profundo sobre Adán, y él durmió y tomó una de sus costillas, y cerró la carne en su lugar; Y de la costilla que Jehová Dios había tomado del hombre, formó una mujer, y la trajo al hombre,* Génesis 2:21-22. Este es el primer caso registrado de cirugía en la Biblia. Cualquiera que diga que la medicina no está en la Biblia se está engañando a sí mismo. Esta es una operación quirúrgica completa con anestesia completa. Dios hace que un sueño profundo caiga sobre Adán (anestesia) y Dios realizó una cirugía exitosa sacando una de las costillas de Adán y cerrando el corte. Esta costilla se transformó en una mujer y el texto al final del versículo 22 dice: "hizo una mujer", y cuando Adán salió de la sala de cirugía y fue llevado a la sala de espera, Dios apareció con alguien que se parecía a Adán. , y el texto al final del versículo 22 dice: "y la trajo al hombre".

Y al verla se le iluminó el semblante y así respondió al verla; Ésta es ahora hueso de mis huesos y carne de mi carne: se llamará Mujer, porque del varón fue tomada, Génesis 2:23. Adam gritó que finalmente habían encontrado a alguien que se parecía a él. Su "ayuda idónea" finalmente estaba allí y su soledad había terminado. Finalmente tuvo un compañero y colaborador. Dios acaba de introducir el concepto de mujer en la narrativa de la creación, pero ¿quién y qué es realmente una Mujer? En Génesis 2:22, la frase "hizo a la mujer" se usa cuando se presenta a una mujer por primera vez. La palabra mujer en nuestras traducciones al inglés se traduce de la palabra hebrea "ishshah", que conlleva la idea de la forma femenina del hombre y es distinta de la forma femenina de las bestias u otros seres creados, a saber, "naqeba".

También es interesante que la palabra "ishshah" es la forma femenina de la palabra hebrea "ish", que conlleva la idea de una forma masculina de Adán. Adán principalmente significa hombre o humanidad, pero "ish" se refiere a varón y "ishah" o "ishshah" se refiere a mujer, que es mujer. Y la palabra "Ishah," significa "ish", ya que "isha" es la forma femenina de "ish". La razón que Dios dio para llamarla mujer es "porque fue tomada del Hombre". Y esta mujer, creada por Dios, no era una niña que necesitaba tiempo para crecer. Nació como una adulta adulta al final de su adolescencia o principios de los veinte. Adam no tuvo tiempo de amamantar a un bebé. Así como el hombre fue creado del polvo de la tierra cuando era adulto, la mujer también fue creada como adulta, lista para casarse y tener relaciones sexuales.

El origen de las relaciones sexuales

Ahora que hemos trabajado para establecer la creación del Hombre y la Mujer, podemos sumergirnos en el tan esperado y anticipado tema de las relaciones sexuales.

Este es el tema que está en la mente de todos desde que Adán fue creado. Cualquiera que diga que el romance no está en la Biblia también se está engañando a sí mismo. Adán se refirió a esta mujer que le fue presentada como "ahora hueso de mis huesos y carne de mi carne". Esta es sin duda una declaración teológica profunda, pero también diré que también es una declaración romántica de Adán.

La afirmación, hueso de mis huesos, lleva la idea de que no puedo esperar a estar contigo, te admiro mucho, quiero estar contigo, y ¿puedes ser parte de mi vida para siempre? O, aún más profundo, ¡arrodillarse y hacer la pregunta definitiva! ¿Quieres casarte conmigo? Esta es una declaración de intimidad y cercanía. A Adán y a las mujeres se les presentó una situación irresistible. El poder del sexo es irresistible cuando dos personas con la química adecuada se colocan desnudas una frente a la otra; Después de eso, el resto es historia. No hay autocontrol en el Hombre o la Mujer para resistir tal fuerza. De repente te encuentras cara a cara con la esposa o el marido de tus sueños y la química es intensa, y quiero decir muy intensa.

Las relaciones sexuales son una fuerza poderosa a la que sucumbe incluso el hombre o la mujer más valiente. Y el texto dice:*Por tanto, el hombre dejará a su padre y a su madre; y se unirá a su esposa*, Génesis 2:24. La palabra hebrea "ish" es un género masculino en casi todo su uso en el Antiguo Testamento, y es hombre en el sentido de género masculino en oposición a femenino. Este es un sustantivo masculino que siempre hace referencia al género masculino. Y esta es una identidad de género dada por Dios. Esta palabra hebrea traducida como hombre aparece cientos de veces en el Antiguo Testamento y siempre se traduce como un hombre con una identidad masculina dada por Dios. Y la palabra hebrea usada en el versículo anterior para mujer es "isha" o "ishshah", que se traduce como mujer, en el sentido de una identidad femenina dada por Dios. Esta palabra conlleva específicamente una identidad de género femenina humana dada por Dios. Es interesante notar que el

hebreo La palabra "Adán", que significa hombre, se usa a menudo para referirse a la humanidad en general, y también se usa frecuentemente para referirse al hombre en el sentido masculino. Entonces, en Génesis 2:25, la palabra "Adán" se usa para referirse a varón. Por lo tanto, Adam y "ish" pueden usarse indistintamente según el contexto. Pero en el versículo 25, "isha" se usa junto a Adán para referirse a la relación entre marido y mujer. El punto aquí es que esta relación ocurrió entre personas de sexo y género opuesto. El versículo 24 dice que el Hombre se unió a su esposa, y el resultado fue que serían una sola carne. Esta relación sexual ocurrió en el contexto de una unión matrimonial entre un hombre y una mujer. Pero ¿cuál es realmente el propósito del sexo?

Capítulo 2

El propósito del sexo

Ésta es la pregunta más desconcertante e intrigante que acecha a la raza humana. Tratar de comprender todos los matices del sexo y el propósito para el que fue creado es, cuanto menos, desalentador. Esta es la actividad más importante en la vida de cualquier ser humano y, sin embargo, existe un caos a la hora de comprender su verdadero propósito. Esta es también la actividad humana menos comprendida y de la que más se abusa. Millones, si no miles de millones, de vidas han sido destrozadas, truncadas e incluso destruidas por el abuso y el mal uso del sexo.

Cualquier cosa puede usarse para bien o para mal. Un cuchillo es una buena herramienta de cocina que puede usarse para ayudar a preparar la comida en la cocina, pero también puede usarse para dañar a alguien; el sexo es el mismo. Tiene un propósito previsto, establecido por su diseñador, y cualquier uso indebido tendrá consecuencias nefastas. Y antes de profundizar en el propósito del sexo, dedicaremos un tiempo a analizar su significado.

En el sentido más general, el sexo es coito. Entonces la pregunta lógica que cabe plantearse es la relación entre ¿quién y quién? ¡Esa es una pregunta interesante y justa! Varias palabras hebreas han sido traducidas en nuestras Biblias en inglés como sexo. Entre ellos se encuentra la palabra hebrea "yada", que literalmente significa "saber". El conocimiento que se contempla en el significado de esta palabra es tanto relacional como cognitivo. Dice en Génesis 4:1 que Adán conoció a Eva, su esposa. Adán ya llevaba

41

algún tiempo casado en ese momento, por lo que el texto no dice que Adán tuviera un conocimiento cognitivo de Eva.

Y aquí está el texto:

Y Adán conoció a Eva su esposa; y concibió, y dio a luz a Caín, y dijo: He adquirido un varón de Jehová, Génesis 4:1.

Algunas traducciones al inglés tradujeron este versículo como "Adán tuvo relaciones sexuales con Eva", pero la palabra hebrea significa literalmente "saber". En este contexto, lo que se pretende claramente es un conocimiento relacional, es decir, relaciones sexuales. Porque el resultado de ese conocimiento fue la concepción y nació un niño. La palabra conocer también se usa en un aspecto relacional en referencia a la relación que Dios tiene con Sus elegidos, en términos de que los elegidos sean salvos. *Esta es la vida eterna: que te conozcan a ti, único Dios verdadero, y a Jesucristo, a quien has enviado,* Juan 17:3. La palabra que se usa aquí para "conocer" es la palabra griega "ginosko", que es la misma palabra hebrea para "conocer" en el Antiguo Testamento.

Y esta palabra describe un aspecto relacional del conocimiento entre Dios y los elegidos. Pero esta palabra hebrea, "yada", que significa "saber", también conlleva un aspecto cognitivo, como saber el nombre de alguien. Conozco cognitivamente a Joe Biden, pero no lo conozco personal ni relacionalmente. Entonces la palabra "conocer" en Génesis 4:1 significa relación sexual. Hay varias palabras hebreas que se traducen como sexo o sexual, para significar coito en el Antiguo Testamento. Aquí hay algunos: "nagash" se traduce en Éxodo 19:15 cómo "acercarse" y algunos otros traductores traducen esta palabra como relación sexual. "Shakab" se usa muy a menudo en Levítico 15:18,24,33 y en todo Levítico 18, para significar "acostarse o dormir con".

Otra palabra hebrea que se usa más de 13 veces en Levítico 18 es "galah", y se traduce al inglés como "relaciones sexuales", pero esta palabra también conlleva la idea de "descubrir la desnudez". Y así, se habla de relaciones sexuales. utilizando varias metáforas para describir la acción que se está llevando a cabo. Ya sea descubrir la desnudez de un pariente cercano, seres humanos teniendo relaciones sexuales con animales, seres humanos del mismo género teniendo relaciones sexuales con otro ser humano del mismo género, todas estas son perversiones sexuales y no el diseño de Dios para la intimidad sexual. Las relaciones sexuales nunca deben ocurrir entre parientes consanguíneos y parientes no consanguíneos. Las relaciones sexuales sólo deben ocurrir en una unión o relación heterosexual y no en una unión o relación homosexual.

Todas estas perversiones sexuales incitaron a un hombre a meter su pene en cualquier lugar donde encuentre un agujero, ya sea una mujer, otro hombre o una bestia. También movería a una mujer a acostarse con otra mujer, hombre, o abrir las piernas para que algún animal, perro o bestia, metiera su pene en su vagina. Se trata de una perversión de las relaciones sexuales fuera del propósito para el que fueron diseñadas. La raza humana está en una búsqueda desesperada de satisfacción sexual, pero sin el uso adecuado del sexo, millones de personas están condenadas a hundirse hacia su destrucción. Veamos los propósitos previstos de las relaciones sexuales, comenzando con la procreación.

En un artículo publicado en psicología today.com, titulado "El *Propósito del sexo",* el autor dijo, *"Sexo es una de esas palabras que todo el mundo usa y sorprendentemente pocos entienden. El sexo es mucho más que físico y se refiere a la procreación. Es importante reconocer e identificar la amplitud de la sexualidad. El sexo sirve para varios de los propósitos básicos de la vida: desde el placer, hasta la reducción del estrés. , y formación de nuestra identidad, hasta nuestra conexión íntima y (por supuesto) la procreación. El objetivo del sexo se puede definir en una palabra: ¡realización! (Finalmente, quizás estés pensando, ¡una palabra y no una lista!).*

La verdadera satisfacción sexual es cuando el placer físico ocurre dentro del contexto de una relación íntima y amorosa. De esta manera, el sexo pleno transforma lo que podría ser un evento placentero y meramente mecánico en una expresión de intimidad y amor. Por lo tanto, distinguimos que el sexo nos involucra de diferentes maneras a nivel emocional, relacional, social, espiritual y también físico.[19] El autor de este artículo, John Chirban, PhD, ThD, es instructor de psicología clínica en la Facultad de Medicina de Harvard. Afirma que el propósito del sexo es el

---

19

https://www.psychologytoday.com/us/blog/age-un-innocence/201307/Purposes-sex

placer, la reducción del estrés y la formación de nuestra identidad.

El placer, según él, es uno de los fines del sexo. Es discutible que el placer en el sentido general sea el propósito del sexo. El placer es un subproducto del sexo cuando se experimenta en una unión matrimonial heterosexual ordenada por Dios. No hay placer en una relación sexual adúltera. No hay placer en la prostitución y el sexo resultante de ella. No hay placer en el sexo con un pariente cercano y la ira resultante del juicio de Dios. No hay placer en el sexo con un animal. No hay placer en una relación sexual fornicante. Sí, puede haber una experiencia momentánea de orgasmo y eyaculación, pero no hay nada que destacar. El orgasmo se define como:*excitación intensa o paroxística, especialmente: la liberación rápida y placentera de tensiones neuromusculares en el punto álgido de la excitación sexual que suele ir acompañada de la eyaculación de semen en el hombre y contracciones vaginales en la mujer.*[20]

Es más probable que este sea el significado del placer en el sexo pretendido por John Chirban. Este es probablemente el significado del placer sexual tal como lo entiende la gran mayoría de los estadounidenses y la población mundial. Hombres y mujeres buscan desesperadamente excitación y placer momentáneos. Ésta es la fuerza impulsora detrás de la necesidad de más, y más, y más sexo. El sexo es un producto y tiene una demanda muy alta, y parece que hay una interrupción en la cadena de suministro. La demanda está superando la oferta. Los hombres buscan desesperadamente formas de liberar semen y las mujeres

---

[20]   https://www.merriam-webster.com/dictionary/orgasm

buscan formas de obtener estimulación y excitación vaginal. ¿Por qué un hombre le pagaría a una prostituta?

¿Por qué un hombre o una mujer se aparearía o tendría relaciones sexuales con un animal? ¿Por qué una mujer buscaría estimulación vaginal de otra mujer? ¿Por qué un hombre meterá su pene en el ano de otro hombre? ¡Reflexiona y reflexiona sobre estas preguntas! Pero el verdadero placer es duradero en una unión matrimonial heterosexual, monógama y ordenada por Dios. Aquí es donde hay verdadera intimidad y placer. Las cosas funcionan muy bien cuando se usan según lo previsto, incluido el uso de relaciones sexuales según lo previsto por su diseñador. Luego, John Chirban pasó del placer como propósito del sexo a la reducción del estrés. Si el propósito del sexo es reducir el estrés, entonces no sorprende que el sexo se utilice como una especie de medicamento para relajar el cuerpo. El sexo utilizado de esta manera será como un medicamento que altera el estado de ánimo o la mente para alterar y controlar los sentimientos.

Aquí hay algunos comentarios sobre el sexo como calmante para el estrés publicados en un destacado sitio web verywellmind.com/sex:*La actividad sexual y el orgasmo pueden relajar el cuerpo y liberar muchas hormonas que favorecen la salud y el bienestar general. De manera similar, el sexo puede aumentar la dopamina, un neurotransmisor a veces llamado "químico del bienestar" porque refuerza los sentimientos de placer.oxitocina Se conoce como la "hormona del amor" porque se libera durante el contacto físico, comoen tocamientos afectuosos y relaciones sexuales entre parejas adultas, así como durante el embarazo, el parto y la lactancia. La actividad sexual parece ser una forma de liberar el estrés al reducir el cortisol. Un estudio analizó la frecuencia cardíaca y los*

46

niveles de cortisol de las mujeres como medida después de un "contacto físico positivo" con una pareja. Estos hallazgos sugieren que tener relaciones sexuales puede generar una menor respuesta de estrés durante situaciones desafiantes, lo cual es bueno.[21]

Aliviar el estrés puede ocurrir, y ciertamente ocurre, durante las relaciones sexuales, pero éste no puede ser el propósito del sexo. Aliviar el estrés puede actuar como un subproducto del sexo, pero no puede actuar como su propósito subyacente. Sería como decir que beber cerveza o fumar cigarrillos alivia el estrés y, por tanto, una actividad tan importante en la vida de los seres humanos se incluye en la categoría de calmante para el estrés. ¿En realidad? Buscar placer y aliviar el estrés ha sido ampliamente entendido como el propósito principal de las relaciones sexuales. Y finalmente, el autor de este artículo también identificó la "formación de nuestra identidad", como finalidad del sexo, es decir, de las relaciones sexuales.

El autor no dio más detalles sobre lo que quería decir con que la formación de nuestra identidad sea uno de los propósitos del sexo y no quisiera especular. Y la procreación se menciona como un propósito del sexo, pero el autor parece dar a entender que no es un propósito tan importante. Afirmó: "El objetivo del sexo se puede definir en una palabra: ¡realización!".[22] Si el sexo tiene que ver con la satisfacción, entonces eso puede implicar que cuanto más sexo tenga alguien, más satisfecho se sentirá. Eso implicaría

---

[21]

https://www.verywellmind.com/sex-as-a-stress-management-technique-3144601

[22]

https://www.psychologytoday.com/us/blog/age-un-innocence/201307/Purposes-sex

que los adictos al sexo y las prostitutas son las personas más satisfechas sobre la faz de la tierra simplemente porque tienen más sexo. ¿Es realmente el caso? ¿Cuál es el propósito previsto de las relaciones sexuales?

La procreación como finalidad de las relaciones sexuales

Algunos han argumentado que la procreación era y ya no es el objetivo principal del sexo. Cualquier especie que no procree pronto se extinguirá. Una de las razones por las que el hombre todavía existe es porque la tasa de natalidad excede la tasa de mortalidad, y eso resulta en una ganancia neta en la población humana. Si la población mundial sufriera una pérdida neta prolongada, no pasaría mucho tiempo antes de que los humanos se extinguieran. ¿Y cómo se evitaría que la población mundial se extinguiera si la procreación no fuera el objetivo principal de las relaciones sexuales? Es posible que a menudo escuche cosas como que la economía está experimentando escasez de mano de obra.

Si no hubiera relaciones sexuales, entonces la economía global tal como la conocemos eventualmente se detendría repentinamente y todas las ciudades bulliciosas quedarían repentinamente vacías. Entonces, ¿cómo se le puede ocurrir a alguien algún otro propósito para el sexo que no sea la procreación? Algunos han identificado el placer como el propósito del sexo, pero ¿cómo puede alguien obtener placer si no existieran personas en la tierra? ¿Y cómo llegó la gente hasta aquí? La gente no aparece de repente en la tierra, ¿verdad? Las relaciones sexuales primero deben ocurrir para que las personas estén en la tierra y luego sigue el placer como subproducto del sexo.

La palabra "procrear" supone que estamos hablando de "seres" en general, o de cualquier ser pero particularmente de los humanos. Procrear significa engendrar o dar a luz (descendencia).[23]La idea aquí es propagar una especie para sacarla de la extinción. Propagar significa "hacer que un organismo se multiplique mediante cualquier proceso de reproducción natural a partir de la cepa original, que se reproduzca a sí mismo, a su especie, etc., como lo hace un organismo".[24]La palabra "ser" significa existir o existencia. Esta palabra tiene la idea de vitalidad y vida, y para que cualquier ser se propague, debe originarse a partir de un linaje de su tipo. Los humanos vinieron de humanos y los monos vinieron de monos y no hay cruces. Entonces, en Génesis 1:27, Dios creó al hombre y de la creación del hombre creó los sexos, masculino y femenino.

Después de que Dios los creó, no dijo: "Vayan, diviértanse y disfruten" como el propósito de crear los sexos, ¿verdad? Esto es lo que dijo:*Y Dios los bendijo, y les dijo Dios: Fructificad y multiplicaos, y llenad la tierra, y sojuzgadla; y señoread en los peces del mar, en las aves de los cielos, y en todo ser viviente que se mueve sobre la tierra,* Génesis 1:28. Dios le dio a los géneros recién creados tres mandamientos básicos que tienen todo que ver con la propagación de la especie humana. Él les dijo: "Fructificad, multiplícos y llenad la tierra".

A los seres humanos recién creados también se les instruyó en este versículo a tener dominio sobre todos los demás seres creados no humanos. ¡Pero había un problema! ¿Cómo podrían tener dominio si fueran los dos únicos pueblos de la tierra? Necesitaban una fuerza laboral para

---

[23]   https://www.merriam-webster.com/dictionary/procreate
[24]   https://www.dictionary.com/browse/propagate

tener dominio. La palabra hebrea que se usa en este versículo y se traduce en la mayoría de nuestras traducciones al inglés como "fructífero" es la palabra "Parah", que conlleva la idea de dar fruto o aumentar. Esta palabra se usa para hombres y animales como en Éxodo 23:30 y Génesis 26:22, y la idea detrás de su uso es aumentar la población de la especie, ya sea hombre o bestia.

Esta palabra se usa para vides con la idea de dar fruto como en Isaías 32:12, y producir nuevos frutos y aumentar la cantidad de vides. Y esta palabra se usa para los seres vivos pero también para las plantas y la agricultura. Y no sorprende que el texto pasará de ser fructífero a "multiplicar" las especies. La palabra hebrea que se traduce en Génesis 1:28 al inglés como "multiplicar" es la palabra "rabá", y esta palabra lleva la idea, "llegar a ser mucho, muchos, grandes".[25]

Esta palabra se usa para personas, en Éxodo 1:10, 1:20, y para animales en Deuteronomio 7:22, 8:13. Noté que en el texto se usa la palabra "multiplicar" y no "añadir", que significa rapidez o rapidez en la propagación de la especie, ya sea hombre o bestia. Entonces, hemos demostrado claramente que para preservar las especies, debe haber un proceso de propagación o se extinguirán. Entonces, Dios creó este acto mediante el cual un hombre y una mujer tendrán relaciones sexuales y este acto puede resultar en la concepción y nacimiento de un nuevo ser, ya sea humano o algún otro ser.

Entonces, en Génesis 1:27, Dios creó al hombre y al género masculino y femenino, pero en el Capítulo 2 de Génesis, comenzando desde el versículo 7, Dios detalló cómo creó al hombre y en el versículo 21, creó a la mujer del

---

[25]   https://biblehub.com/bdb/7235.htm

hombre y trajo al mujer al hombre en el versículo 22. El hombre se regocijó al ver a la mujer, en el versículo 23; ¿Y qué pasa naturalmente cuando se presenta una mujer muy hermosa a un hombre y hay amor, química y atracción recíproca? Éste es el poder del sexo y la fuerza irresistible del sexo.

El hombre y la mujer recién creada eran la única familia en la tierra y no tenían padre ni madre y ni siquiera hablar de familias extensas que eran inexistentes. Génesis 2:24 habla de un hombre que deja o abandona a su familia natural, papá y mamá, y se une a un completo extraño y forastero que era ajeno a su familia natural, y el propósito de ese vínculo era formar una nueva familia que esté separado y distinto de la familia anterior. Este es el método que Dios pretende usar para cumplir el mandato de Génesis 1:28. Una familia a la vez. Este primer hombre y esta primera mujer no tenían padre ni madre, por lo que no podían saber lo que significaban todo esto. Miraban hacia adelante y no hacia atrás en busca de orientación.

El hombre tuvo que irse y unirse. Algunos hombres abandonaron a su padre y a su madre y nunca se unieron a su esposa. Otros se separaron pero nunca abandonaron a su padre y a su madre. Pero el texto dice claramente que debe haber una partida y una escisión para que la especie se propague. La frase "dejar a padre y a madre" puede no ser claramente evidente para el lector medio, pero ¿qué significa realmente? La siguiente frase, "y se unirá a su mujer", deja a muchos lectores desconcertados en cuanto a su significado. La palabra hebrea que se ha traducido aquí al español como "unir" es "piso," y la palabra también significa "aferrarse", como en Rut 1:14. Esta palabra también podría significar aferrarse, mantenerse cerca. Esta palabra ha sido traducida en la NVI como "unido", NLT como "está unido", NKJV como "estado unido", NASB como "estado unido", KJV como "se unirá", CEV como "casa", y he revisó más de 15 traducciones de la Biblia y todas, en su mayor parte, tradujeron esta palabra hebrea usando una de estas palabras en inglés.

Descubrí que solo la NKJV y la NASB tradujeron esta palabra como "estar unidos". Esta es una diferencia muy significativa con las otras traducciones y ¿por qué estas dos traducciones elegirían colocar la pequeña palabra "estar" antes de la palabra "unidos"? ? Esta diferencia tiene profundas implicaciones teológicas para la comprensión del sexo y el matrimonio en el futuro. La palabra "estar" colocada antes de la palabra "unir" significa que el verbo "unir" está en voz pasiva, lo que significa que alguien que no sea "hombre" está uniendo al hombre y la mujer.

Las otras traducciones omitieron la palabra "ser", haciendo que "unido" esté en la voz activa, lo que significa que el hombre se convierte en el sujeto del verbo, pero el hombre no puede ser el sujeto porque no figura ningún sujeto en el contexto inmediato que precede al verbo. En la gramática hebrea bíblica, cuando un verbo está en voz pasiva y a ese verbo le falta un sujeto, entonces se supone que Dios mismo es el sujeto de ese verbo, de ahí el término "divino pasivo". Pero, ¿cómo determinaron estas dos traducciones que se trataba de una pasiva divina y todas las demás traducciones no la detectaron? ¡Esta es una pregunta justa!

La palabra hebrea "piso," fue traducida en la Septuaginta como "proskollethesetai." La Septuaginta es la traducción griega de las escrituras hebreas del Antiguo Testamento que se tradujo al griego alrededor del año 3 a.C. Esta traducción griega del hebreo arrojó más luz sobre la comprensión y el análisis de esta palabra hebrea. La palabra, "proskollethesetai," está gramaticalmente en voz pasiva griega y esta clasificación gramatical hace que la NKJV y NASB sean la traducción hebrea más precisa, "piso", en Génesis 2:24. La pregunta más importante a responder es ¿cómo se relaciona el significado de esta palabra con las relaciones sexuales?

la idea de un hombreuniéndose a su esposa tiene que referirse a las relaciones sexuales porque el resultado de esa unión es que se convierten en una sola carne. Aquí hay una exposición del Génesis 2:24 del apóstol Pablo:*¿No sabéis que vuestros cuerpos son miembros de Cristo? ¿Tomaré entonces los miembros de Cristo y los haré miembros de una ramera?Ciertamente ¿no? ¿O no sabéis que el que se une a una prostituta, es un solo cuerpo con ella? Porque Él dice eso; los dos serán una sola carne,* 1 Corintios 6:15-16. Pablo usó la frase "alguien que se une a una prostituta", y no puede significar otra cosa que estar pegado o cementado con una prostituta y formar una unión sexual con ella.

Curiosamente, la palabra griega que aquí se traduce como "unido" es "coló menos", y esta palabra griega traducida como "unido" en Génesis 2:24, es "proskollethesetai," y ambos tienen su origen en la raíz de la palabra, "Hola", que significa pegar o cementar. Pablo está explicando el significado de la palabra "unido", como se usa en Génesis 2:24. Esta palabra significa relación sexual en ambos textos. Quizás te estés diciendo a ti mismo que no se aplica a ti, porque no te unes a una prostituta. La gente suele pensar que una prostituta es alguien a quien se le paga por brindar sexo como un servicio.

La definición bíblica es mucho más amplia que eso. La palabra griega "pornografía," ha sido traducida aquí como prostituta o ramera. Esta palabra se define como "una mujer que vende su cuerpo para usos sexuales". Cualquier mujer que se entregue a relaciones sexuales ilícitas, ya sea por ganancia o por lujuria."[26]Cualquier relación sexual fuera de lo que Dios ha unido es una relación sexual ilegal y no importa si es por ganancia o por lujuria. Las relaciones sexuales son placenteras y placenteras en una unión matrimonial heterosexual, monógama y ordenada por Dios.

La unión marital como propósito del sexo

Todavía hay un debate en curso sobre la cuestión del matrimonio como propósito del sexo. ¿Es la unión matrimonial un propósito para la creación del sexo? Antes de profundizar en esta cuestión, ¿qué es realmente un matrimonio? ¿Firmar un papel en el juzgado convierte a dos personas en casadas? Aquí hay una definición:*La unión legal o formalmente reconocida de dos personas como socios en una relación personal (históricamente y en algunas jurisdicciones, específicamente, una unión entre un hombre y una mujer).*[27]Según esta definición, alguien o algún ser decide y determina lo que constituye un matrimonio. La definición dice: "La unión legal y formalmente reconocida de dos personas como socios en una relación personal". ¿Y quién determina su legalidad y formalidad? Estados Unidos tiene 50 estados y supongo que puede haber 50 definiciones de lo que constituye un matrimonio.

A menos que el Congreso intervenga y establezca un estándar federal sobre lo que constituye un matrimonio, la definición está en juego. Hay alrededor de 190 países en el mundo y cada uno puede tener su definición de lo que

---

[26]   https://biblehub.com/thayers/4204.htm

[27]

https://www.google.com/search?q=define+marriage&oq=define+marriage&aqs=chrome..69i57j0i512l3j0i457i512j0i512l5.7170j1j4&sourceid=chrome&ie=UTF-8

constituye un matrimonio. Si tienes un papel que te declara legal y formalmente casado con otra persona, entonces esa legalidad y formalidad pueden quedar nulas si tomas un vuelo y te encuentras en otro país. ¿Cómo puede un papel declararlo casado en una jurisdicción y de repente anular su matrimonio en otra jurisdicción?

 Las leyes se promulgan en función de los valores y creencias de los legisladores de una jurisdicción determinada. Ya sean el congreso de los Estados Unidos de América, los parlamentos de otros países y los reyes o presidentes de otros; Las leyes se promulgan basándose en los valores predominantes de quienes gobiernan y de quienes son gobernados. Por lo tanto, no sorprende que diferentes jurisdicciones lleguen a definiciones diabólicamente opuestas de lo que constituye un matrimonio.

Una pregunta mucho más amplia es ¿quién define el matrimonio? ¿Hombre o Dios? ¿Puede un ser creado narrar su propia creación? Y si tal ser pudiera narrar su propia creación, entonces ese ser no fue creado y debe existir antes de su creación. ¿Puede el hombre decir algo sobre su creación y origen? Y si pudo, entonces no lo fue.

creado. ¿Por qué el hombre definiría algo tan intrincadamente vinculado a la creación del hombre, como el matrimonio y el sexo? ¿Cuando él no existía cuando todo sucedió?

La palabra matrimonio, casarse u otros derivados tiene algunos matices para poder entenderlos por completo. Esta palabra está expresamente referenciada en la Biblia. La palabra hebrea "baal" se traduce como "casarse", como su primer significado en la mayoría de nuestras traducciones al inglés.[28] Esta palabra significa "poseer, especialmente una esposa", y en arameo, "tomar posesión de una esposa o concubina".[29] Esta palabra se traduce como casarse en varios pasajes del Antiguo Testamento, entre ellos: Génesis 20:3, Deuteronomio 21:13, 22:22, 24:1, Isaías 54:5, 62:4-5, Malaquías 2:11 y Jeremías 31. :32. Esta palabra también tiene un segundo significado. También podría significar "gobernar sobre" como en 1 Crónicas 4:22, Isaías 26:13, Proverbio

---

[28]   https://biblehub.com/bdb/1166.htm
[29]   https://biblehub.com/bdb/1166.htm

30:23, Isaías 62:4.[30] Entonces, el significado básico de esta palabra que se traduce como casarse en la mayoría de nuestras traducciones al inglés es poseer, tomar posesión de una esposa o gobernar.

En el Nuevo Testamento, hay alrededor de 28 apariciones de la palabra casarse, matrimonio o algún derivado de ella. La palabra griega "gameo" ha sido traducida al inglés como "casarse" varias veces en las cartas de Pablo, especialmente en 1 Corintios 7:9,11,28,32,33,38 y 39. También se usa en Mateo 5. :32, Lucas 17:27 y en varios otros casos. Esta palabra griega tiene un significado similar a "baal" en el Antiguo Testamento, es decir, tomar posesión y propiedad de una mujer como esposa; realizar todos los ritos consuetudinarios, culturales, legales y formales que requiere que una niña o mujer transfiera su lealtad de su familia natural a una nueva familia bajo el paraguas de su marido.

Esta definición puede implicar e incluir relaciones sexuales más adelante, pero la idea de transferencia de lealtad es clave para el significado de esta palabra. José estaba comprometido con María y desposarse es una promesa y un acuerdo para casarse y este acuerdo es tan bueno como casarse, porque sólo el divorcio puede anular el acuerdo. Y aquí es donde José se comprometió con María:*El nacimiento de Jesús el Mesías fue como sigue: estando María su madre desposada con José, antes de que se juntasen, se halló que estaba embarazada del Espíritu Santo. Y José su marido, como era hombre justo y no quería avergonzarla, planeó despedirla en secreto.*Mateo 1:18-19.

Algunas observaciones para reflexionar: José es identificado como su "marido", pero no tuvieron relaciones

---

sexuales y la frase "despedirla en secreto" significa divorciarse de ella. Se los consideraba formal y legalmente casados aunque no hubieran tenido relaciones sexuales. Aquí hay algo de historia sobre el período de los esponsales en el Antiguo Testamento:*Varios pasajes bíblicos se refieren a las negociaciones necesarias para concertar un matrimonio (Gén. XXIV.; Cantar de los Cantares viii. 8; Jueces xiv. 2-7), que eran conducidas por miembros de las dos familias involucradas, o sus sustitutos, y normalmente requería el consentimiento de la futura novia (si era mayor de edad); pero una vez celebrado el acuerdo, es definitivo y vinculante tanto para el novio como para la novia, quienes eran considerados marido y mujer en todos los aspectos legales y religiosos, excepto en el de la convivencia real.*

La raíz de la palabra ("desposar"), de la que se deriva el resumen talmúdico ("desposar"), debe tomarse en este sentido; es decir, contraer un matrimonio real aunque incompleto. En dos de los pasajes en los que ocurre, la mujer prometida es designada directamente como "esposa" (II Sam. iii. 14, "mi esposa con quien me he desposado" ("errasti"), y Deut. xxii. 24, donde el prometido es designado como "la esposa de su prójimo"). En estricta conformidad con este sentido, la ley rabínica declara que el desposorio equivale al matrimonio real y sólo puede disolverse mediante un divorcio formal.[31] Está bien dicho que casarse puede implicar relaciones sexuales, pero no significa inmediatamente relaciones sexuales.

El famoso pasaje sobre el matrimonio en todas las Escrituras ni siquiera menciona la palabra "matrimonio" en el texto. Este pasaje habla tanto del matrimonio como del coito, pero la palabra matrimonio ni siquiera se menciona.

---

[31]

https://www.jewishencyclopedia.com/articles/3229-betrothal

Se nos ha pensado que el matrimonio, tal como lo conocemos, significa coito pero sí y no. El pasaje en cuestión es referido por el mismo Señor Jesús y el apóstol Pablo en varias ocasiones:*Por tanto, el hombre dejará a su padre y a su madre, y se unirá a su mujer, y serán una sola carne.*, Génesis 2:24.

Las relaciones sexuales son matrimonio

Y por relaciones sexuales me refiero principalmente a una relación sexual heterosexual. ¿Cuál es el propósito de que dos personas de sexos opuestos se desnuden uno frente al otro y tengan relaciones sexuales? ¿Por qué Dios diseñó esta actividad? El sexo es placentero pero ¿es para eso que se creó? El sexo alivia el estrés pero ¿es para eso que se creó? El sexo se puede utilizar para obtener ganancias o para la lujuria, pero ¿es para eso que se creó? El sexo se puede comercializar pero ¿es para eso que se creó?

La actividad más sagrada en la vida de cualquier ser humano, desnudarse frente a otro ser humano de diferente sexo con el propósito de mantener relaciones sexuales. Este acto sexual une permanentemente a dos personas. Los terapeutas sexuales han acuñado el término "vínculo fluido" y con esto quieren decir:*Se dice que las parejas que deciden dejar de practicar sexo seguro entre sí tienen vínculos fluidos. Esto se debe a que comparten fluidos corporales entre sí.*[32] Estoy pensando, ¿por qué los terapeutas sexuales usarían el término "vínculo" para describir el intercambio de fluidos corporales a través de las relaciones sexuales?

La mayoría de la gente cree que el hombre emite esperma o semen en la vagina femenina durante las relaciones sexuales y que es sólo una transacción

---

[32]   https://www.verywellhealth.com/fluid-bonding-3132610

unidireccional. Se considera que la mujer es únicamente la receptora, y nada podría estar más lejos de la verdad. Estos fluidos se mezclan y unen a estas parejas sexuales. Si no hubiera mezcla, entonces el hombre nunca podría contraer una enfermedad de transmisión sexual de la mujer. Cuando los fluidos masculinos entran en contacto con los fluidos vaginales de la mujer, se produce una mezcla y unión, y los fluidos mezclados permanecen en el cuerpo femenino y algunos regresan o se conectan a través del esperma y regresan a través del pene al cuerpo masculino. cuerpo.

Un hombre no podría contraer ninguna enfermedad de transmisión sexual de una mujer si no hubiera líneas de transmisión entre el punto de infección de la mujer y el cuerpo y la sangre del hombre y viceversa. Existe evidencia clara de que estos fluidos unen al hombre y a la mujer mediante el acto de las relaciones sexuales. Esto no es un juego, porque hay vidas en juego. Las relaciones sexuales son una acción que no se debe emprender a la ligera sin reflexionar detenida y cuidadosamente sobre todas sus ramificaciones. Las relaciones sexuales te unen a esa persona para siempre. Aquí hay una cita sobre la transmisibilidad bidireccional:*El intercambio de fluidos corporales y la infección funcionan en ambos sentidos durante el coito vaginal.*

Las infecciones de transmisión sexual se transmiten en la eyaculación, la pre eyaculación y las secreciones vaginales. Por tanto, cualquier contacto entre el pene y la vagina supone un riesgo de transmisión para ambos miembros de la pareja.[33]Además, en un artículo publicado en el sitio web

---

33

https://www.plannedparenthood.org/learn/ask-experts/during-vaginal-intercourse-how-long-does-it-to-exchange-bodily-fluids#:

del Centro para el Control de Enfermedades titulado "¿Qué fluidos corporales transmiten el VIH?" El artículo dice:*Sólo ciertos fluidos corporales de una persona que tiene VIH pueden transmitir el VIH. Estos incluyen: sangre, semen (semen), líquido pre-semen (pre-semen), fluidos rectales, fluidos vaginales y leche materna.*[34]Este artículo trata sobre la transmisión del VIH, pero el denominador común aquí es que todos los fluidos del cuerpo están relacionados con la sangre. Sólo cuando una infección procedente de un líquido llega a la sangre y ésta se infecta y destruye otros órganos vitales, llega la muerte.

El artículo continúa diciendo que:*Estos fluidos entran en contacto con una membrana mucosa o tejido dañado o se inyectan directamente en el torrente sanguíneo (a través de una aguja o jeringa) para que se produzca la transmisión. Las membranas mucosas se encuentran dentro del recto, la vagina, el pene y la boca.*[35]El punto aquí es que incluso si las relaciones sexuales no conducen al VIH u otras enfermedades de transmisión sexual, sí dejan a las parejas sexuales con una atadura en sus almas. Sus fluidos se han mezclado recíprocamente en su sangre y no pueden separarse.

Y Génesis 2:24 dice: "Por tanto, dejará el hombre a su padre y a su madre, y se unirá a su mujer, y serán una sola carne. Y estaban ambos desnudos, el hombre y su mujer, y no se avergonzaron". La palabra "matrimonio y relaciones

---

-:text=Intercambio%20de%20fluidos%20corporales%20y,de%20infección%20%E2%80%94%20para%20ambos%20socios. [34]

https://www.cdc.gov/hiv/basics/hiv-transmission/body-fluids.html [35]

https://www.cdc.gov/hiv/basics/hiv-transmission/body-fluids.html

sexuales" no se menciona expresamente en este pasaje, pero está implícita y claramente escrita en todo el texto. La palabra "dividido" se ha traducido en otras traducciones como "unido", y esta palabra conlleva la idea de cementar, soldar dos piezas de metal con metal sin posibilidad de separación. El texto dice que el hombre abandona su familia natural y se une a su esposa.

Esta palabra está hablando claramente de relaciones sexuales porque el resultado de esa unión fue cuando se convirtieron en una sola carne. Esta relación sexual resultó en cierta unidad interna. Sus identidades individuales no fueron completamente demolidas, pero se formó una nueva identidad como resultado de las relaciones sexuales. Pero, ¿qué significa realmente que se convirtieron en una sola carne? Hay dos palabras hebreas que podrían traducirse como "uno" en el Antiguo Testamento.

Uno es "echad," y el otro es "yachid," y "yachid," se usa a menudo para "unos" numéricos, teniendo en cuenta la idea de singularidad. Por otro lado, la palabra "Echad" se usa a menudo para "unos" unificados o plurales. "Yachid" rara vez se usa para referirse a Dios como uno. , pero "echad," se usa casi a menudo para referirse a Dios como uno, es decir, una pluralidad de unos. Uno de los mayores problemas teológicos para judíos y musulmanes es la idea de que Dios es Uno. Y ambos usarían Deuteronomio 6:4, que dice: "Escuchen , Oh Israel, Jehová nuestro Dios, Jehová Uno es." El significado de la palabra "uno" en este versículo ha sido utilizado tanto por judíos como por musulmanes para refutar la fundamental doctrina cristiana de la trinidad.

Argumentan que Dios no puede manifestarse en tres personas cuando este versículo (según ellos) dice claramente: "Dios es uno". El problema es entender el significado de la palabra "uno" en este versículo. Cuando se menciona a Dios como uno, la palabra hebrea "echad," siempre se usa con frecuencia para significar un "uno" unificado o plural. Entonces, la palabra que se usa exclusivamente para Dios como uno también se usa en Génesis 2:24 para describir a marido y mujer como uno. Entonces, esta nueva unión entre el hombre y la esposa se describe como "ejad", este es un misterio más allá de nuestra comprensión.

Este versículo se utiliza en varias ocasiones en el Nuevo Testamento para definir el matrimonio como la unión sexual entre un hombre y una mujer. Pablo dijo: ¿O no sabéis que el que se une a una prostituta o ramera (estas palabras significan desviaciones sexuales de la unión conyugal) es un solo cuerpo con ella? Porque dice: "Los dos serán una sola carne". "Pablo está argumentando que la relación sexual, que es escindir, unir o unir, te une permanentemente para siempre con esa persona. Entonces, la relación sexual es matrimonio. Pablo está haciendo una exposición de Génesis 2:24. Entonces, la relación sexual es matrimonio. Las relaciones sexuales no son algo que deba tomarse a la ligera, pero debemos reflexionar sobre las ramificaciones a largo plazo porque estas acciones nunca se pueden revertir. Estás unido para siempre a esa persona y múltiples parejas sexuales significan múltiples uniones.

Aquí hay una interacción muy interesante entre Jesús y la mujer junto al pozo: Jesús le dijo: "Ve, llama a tu marido y ven acá". La mujer le respondió: "No tengo marido". Jesús le dijo: "Tienes razón al decir: No tengo marido; porque has tenido cinco maridos, y el que ahora tienes no es tu marido. Lo que has dicho es verdad", Juan 4:16- 18. El Señor Jesús dice claramente que la mujer tenía lo que Él llamó "cinco maridos", pero anula los cinco diciendo que el que ahora tienes no es tu marido. No se puede considerar que ella haya estado unida a los cinco hombres, entonces sería una sola carne con los cinco. ¡Quizás necesitaba compañía!

El compañerismo como propósito del sexo

La procreación ha sido identificada como el propósito principal del sexo y con razón, ya que nuestra existencia misma depende de ello. Pero la procreación sería inexistente sin alguien con quien compartir la vida. Vivir solo es una experiencia terrible y, sin embargo, es exactamente donde se encuentran miles de millones de personas. Según la Oficina del Censo,*en 2021 había 37 millones de hogares unipersonales, o el 28% de todos los hogares estadounidenses. En 1960, los hogares unipersonales representaban sólo el 13% del total de hogares.*.[36] Estas estadísticas revelan que una población del tamaño de California vive sola. Miles de personas mueren cada año en sus hogares y se necesitan semanas para que alguien descubra que estaban muertos porque vivían solos y ni siquiera tenían a alguien, como un amigo o familiar, que los llamara y los controlara en un momento dado. regularmente.

Y cuando llamaron a las autoridades, el cuerpo ya se encontraba en estado de descomposición. El problema de estar solo es enorme y mucho más amplio de lo que parecen sugerir las estadísticas. He leído sobre miles de casos en los que alguien vive con otras personas y la persona murió, y le tomó entre 7 y 10 días a alguien descubrir que había fallecido. Entonces, millones de personas viven en un hogar de dos o más personas y, sin embargo, técnicamente viven solas. Millones de personas no

---

[36]

https://www.census.gov/newsroom/press-releases/2021/families-and-living-arrangements.html#:~:text=At%20the%20same%20time%2C%20living,from%207%25%20a%208%25.

tienen a nadie que los llame y controle si no han recibido noticias ni los han visto durante más de 48 horas.

Las personas han experimentado emergencias médicas durante el día o la noche y no podían alcanzar el teléfono para pedir ayuda, simplemente porque vivían solas. Vivir solo no sólo plantea desafíos físicos sino que también plantea una serie de problemas psicológicos. Según un artículo publicado en el sitio web de la Asociación Estadounidense de Psicología (APA), la escritora Amy Novotney dice: "*Al carecer del estímulo de familiares o amigos, quienes se sienten solos pueden caer en hábitos poco saludables. Además, se ha descubierto que la soledad eleva los niveles de estrés, impide el sueño y, a su vez, daña el organismo. La soledad también puede aumentar la depresión y la ansiedad. El año pasado, investigadores de la Facultad de Medicina de la Universidad Estatal de Florida también descubrieron que la soledad se asocia con un aumento del 40% en el riesgo de demencia de una persona. (The Journal of Gerontology: serie B, en línea 2018)*".[37] Por tanto, el compañerismo es fundamental para mejorar la calidad de vida. Dios creó al hombre como un ser social con un anhelo y una necesidad desesperados de compañía. No sorprende que los sitios de redes sociales, como Facebook, hayan ganado popularidad a medida que han intervenido para llenar el vacío en la creación de compañerismo y conectividad; sin embargo, la gente está más desconectada ahora que en cualquier otro momento de la historia.

Después de que Dios formó al hombre del polvo de la tierra, en Génesis 2:7, inmediatamente surgió un nuevo

---

[37] https://www.apa.org/monitor/2019/05/ce-corner-isolation#:~:tex t=%22Falta%20estímulo%20de%20familia%20o,también%20aum enta%20la depresión%20o%20ansiedad.%22

problema: el hombre estaba solo. Y esto es lo que dijo Dios: Y dijo Jehová Dios: No es bueno que el hombre esté solo; Le haré una "ayuda idónea" para él, Génesis 2:18. Hasta este punto todo lo que Dios hizo fue declarado muy bueno pero cuando se trataba de estar solo, Dios dijo que no es bueno. Estar solo era y es algo tan peligroso que Dios lo declaró no bueno. Pero Dios ya había creado a los animales, entonces ¿por qué no simplemente usar uno o cualquiera de los animales como compañero del hombre? Quizás eso hubiera sido lo más lógico, ya que eso le habría ahorrado a Dios mucho tiempo.

Después de todo, crear un subconjunto de hombre, llamado mujer, requeriría más tiempo, así que ¿por qué no utilizar uno de los animales que ya estaban disponibles como compañero del hombre? Esa no era una opción porque un animal no es un hombre y no puede ser compañero de un hombre. Al perro se le ha apodado "el mejor amigo del hombre", pero ¿puede realmente un perro ser el compañero del hombre? Un perro puede guiar a los ciegos, rescatar a un niño en peligro, ayudar a encontrar a una persona perdida y proteger un hogar de intrusos, pero ¿puede alguien entablar un diálogo inteligente con un perro o esperar que un perro le dé una palabra amable cuando se sienta? ¿abajo? Un verdadero compañero es alguien de tu misma esencia. Un humano necesitaba que otro humano fuera su compañero. El vacío de la falta de compañía no se puede llenar con una especie no humana.

Entonces Dios Dicho"Le haré una "ayuda idónea" para él". Pero, ¿qué es realmente una "ayuda idónea"? La palabra hebrea "ezer" se ha traducido al inglés como "ayuda a satisfacer", y esta palabra conlleva la idea de "un ayudante que brinda la ayuda adecuada a tiempo para satisfacer una necesidad urgente". Esta palabra hebrea se traduce en la

Septuaginta (la traducción griega del Antiguo Testamento hebreo) como "boethos", y esta misma palabra griega aparece en el libro de Hebreos (Nuevo Testamento) y esto es lo que dice: Así decimos con confianza , "Jehová es mi ayudador; no temeré. ¿Qué puede hacerme el hombre?" La palabra griega traducida aquí como "ayudante" al inglés es la misma palabra griega que se traduce de la palabra hebrea "mil", en Génesis 2:18.

El hombre, al estar solo, está incompleto, y la mujer viene junto a el hombre para ayudar a completar al hombre. Entonces, el sexo también es para tener compañía y dar placer a la vida de un hombre. Los hombres y mujeres más felices son aquellos que tienen una buena vida sexual y encuentran verdadero compañerismo y placer en su cónyuge. Los hombres o mujeres más miserables son aquellos que tienen múltiples parejas sexuales y relaciones sexuales fuera del plan de Dios y de lo que Él ha unido. El verdadero placer se encuentra en una unión matrimonial heterosexual, monógama y ordenada por Dios.

El placer como propósito del sexo

Dios creó las relaciones sexuales principalmente para la procreación y el compañerismo, pero el placer es sin duda un componente integral del sexo en el contexto correcto. Casi no hay placer duradero en ninguna actividad sexual ilícita. El placer ocurre durante el coito, pero también hay mucho placer antes de que se conciba el coito. A veces, el verdadero placer es lo que ocurre antes de que se produzca la relación sexual. Debes sentir placer y deleitarte con tu pareja antes de que el coito pueda ser placentero. Y disfrutar de tu pareja requiere tiempo para conocerla y disfrutar de ella.

Pero ¿qué significa realmente el placer? Así es como se ha definido el placer sexual:*El placer es un sentimiento de disfrute o satisfacción, a menudo asociado con una experiencia positiva y placentera. El placer sexual ha sido descrito como una satisfacción y disfrute físico y/o psicológico que proviene de una experiencia erótica. Cosas como el consentimiento, la seguridad, la privacidad y la capacidad de comunicarse son factores que permiten que el placer contribuya a la salud sexual. El placer, incluido el placer sexual, es diferente para cada persona y puede verse afectado por muchas cosas, como las emociones, la ubicación, el clima y el estado mental.*[38]Esta definición parecería implicar que cualquier experiencia sexual es placentera y placentera independientemente de las parejas involucradas. Entonces, según esta definición, el placer se deriva del acto sexual independientemente de las parejas involucradas.

Si ese es el caso, entonces todas las desviaciones sexuales se consideran placenteras. Entonces, para que se produzca placer debe haber excitación, eyaculación y orgasmos. Desafortunadamente, la gran mayoría de las personas que mantienen relaciones sexuales buscan exactamente este tipo de placer. Están en una búsqueda desesperada de una experiencia agradable.

Hay millones de casos reportados en los que las parejas mantienen relaciones sexuales e inmediatamente después de completar el acto, hay arrepentimiento y animosidad entre ellos porque el acto fue placentero pero decepcionante. Agradable pero no placentero. No estuvo a la altura de las expectativas. Faltaba algo pero no pudieron verbalizar qué era. Entonces, hubo excitación, eyaculación y

---

[38]   https://shq.org.au/2020/07/pleasure/

orgasmos, pero no placer. No hay placer real en las relaciones sexuales fuera de una unión sexual marital heterosexual, monógama y ordenada por Dios.

Puede haber algún placer a corto plazo, pero nada real y duradero. Entonces, el sexo, en el contexto correcto, es placentero pero no es principalmente por placer. Esto es lo que dijo el hombre más sabio que jamás haya existido sobre el placer en el sexo:*Bebe agua de tu propia cisterna,y fresco agua de su propio pozo. ¿Tus manantiales deben desbordarse en la calle, arroyos de agua en las plazas públicas? Déjalos ser solo tuyos, y no para extraños contigo.*, Proverbios 5:15-17. Este texto está escrito en poesía hebrea y el contexto claramente arroja luz sobre el significado del pasaje. El versículo 15 habla de beber agua de tu propia cisterna y la segunda línea poética refuerza la primera línea diciendo, agua fresca de tu propio pozo. El agua se usa aquí simbólicamente,desde que nosotros Se trata del lenguaje poético. Salomón está insistiendo en tener relaciones sexuales con la esposa que Dios te ha dado y no sólo con ella.cualquiera.

Y los versículos 16 y 17 aluden a evitar la promiscuidad sexual de cualquier tipo, incluido el adulterio, la fornicación y cosas similares y aquí hay un comentario sobre el versículo 15:*En este versículo, Salomón compara la monogamia con un pozo de agua que fluye. Élaconseja su hijo, o sus alumnos a disfrutar del agua que brota de su propio pozo. Parte del gozo que surge dentro del matrimonio es saber si es un placer sancionado y celebrado por Dios. La confianza de saber que algo es moral, legítimo y sagrado sólo aumenta la felicidad que trae.*[39] Este comentario está claramente en línea con el contexto y el

[39] https://www.bibleref.com/Proverbs/5/Proverbs-5-15.html#verse

significado del pasaje. Y queda vívidamente claro una vez que leemos los versículos 18 y 19. Estos versículos interpretan lo que no estaba tan claro en los versículos 15-17.

*Sea bendita tu fuente, y regocíjate en la esposa de tu juventud. Como cierva amorosa y grácil cierva, deja que sus pechos te satisfagan en todo momento; Alégrate siempre con su amor,*Proverbios 5:18-19. Salomón pronuncia una bendición sobre su fuente. Esta fuente es la fuente de la vida. Y la fuente de la vida es el órgano reproductor masculino, el pene. Este es probablemente el retrato más claro del placer en las relaciones sexuales en la Biblia. No hay nada tan vívido como esto. Deja que sus pechos (plural) te satisfagan en todo momento. Este es un placer interminable y no un placer momentáneo y temporal que se logra a través de diversas actividades sexuales ilícitas. Esto es un verdadero placer.

Luego continúa diciendo que "estén siempre regocijados con su amor". La palabra "exultado" significa estar muy feliz, animado o eufórico. Y la idea de estar entusiasmado siempre y no sólo a veces, sino siempre, con emoción y felicidad sin fin. La gente busca desesperadamente este tipo de experiencia sexual, pero miles de millones de personas la han eludido porque han mantenido a Dios fuera del sexo. Las relaciones sexuales son el acto más placentero que Dios creó pero miles de millones de personas quedan fuera de su máximo potencial y han buscado otras desviaciones sexuales. Pero todo este placer comienza con algo llamado romance, y sí, me escuchaste bien, ¡romance!

Romance que conduce al placer y al sexo

Es casi imposible hablar del placer en el sexo sin mencionar el romance, porque es el conjunto inicial de actividades que conducirán al placer. Incluso Aunque romance Por sí solo implica misterio, excitación, anticipación y lo desconocido, también implica niveles elevados de actividad emocional en el cerebro y el corazón. Los sentimientos de atracción hacia la otra persona abruman cualquier proceso de pensamiento racional y lógico de una persona en las etapas inicial y continua del romance. Y durante este proceso, las facultades de toma de decisiones racionales y lógicas quedan superadas. La gente actúa de maneras ajenas a su carácter normal en nombre del romance. Incluso los hombres y mujeres más valientes sucumben a esta fuerza irresistible.

Éste es el poder del sexo, la fuerza irresistible. Pero ¿qué es realmente el romance? El significado del romance puede, al final del día, ser completamente subjetivo. Algunos pueden decir que el romance es el contacto físico realizado durante y antes de la relación sexual, otros pueden decir que el romance es una acción afectuosa realizada por una pareja que puede conducir o no a una relación sexual. Algunos piensan que el romance son palabras pronunciadas por una pareja que comunican cariño y preocupación. En realidad, el romance puede significar cosas diferentes para diferentes personas.

Pero, por supuesto, nos preocupa el romance y el placer en el contexto de una unión sancionada por Dios. Aquí hay algunas definiciones de romance: *(1) Un romance es una relación entre dos personas que están enamoradas pero que no están casadas. (2) El romance se refiere a las acciones y sentimientos de las personas enamoradas, especialmente el comportamiento muy afectuoso o afectuoso. (3) Puedes referirte al placer y emoción de hacer algo nuevo o emocionante como romance.*[40] Para mí es de interés y preocupación la primera definición que define el romance como "una relación entre dos personas que están enamoradas pero que no están casadas".

Esta comprensión del romance supone que esto es algo que sucede fuera del matrimonio. Nada más lejos de la verdad. El romance real y verdadero ocurre principalmente dentro de una unión sancionada por Dios. Definiré el romance como cualquier comunicación, hablada o tácita, verbal o no verbal, acción realizada o retenida, con la intención conocida o desconocida de comunicar amor erótico. Ésta es una definición límite entre el coqueteo y el romance. Pero el romance en realidad se encuentra en el contexto del matrimonio. Ahora escuche cómo Adán adoraba a su esposa:*Adán dijo: Esto ahora es hueso de mis huesos y carne de mi carne; mujer será llamada, porque del hombre fue tomada,*Génesis 2:23. La frase "hueso de mis huesos y carne de mi carne" puede no parecer demasiado romántica para los lectores de hoy, pero es una profunda declaración de cariño y afecto. Durante el romance, las personas suelen hacer saber a sus parejas lo mucho que significan para ellos.

No hay romance más profundo que dejar que quien tú amor sepa que tú y ellos son uno. son tus desaparecidas costillas. Dios tomó la costilla de Adán para crear a la mujer y desde entonces Adán ha estado buscando la costilla que le faltaba. Y Adán encontró la costilla que le faltaba y gritó exclamando: "Esto ahora es hueso de mis huesos, carne de mi carne". No sorprende que en el siguiente verso después

---

40

https://www.collinsdictionary.com/us/dictionary/english/romance

del romance, el hombre abandonó a sus padres y se unió a su esposa (relaciones sexuales) y luego se convirtieron en una sola carne. Pero todo empezó con un romance y se volvieron inseparables. En caso de que estés buscando romance en la Biblia, ¡lee el Cantar de los Cantares! Entonces, la idea de que el romance es algo que sucede fuera del contexto del matrimonio es simplemente falsa. Este tipo de pensamiento había conducido a desviaciones sexuales destructivas durante demasiado tiempo.

Capítulo 3

El poder destructivo de la desviación sexual

En este punto, cuando hablo de desviaciones sexuales, entonces se supone que en este momento ya habrás sabido que he estado argumentando que existe el estándar y la expectativa establecidos por el Creador, y cualquier conducta sexual que no se ajuste a ese estándar se considera un desviación. Cada actividad sexual se mide con respecto a algún estándar y ese estándar determinará si hay una desviación. Siempre surge la pregunta de ¿quién está calificado para establecer los estándares? ¿Quién define realmente lo que se considera una desviación sexual?

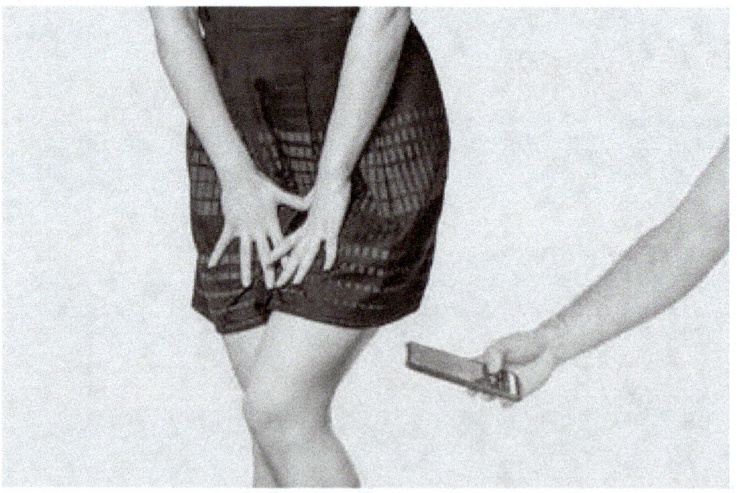

*Tener*GE de una parafilia en acción

Aquí hay una definición de desviación sexual de la Asociación Estadounidense de Psicología (APA): *Cualquier comportamiento sexual, como una parafilia, que se considere significativamente diferente de los estándares establecidos por la cultura o subcultura. Las formas desviadas de comportamiento sexual pueden incluir voyeurismo, fetichismo, bestialidad, necrofilia, travestismo, sadismo y exhibicionismo. Cualquier práctica sexual que una comunidad o cultura considere un medio anormal para alcanzar el orgasmo o la excitación sexual. Perversión sexual es un término antiguo que se utiliza poco hoy en día y que en gran medida ha sido reemplazado por desviación sexual o, en un contexto psiquiátrico, parafilia.*[41]La clave llevar Lo que se desprende de esta definición de la APA es que califica la desviación sexual como un comportamiento sexual que se considera significativamente diferente de los estándares establecidos por la cultura o subcultura.

Entonces, esto implicaría que en el caso de una cultura cambiante, habría un fluido o un estándar cambiante. Un cambio cultural no debería requerir un cambio en los estándares a menos que la cultura cambiante sea el único árbitro de esos estándares. ¿Y qué tan precisos son esos estándares si la meta sigue moviéndose con la cultura cambiante? A menudo escucharás frases como: "adaptate a los tiempos" o "eres de la vieja escuela", "estás estancado en tus costumbres" y la idea detrás de estas frases es que los estándares han cambiado y tú no. No ha seguido el ritmo de los cambios en los estándares. Si dices que no tienes relaciones sexuales con varios hombres o mujeres y algunos te miran, ¿en serio? ¿Quién hace eso realmente?

Entonces, la implicación sería que te estás perdiendo la diversión, y la exhortación de ellos sería "¡sigue con el programa!", y el resultado de cambio estándares es

---

[41]   https://diccionario.apa.org/perversion-sexual

que no habría absolutos ni bien o mal. Algo que estaba mal y se evitaba hace 50 años ahora se acepta y se ha convertido en algo común. El adulterio, la fornicación y las relaciones sexuales fuera del matrimonio, que alguna vez se consideraron una desviación, ahora se aceptan y se han convertido en algo común. La APA identificó varias desviaciones sexuales y estas son lo que yo llamo desviaciones hipersexuales, lo que significa que son casos extremos de desviaciones y fuera de la corriente principal, y no con lo que la persona promedio se enfrenta a diario. Ahora bien, ¡podría estar completamente equivocado en esto! Éstos son algunos de ellos:

Voyeurismo:

Se define como la Práctica *de obtener gratificación sexual al observar a otros.*.[42]La idea detrás de esto es que dos personas están teniendo relaciones sexuales en su casa y alguien que no participa en la actividad sexual está pasando una tubería a través de una abertura, como un agujero, una ventana o alguna otra abertura, y esa persona los está viendo. la cama a través de alguna abertura y la persona que mira se excita y recibe gratificación por la visualización ilícita de la actividad sexual.

La acción del voyeurismo en realidad ha sido codificadas en ley en algunas jurisdicciones y así es como se define:*El acto criminal de ver subrepticiamente a una persona sin su consentimiento en un lugar donde la persona tiene una expectativa razonable de privacidad (como una casa o un baño público) o usar un dispositivo (como una cámara) con el propósito de dicha visualización.*[43] De hecho, se ha

---

[42]

https://www.merriam-webster.com/dictionary/voyeurism
[43]https://www.merriam-webster.com/dictionary/voyeurism

acusado penalmente a personas del delito de voyeurismo y he aquí un ejemplo de ello:

Un hombre de 21 años ha sido acusado de voyeurismo por supuestamente usar la cámara de su teléfono para ver a la persona que estaba usando el baño en el cubículo junto a él en un dormitorio en el campus de Notre Dame..[44] En realidad, este es un problema de desviación sexual mayor de lo que la mayoría de la gente cree. La mayoría de las personas no son conscientes de que se trata de un comportamiento sexualmente desviado.

¿Puede realmente ocurrir tal desviación sexual en la Biblia? ¡Te dejaré decidir! He aquí un ejemplo de ello:*Una tarde, David se levantó de su cama y caminaba por el tejado de la casa del rey. Y desde el techo vio a una mujer bañándose y la mujer era muy hermosa de contemplar.* 2 Samuel 11:2. Esto debería calificarse como un caso claro de voyeurismo. No hay evidencia de que la mujer supiera que alguien estaba mirando, por lo que no hubo consentimiento. Se estaba bañando, lo que significa que tenía una expectativa razonable de privacidad. David estaba claramente excitado y posiblemente recibió alguna gratificación al verla porque en el siguiente versículo, envió a alguien para que la revisara y le avisara. Entonces David pasó del voyerismo al adulterio.

Fetichismo:

El término fetichismo en realidad fue tomado de escritos antropológicos en los que "fetiche" (también escrito fetiche) se refería a un amuleto que se pensaba que contenía poderes mágicos o espirituales. Su influencia en el uso psiquiátrico queda indicada por la referencia que hace

---

[44]https://www.merriam-webster.com/dictionary/voyeurism

Sigmund Freud, en sus Tres contribuciones a la teoría del sexo, al objeto sexual del fetichista como comparable al "fetiche en el que el salvaje ve la encarnación de su dios".[45]Se cree que el fetichismo implica poderes que se derivan de objetos fabricados por humanos, como objetos tallados. En ocasiones, los actos sexuales se realizan invocando la presencia imaginaria de otro ser humano. O realizar actividad sexual con algún objeto material de alguien del sexo opuesto. Esto parece implicar alguna actividad sexual espiritual mística. Esto parece ser claramente una actividad sexual demoníaca límite y algo de lo que hay que mantenerse alejado y abstenerse, y claramente huele a desastre para cualquiera que esté involucrado en ello.

Esto se utiliza claramente como brujería para lograr excitación y gratificación sexual. Esto es lo que dijo el Señor Dios:*No sea hallado en ti quien haga pasar a su hijo o a su hija por el fuego, ni quien practique adivinación, ni agorero, ni encantador, ni hechicero. O un encantador, o un consultor de espíritus familiares, o un mago, o un nigromante. Porque abominación son al Señor todos los que hacen estas cosas,*Deuteronomio 18:10-12. El fetichismo es claramente un demoníaco Actividad que utiliza el encanto para apoderarse de la mente de otra persona para obtener excitación y gratificación sexual y debe abstenerse de hacerlo.

Bestialidad

Se define simplemente como Relaciones *sexuales entre un ser humano y un animal inferior.*.[46] No puedo entender la razón por la cual el diccionario

---

[45]https://www.britannica.com/science/fetishism-psychology
[46]https://www.merriam-webster.com/dictionary/bestiality

Merriam-Webster marcaría la diferencia entre un ser humano y un animal inferior. La implicación puede ser que los seres humanos son un animal superior (definición extraña). Aquí hay una revelación sobre la prevalencia de la bestialidad en Estados Unidos:*Es repugnante escuchar que los funcionarios de la ASPCA en Rhode Island están rastreando a alguien que supuestamente agredió sexualmente a una pobre mezcla de Corgi-Labrador de cuatro años. ¡Lo que es aún más repulsivo es el hecho de que las personas que tienen relaciones sexuales con animales son mucho más comunes de lo que piensas! Ha sido omnipresente desde que nuestra historia humana quedó grabada en las rocas. Algunos estados no creen que tenga nada de malo. De hecho, es legal en lugares como Washington DC. Virginia Occidental, Kentucky, Nuevo México y Wyoming. El famoso investigador sexual Alfred Kinsey estimó que el ocho por ciento de los hombres y el 3,6 por ciento de las mujeres participan en algún tipo de actividad sexual con un animal, y ese estudio se realizó en la década de 1940. ElDiario de Medicina Sexual encontró que alrededor del 34 por ciento de los hombres en Brasil, en su mayoría de hogares rurales, tienen relaciones sexuales con animales con bastante frecuencia. ¿Crees que es por eso que el cáncer de pene era tan alto allí?*[47] Es alucinante que los seres humanos se hayan degradado a un lugar tan oscuro, en una búsqueda desesperada de excitación y gratificación sexual sin importar cómo se logre.

Entonces, cómo los gobiernos están controlados por la gente, las normas se modifican para adaptarse y ajustarse a las creencias de los legisladores. Si la mayoría de los legisladores creen en la bestialidad, entonces naturalmente

---

[47]https://wbsm.com/bestiality-is-much-more-widespread-than-you-think-phil-osophy/

aprobarían leyes que estén en consonancia con sus creencias. La desviación sexual está convirtiéndose en un problema mucho mayor de lo que jamás anticipé. Los seres humanos se han degradado a un lugar tan oscuro y, una vez más, no es realmente sorprendente debido a la depravación humana. ¿Por qué un ser humano se pelearía con un animal? El ser humano, que es creado a imagen de Dios, se une a un animal y se hace una sola carne con ese animal.

Imagen de un perro teniendo relaciones sexuales con una

mujer.

Esta es una conducta increíble. Esto no solo está sucediendo en nuestros días porque la Biblia advierte contra esto, lo que significa que la conducta humana sexualmente desviada ha existido desde la caída del hombre en Génesis 3. Esto es lo que la Biblia realmente dice sobre la bestialidad:*Tampoco tendrás relaciones sexuales con ningún animal para contaminarte con él, ni ninguna mujer se pondrá delante de un animal para aparearse con él, es una perversión,* Levítico 18:23. Las relaciones sexuales son la actividad más sagrada en la vida de un ser humano y es algo que debe realizarse con mucho cuidado y reflexión sobre todas sus ramificaciones y consecuencias. No es algo que deba abordarse a la ligera.

Necrofilia

También conocido como necrofilismo es la atracción sexual hacia o un acto sexual que involucra cadáveres. Está clasificada como una parafilia por la Organización Mundial de la Salud (OMS) en su manual de diagnóstico de la Clasificación Internacional de Enfermedades (CIE), así como por la Asociación Americana de Psiquiatría.[48] A menos que me haya perdido algo, no veo ninguna mención explícita de la necrofilia en la Biblia, pero la aplicación está claramente ahí. Aquí hay un versículo que se acerca: Ni se acercará a ningún muerto, ni se contamina ni siquiera por su padre o su madre. Levítico 21:11. El contexto está claramente en contra de que un sumo sacerdote entre en contacto con una persona muerta, pero se puede presentar una solicitud contra el contacto con los muertos con fines de relaciones sexuales. Tener relaciones sexuales con un cadáver es claramente un caso de grave trastorno psicológico, psiquiátrico y espiritual.

Travestismo

Es la práctica de vestir.de una manera tradicionalmente asociado con el sexo opuesto.[49] Este puede ser claramente un caso de confusión de identidad y de género. Esto también es diferente de transgénero, aunque

---

[48]https://en.wikipedia.org/wiki/Necrofilia
[49]https://en.wikipedia.org/wiki/Transvestismo

existe una asociación limitada. *Transgénero es un término general que describe a las personas cuya identidad de género, o su sentido interno de ser hombre, mujer o cualquier otra cosa, no coincide con el sexo que se les asignó al nacer. Por el contrario, el término cisgénero describe a personas cuya identidad de género se alinea con el sexo que les fue asignado al nacer. Alrededor de 1,4 millones de personas transgénero viven en Estados Unidos.*[50] Entonces, existe una distinción entre travestismo y transgenerismo. Esto es lo que Dios dice sobre el travestismo: *La mujer no vestirá ropa de hombre, ni el hombre vestirá ropa de mujer, porque abominación es a Jehová vuestro Dios cualquiera que haga estas cosas,* Deuteronomio 22:5.

Esta es un área gris y no mira este comando como una prohibición absoluta contra las mujeres que usan pantalones o pantalones que son normalmente asociado con la ropa masculina. Lo clave a considerar es la intención y el engaño. ¿Cuál es la intención de la persona y qué hay en su corazón? ¿Existe alguna intención de engañar a los demás sobre su identidad? Si eres mujer y crees que tu identidad es la de una mujer y no tienes intención de engañar a nadie haciéndoles creer que eres un hombre, entonces puedes ser libre de vestirte como te dicte tu conciencia. Recuerde, no se vista para atraer o atraer hacia usted a personas del sexo opuesto, sino para la gloria de Dios.

Deuteronomio 22:5 dice que todo aquel que se travestea es abominación a Jehová. Este texto dice que el travestismo es una abominación y no el acto de travestismo. Abominación es la persona y no la ropa. Esto es serio y profundo. Ya seas hombre o mujer, vístete no para seducir o

[50]https://www.webmd.com/sex-relationships/what-is-transgender

atraer al sexo opuesto, sino para la gloria de Dios. Y si estás en la palabra de Dios de manera constante, entonces tu conciencia te guiará como a un Dios glorificante. código de vestimenta. La clave es informar tu conciencia y bañarla en la palabra de Dios con regularidad y en el momento adecuado, ella te acusa o se excusará en cuanto a qué ponerte.

Exhibicionismo

El trastorno exhibicionista es una condición marcada por el impulso, la fantasía o el acto de exponer los genitales a personas sin su consentimiento, en particular a extraños.[51] Esto también huele y parece un trastorno mental grave en lugar de una necesidad de excitación y gratificación sexual, excepto en algunos casos raros. No pude encontrar ningún caso encubierto o abierto de exhibicionismo en el registro bíblico, pero eso no significa que no exista.

Estas son la mayor parte de lo que la Asociación Estadounidense de Psicología ha identificado como parafilias. Esto es lo que se identifica y considera actividades sexuales anormales o fuera de las actividades sexuales convencionales. En esta lista faltan actividades como el adulterio, la fornicación, el incesto y la homosexualidad. Por inferencia, estas pueden considerarse actividades sexuales normales. Dado que la sociedad es el guardián, el abanderado y el árbitro de lo que se considera conducta sexual normal, se ha determinado que éstas son normales. Incluso cosas como el sexo anal y oral parecen considerarse también una actividad sexual normal, o eso parece. La Biblia tiene un estándar diferente e identificar cualquier desviación de ese estándar como inmoralidad sexual. El estándar ha

---

[51]https://www.psychologytoday.com/us/conditions/exhibitionism

sido establecido por Dios en Génesis 2:24 y el resto de las Escrituras.

Las relaciones sexuales deben tener lugar únicamente en una unión marital ordenada por Dios. Un hombre, una mujer para toda la vida. Es posible que desees tirar este libro a estas alturas y entiendo tu frustración, ¡pero sigue leyendo! Este es el estándar y cualquier conducta sexual fuera de esto se considera inmoralidad sexual. Éste es el estándar bíblico de conducta sexual desviada. Es posible que a menudo escuches cosas como: "¡Quién controla la definición, controla el argumento!". La humanidad está empeñada en definir lo que se considera "conducta sexual inmoral", pero ¿qué es realmente la inmoralidad sexual?

Inmoralidad sexual

La palabra griega,porno, se ha traducido con mayor frecuencia en la mayoría de nuestras traducciones al inglés como "inmoralidad sexual". Todas las desviaciones sexuales en la Biblia caen bajo el título principal de inmoralidad sexual. Esta es la misma palabra griega que ha sido transportada al inglés como porno o pornografía. La palabra hebrea "ra" se encuentra en Deuteronomio 22:22 y 24. Esa palabra hebrea se traduce en la Septuaginta (la traducción griega del Antiguo Testamento hebreo) comoporno. Esta palabra hebrea, "ra", significa malo, malvado, perverso, desagradable.

Los traductores de la Septuaginta entendieron que era significabaporno, entonces la inmoralidad sexual conlleva la idea de maldad y maldad. Aquí está el contexto en el que fue traducido:*Si se encuentra un hombre durmiendo con una mujer casada, ambos morirán; el hombre que se acostó con la mujer, y la mujer; así eliminarás el mal de Israel. Si hay una muchacha virgen*

*desposada con un hombre, y otro hombre la encuentra en
la ciudad y se acuesta con ella, entonces los sacaréis a
ambos a la puerta de aquella ciudad y los apedreados
hasta morir: , porque ella no pidió ayuda estando en la
ciudad, y el hombre, porque ha violado a la mujer de su
prójimo. Así eliminarás el mal de en medio de vosotros.,*
Deuteronomio 22:21-24.

La palabra "mal" en estos versículos proviene de la
palabra hebrea "ra", traducida comoporno en la Septuaginta.
Este es un claro caso de desviación sexual. En este contexto,
la palabra "porno," es malo. Es tan malo que la pena de
muerte es el único remedio adecuado. El objetivo de la
aplicación de la pena de muerte se indica al finalde versos
22 y 24. Eliminar a los perpetradores parecería irrazonable
en la mentalidad humana, pero en la economía de Dios, la
meta es la santidad y la erradicación del pecado.

Es mejor que mueran dos personas que muera toda
la ciudad, el país o el mundo si este pecado se normaliza y
contagia a muchas más personas. La pena de muerte es un
remedio apropiado para tal situación.fragante y una
infracción flagrante. La mujer se encontraba en la ciudad y
pudo haber gritado pidiendo ayuda pero no lo hizo, dando a
entender que consintió el acto. No estaba en algún lugar
aislado donde nadie pudiera oírla si gritaba; más bien estaba
en la ciudad y permaneció en silencio. Para el hombre, el
texto no nos dice si sabía que ella estaba casada.

El autor del texto se dirigió a la mujer como "la
esposa de su vecino", y la palabra "vecina" podría significar
una vecina de al lado o la esposa de cualquier persona en la
calle. En cualquier caso, se trataba de una conducta sexual
ilícita castigada con la pena de muerte. La frase "eliminarás
el mal de Israel" se menciona dos veces en los versículos
anteriores y ayuda a explicar el propósito de Dios al exigir la

pena de muerte por algo que podemos considerar una infracción menor. Pero a los ojos de Dios, cualquier forma de inmoralidad sexual es un gran problema.

Si alguien tiene cáncer y se está propagando, los médicos pueden tomar medidas radicales para detener su propagación. Esto puede incluir la amputación de una parte u órgano muy vital del cuerpo para detener su propagación. La inmoralidad sexual es como el cáncer y Dios debe tomar medidas muy radicales y poco ortodoxas para detenerlo en seco.pistas antes de que se propague y se lleve consigo millones de vidas. Esta palabra griega, "porno"," se traduce como "inmoralidad sexual" en varios pasajes del Nuevo Testamento, incluidos Judas 1:7, Corintios 6:18, 5:1, 4:3, 6:9, 10:6, 1 y Timoteo 1. :10.

La inmoralidad sexual es en realidad una subcategoría bajo el título principal de persona injusta o no piadosa. El ser sexualmente inmoral no es peor ni mejor que un mentiroso, un ladrón, un tramposo, un idólatra, porque todos ellos están bajo el juicio de Dios. Así es como se define.: *¿O no sabéis que los injustos no heredarán el reino de Dios? Que no te engañen; Ni los fornicarios, ni los idólatras, ni los adúlteros, ni los homosexuales, ni los ladrones, ni los avaros, ni los borrachos, ni los maltratadores, ni los estafadores, heredarán el reino de Dios.,* 1 Corintios 6:9-10. El pecado es pecado y difícilmente existe una clasificación de mayor o menor pecado. El adulterio, la homosexualidad y el robo tienen el mismo rango porque son todos e igualmente actos impíos e injustos ante un Dios santo. Todos reciben igual castigo y condena. Es bastante interesante que el texto anterior coloque el adulterio y la homosexualidad en pie de igualdad.Sociedad Ha tratado de diferenciar su severidad y gravedad, pero a los ojos de Dios, son igualmente actos de injustos. Miremos ahora en unos pocos actos de inmoralidad sexual.

Actos de adulterio

El adulterio es un acto sexualmente inmoral que viola el pacto matrimonial entre un marido y su esposa. Está definido por un diccionario secular como,*Relaciones sexuales voluntarias entre una persona casada y otra persona distinta de su cónyuge legítimo.*[52] No estoy seguro de por qué el uso enfático de la palabra "voluntario" para calificar la actividad. ¿Qué se considera realmente voluntario? ¿Se puede obligar a una parte en adulterio a actuar? Estas y muchas más son preguntas para reflexionar al reflexionar sobre los actos de adulterio.

El acto de adulterio se ha normalizado hasta el punto de que rara vez se considera un comportamiento sexualmente desviado. Se ha llegado al punto en que muchos piensan y creen que es imposible dedicarse a una relación matrimonial heterosexual monógama en esta cultura contemporánea. Pero el tema del adulterio es un asunto muy serio, y tan serio que Dios lo incluyó cuando dio la ley a Moisés en el Monte Sinaí, y esto es lo que dijo:*No cometerás adulterio*, Éxodo 20:14. Este comando conlleva la idea de una negación absoluta y en contraposición a una negación temporal. Hay al menos dos palabras hebreas que se usan para negar una palabra, frase u oración en la Biblia.

Las palabras son "lo" y "al" y, según el contexto, "lo" a menudo conlleva la idea de una negación absoluta, y "al" a menudo conlleva la idea de una negación temporal. Así que sería mejor que Éxodo 20:14 dijera: "Nunca cometerás adulterio". Esta es una negación absoluta, lo que significa que

---

[52]https://www.dictionary.com/browse/adulterio

nunca habrá un momento en que el adulterio esté permitido, ni siquiera momentáneamente. El adulterio se considera principalmente un acto voluntario de la voluntad humana de tener relaciones sexuales por parte de una persona casada con alguien que no sea su cónyuge legítimo.

Pero a decir verdad, ¡es mucho más grande que eso! El acto de cometer el adulterio no surgió de la nada. Todo empezó con un pensaba que concibió y dio a luz al adulterio. Esto es lo que dijo Jesúsen este ocasión:*Habéis oído que se dijo que no cometerás adulterio, pero yo os digo que cualquiera que mira a una mujer para codiciarla, ya adulteró con ella en su corazón.* Mateo 5:27-28. Si vamos a aceptar esta definición mejorada de Jesús, entonces todo ser humano desde Adán hasta el regreso de Jesús es adúltero, al menos espiritualmente. Todos han mirado con lujuria a miembros del sexo opuesto, sin excepción.

Esto es más que un acto, pero en última instancia es un problema del corazón. Los ojos ven y los pensamientos se conciben en el corazón y esos pensamientos se creen y la creencia se convierte en acción en los miembros de nuestro cuerpo. Todos los pensamientos provienen del corazón y una vez creídos, luego se convierten en acciones. Esto es lo que Jesús dijo en otra ocasión:*Porque del corazón salen los malos pensamientos: el homicidio, el adulterio, la fornicación, el hurto, el falso testimonio, la calumnia.*, Mateo 15:19. Este versículo establece que la fuente de los pensamientos sexualmente inmorales y el adulterio provienen o se originan en el corazón. Este versículo vincula claramente la fuente de los pensamientos con el corazón.

Si una ciudad tiene una mala fuente de agua potable, todo el suministro de agua que llega a cada hogar sería malo y contaminado. Los malos corazones son la fuente de pensamientos sexualmente inmorales que están asolando el mundo. La condición del corazón determinará qué tipo y calidad de pensamiento se origina en ese corazón. Jesús volvió a decir: Un buen árbol no puede dar malos frutos y un árbol malo no puede dar buenos frutos. En otras palabras, un corazón bueno no puede tener malos pensamientos y del mismo modo, un corazón malo no puede tener buenos pensamientos. Los pensamientos y acciones de un hombre o una mujer son en función de la condición de su corazón.

Así, por culpa de los malos corazones, el adulterio ha dejado un rastro de sangre a su paso. Cualquiera que sucumba a ello pagará un alto precio. El rey David, rey de Israel, lo sabía muy bien con su relación adúltera con Betsabé, la esposa de Urías, el hitita. ¿Por qué el Rey arriesgaría su reino, el poder que se le ha dado para gobernar, sólo por un placer sexual breve, momentáneo y temporal? Ésta es la fuerza irresistible, e incluso los hombres o mujeres más valientes han sucumbido a su ira. El sexo es bueno y placentero en su contexto adecuado, pero todas las formas de inmoralidad sexual y sus consecuencias han arruinado más vidas que cualquier otra cosa en la historia de la humanidad. Las secuelas de la inmoralidad sexual han matado a más personas que todas las demás enfermedades combinadas. ¿Sabías que la mayoría de los cánceres son vinculado a las ETS? Pensemos en todo tipo de enfermedades de transmisión sexual, los millones de bebés asesinados a través del aborto, la ruina financiera de una familia como resultado del adulterio que en última instancia conduce a la ruina emocional de la familia, incluidos los niños. Éste es el poder destructivo de la desviación sexual.

Piense en el presidente Bill Clinton y su relación adúltera, que es de dominio público. Así como David, rey de Israel, carecía de control sobre los deseos sexuales que lo arrastraban a su destrucción, también lo era Bill Clinton, quien también carecía del poder y la capacidad para controlarse a sí mismo. Su presidencia y su legado se vieron empañados por el adulterio por toda la eternidad. Las fuerzas de los deseos sexuales eran tan pesadas y lo abrumaba que incluso le faltaba la capacidad de reflexionar y pensar en las ramificaciones de sus acciones. Los deseos sexuales se apoderan de los procesos racionales de toma de decisiones de un ser humano racional, de modo que no pueden ni quieren controlar dichos deseos. La verdad es que sin el Espíritu de Dios, cualquier ser humano es capaz de caer en una conducta sexualmente inmoral severa. Otro acto de inmoralidad sexual es la fornicación.

Actos de fornicación

¿Qué es realmente la fornicación y en qué se diferencia del adulterio? En el sentido más general, se trata de relaciones sexuales entre personas que no están casadas entre sí. Así es como un diccionario define la diferencia: Adulterare (del latín), de donde obtenemos la palabra inglesa "adulterio", que significa *"contaminar, profanar, cometer adulterio", una palabra formada en última instancia a partir de los elementos latinos ad- "a, cerca" y "alterar" "otro". En el uso legal existe una diferencia entre adulterio y fornicación. El adulterio sólo se usa cuando en Al menos una de las partes involucradas (ya sea hombre o mujer) está casada, mientras que fornicación puede usarse para describir a dos personas que no están casadas (entre sí o con cualquier otra persona) y mantienen relaciones sexuales consensuales.*[53] Entonces, para que haya ocurrido adulterio, al menos una de las partes debe ser cónyuge legítimo de otra persona y para que haya ocurrido

---

[53]https://www.merriam-webster.com/dictionary/adulterio

fornicación, ninguna de las partes en el acto sexual es cónyuge legítimo de otra persona.

La sociedad en general hoy puede saber intuitivamente que el adulterio está mal incluso aunque muchos Puede que no lo vea como pecaminoso. Una de las razones para considerarlo incorrecto es la toma de alguien esposo o esposa. Entonces, muchos pueden simplemente normalizar como cualquier otra actividad sexual, pero según ellos, la única diferencia es que la persona pertenece a otra persona. Ahora, por otra parte, la fornicación ha recibido un nivel muy alto de aceptabilidad por parte de la cultura. Decirle a un joven o a cualquier otra persona que la fornicación está mal sería como decirle a un ser humano que está mal beber agua.

Esto se ha convertido en un comportamiento normalmente aceptado. Ésta es la norma aceptada en la cultura actual y cualquier otra idea se considera ajena y extraña. Esto está profundamente arraigado en el pensamiento global y cultura. La gente vive, piensa yrespirar sexo. La industria del sexo está en auge y los ingresos están en su punto más alto. Hace poco estuve hablando con algunos chicos de secundaria que van a la universidad y surgió el tema del sexo y les aconsejé que debían preservar sus cuerpos para sus futuros esposos o esposas y abstenerse de cualquier actividad sexual hasta que se casen y disfruten del sexo perpetuamente. . Me miraron como si dijeran: "Debe ser de otro planeta" y se burlaron de mí mientras observaba cómo cambiaba su lenguaje corporal.

La demanda de más sexo no está disminuyendo. Aquí hay un informe de noticias reciente sobre el estado financiero de la industria del porno global:*A nivel mundial, la pornografía es una industria de 97 mil millones de dólares, según Kassia Wosick, profesora asistente de sociología en* la Universidad Estatal de Nuevo México. En la actualidad, entre 10 y 12 mil millones de dólares provienen de Estados Unidos.[54]La economía mundial del porno es mayor que las economías de muchos estados nacionales más pequeños. Aparecen mujeres y hombres, parcialmente vestidos.en muchos anuncios porque eso impulsa las ventas.

Esta es la descripción bíblica y el mandato para la fornicación:*Huye de la fornicación: Todo pecado que el hombre comete quedan fuera del cuerpo, pero el que comete fornicación peca contra su propio cuerpo. ¿O no sabéis que vuestro cuerpo es templo del Espíritu Santo que está en vosotros, el cual tenéis de Dios, y no sois vuestros? Porque fuisteis comprados por precio; glorificad, pues, a Dios en vuestro cuerpo y en vuestro espíritu, que son de Dios,*1 Corintios 6:18-20. El apóstol Pablo pretendía que este versículo se aplica a personas que ya son seguidores de Jesucristo.

Esto está dirigido a personas cuyo cuerpo es templo del Espíritu Santo y el Espíritu de Dios está viviendo en ellos permanentemente ya que están sellados con el Espíritu, Efesios 4:30. El Espíritu de Dios no puede vivir en nadie a menos que sea cristiano, Romanos 8:9. También se supone que el hombre natural no puede y es incluso sujeto a obedecer el mandamiento de "huir de la fornicación", porque la Ley de Dios se discierne espiritualmente, 1 Corintios 2:14. Este comando de "huir de la fornicación" supone que usted ya es un discípulo y seguidor de Jesús, como lo demuestra el Espíritu Santo que vive en usted al recibir su testimonio interno de la presencia del Espíritu Santo, Romanos 8:16.

---

[54]https://www.nbcnews.com/business/business-news/things-are -looking-americas-porn-industry-n289431

Es casi imposible huir de la fornicación sin la capacidad y presencia del Espíritu Santo. La palabra griega "porno "que se traduce en estos versículos anteriores como fornicación en algunas de nuestras traducciones al inglés, también se traduce en otras traducciones como inmoralidad sexual. En Deuteronomio 22:21-24, la palabra hebrea "ra" ha sido traducida a la Septuaginta (griego traducción del Antiguo Testamento hebreo) como "porno," y en ese contexto, "porno"," se traduce como "malo". El contexto allí es claramente el de adulterio, ya que un hombre tiene relaciones sexuales con la esposa de su prójimo.

La cuestión es que "porneia" podría significar adulterio, fornicación, maldad y, por tanto, cualquier desviación sexual de la norma fijada por Dios: un hombre, una mujer para toda la vida. Según este análisis, no existe distinción entre adulterio, fornicación, homosexualidad, incesto y cualquier forma de conducta sexualmente inmoral y malvada. La comunidad secular ha hecho una distinción entre fornicación y adulterio, pero la Biblia no hace tal distinción. El contexto será el determinante más claro del significado pretendido de la palabra. Aunque otra palabra griega, "mochuelo"A menudo se traduce como adulterio en el Antiguo y el Nuevo Testamento.

Hay un uso muy interesante de "moichiea," y "porneia" en el Antiguo Testamento. Estas palabras no se usan en términos de relaciones antropomórficas sino en referencia a la relación entre Dios y los seres humanos. La idea básica detrás de la inmoralidad sexual es la infidelidad y la impureza. Estas palabras arrojan una nueva luz. en el Antiguo Testamento y así es como se lee:*Confía con tu madre, confía. Porque ella no es mi esposa y yo no soy su marido; Y quite de su rostro su prostitución y su adulterio de entre su pecho,*Oseas 2:2. En el contexto del libro de Oseas,

Dios es el marido fiel e Israel es la esposa infiel. En este versículo anterior, la palabra traducida como "prostitución" proviene de la palabra griega "porno", y la palabra traducida como "adulterio" proviene de la palabra griega "moicheia," y ambas palabras en este contexto se refieren a la infidelidad a su marido, o en otras palabras, la infidelidad de Israel a Dios.

Pero en el contexto humano, es infiel a cualquiera de los socios. En otro contexto, ambas palabras se usan en referencia a la impureza y aquí está el texto:"*En cuanto a vuestros adulterios y vuestros relinchos lascivos, La lascivia de vuestra prostitución en los montes del campo. He visto tus abominaciones. ¡Ay de ti, oh!Jerusalén! ¿Hasta cuándo permaneceréis impuros?"* .Jeremías 13:27. Nuevamente la palabra griega "moicheia" se traduce aquí como adulterio y "porneia" se traduce aquí como "prostitución" y están hablando de la relación de Israel con el SEÑOR Dios de Israel. Israel es infiel e inmundo hacia Yahweh.

Cualquier infidelidad e impureza en la unión matrimonial humana refleja la relación que las parejas tienen con Yahweh. Esto nos lleva a un concepto llamado adulterio-fornicación espiritual y adulterio-fornicación tangible. La infidelidad y la impureza hacia Yahweh es adulterio-fornicación espiritual y la infidelidad y la impureza en una relación sexual física es adulterio-fornicación tangible.

Quizás estés pensando: "¿De dónde sacó esta idea del adulterio-fornicación espiritual?" ¡Y ésta es una objeción justa! Esto es lo que el Señor Jesús dijo acerca de esto:*La generación mala y adúltera demanda señal, y ninguna señal le será dada, excepto la señal del profeta Jonás, que los dejó y se fue.*Mateo 16:4. La palabra "mal" ha sido traducida de la palabra griega "porno", y la palabra "adulterio" ha sido traducida de la palabra griega "moicheia," y en este contexto, el Señor está hablando de la condición espiritual del pueblo y no de las relaciones sexuales, pero está usando el mismo lenguaje para describir ambas. El adulterio y la fornicación también están estrechamente relacionados con la idolatría.

Actos de idolatría

En este punto usted puede estar pensando: "¿Pero qué tiene que ver la idolatría con el comportamiento sexualmente desviado?" Yo diría que tiene mucho que ver con eso, pero ¿qué es realmente la idolatría? Esoes una muy ¡buena pregunta!*Es la adoración de una imagen de culto o "ídolo" como si fuera Dios. en el abrahámicoreligión, la idolatría connota la adoración de algo o alguien distinto del Dios abrahámico como si fuera dios. En estas religiones monoteístas, la idolatría ha sido considerada como el culto a dioses falsos y está prohibida en textos como los Diez Mandamientos.*[55]Como puede ver en esta definición, la idolatría es una violación grave de la ley de Dios y tiene graves consecuencias. La adoración de otros dioses es un asunto muy serio.

No es casualidad que la idolatría a menudo se coloque junto al adulterio y otros actos sexualmente inmorales en varios pasajes de la Biblia. He aquí un ejemplo de ello:*¿No sabéis que los injustos no heredarán el reino de Dios? No os dejéis engañar, ni los fornicarios, ni los idólatras, ni los adúlteros, ni los homosexuales, ni los sodomitas., ni ladrones,ni los avaros, ni los borrachos, ni los maltratadores, ni los estafadores, heredarán el reino de Dios,*1 Corintios 6:9-10. Tomaré la lista del versículo 9 como pecados cometidos hacia y dentro del cuerpo y la del

[55]https://en.wikipedia.org/wiki/Idolatry

versículo 10 como pecados cometidos fuera del cuerpo, según 1 Corintios 6:18. La idolatría se encuentra entre los pecados sexuales y por muy buenas razones.

Como hemos establecido anteriormente, la infidelidad a Dios es considerada como fornicación y adulterio en la naturaleza. Esto sería como una esposa que es infiel a su marido como Israel fue infiel a Dios repetidamente. Esta infidelidad adquiere una connotación adúltera y fornicadora, ya que Israel fue infiel y adoraba a otros dioses, por lo que un cónyuge adúltero y fornicador también es idólatra. Entre los que no heredarán el reino de Dios están los que cometen varios pecados dentro y dentro del cuerpo y los pecados cometidos fuera del cuerpo, y la idolatría está intercalada en medio de varios pecados sexuales. Nuestro Dios es celoso y no compartirá Su amor y devoción con nadie ni con ningún ser. Cualquier intercambio de devoción de este tipo se consideraría idolatría. Se requiere lealtad y devoción de "todo o nada". Otro comportamiento sexualmente desviado en el texto anterior es la homosexualidad.

Actos de homosexualidad

La homosexualidad no es diferente de cualquier otra conducta sexualmente inmoral mencionada anteriormente. No es único en su clase y no es peor.que adulterio, fornicación, sodomía, robo y otros. Es simplemente un comportamiento sexualmente desviado como todos los demás. La brújula moral de la sociedad no puede dirigirse ni re calibrarse mediante la aprobación de leyes. Entiendo que los gobiernos no pueden quedarse de brazos cruzados y permitir que la conducta inmoral se generalice. Algunos gobiernos aprueban leyes a favor de la homosexualidad y otros aprueban leyes contra ella, pero ¿es pecaminoso o ilegal? ¿Quién determina su legalidad o ilegalidad? Aquí hay un comentario reciente del Papa sobre esto:*CIUDAD DEL VATICANO (AP) — El Papa Francisco criticó las leyes que criminalizan la homosexualidad como "injustas", diciendo que Dios ama a todos sus hijos tal como son y llamó a los obispos católicos que apoyan las leyes a dar la bienvenida a las personas LGBTQ en la iglesia.*

"Ser homosexual no es un delito", dijo Franciscodurante una entrevista exclusiva el martes con The Associated Press.

Francisco reconoció que los obispos católicos en algunas partes del mundo apoyan leyes que criminalizan la homosexualidad o discriminan a la comunidad LGBTQ, y él mismo se refirió al tema en términos de "pecado". Pero atribuyó tales actitudes a antecedentes culturales y dijo que los obispos en particular necesitan pasar por un proceso de cambio para reconocer la dignidad de todos.[56]Estos comentarios del Papa Francisco acaban de ocurrir el martes 25 de enero de 2023.

El Papa dice que "Dios ama a todos sus hijos tal como son", y supongo que su uso de la palabra "hijos" se refiere a todos los seres humanos jamás creados. Si esa afirmación es cierta entonces nadie irá al infierno, ¿no crees? La idea de que todos somos hijos de Dios puede haber echado raíces en lo que se cree ampliamente a través del dicho popular: "Dios ama al pecador pero odia el pecado", pero ¿esta afirmación ampliamente aceptada está respaldada por evidencia bíblica? Aquí hay algunas pruebas:*Esta idea de que Dios odia el pecado pero ama al pecador es contraria a dos Salmos (Psd. 5:5; 11:5) y los primeros versículos del libro de Malaquías: "A Esaú aborrecí, a Jacob amé" (Justo. 1:2-3).*

---

[56]https://www.aol.com/news/ap-interview-pope-francis-homosexuality-143054742.html

Tenemos que tener mucho cuidado de no pensar que de alguna manera estamos ayudando a Dios al mejorar sus relaciones públicas. Tenemos que regirnos por el texto.[57]

La Sociedad no es el árbitro de la conducta moral. El hombre o la humanidad no se crearon a sí mismos y carecen de la capacidad y/o autoridad para determinar lo correcto o incorrecto de cualquier conducta moral. El creador del universo es el único árbitro de lo correcto o incorrecto de cualquier conducta moral. Entonces, ¿qué significa realmente la homosexualidad? Algunos defensores de la homosexualidad han argumentado que la palabra "homosexual" que se usa en 1 Corintios 6:9, 1 Timoteo 1:10 y otros pasajes del Nuevo Testamento, es una invención paulina.

También otros han sostenido que Pablo pudo haber aplicado erróneamente Levítico 18:22, que dice:*No te acostarás con varón como con mujer, es abominación.*Lo que está en juego aquí es el uso que hace Pablo del término "homosexual" en el Nuevo Testamento y ¿significa "hombre que se acuesta con hombre como con mujer"? La palabra "homosexual", como se usa en 1 Corintios 6:9 y otrosNuevo Testamento pasajes han sido traducidos de la palabra griega "arsenokoitai," y esta es una palabra compuesta, lo que significa que dos palabras se han unido para formar esta nueva palabra y nueva entidad.

Las dos palabras son "arsenos" y "koite." La palabra griega, "arsenos",*es literalmente "masculino", de arsénico, que significa "masculino, fuerte, viril" (compárese con arseno-koites "acostado con hombres"en el nuevo*

[57]https://www.ligonier.org/learn/qas/es-verdadero-que-dios-ama-al-pecador-pero-odia-el-pecado

Testamento).[58]La palabra griega "koite," ha sido traducida al inglés como "mentira", "mentira abajo," "cama." La forma latina de "koite," es "coito", y se traduce como*Unión física de macho y*femenino *genitales acompañados de movimientos rítmicos: relaciones sexuales.*[59] Esta palabra griega "koite," se traduce de la palabra hebrea "Shakab", y esta palabra siempre se traduce en el contexto sexual para significar "mentir", "dormir", "cama", en al menos 36 pasajes del Antiguo Testamento y aquí hay algunos: Levítico 15:24, Génesis 30:15,16 , Génesis 39:7,12,14, Éxodo 22:13, Deuteronomio 22:22, sólo por nombrar algunos. Levítico 18:22 debería literalmente leer:No te acuestes, miente (koite,shakab,coito)a un hombre (aserno) como lo harías con una mujer. Me desconcierta que los defensores de la homosexualidad argumenten que las palabras "acostarse o acostarse, hombre" no pueden traducirse en el sentido de relación sexual.

¿Cuál es el propósito de un hombre acostado en una cama o durmiendo en una cama con otro hombre o una mujer acostada en una cama con otra mujer? ¿Qué hacen juntos en la cama? ¿Viendo la televisión? ¿Jugar juegos de póquer? Curiosamente, la palabra latina "coito" también significa*"un encuentro juntos; unión sexual", participio pasado de "culpa"reunirse, encontrarse", de la forma asimilada de venir 'juntos'"*Los defensores de la homosexualidad tendrían que negar un principio hermenéutico fundamental y redefinir el significado de "arsenos" y "koite", que se encuentra en Levítico 18:22. Las palabras no significan absolutamente nada sin un contexto. Las palabras derivan su significado del contexto.

---

[58]https://www.etymonline.com/word/arsenic#:~:text=La%20form a%20de%20la%20griega,Como%20an%20elemento%2C%20de% 201812.
[59]https://www.merriam-webster.com/dictionary/coitus

No aceptaré otro debate por parte de un defensor de la homosexualidad hasta que responda esta pregunta: ¿Cuál es el contexto de Levítico 18? Hasta que alguien responda correctamente a esa pregunta, realmente no hay debate. El argumento de que la palabra compuesta "arsenokoitai", usado por Pablo en 1 Corintios 6:9 y 1 Timoteo 1:10 no significa homosexualidad, es débil en el mejor de los casos, y la interpretación de las palabras en el pasaje ignora el contexto y se niega a seguir la hermenéutica normal (la ciencia y los principios de interpretación bíblica). Una palabra compuesta no altera el significado de las palabras individuales pero explica aún más su significado singular. El significado de "arseno" y "koite", como se encuentra en Levítico 18:22, no vino de Pablo.

El contexto de todo el capítulo de Levítico 18 trata sobre la desviación sexual en todos los sentidos posibles e imaginables y estas palabras deben entenderse en ese contexto. Sorprendentemente, el contexto de 1 Corintios 6 en el que se encuentra la palabra trata sobre conductas sexualmente desviadas y, entre las cuales, se encuentra la homosexualidad. "Arsenos" y "koite" se exportan de Levítico 18:22 a 1 Corintios 6:9 y 1 Timoteo 1:10 para formar una nueva palabra compuesta "arsenokoitai."La palabra "homosexual" también es una palabra compuesta de "homo" y "sexual".

La palabra "homo" a menudo se entiende en la cultura actual como "un hombre gay", pero esa palabra tiene un origen latino "homo", que significa "hombre" o "humano" y un origen griego "homos", que significa "igual". ". Por ahora sólo nos preocupa su significado griego. La idea de que personas del mismo género y sexo tengan relaciones sexuales es la idea básica de la palabra homosexual. El apoyo contra las relaciones sexuales entre personas del mismo sexo también se menciona en Levítico 20:13 y

Romanos 1:26-27. Pablo no inventó nada nuevo, sino que se limitó a exponer una enseñanza bien establecida del Antiguo Testamento.

Pero en el centro de todo esto está el propósito de las relaciones sexuales. ¿Cuál fue el propósito decreando una mujer ¿Si Adán pudiera tener relaciones sexuales con otro Adán? ¿Dios realmente diseñó el ano para las relaciones sexuales? El ano fue diseñado para eliminar los desechos corporales y no para las relaciones sexuales. ¿Cómo podría un hombre meter su pene en el ano de otro hombre y llamarlo relación sexual? ¿Cómo podría una mujer, usando un juguete sexual, insertarlo en la vagina de otra mujer, estimular a otra mujer y llamarlo relación sexual? Un pene masculino sólo está diseñado para insertarse en la vagina de una mujer y en ningún otro lugar, ni siquiera en la boca para el sexo oral. Eso no es lo que pretendía el diseñador y es una desviación y una abominación.

Una mujer sólo puede obtener placer sexual si recibe un pene masculino insertado en su vagina y no si otra persona del mismo sexo le inserta un juguete sexual. El placer es un subproducto de las relaciones sexuales y no su propósito principal. En Génesis 1:27, dice que Dios creó los géneros, masculino y femenino, y el propósito principal era que se multiplicaran y llenaran la tierra. Y en Génesis 2:24, dice que el hombre dejará a su padre y a su madre y se unirá a su mujer y serán una sola carne.

Y el propósito de que el hombre se una (relaciones sexuales) a su esposa es para que la humanidad no se extinga de la tierra. Un hombre (varón) y otro hombre (varón) que tengan relaciones sexuales a través del ano nunca procrearán ni producirán un hijo. Una mujer y otra mujer que tengan relaciones sexuales utilizando un juguete sexual nunca tendrán hijos ni procrearán. El objetivo de las relaciones homosexuales es el placer y no la procreación, porque nunca podrán procrear. El sexo tiene que ver principalmente con la procreación. Un hombre y otro hombre buscan una relación homosexual para conseguir penetración, eyaculación, excitación, orgasmo y placer. Todos estos son subproductos del uso natural del sexo, pero la humanidad depravada ha decidido lograr estos fines utilizando medios no convencionales.

El pecado está en la raíz de todo comportamiento sexual desviado, incluida la homosexualidad. Romanos capítulo 1 al 3 es la exposición de Pablo de la condenación de Dios del mundo entero debido a la depravación humana. Cualquier transgresión de la ley de Dios es pecado y así es como Pablo concluyó las largas exposiciones del pecado de la humanidad en Romanos 3:25 afirmando que todos pecaron y están destituidos de la gloria de Dios. La homosexualidad está en pie de igualdad con todos los demás pecados porque el pecado es pecado. La gente busca desesperadamente lo que llaman libertad.

Y la libertad para la humanidad es buscar liberarse del control de Dios. En realidad, eso es esclavitud, pero la humanidad ha sido engañada al creer que es la verdad. Esto es lo que Dios dijo:*Por eso Dios los entregó a viles impurezas en las concupiscencias de sus corazones, para que sus cuerpos fueran deshonrados entre ellos. Porque cambiaron la verdad de Dios por la falsedad, y adoraron y sirvieron a la criatura antes que al creador, el cual es bendito por los siglos. Amén,* Romanos 1:24-25. Este texto anterior dice que Dios "los entregó", y este es un lugar bastante terrible cuando la mano restrictiva de Dios ha sido quitada y la humanidad queda sola.

La verdad de Dios ahora ha sido felizmente cambiada por falsedad y se sirve y adora a la criatura en lugar del creador. El hombre ha tomado ahora el lugar de Dios. Él creó al hombre, pero ahora el hombre tiene el control de la definición de sexo y matrimonio. Todo tipo de desviaciones sexuales ahora han sido elevadas a la categoría de verdad, y la verdad es ridiculizada como falsedad. Y es en este contexto que Dios dijo: "¿De verdad quieres divertirte? ¡Entonces sé mi invitado!". y el texto dice que:*Por eso Dios los entregó a pasiones degradantes; porque las mujeres cambiaron las relaciones naturales por las que son contrarias a la naturaleza, e igualmente los hombres también abandonaron las relaciones naturales con las mujeres y se encendieron en su deseo unos por otros, cometiendo actos vergonzosos varones con varones y recibiendo en sus propias personas el pena debida por su error*, Romanos 1: 26-27.

Según estos versículos anteriores, existe un uso natural para las relaciones sexuales y el hombre o la humanidad no determina cómo se debe realizar el sexo, pero Dios sí. El sexo y las partes del cuerpo que realizan el sexo están cuidadosa y hábilmente diseñados por el Creador. La vagina ha sido hábilmente diseñada para proporcionar y liberar lubricación en el momento adecuado para reducir la fricción durante la eyaculación y el coito. El ano no está así diseñado y su función es dar salida a los desechos y no permitir que se introduzca ningún objeto en él y esto nos lleva a la desviación sexual de la sodomía.

Actos de sodomía

Sodomía a través de lentes de mentes legales: La sodomía se refiere al coito anal u oral. Como se explicó en Bass v. State, "la sodomía se definecomo sexual acto que involucra los órganos sexuales de una persona y la boca o el ano de otra". Tradicionalmente, varios tribunales y estatutos se han referido a la sodomía como un "crimen contra naturaleza". Según el derecho consuetudinario, la sodomía consistía principalmente en sexo anal. Sin embargo, En los EE. UU., el término finalmente incluyó tanto el sexo oral como el sexo anal.

En 1960, la sodomía se consideraba ilegal para todos en Estados Unidos, pero la ley que la prohibía a menudo se aplicaba sólo contra los homosexuales. A principios del siglo XXI, la mayoría de los estados de EE. UU. habían derogado todas las leyes sobre sodomía. En 2003, la Corte Suprema de los Estados Unidos, en el caso Lawrence v. Texas, anuló una ley de sodomía de Texas por considerarla inconstitucional y, por lo tanto, invalidó cualquier ley de sodomía restante en los Estados Unidos.[60]

Entonces, a medida que cambien los valores de la sociedad, también cambiarán las leyes porque los legisladores provienen de la sociedad y son un reflejo directo de los valores de la sociedad. En los años 60 y antes, una gran mayoría de la sociedad noaprobar sodomía, divorcio, homosexualidad, adulterio y una serie de otras conductas sexualmente desviadas, en gran parte debido a la influencia de la iglesia en la sociedad. Pero una vez que la oración y la Biblia fueron retiradas de las escuelas y del sistema educativo, con el tiempo, hubo degradación gradual de la brújula moral de la sociedad. Ahora se están promulgando leyes que reflejan esa degradación moral. Como podemos ver en la definición anterior, los actos de sodomía se cometen tanto en relaciones heterosexuales como homosexuales.

Desviaciones sexuales como el sexo anal y oral.suceder También en las relaciones heterosexuales.

---

[60]   https://www.law.cornell.edu/wex/sodomy

Entonces, habrá hombres que meterán su pene en la vagina, el ano y la boca, o hombres que meterán su lengua en la vagina de una mujer en nombre del sexo, y mujeres que chuparán el pene de un hombre para lograr placer. Todos estos son comportamientos sexualmente desviados y están fuera del propósito previsto por el creador para estas partes y órganos del cuerpo. El ano y la boca nunca están destinados a utilizarse para realizar ningún acto sexual. Los besos boca a boca y la succión de la lengua por parte de parejas de sexos opuestos (en el contexto del matrimonio) están dentro de los límites de un comportamiento sexual aceptable. El placer está en el corazón de todo sexual.desviaciones. Pero, ¿qué significan las palabras "sodomita u homosexual" en 1 Corintios 6:9 y otros lugares donde se encuentra?

La palabra "sodomía", en algunas de nuestras traducciones al inglés, como se encuentra en 1 Corintios 6:9, ha sido traducida de la palabra griega "malakos" y significa afeminado, suave, traducido en la KJV como afeminado y elNVI como sodomitas. Las palabras "malakos" y "arsenokoítas," son las palabras griegas que describen el comportamiento homosexual en el Nuevo Testamento y ambas se encuentran en 1 Corintios 6:9. La palabra "malakos" se usa para describir a una pareja masculina pasiva en el acto homosexual. Esta palabra también lleva la idea de débil, suave, pasiva y actuando como una mujer en una relación homosexual normal.

La palabra "malakos" se utiliza para describir a la pareja masculina que actúa como mujer y abre su ano para recibir el pene del "arsenokoítas,", que está asumiendo el papel del hombre para insertar su pene en el ano. Algunas traducciones traducen y confunden estas dos palabras en una, traduciendo así "malakos" y "arsenokoites" como "hombres que tienen sexo con hombres", como el NVI, que básicamente es una interpretación del texto en lugar de una traducción. El significado del texto se pierde en una traducción NVI. La traducción King James usa la palabra "afeminado", que describe a un hombre con cualidades de actuación femenina. Algunos defensores de homosexualidad han argumentado que "malakos" simplemente significa "suave" y no describe una relación homosexual.

Algunos incluso han llegado a decir que traducir "malakos" en el sentido de homosexual es una invención paulina. Esta palabra aparece al menos tres veces en la Septuaginta, Job 41:3, Proverbios 25:15 y Proverbios 26:22. También aparece en el Nuevo Testamento en Mateo 11:8 y Lucas 7:25 y se traduce principalmente como "suave", según el contexto, pero en 1 Corintios 6:9, el contexto es desviación sexual y por eso la palabra lleva un significado diferente según el contexto. El léxico de Thayer define "malakos", como suave, suave al tacto como en Mateo 11:8 y Lucas 7:25, como afeminado, un varón que somete su cuerpo a una lascivia antinatural como en 1 Corintios 6:9.[61] Apenas existe debate sobre el significado de "malakos" en contexto. Entonces, es evidentemente claro que el sexo anal y oral son una desviación del plan y propósito de Dios para el sexo, pero ¿están realmente el ano y la boca diseñados para la actividad sexual?

---

[61] https://biblehub.com/thayers/3120.htm

sexo anal

Como ya se ha dicho, el sexo anal no se limita únicamente a las actividades homosexuales. El sexo anal es la práctica de insertar el pene, los dedos o un objeto extraño como un vibrador en el ano para obtener placer sexual.[62]Está bien documentado que los heterosexuales también practican el sexo anal pero ¿está realmente el ano diseñado para actividades sexuales? Aquí hay una descripción del ano: El ano es la última parte del sistema digestivo.tracto. Está al final del rectángulo. Es por donde salen las heces del cuerpo. Consiste en un anillo muscular (llamado) esfínter, que se abre durante la evacuación intestinal para permitir el paso de las heces, así como células planas que recubren el interior del ano. La mayoría de los cánceres anales comienzan en estas células de revestimiento plano. También se les llama células escamosas. La parte inferior del ano, donde se encuentra con la piel, se llama margen anal.[63]

De esta anatomía del ano queda bastante claro que su función es servir como puerta de salida de las heces o las heces. El ano es un punto de salida y no un punto de entrada y convertirlo en un punto de entrada será contrario a su función de diseño de ingeniería y, como cualquier otro diseño de ingeniería, si se usa en contra de su diseño, tarde o temprano conducirá a un mal funcionamiento. . El sexo anal es una actividad bastante peligrosa que va en contra de

---

62

https://www.medicalnewstoday.com/articles/324637#bacterial-in fection
63

https://www.saintlukeskc.org/health-library/anatomy-anus#:~:tex t=The%20anus%20is%20the%20last,the%20inside%20of%20the %20anus.

su función de diseño y peligrosa para la salud de cualquiera que participe en dicha actividad.

Las heces o heces son una fábrica e incubadora de bacterias mortales y cualquier contacto con ellas puede ser mortal. Esto es lo que se dice al respecto: Los parásitos y virus como la hepatitis A y la hepatitis E también se transmiten a través de las heces. Puedes enfermarte si entras en contacto con ellos mediante otras medidas, como besar una mano sucia. Por lo tanto, si ingiere una mayor cantidad de heces directamente, corre un mayor riesgo de sufrir síntomas adversos. Ejemplos de bacterias comúnmente presentes en las heces incluyen: Campylobacter, E. coli, Salmonella, Shigella.[64]

   Entonces, la idea de que alguien meta su pene en el ano de otro ser humano (hombre o mujer) o de algún otro animal está más allá de mi comprensión. El pene entra en contacto directo con las heces, las heces o los excrementos, una fábrica e incubadora de bacterias mortales. ¿Qué pasa con el diseño de ingeniería del ano? ¿Está diseñado como un punto de entrada? Aquí están algunasriesgos involucrados en el sexo anal: Existen diferentes riesgos potenciales que pueden no estar presentes en el sexo vaginal u oral. Por ejemplo, el ano no puede lubricar naturalmente para reducir las molestias y los problemas relacionados con la fricción, como las lesiones en la piel.

El ano carece de las células que crean el lubricante natural que tiene la vagina. Tampoco tiene la saliva de la boca. El revestimiento del recto también es más delgado que el de la vagina. La falta de lubricación y los tejidos más delgados aumentan el riesgo de desgarros relacionados con la fricción

[64]https://www.healthline.com/health/what-happens-if-you-eat-p oop#¿Qué-le-happens-to-a-person-when-they-eat-poop?

en el ano y el recto. Debido a que las heces que naturalmente contienen bacterias pasan a través del recto y el ano cuando salen del cuerpo, las bacterias pueden potencialmente invadir la piel a través de estos desgarros. Esto aumenta el riesgo de abscesos anales, una infección cutánea profunda que suele requerir tratamiento con antibióticos.[65]

Y aquí hay una descripción de la vagina: La pared vaginal está hecha de músculo cubierto por una membrana mucosa, similar al tejido de la boca. La pared contiene capas de tejido con muchas fibras elásticas. La superficie de la pared también contiene arrugas, que son pliegues de tejido adicional que permiten que la vagina se expanda durante las relaciones sexuales o el parto.[66] El diseño de ingeniería de la vagina es como un vehículo diseñado para terrenos accidentados en comparación con el ano. La vagina cumple una triple función: sexo, parto y salida de fluidos corporales.

Es bastante claro que el año no fue diseñado para actividades sexuales de ningún tipo. Los componentes materiales y el diseño de ingeniería de las paredes del baño no son para la entrada de ningún objeto dentro y a través de él. No se hace ninguna provisión para reducir la fricción porque no se esperaba que tuviera fricción. El material de su pared es débil y frágil ya que nunca se pretendió que fuera robusto y fuerte sino que fuera adecuado para soportar la fuerza de empuje para soltar las heces y nada más. Por otro lado, la vagina es robusta, y su pared está diseñada con un material robusto, equipada con un sistema de lubricación natural, y lista para soportar cualquier fuerza ejercida a

---

[65]https://www.medicalnewstoday.com/articles/324637#bacterial-infection
[66]https://www.healthline.com/human-body-maps/vagina#anatomy-and-function

través de ella, como los golpes del pene durante las relaciones sexuales. El objetivo declarado del sexo anal por parte de un homosexual o heterosexual es el placer, pero este placer lo busca el Creador fuera del uso previsto del ano y esto es una desviación, y el sexo oral también es una desviación.

sexo oral

¿Qué es realmente el sexo oral? Aquí hay una definición del Centro para el Control de Enfermedades (CDC): El sexo oral implica usar la boca para estimular los genitales o el área genital de una pareja sexual. Los tipos de sexo oral incluyen el pene (felación), la vagina (cunnilingus) y el ano (anilingus).[67] La cantidad de personas involucradas en el sexo oral es alucinante y está más allá de mi comprensión. Hay más gente practicando sexo oral que votando por presidente de Estados Unidos. El sexo oral con pene (felación), es donde la mujer o hembra chupa y lame el pene del hombre o varón. El sexo oral vaginal (cunnilingus) es donde el hombre u otra mujer usa su boca y lengua para chupar y lamer el clítoris en la vagina de la mujer para buscar excitación y placer.

Aquí están las estadísticas sobre el sexo oral en Estados Unidos: El sexo oral lo practican comúnmente adultos sexualmente activos. Más del 85% de los adultos sexualmente activos entre 18 y 44 años informaron haber tenido sexo oral al menos una vez con una pareja del sexo opuesto. Una encuesta separada realizada entre 2011 y 2015 encontró que el 41% de los adolescentes de entre 15 y 19

---

[67] https://www.cdc.gov/std/healthcomm/stdfact-stdriskandoralsex .htm#:~:texto=de%20oral%20sexo.-,Lo que%20es%20Sexo%20Oral%3F,practicado%20por%20sexualme nte%20activo%20adultos.

años informaron haber tenido sexo oral con una pareja del sexo opuesto.[68] La boca no está hecha ni diseñada para ninguna forma de actividad sexual y la vagina tampoco está diseñada ni diseñada para ser succionada con la lengua.

Y la última forma de sexo oral que pudimos identificar es el ano (anilingus) y este se define como: el acto de sexo oral y anal en el que una persona estimula el ano de otra mediante el uso de la boca.[69]Esto está más allá de todo lo que soy capaz de comprender. Un ser humano lamiendo y chupando el ano o el agujero de mierda de otro ser humano en nombre de la excitación sexual; ¿Es de extrañar que las enfermedades de transmisión sexual están por las nubes? Las enfermedades de transmisión sexual están acabando con millones de vidas y no hay señales de que vayan a disminuir.

[68]https://www.cdc.gov/std/healthcomm/stdfact-stdriskandoralse x.htm#:-:texto=de%20oral%20sexo.-,Qué%20es%20Oral%20Sex o%3F,practicado%20por%20sexualmente%20activo
[69]https://en.wikipedia.org/wiki/Anilingus

Capítulo 4

El poder destructivo de las enfermedades de transmisión sexual

El sexo es placentero pero las actividades sexualmente desviadas no lo son y han dejado un rastro de sangre en su camino. Estas actividades parecen placenteras por el momento, pero el producto final es la destrucción. Millones de vidas se han visto truncadas debido al poder destructivo de las enfermedades de transmisión sexual. Las actividades sexualmente desviadas son un factor que contribuye al poder destructivo de las enfermedades de transmisión sexual o ETS.

Aquí está la evaluación de la situación del Centro para el Control de Enfermedades (CDC):*Los CDC continúan trabajando en múltiples frentes para abordar la epidemia de ETS en el país. Por ejemplo, los CDC proporcionan recursos a los organismos de salud estatales y locales para la prevención y vigilancia de las ETS. El actual programa de financiación de los CDC para los departamentos de salud, Fortalecimiento de los departamentos de salud para el control y la prevención de las ETS, respalda varias estrategias y actividades de alta prioridad, incluida la eliminación de la sífilis congénita.*[70]

Según la propia evaluación de los CDC, las ETS han sido identificadas como un problema de salud pública.crisis

[70]https://www.cdc.gov/nchhstp/newsroom/2019/2018-STD-surv eillance-report-press-release.html

requiriendo un gobierno coordinado respuesta. El cuerpo humano tiene tres aberturas principales a través de las cuales la enfermedad pasa principalmente para invadir y atacar los órganos; la boca, la vagina y el ano para la mujer y para el hombre, está el pene, la boca y el ano. Estos son los principales puntos de entrada para todo tipo de enfermedades y bacterias. Podemos vivir vidas más largas y saludables si protegemos estos puntos de entrada y controlamos cuidadosamente lo que pasa a través de ellos, y solo los usamos según lo previsto y, al hacerlo, podemos agregar años a nuestra existencia en la tierra y placer a nuestras vidas.

SIDA/VIH como ETS

Pero estos puntos de entrada se han utilizado y se han utilizado mal y la sociedad está pagando un alto precio. Una de las ETS más destructivas es el SIDA, que ha dejado y está dejando una destrucción sin precedentes a su paso. Esto ha causado una enorme ruina financiera y emocional a familias de todo el mundo. Imagínese, el sostén de una familia muere de SIDA y deja a su esposa e hijos sin apoyo emocional ni financiero. Todo el futuro de los niños puede verse descarrilado y, para empeorar las cosas, la esposa también puede morir de SIDA, dejando a los niños huérfanos a su suerte. Éste es el poder destructivo de la desviación sexual.

Aquí está el informe de situación y tendencias sobre el VIH/SIDA de la Organización Mundial de la Salud (OMS):*El VIH sigue siendo un importante problema de salud pública mundial y hasta ahora se ha cobrado 40,1 millones [33,6-48,6 millones] de vidas. En 2021, 650 000 [510 000-860 000] personas murieron por causas relacionadas con el VIH en todo el mundo. A finales de 2021 había*

113

aproximadamente 38,4 millones [33,9-43,8] millones de personas que vivían con el VIH y 1,5 millones [1,1-2,0 millones] de personas se infectaron por el VIH en todo el mundo. La Región de África de la OMS es la región más afectada, con 25,6 millones [23,4-28,6 millones] de personas que viven con el VIH en 2021. Además, la Región de África de la OMS representa casi el 60% de las nuevas infecciones por VIH a nivel mundial..[71]

Este informe se basa en el hecho de que las personas interactúan con alguna agencia gubernamental u hospitales para que se recopilen los datos. El hecho es que la mayoría de la gente en los países en estos países apenas interactúan con los hospitales a menos que estén muy enfermos y desesperados. Ir al hospital sólo para un examen físico cuando no estás enfermo se considera un desperdicio de recursos. Estos datos pueden mostrar alrededor de un tercio de la situación y la simple verdad es que nadie lo sabe con certeza, pero lo que sí sabemos es eso, eso es mucho peor de lo que los datos parecen revelar. Hay muchos huérfanos en todo el mundo porque ambos padres han muerto de SIDA.

Pero ¿dónde se originó el SIDA y cómo llegó a la población humana? Esto es lo que se informa en el sitio web de los CDC sobre el origen del VIH:*La infección por VIH en humanos provino de un tipo de chimpancé de África Central. Los estudios muestran que el VIH pudo haber pasado de los chimpancés a los humanos ya en el siglo*

---

[71]https://www.who.int/data/gho/data/themes/topics/topic-details /GHO/data-on-the-size-of-the-hiv-aids-epidemic#:-:text=In %202021%2C%20650%20000%20%5B510,con%20VIH%20en%2 02021%20a nivel mundial.

XIX..[72] El estudio de los CDC dice que "el VIH puede haber saltado de los chimpancés a los humanos", y me parece bastante fascinante que la palabra clave y operativa aquí sea "saltado", y esto requiere más investigación. Esta es la teoría de cómo llegó el virus a los humanos, según los CDC:*Probablemente se transmitió a los humanos cuando los humanos cazaron a estos chimpancés para obtener carne y entraron en contacto con sangre infectada.*[73] Noté un par de observaciones aquí sobre cómo el virus del VIH llegó a los humanos: este informe utiliza las frases "pasó a los humanos" y "estuvo en contacto con sangre infectada". Y así, al comer carne infectada, los humanos entraron en contacto con el VIH. Según el propio sitio web del gobierno enteramente dedicado al VIH:*Sólo se puede contraer el VIH al entrar en contacto directo con ciertos fluidos corporales de una persona con VIH que tiene una carga viral detectable.*

Estos fluidos son: Sangre, Semen (cum) y líquido preseminal (precum), Fluidos rectales, Fluidos vaginales, Leche materna. Para que se produzca la transmisión, el VIH contenido en estos líquidos debe llegar al torrente sanguíneo de una persona VIH negativa a través de una membrana mucosa (que se encuentra en el recto, la vagina,

[72]https://www.cdc.gov/hiv/basics/whatishiv.html#:~:text=De dónde viene%20%20VIH%20%20,se%20llama%20simio%20inmunodeﬁciencia%20virus.
[73]https://www.cdc.gov/hiv/basics/whatishiv.html#:~:text=De dónde viene%20%20VIH%20%20,se%20llama%20simio%20inmunodeﬁciencia%20virus.

la boca o la punta del pene), a través de cortes abiertos o llagas, o por inyección directa (con una aguja o jeringa).[74]

Entonces, si el VIH fuera adquirido a través de un chimpancé que entra en contacto con humanos, entonces deben suceder dos cosas para que los humanos se infecten: (1) el chimpancé debe ser portador del virus del VIH y (2) la sangre del chimpancé debe entrar en contacto directo. contacto con sangre humana. Según el propio informe de los CDC, no había evidencia de que los humanos que entraron en contacto con los supuestos chimpancés tuvieran cortes abiertos o llagas para que hubiera contacto sangre con sangre con los humanos.

La hipótesis de que el contacto físico entre chimpancés y humanos es el origen del VIH es, en el mejor de los casos, sospechosa porque apenas hay consenso en la comunidad científica sobre cómo ocurrió la infección. Aquí hay un artículo publicado en Science Daily:*Nadie sabe exactamente cómo sucedió. Es posible que haya entrado a través de un corte o una mordedura, y que la sangre de un chimpancé se haya filtrado en la yema de un dedo, antebrazo o pie expuestos.*

Pero a principios de 1900, probablemente cerca de la selva tropical de África occidental, se cree que un cazador o vendedor de carne de animales salvajes que puede incluir primates, adquirió la primera cepa de un virus de inmunodeficiencia simio que los biólogos consideran el antepasado del VIH. Un nuevo estudio realizado por la Universidad de Nebraska-Lincoln ha respaldado esta hipótesis al informar sobre la primera evidencia in vivo de

---

[74]https://www.hiv.gov/hiv-basics/overview/about-hiv-and-aids/how-is-hiv-transmitted#:~:text=Tú%20puedes%20solo%20contraer%20VIH,seminal%20fluido%20(pre%2Dcum)

que cepas de SIV transportadas por chimpancés pueden infectar células humanas. Incluyen el ancestro VIS del VIH-1 M, la cepa responsable de la pandemia mundial del VIH y otra cepa ancestral del VIH que se encuentra sólo entre residentes de Camerún.[75]

Hasta ahora no se ha presentado ninguna evidencia clínica de que un ser humano real y un chimpancé real hayan entrado en contacto y la sangre del chimpancé haya infectado al humano. Tampoco hay pruebas claras de que los chimpancés sean portadores naturales del virus del VIH y, si lo hacen, entonces podría haberse transmitido a los humanos por algún otro medio. Incluso existe cierto escepticismo entre los investigadores sobre si los chimpancés tienen el virus.

Lee esto:*Si bien los chimpancés no se ven gravemente afectados por el virus de la inmunodeficiencia simia (VIS), los investigadores dicen que los hallazgos sugieren que algunas subespecies pueden haber desarrollado cierto grado de tolerancia al virus. "A diferencia de los humanos, que cuando se infectan con el VIH sufren consecuencias devastadoras para la salud, los chimpancés pueden permanecer sanos cuando se infectan con el virus SIV", afirmó la autora principal del estudio, la Dra. Aida Andrés (Instituto de Genética de la UCL e Instituto Max Planck de Antropología Evolutiva).*[76]

Este estudio plantea más preguntas que respuestas: incluso si los chimpancés tienen el virus, ¿el VIH es parte innata del ADN del chimpancé o está infectado por una

[75]https://www.sciencedaily.com/releases/2016/07/160722092947.htm
[76]https://www.ucl.ac.uk/news/2019/dec/chimpanzees-may-have-evolved-resistance-hiv-precursor

fuente extraña? El estudio sugiere que los chimpancés pueden haber desarrollado cierto grado de tolerancia, lo que implica que el chimpancé puede haber sido infectado por una fuente extraña. Ahora no sorprende que se haya demostrado que el sexo con animales o la zoofilia son la fuente de enfermedades de transmisión sexual en la población humana y aquí hay una cita: *"Sabemos, por ejemplo, que la gonorrea pasó del ganado a los humanos. La sífilis también llegó a los humanos a través del ganado vacuno o de las ovejas hace muchos siglos, posiblemente por vía sexual." La ITS más reciente y más mortal que ha cruzado la barrera que separa a los humanos de los animales ha sido el VIH , que los humanos contrajeron de la versión simia del virus en los chimpancés.*

La ITS más común entre los animales en la actualidad es la Brucelosis o fiebre ondulante presente en el ganado doméstico, perros, gatos, ciervos y ratas. Es transferible a los humanos al beber leche contaminada o al contacto directo con animales infectados y puede ser muy peligroso para los humanos, razón por la cual se pasteuriza la leche.[77]Éste es el poder destructivo de la conducta sexualmente desviada. Entonces, supongamos que el chimpancé o algún otro subespecie Si el chimpancé es portador innato del VIH/SIDA, entonces ¿cómo pasó a los humanos? Las relaciones sexuales con cualquier animal son un acto extremadamente peligroso, vergonzoso y abominable que pone en riesgo al perpetrador y a toda la población sanitaria mundial.

   Casi todos los demásETS han cruzado de la población animalen lo humano población a través de las relaciones sexuales humanas con animales y, entonces, ¿por

---

[77]https://www.animalresearch.info/es/medical-advances/diseases-research/stis-sexually-transmitted-infections/

qué el VIH/SIDA debería ser diferente? Se ha documentado que la gonorrea, la sífilis y otras han ingresado a la población humana a través de las relaciones sexuales entre humanos y animales. Y para que se transmita el SIDA/VIH debe haber un contacto sanguíneo directo entre la persona infectada y la no infectada. Recuerde Génesis 2:24, la relación sexual une a un hombre y a una mujer. El semen que es emitido por el hombre en la vagina de la mujer, pasa la sangre de la mujer y así es como se produce la infección porque hay contacto sanguíneo directo. La inyección de semen crea un vínculo directo con la sangre entre el hombre y la mujer y así es como se producen las infecciones, incluido el VIH.

Hasta ahora hay poca o ninguna evidencia de que el SIDA pueda transmitirse a través del sexo oral. A menos que haya un corte o una herida en la boca, el SIDA rara vez se transmite a través de la saliva o la boca. La razón es simplemente porque no hay contacto sanguíneo pero no ocurre lo mismo con el sexo vaginal. El esperma o semen se inyecta en la vagina y hay contacto sanguíneo directo entre el hombre y la mujer y cualquiera de las partes puede infectarse. Entonces, el sexo con un animal pone la sangre del animal en contacto directo con la sangre del humano y ahora están unidos en la sangre y en espíritu con el animal. El hombre y el animal son ahora una sola carne, así como el hombre y la mujer son una sola carne. Los animales tienen fluidos mortales que no se encuentran en la población humana y cualquier acto sexual con animales importan todos esos fluidos mortales a las poblaciones humanas. Éste no es el diseño del Creador para las relaciones sexuales. A continuación se detallan algunos factores de riesgo asociados con la bestialidad:

Imagen de un chimpancé retratado como la fuente del VIH/SIDA

Factores de riesgo del sexo con animales

1.Rabia es una enfermedad viral de los perros que es mortal en los humanos. Se transmite por la saliva de perros, caballos y gatos. Inmediatamente después de que aparecen los síntomas, el ser humano tiene pocas posibilidades de sobrevivir si no se trata.

2.equinococosis es un parásito tenia que se encuentra en las heces de perros, gatos y ovejas. Esta enfermedad es asintomática y no se manifiestan hasta pasados unos años. Estos gusanos provocan el desarrollo de quistes en los riñones, el corazón y el cerebro de la persona afectada. Si no se trata, puede provocar la muerte.

3.Lesión Los órganos reproductores de estos animales no están hechos para encajar en el de una mujer o un hombre y han causado muchas lesiones; algunos hombres han tenido rupturabien por tener relaciones sexuales con cerdos y otros han sufrido lesiones en la cabeza por tener relaciones sexuales con caballos. El órgano reproductor de un perro excitado es como una bombilla que dañaría la vagina. Ni siquiera imaginemos el tamaño del órgano reproductor de un caballo. Puede causar desgarros y lesiones graves.

4.Reacción alérgica Recibir semen de perro o caballo puede desencadenar reacciones alérgicas porque es una sustancia extraña que el cuerpo intenta expulsar. Imagínese a una persona con alergia al maní comiendo maní y no recibiendo tratamiento de inmediato. Una mujer en Irlanda que tuvo relaciones sexuales con un perro murió de anafilaxia. Según la Clínica Mayo, "la anafilaxia hace que el sistema inmunológico libera una avalancha de sustancias químicas que pueden provocar un shock y que la presión arterial caiga repentinamente y las vías respiratorias se estrechen, bloqueando la respiración. Los signos y síntomas incluyen un pulso rápido y débil; erupción cutánea, náuseas y vómitos."

5. Leptospirosis Esta enfermedad se contrae a través de la orina de animales como perros y gatos. Cuando está en el sistema inmunológico, puede provocar meningitis y el 10% de las veces, la meningitis es mortal.[78]

Los comportamientos sexualmente desviados tienen un costo muy severo para la humanidad. El mal uso del sexo es mortal para la humanidad y entristece el corazón del Creador. Un simple acto sexual con un animal en alguna ciudad o aldea oscura en cualquier parte del mundo tiene el

---

[78]https://www.pulse.ng/lifestyle/womens-health/5-health-risks-of-sxual-intercourse-with-animals/2sdxc3r

potencial de destruir una gran parte de la población mundial, ya que ese acto sexual contraer alguna ETS y se propaga por toda la población mundial. Su único acto sexual tiene el potencial de afectar a la población mundial si se contrae una ETS y se transmite a través de múltiples parejas sexuales y, potencialmente, millones de contactos sexuales. La gonorrea es otra ETS muy común que lleva bastante tiempo infectando a la población humana y ha dañado millones de vidas.

Gonorrea como ETS

¿Qué es realmente la gonorrea y cómo se transmite? Según los CDC, la gonorrea es una enfermedad de transmisión sexual (ETS) causada por una infección por la bacteria Neisseria gonorrhoeae. N. gonorrhoeae infecta las membranas mucosas del tracto reproductivo, incluido el cuello uterino, el útero, las trompas de Falopio en mujeres y la uretra en mujeres y hombres. N. gonorrhoeae también puede infectar las membranas mucosas de la boca, la garganta, los ojos y el recto.[79]Según los CDC, la gonorrea se considera la segunda ETS, sólo detrás de la infección por el virus del papiloma humano (VPH). Y entonces, ¿cómo generaliza este virus?

 Los CDC estiman que esta gonorrea es una enfermedad infecciosa común y estima que aproximadamente 1,6 millones de nuevas infecciones gonocócicas ocurrieron en los Estados Unidos en 2018, y más de la mitad ocurrieron entre jóvenes de 15 a 24 años. La gonorrea es la segunda infección bacteriana de transmisión sexual más comúnmente reportada en los Estados Unidos. Sin embargo, muchas infecciones son asintomáticas, por lo que los casos

---

[79]https://www.cdc.gov/std/gonorrea/stdfact-gonorrea-detailed.htm

notificados sólo representan una fracción de la carga real.[80]
Este informe no refleja la imagen real de la situación, ya que
es posible que la mayoría de las personas infectadas no
accedan al sistema de salud y, como tales, nunca se
cuentan. Según un informe (de la OMS), alrededor de 78
millones de personas contraen gonorrea cada año.[81]

Recientemente consulté con un médico para mi
examen físico anual de rutina y se sorprendió mucho de que
no tuviera ETS y me confió que mi caso es raro. Me confió
que alrededor del 98% de sus pacientes tienen todo tipo de
ETS, desde el VIH hasta todos los demás tipos de ETS, y
todos ellos son hombres y mujeres casados. El problema es
mucho mayor de lo que cualquier informe puede captar y,
dado que la promiscuidad sexual se ha convertido en la
orden del día, también lo han hecho las ETS. La gonorrea
está asolando a la población mundial, pero ¿cómo se
adquiere?

Según los CDC: La gonorrea se transmite a través del
contacto sexual con el pene, la vagina o el ano de una pareja
infectada. No es necesario que se produzca la eyaculación
para que la gonorrea se transmite o se adquiera. La gonorrea
también se puede transmitir perinatalmente de madre a
bebé durante el parto.[82] A diferencia del SIDA/VIH, que
requiere contacto sanguíneo con la persona infectada para
que se produzca la transmisión, la gonorrea simplemente

---

[80]https://www.cdc.gov/std/gonorrea/stdfact-gonorrea-detailed.ht
m

[81]https://www.ncbi.nlm.nih.gov/pmc/articles/PMC6329377/

[82]https://www.cdc.gov/std/gonorrea/stdfact-gonorrea-detailed.ht
m

requiere contacto sexual con una persona infectada y la no infectada se infecta.

¿Cómo entró la gonorrea en la población humana?

Se nos dice que la bacteria Neisseria gonorrhoeae o gonococo se transmite por contacto sexual a través del pene, la vagina, el ano o la boca, pero rara vez se menciona la primera causa. ¿Cómo se produjo la primera infección humana por gonococo? O los humanos nacen con gonococos de forma innata o la bacteria debe ser una invasión extraña. ¡Ambos escenarios no pueden ser ciertos! Aquí hay un artículo sobre este mismo tema:*Las ETS en animales y humanos tienen una relación histórica. "Dos o tres de las principales ETS provienen de animales", dice Alonso Aguirre, veterinario y vicepresidente de medicina conservadora de Wildlife Trust.*

"Sabemos, por ejemplo, que la gonorrea se transmite del ganado al hombre. La sífilis también llegó al hombre a través del ganado vacuno o de las ovejas hace muchos siglos, posiblemente por vía sexual".[83] Dado que el gonococo es una bacteria naturalmente extraña al ecosistema humano y está presente en el ecosistema animal, si los humanos tienen interacciones físicas y sexuales con esos mismos animales, entonces el gonococo se transmite de animales a humanos.

Se ha establecido que la gonorrea, la sífilis y el SIDA/VIH se adquieren mediante la interacción con animales, sexual o de otro modo. ¡Pero eso no es todo!*La enfermedad de transmisión sexual más común entre los*

---

[83]https://www.discovermagazine.com/planet-earth/how-often-do-animals-get-stds

*animales en la actualidad es la brucelosis o fiebre
ondulante, que es común entre el ganado doméstico y
ocurre en mamíferos como perros, cabras, ciervos y
ratas.*[84]Este reporte dice que la brucelosis se transmite
sexualmente entre animales, pero la mundialmente
reconocida Clínica Mayo dice que también infecta a los
humanos y esto es lo que se dice:*La brucelosis es una
infección bacteriana que se transmite de animales a
personas. Lo más común es que las personas se infecten al
comer productos lácteos crudos o no pasteurizados. A
veces, las bacterias que causan la brucelosis pueden
propagarse por el aire o por contacto directo con animales
infectados.*[85]La cuestión aquí es que se ha establecido
claramente que esta es la enfermedad de transmisión sexual
más común entre los animales. El hecho de que los humanos
tengan relaciones sexuales con animales tampoco está en
duda. El hecho de que la brucelosis se esté transmitiendo de
los animales a los humanos no debería ser discutido. Y
cuando un ser humano infectado tiene relaciones sexuales
con otro ser humano, se produce la propagación de la
brucelosis a la población humana mundial.

Gonorrea vinculada al cáncer de próstata

La gonorrea y otras ETS no sólo son perjudiciales
para la salud, sino que también pueden llevar a alguien a
pagar el precio más alto con su vida. Me acabo de encontrar
con algunos hallazgos muy interesantes sobre la gonorrea y
el cáncer de próstata. Siempre hay un precio que pagar por
ir en contra del plan de Dios. Y aquí está el vínculo entre la
gonorrea y el cáncer de próstata:*El cáncer de próstata es la*

---

[84]https://www.discovermagazine.com/planet-earth/how-often-d
o-animals-get-stds
[85]https://www.mayoclinic.org/diseases-conditions/brucellosis/sy
mptoms-causes/syc-20351738

neoplasia más común entre los hombres estadounidenses y la segunda causa más común de muerte relacionada con el cáncer. Las investigaciones sugieren que la infección y la inflamación posterior pueden ser un factor de riesgo importante en la patogénesis del cáncer de próstata. En este metanálisis, examinamos la evidencia epidemiológica actual sobre la asociación entre enfermedades de transmisión sexual (ETS) específicas y el cáncer de próstata. Este metanálisis proporciona evidencia de una tasa más alta de cáncer de próstata en hombres con antecedentes de exposición a gonorrea, VPH o cualquier ETS. Se requieren más investigaciones, especialmente con estudios de cohortes, para confirmar este factor de riesgo potencialmente modificable.[86]

El riesgo de cualquier comportamiento sexualmente desviado evidentemente no vale la recompensa de ningún placer momentáneo y temporal que se pueda lograr. Todo esto comenzó con la bestialidad y luego la gonorrea, desde la gonorrea u otras ETS hasta el cáncer y luego la muerte. Éste es el poder del sexo, la fuerza irresistible. Esta lista de ETS es larga y este breve estudio no puede agotar todas las ETS disponibles, pero solo podemos abrirle el apetito en cuanto a los peligros y riesgos asociados con cualquier forma de comportamiento sexual desviado y antes de cerrar este capítulo, analizaremos a algunas ETS más que son comunes y afectan a más personas.

---

[86]https://pubmed.ncbi.nlm.nih.gov/15988645/#:~:text=Conclusions%3A%20This%20meta%2Danalysis%20provides,this%20potentially%20modifiable%20risk%20factor.

La infección por el virus del papiloma humano (VPH) como ETS

Esta es la ETS más común y afecta e infecta a más personas que cualquier otra y, sin embargo, es silenciosa y rara vez aparece en los titulares. Rara vez se habla de él y, sin embargo, es responsable de la muerte de más personas. Así es como se describe:*La infección por VPH es una infección viral que comúnmente causa crecimientos en la piel o las membranas mucosas (verrugas). Existen más de 100 variedades de virus del papiloma humano (VPH). Algunos tipos de infección por VPH causan verrugas y otros pueden causar diferentes tipos de cáncer. La mayoría de las infecciones por VPH no provocan cáncer. Pero algunos tipos de VPH genital pueden causar cáncer de la parte inferior del útero que se conecta con la vagina (cuello uterino). Otros tipos de cánceres, incluidos los cánceres de ano, pene, vagina, vulva y parte posterior de la garganta (orofaríngea), se han relacionado con la infección por VPH. Estas infecciones a menudo se transmiten sexualmente o mediante otro contacto de piel a piel.*[87]

Los efectos del VPH son asombrosos y sus secuelas son devastadoras, ya que se informa que es la fuente de varios tipos de cáncer que están acabando con la vida de millones de personas. Aquí hay algunas estadísticas sobre el VPH:*Es responsable de más del 80% de los cánceres de cuello uterino en mujeres y del 70% de los cánceres de garganta en hombres. Alrededor de 79 millones de estadounidenses, en su mayoría adolescentes, están infectados por el virus. El virus inserta su propio código genérico en una célula infectada y la destruye para liberar*

---

[87]https://www.mayoclinic.org/diseases-conditions/hpv-infection/symptoms-causes/syc-20351596

127

partículas virales o la transforma en células cancerosas, dándole propiedades virales como el crecimiento ilimitado. El cáncer de cuello uterino mata a más mujeres en todo el mundo que cualquier otro tipo de cáncer aparte del cáncer de mama. Supuso 270.000 fallecidos en 2012, el 85% de los cuales se produjeron en países en desarrollo y en 2008 la Agencia Internacional de Investigación sobre el Cáncer declaró 530.000 nuevos casos.[88]

Este estudio informa que aproximadamente la mitad de todas las mujeres sexualmente activas están infectadas por el VPH, pero sólo un pequeño porcentaje desarrolla algún tipo de cáncer. Se trata de un número asombroso de muertes causadas por una enfermedad de transmisión sexual y, sin embargo, apenas aparece en los titulares de las noticias y apenas forma parte de la discusión diaria en la mesa de la cocina. Es sorprendente una enfermedad que afecta a 79 millones de jóvenes y que ni siquiera aparece en las primeras planas de las noticias. Es más probable que la situación empeore de lo que se informa actualmente, ya que sólo se cuentan aquellos que participan en el sistema de salud. Pero, ¿cuál es el origen del VPH y cómo invadió a la población humana? Los estudios han demostrado que este mismo virus también se encuentra en animales. Normalmente se llama virus del papiloma (PV) y cuando se encuentra en humanos, se llama virus del papiloma humano. Su propio nombre sugiere que este virus está disponible tanto en la población humana como en la animal. Aquí hay un artículo publicado en un sitio web respetado:*Los virus del papiloma (PV) están asociados con neoplasias epiteliales malignas en animales, incluido el cáncer en humanos. Existe un conocimiento limitado sobre la historia evolutiva*

---

[88]https://www.animalresearch.info/es/medical-advances/diseases-research/human-papillomavirus-hpv/

de la fotovoltaica no humana. Evaluamos la filogeografía de PV con énfasis en huéspedes silvestres.[89]

Este artículo utiliza la frase "malignidad epitelial en animales" y la palabra "malignidad" tiene que ver con un tumor o crecimiento, a veces canceroso. Este artículo dice que las investigaciones han demostrado la disponibilidad de cáncer en humanos y malignidad epitelial en animales. Entonces, ya no se trata de que los animales tengan PV sino de cómo pasó a la población humana. Algunas investigaciones han demostrado que el PV llegó a la población humana a través del sexo con los neandertales. Se describe que un neandertal es un animal ahora extinto que vivió en Europa y partes de Asia.

Ahora bien, esto es lo que se dice: una versión del virus del papiloma humano, que provoca la mayoría de los casos de cáncer de cuello uterino, evolucionó en humanos como resultado del sexo con neandertales, según muestra un nuevo estudio. El Americano La Sociedad Americana del Cáncer estima que más de 13.000 mujeres en los Estados Unidos serán diagnosticadas con cáncer de cuello uterino invasivo este año y el 30 por ciento morirá a causa de la enfermedad. El VPH es responsable de casi todos los casos de cáncer de cuello uterino en todo el mundo. Aunque existen más de 200 tipos de virus, el Instituto Nacional del Cáncer indica que sólo dos (HPV16 y PHV18) representan aproximadamente el 70 por ciento de todos los cánceres de cuello uterino. La infección por VPH16 también puede provocar cáncer anal y cáncer que se desarrolla en la garganta, la base de la lengua y las amígdalas. "No hay agente más cancerígeno que cause cáncer en humanos que

---

[89]https://www.frontiersin.org/articles/10.3389/fevo.2019.00406/full

129

el VPH, especialmente el VPH16", dijo Robert Burk, quien dirigió la investigación.[90]

Esta investigación dice que el PV llegó a la población humana a través del sexo con un neandertal, probablemente hace siglos y, suponiendo que sea exacta, ¿cómo llegó a los animales que están infectados hoy? Es muy posible que la obsesión humana por la bestialidad haya importado un número desconocido y sin precedentes de ETS a la población humana, incluido el VPH. Parece que de vez en cuando hay una nueva ETS que invade la población humana y recientemente, la más reciente llegada es una ETS llamada viruela símica.

La viruela del mono como ETS

Viruela del mono El virus ha aparecido en las noticias recientemente, pero en realidad no es un virus nuevo, como se notó por primera vez en la población humana hace más de 50 años. Según los Centros para el Control y la Prevención de Enfermedades:*La viruela del simio se descubrió en 1958 cuando se produjeron dos brotes de una enfermedad similar a la viruela en colonias de monos mantenidos para investigación. A pesar de recibir el nombre de "viruela del simio", se desconoce el origen de la enfermedad. Sin embargo, los roedores africanos y los primates no humanos (como los monos) podrían albergar el virus e infectar a las personas.*[91] Así, el CDC ha establecido el hecho de que algunos primates no humanos, como los monos, portan de forma innata el virus que ha sido identificado como viruela símica.

---

[90]https://www.discovermagazine.com/health/scientists-trace-evolution-of-hpv-to-sex-with-neanderthals
[91]https://www.cdc.gov/poxvirus/monkeypox/about/index.html

Pero ¿qué es realmente la viruela símica? Según la Organización Mundial de la Salud (OMS), la viruela del simio es una zoonosis viral (un virus transmitido a humanos de animales) con síntomas similares a los observados en el pasado en pacientes con viruela, aunque clínicamente menos grave. Con la erradicación de la viruela en 1980 y el posterior cese de la vacunación contra la viruela, la viruela de los monos se ha convertido en el orthopoxvirus más importante para la salud pública.[92]

Entonces, se ha establecido que algún animal parecido a un mono es portador del virus de la viruela símica y también se ha establecido que el virus se transmite de animal a humano, pero ¿cómo se transmite? ¿Cuál es el medio de transmisión? Los CDC han identificado el contacto físico como un medio de transmisión, pero las relaciones sexuales parecen haber sido identificadas como su principal medio de transmisión.

Aquí hay un artículo del Washington Post sobre la viruela simica: Se han detectado más de 6.600 casos de viruela simica en Estados Unidos, lo que llevó a la administración Biden a declarar el jueves una emergencia de salud pública para generar conciencia..El virus se propaga principalmente a través de la exposición a las erupciones o lesiones de una persona infectada, y este es el primer brote en el que el contacto durante las relaciones sexuales parece ser el factor importante. Si bien las infecciones se concentran en gran medida entre hombres que tienen relaciones sexuales con hombres, otros pueden contraer el virus a través del contacto no sexual y al compartir artículos contaminados.[93]

---

[92]https://www.who.int/news-room/fact-sheets/detail/monkeypox
[93]https://www.washingtonpost.com/health/2022/08/04/monkey pox-gay-safe-sex/

Este artículo informa el hecho de que la viruela del simio se transmite en gran medida a través de relaciones homosexuales (principalmente hombres homosexuales). ¡Pero la verdadera imagen de la situación no se refleja realmente en este artículo!*Nuevos datos publicados en Morbidity and Mortality Weekly Report y recopilados por los Centros para el Control y la Prevención de Enfermedades (CDC) muestran que el 99% de los casos de viruela del simio en los Estados Unidos ocurren en hombres, y el 94% de los casos se reportan recientemente entre hombres y mujeres. Contacto sexual o íntimo masculino.*[94] Este informe muestra claramente que la viruela del simio se transmite principalmente a través de las relaciones sexuales y casi siempre a través de las relaciones sexuales entre hombres.

La evidencia es abrumadora de que la viruela simica se transmite a través de actos sexuales entre hombres y no solo por contactos físicos entre hombres. ¡Debe haber algo diferente en que un hombre introduzca su pene en el ano de otro macho y resulte en viruela símica! ¿Es el contacto entre los espermatozoides y las heces o heces en el ano o qué? Esto es bastante desconcertante porque no hay evidencia de un caso reportado de viruela simica contraída a través del sexo vaginal heterosexual. Hasta donde yo sé, ni los CDC ni la OMS han proporcionado ninguna explicación probatoria de por qué el 99% de los casos de viruela simica se adquieren a través de relaciones sexuales homosexuales entre hombres.

Sin ninguna investigación ni evidencia científica, es muy posible, basado en la inferencia, que algunas especies de animales tengan de forma innata el virus de la viruela del

---

[94]https://www.cidrap.umn.edu/news-perspective/2022/08/monkeypox-cases-reach-7500-us-99-cases-males

simio en las heces o en la cara y que hubo algo de sexo anal entre un animal y un macho humano en tiempos pasados. Lo más probable es que este virus se contrajera a través de un acto sexual entre el animal y el hombre humano. El hombre humano ahora tiene relaciones sexuales con otro hombre humano y el virus invade la población humana. Caras o taburetetener Bacteria que se puede transmitir a través del contacto físico y es por eso que hay una pequeña cantidad de transmisión a través del contacto físico, pero la gran mayoría se transmite a través de la actividad sexual anal de hombre a hombre. Éste es el poder destructivo del comportamiento sexualmente desviado.

La hepatitis como ETS

La hepatitis es otra ETS que infecta a cientos de miles de personas cada año. Y así es como lo definen los CDC: hepatitis significa inflamación del hígado. El hígado es un órgano vital que procesa nutrientes, filtra la sangre y combate infecciones. Cuando el hígado está inflamado o dañado, su función puede verse afectada.[95]El consumo excesivo de alcohol, las toxinas, algunos medicamentos y ciertas afecciones médicas pueden causar hepatitis. Sin embargo, la hepatitis suele ser causada por un virus. En los Estados Unidos, la mayoría de los tipos de hepatitis viral son la hepatitis A, la hepatitis B y la hepatitis C.[96]Para los fines de este estudio, sólo estamospreocupado sobre la hepatitis viral que se transmite principalmente a través de las relaciones sexuales. Pero, ¿de dónde viene la hepatitis viral y cómo llegó a la población humana?

---

[95]

[96]   https://www.cdc.gov/hepatitis/abc/index.htm

Los perros son uno de los pocos animales que han sido identificados como portadores de hepatitis viral y así es como se infectan:*Los perros suelen infectarse con hepatitis canina al consumir heces, saliva, secreción nasal u orina de perros infectados. En algunos casos, los perros pueden desarrollar hepatitis crónica grave como consecuencia del daño causado por la acumulación de cobre en las células del hígado.*[97]No sorprende que el consumo de heces humanas o de otros perros y otras secreciones del cuerpo animal o humano provoque una infección viral tan mortal. ¿Te imaginas a un hombre humano metiendo su pene en el ano de otro hombre y entrando en contacto directo con las heces? No es de extrañar que nos enfrentemos a la viruela símica y a muchas otras ETS. ¿Adivina qué podría pasar cuando un humano besa a un perro en la boca y entra en contacto directo con la saliva del perro? ¿O un hombre humano practica sexo anal con un perro? Otra hepatitis viral se importa al ecosistema sexual humano.

La sífilis como ETS

La sífilis es otra ETS que está infectando a mucha gente pero ¿de qué se trata? Según los CDC, la sífilis es una infección de transmisión sexual (ITS) que puede causar problemas de salud graves sin tratamiento. La infección se desarrolla en etapas (primaria, secundaria, latente y terciaria). Cada etapa puede tener diferentes signos y síntomas.[98] Entonces, la sífilis tiene el potencial de causar problemas de salud si no se diagnostica y trata rápidamente, pero ¿cómo se propaga? Los CDC dicen que se puede contraer sífilis por contacto directo con una llaga de sífilis

---

97

https://www.guilfordjamestownvet.com/site/blog-greensboro-vet/2021/03/31/types-hepatitis-in-dogs-symptoms-treatments
98   https://www.cdc.gov/std/syphilis/stdfact-syphilis.htm

durante el sexo vaginal, anal u oral. La sífilis puede transmitirse de una madre con sífilis al feto. No se puede contraer sífilis por contacto casual con objetos, como por ejemplo: asientos de inodoro; picaportes, piscinas, jacuzzis, bañeras, compartir ropa o utensilios para comer.[99]

Los CDC concluyen diciendo que las ETS no se pueden evitar por completo a menos que haya una abstención total del sexo vaginal, anal u oral. Esta es una declaración bastante sorprendente y notable de los CDC. Los CDC normalmente promoverían el sexo seguro en lugar de la abstinencia, pero este es un caso raro. Entonces, se ha establecido que la sífilis es una enfermedad infecciosa viral de transmisión sexual, pero ¿cuál es su origen y cómo llegó a la población humana? No hay evidencia de que la sífilis habite de forma innata en la población humana y, entonces, ¿cómo entró en la población humana?

Otra investigación ha revelado que la sífilis también tiene orígenes y conexiones animales: dos o tres de las principales ITS [en humanos] provienen de animales. Sabemos, por ejemplo, que la gonorrea pasó del ganado a los humanos. La sífilis también llegó a los humanos a través del ganado vacuno o de las ovejas hace muchos siglos, posiblemente por vía sexual.[100]Se ha demostrado que animales como el ganado vacuno, ovino y probablemente otros, de forma innata o a través de infecciones, padecen la sífilis viral. También se ha demostrado que los humanos mantienen relaciones sexuales con ganado vacuno y otros

---

99   https://www.cdc.gov/std/syphilis/stdfact-syphilis.htm

100

https://www.understandinganimalresearch.org.uk/news/sti-day#:
-:text=STIs%20in%20animals&text=%E2%80%9CTwo%20or%20tr
es%20of%20the,centuries%20ago%2C%
20posiblemente%20sexualmente%E2%80%9D.

animales. También es cierto que el tipo de sífilis que se encuentra en la población animal también se encuentra en la población humana. También es cierto que los humanos no tenemos sífilis de forma innata y de aquí sacaré la conclusión lógica de que entró en la población humana a través de las relaciones sexuales.

Clamidia como ETS

La clamidia es otra ETS que está asolando a la población humana pero ¿de qué se trata? Así es como lo define el CDC:*La clamidia es una ETS común que puede causar infección tanto en hombres como en mujeres. Puede causar daño permanente al sistema reproductivo de la mujer. Esto puede hacer que sea difícil o imposible quedar embarazada más adelante. La clamidia también puede causar un embarazo ectópico (embarazo que ocurre fuera del útero) potencialmente fatal.*[101] Es bastante evidente que esta infección viral puede tener consecuencias nefastas si se la permite persistir sin buscar atención médica inmediata.

Como todas las demás ETS, la clamidia se transmite a través de las relaciones sexuales y esta es la opinión de los CDC al respecto: usted puede contraer clamidia al tener sexo vaginal, anal u oral con alguien que tiene clamidia. Además, usted puede contraer clamidia incluso si su pareja sexual no eyacula (se corre). Una persona embarazada con clamidia puede transmitirle la infección a su bebé durante el parto.[102]Entonces, como todas las demás ETS, ¿cómo se infiltró en la población humana? ¿Tiene también una conexión animal? La clamidia ha sido una amenaza para las

---

[101]

https://www.cdc.gov/std/chlamydia/stdfact-chlamydia.htm
[102]

https://www.cdc.gov/std/chlamydia/stdfact-chlamydia.htm

poblaciones de koalas desde hace algún tiempo y aquí hay un informe al respecto: La clamidia es una gran amenaza para la población de koalas: más de la mitad de los koalas admitidos en el Australia Zoo Wildlife Hospital están enfermos de clamidia.

Y durante el próximo año, el hospital revisará a los koalas admitidos en busca de microchips para que puedan recopilar datos sobre si los crecientes esfuerzos de vacunación están previniendo o tratando eficazmente la clamidia.[103] También está claro que este virus también está presente tanto en la población animal como en la humana. Y se transmite a través de las relaciones sexuales en la población humana y debe haber ingresado a la población humana a través de la bestialidad.

Otros virus que son ETS

Existe potencialmente una lista interminable de ETS virales y no podemos analizarlas todas en este estudio limitado. La evidencia ha demostrado que casi todas las ETS virales han llegado a la población humana a través de la bestialidad. El herpes es otra ETS que es fácilmente común en animales y humanos.Aquí hay evidencia de su presencia en animales:*La infección por el virus del herpes es una causa importante de enfermedad en perros, gatos, humanos y muchas otras especies animales. La infección se produce a través de las superficies mucosas de los tractos respiratorio y genital o a través de superficies epiteliales como la córnea del ojo. La queratitis inducida por el virus*

103

https://www.smithsonianmag.com/smart-news/australia-begins-vaccinating-hundreds-of-koalas-against-chlamydia-in-trial-180978900/

del herpes simple (VHS) es la principal causa infecciosa de discapacidad visual y ceguera en humanos..[104]

La domesticación de animales está planteando un problema para los defensores de los derechos de los animales y los amantes de los animales. Tener contacto sexual con animales es una cosa, pero vivir muy cerca de ellos es otra muy distinta. El simple contacto humano diario con la orina y las heces de perros, gatos y otros animales domésticos plantea un verdadero desafío para el cuidado de la salud. Alguien tiene que limpiar los excrementos de estos animales e incluso besar a un perro o un gato en la boca y entrar en contacto con su saliva y luego transferir ese beso a otro ser humano supone un auténtico reto sanitario. Algunos incluso se acuestan con sus animales. Se puede importar fácilmente un número ilimitado de enfermedades a la población humana simplemente mediante la camaradería entre animales y humanos. Existen otras ETS que puedes estudiar por ti mismo, como: Enfermedad Inflamatoria Pélvica (EPI)*Es la enfermedad uterina más frecuente después de cualquier parto en vacas y yeguas.*[105]*La vaginosis es encontrada y transmitida por perros.*[106]La tricomoniasis es una ETS transmitida por toros y vacas.

---

[104]

https://www.vet.cornell.edu/departments-centers-and-institutes/baker-institute/our-research/animal-health-articles-and-helpful-links/ocular-herpesvirus-infection#:~:text=Herpesvirus%20infección%20es%20an%20importante,la%20córnea%20de%20el%20ojo.

[105]

https://vetsci.org/DOIx.php?id=10.4142/jvs.2016.17.3.413

[106]

https://vcahospitals.com/know-your-pet/vaginitis-in-dogs#:~:text=What%20are%20the%20clinical%20signs,a%20menudo%20appear%20red%20and%20hinchados.

Este capítulo busca mostrar que cualquier relación sexual que esté fuera del plan previsto por el creador es muy destructiva y millones de vidas han sido truncadas debido a la desviación humana del maravilloso plan de Dios para el sexo. La humanidad ha decidido utilizar el sexo principalmente por placer y el resultado final es un mundo en llamas. Muchas otras enfermedades, incluida la mayoría de los cánceres, están relacionadas con las ETS y éste es el poder destructivo de las ETS. El comportamiento sexual desviado no ocurrió simplemente en el vacío, sino que nació de la naturaleza del pecado humano y este pecado influye en lo que vemos y percibimos, y en lo que pensamos y creemos.

Capítulo 5

El poder de la vista y el pensamiento en el sexo

La vista y el pensamiento son fuerzas extremadamente poderosas que impactan en gran medida las decisiones sexuales. Usamos la vista para admirar la magnificencia y la belleza de una persona y eso nos atraerá o nos alejará de esa persona. Los ojos son el órgano más importante del cuerpo después del corazón y el cerebro, sin los cuales nuestra calidad de vida disminuye enormemente. Cada acción que realizamos con mayor frecuencia comienza con la vista. Ver, percibir, comprender y oír están todos involucrados en la vista. La vista tiene un efecto muy poderoso en nuestras vidas porque nos acerca mucho al objeto que estamos percibiendo.

 El primer método que utilizamos para evaluar cualquier objeto es la vista. Ahora bien, la vista puede ser física, metafórica o espiritual. Entonces, en el contexto del sexo, todo es cuestión de vista. Ver a una chica, mujer o un joven muy guapo, despierta todo tipo de pensamientos y emociones de lo que podría pasar si la mujer o el hombre te dice que sí. Observar la estructura corporal, el tamaño corporal, la altura, el peso, el peinado, la forma de vestir, el estilo de caminar y el movimiento, el tamaño de los senos y las nalgas (callipyge, un término para las nalgas finamente desarrolladas) en el caso de las mujeres, o la hermosa sonrisa del hombre que atrae a una mujer. .

Es difícil ir a las playas durante el verano ya que las playas están llenas de hombres y mujeres jóvenes medio desnudos. Los ojos son bombardeados con tales imágenes y casi todo pensamiento y comportamiento sexualmente desviado comienza con la vista y se nutre en los pensamientos y se concibe en el corazón. La mayoría de la parafilia comienza con imágenes visuales de actos sexuales que se manifiestan en actos sexuales desviados después de que esos pensamientos se arraigan en el corazón.

Aquí hay un informe de WebMD: Las parafilias son conductas o impulsos sexuales anormales caracterizados por intensas fantasías sexuales e impulsos que siguen regresando. Los impulsos y comportamientos pueden involucrar objetos, actividades o situaciones inusuales que generalmente no se consideran sexualmente excitantes.[107]Ver y albergar fantasías sexuales en el corazón, conduce a otras conductas sexualmente desviadas como: exhibicionismo, fetichismo, frotteurismo, pedofilia y voyeurismo. El parafilia lista no puede ni quiere desprenderse de las imágenes sexuales que ha visto y almacenado en su corazón. . La vista es buena, pero también puede conducirnos a nuestra destrucción definitiva. Todo lo que vemos y percibimos se filtra a través de nuestros pensamientos y, más pronto, se convierte en nuestras creencias y, una vez que las creemos, tarde o temprano fluirá a través de nuestras acciones. Hemos estado hablando de la vista en términos generales pero examinaré críticamente la vista física y espiritual.

El poder de la vista física

La vista física consiste en utilizar el órgano del cuerpo llamado "ojos" para ver otro objeto físico, como la belleza de la creación de Dios. Aquí hay una definición de ojos de la Clínica Cleveland:*Tus ojos son órganos que te permiten ver. Muchas partes del ojo trabajan juntas para enfocar los objetos y llevar información visual al cerebro.[108]*Entonces, a partir de esta definición clínica de "ojo", vemos una conexión entre lo que vemos y lo que pensamos. Existen líneas de transmisión entre el ojo y el cerebro. A menudo pensamos en el cerebro como el lugar de origen del pensamiento, pero leemos una cita del propio Señor Jesús:*Porque del corazón salen los malos*

107

https://www.webmd.com/sexual-conditions/guide/paraphilias-overview
108

https://my.clevelandclinic.org/health/body/21823-eyes#:-:text=Your%20eyes%20are%20organs%20that,can%20cause%20changes%20in%20eyesight.

*pensamientos, los homicidios, los adulterios, otras fornicaciones, los hurtos, los falsos testimonios y las calumnias.*Mateo 15:19. Esta cita establece una conexión entre nuestros pensamientos y nuestros corazones.

La cuestión es que nuestros pensamientos se originan en nuestro corazón, ya que todos los pensamientos, buenos o malos, proceden del corazón. Afortunadamente, los neurólogos han identificado un órgano humano llamado "cerebro intestinal", y esto es lo que se dice:*Los científicos llaman a este pequeño cerebro "sistema nervioso entérico" (ENS). Y no es tan pequeño. Los ENS son dos capas delgadas de más de 100 millones de células nerviosas que recubren el tracto gastrointestinal desde el esófago hasta el recto.*[109] Los neurólogos también han establecido el hecho de que existe una comunicación constante entre el "cerebro intestinal o cerebro del vientre" y el cerebro (cerebro principal), por lo que estos neurólogos sólo confirman a través de evidencia física lo que Jesús estaba diciendo en el versículo anterior.

El corazón (bíblicamente hablando) no es sólo un órgano del cuerpo que bombea sangre, sino que en realidad es el origen de los pensamientos y el regulador de las emociones. ¿Entonces, por qué es importante? Esta es una información extremadamente crítica, porque los ojos transmiten información visual al cerebro (cerebro cerebral), que está en constante comunicación con el corazón (cerebro intestinal o cerebro abdominal) y estas imágenes entran en contacto con los pensamientos del corazón (cerebro intestinal). y pronto se manifestará en nuestras acciones. Este asunto es

---

109

https://www.hopkinsmedicine.org/health/wellness-and-preventio n/the-brain-gut-connection#:~:text=Scientists%20call%20this%2 0little%20brain,tract%20from%20esophagus%20to%20rectum .

tan serio que Job dijo esto:*He hecho pacto con mis ojos; ¿Por qué entonces debería mirar a una mujer joven?* Job 31:1. Por eso Job entendió este principio tan vívidamente que tomó medidas drásticas para abordarlo.

Incluso trató a sus ojos como una entidad fuera de su cuerpo, que prestará juramento, firmará un contrato y hará un acuerdo entre el resto de su cuerpo y sus ojos. El propósito del contrato, convenio y acuerdo nunca fue mirar a una mujer joven con intenciones lujuriosas. ¿Por qué Job tomaría una decisión tan drástica? Job temía a Dios y había llegado a comprender que un uso inadecuado de sus ojos puede llevarlo a muchos problemas físicos y espirituales. Si no somos muy cuidadosos, la vista es precisamente lo que hace rodar la pelota y nos hace conducir nuestras vidas en contra de la voluntad y el deseo de Dios y aquí hay un ejemplo:*que los hijos de Dios vieron que las hijas de la humanidad eran hermosas; y tomaron para sí mujeres, las que quisieron.*Génesis 6:2.

Hay un intenso debate teológico sobre la identidad de los "hijos de Dios y las hijas de los hombres" en este pasaje, pero eso no es una preocupación para nosotros hoy. Nuestra preocupación es que ellos "vieron", y notaron que eran hermosos y el mal uso de su vista los llevó a matrimonios ilícitos que Dios no aprobaba. El contexto de Génesis 6 trata sobre la maldad y la pecaminosidad de la humanidad, por lo que no hay nada bueno en las intenciones de los hombres al ver a las hijas de los hombres y notar su belleza. Mirar está bien, pero a veces la intención de mirar es el problema.

El uso incorrecto de la vista condujo a la caída y la separación final entre Dios y la humanidad y todas las desviaciones sexuales, otras conductas pecaminosas son consecuencias directas del uso incorrecto de la vista y así es

144

cómo sucedió todo:*Cuando la mujer vio que el árbol era bueno para comer, y que era un deleite a los ojos, y que el árbol era deseable para alcanzar la sabiduría, tomó de su fruto y comió; y también dio un poco a su marido con ella, y él comió,*Génesis 3:6. Todos estos eventos comenzaron por "vista", la mujer "vio" que el árbol era bueno y desobedeció lo que Dios le había advertido a Adán que no hiciera en Génesis 2:17. Toda la raza humana todavía sufre los efectos de esa desobediencia que fue puesta en movimiento por la vista. Así es como el pecado entró en el mundo y todo pecado, incluido todo pecado sexualmente desviado, comenzó aquí en Génesis 3:6 y el resultado ha sido muerte y destrucción desde entonces.

Casi todo pecado sexual comienza con la vista y aquí hay otro ejemplo de ello:*Pero yo os digo que todo el que mira a una mujer para codiciarla, ya adulteró con ella en su corazón.*, Mateo 5:28. ¡Este versículo eleva el listón de simplemente mirar a mirar con intención! Simplemente mirar no es pecado, pero mirar con intención lujuriosa es pecaminoso. La idea de lujuria significa que el acto de adulterio ya ha sido nutrido y cometido en el corazón. Cuando una chica joven y hermosa pasa frente a un grupo de hombres jóvenes, sus ojos estarán fijos en el tamaño de los senos, la cara y las nalgas de la mujer o en el trasero. Y harán comentarios entre ellos sobre la niña.

¿Por qué cree que los implantes de senos y glúteos son una industria tan grande? Las mujeres saben que los hombres pasan mucho tiempo mirándose el pecho cuando se acercan o el trasero cuando acaban de pasar. Hay una gran demanda por parte de los hombres y luego las mujeres alimentan la oferta con vestidos que expondrán su pecho tanto como sea posible y también expondrán sus nalgas o su trasero con vestidos extremadamente ajustados que

145

exponen el tamaño y la forma de sus nalgas. . El sexo está en la mente de los sexos y todo está centrado en el sexo. Las mujeres, por otro lado, son más detallistas y emocionales.

Pueden discutir entre ellas y otras niñas o mujeres sobre la parte emocional del sexo. Pueden discutir el tamaño y la profundidad del pene del hombre e incluso ridiculizar a su pareja o, a veces, incluso a su marido, cuyo pene se considera pequeño y sin profundidad. Algunas mujeres les hacían saber abiertamente a otras mujeres que el pene de cierto hombre es muy pequeño y no da placer y que necesitaban un hombre con un pene grande, algo grande, fuerte y que tuviera profundidad y penetración. ¿A dónde más iría alguien sin mirar a un miembro bello o apuesto del sexo opuesto?

Mientras no se esté contemplando ningún acto sexual, mirar está bien, pero no mirar a alguien durante un período prolongado de tiempo, porque cuando lo haces, esos pensamientos sexuales comienzan a echar raíces. Luego pasas de mirar a la lujuria, entonces en ese punto el pecado ya ha tenido lugar aunque no haya ocurrido adulterio físico sino que ya ha ocurrido en el corazón. Al ojo a menudo se le llama "la ventana del alma" y es por eso que a veces puedes mirar directamente a los ojos de otra persona y eso puede revelar algo sobre su estado mental emocional. El ojo no revela el estado emocional de una persona pero, lo más importante, revela la condición espiritual de la persona.

Verás el mundo que te rodea según la condición de tu corazón. Tus ojos están directamente ligados a tu corazón y si tu ojo es bueno entonces todo tu cuerpo será bueno y esto es lo que dijo el Señor Jesús:*El ojo es la lámpara del cuerpo; Así entonces, si tu ojo está claro, todo tu cuerpo estará lleno de luz. Pero si tu ojo es malo, todo tu cuerpo* *estará lleno de oscuridad. Entonces, si la luz que hay en vosotros es oscuridad, ¿cuán grandes son las tinieblas?*Mateo 6:22-23. También dice que:*Tu palabra he guardado en mi corazón, para no pecar contra ti,* Salmo 119:11.

Anteriormente establecí el hecho de que las imágenes que se ven con los ojos se transmiten directamente al corazón y se nos dice que escondamos la palabra de Dios en nuestros corazones con el propósito de evitar que pequemos contra Dios. Entonces, todo lo que hay en nuestro corazón, se refleja a través de nuestros ojos. Nuestros ojos verán el mundo según la condición de nuestro corazón. Con la palabra de Dios escondida en nuestros corazones, tenemos la capacidad, dada por Dios, de ver cosas malas y tendrá un efecto mínimo en nuestro cuerpo porque nuestros corazones son buenos, vemos claramente y nuestros cuerpos están llenos de luz.

Esta visión física es extremadamente importante en el contexto del sexo porque la vista es la primera de una serie de acciones que pueden conducir a un comportamiento sexual placentero o destructivo. La persona con la que estás teniendo relaciones sexuales ahora o con la que estás casado, comenzó por la vista mientras la veías y admirabas. Lo viste, lo deseaste y el resto es historia. Pero la vista física fue la primera de una serie de acciones, pero hay más en la vida que tener una visión 20/20.

El salmista hizo esta profunda petición a Dios:*Abre mis ojos, para que pueda ver las maravillas de tu ley,*Salmo 119:18. No hay evidencia de que el rey David, el autor del Salmo 119, tuviera algún problema de visión y si ese no fue el caso, y de lo cual no creo que lo fuera, ¿entonces de qué estaba hablando? David no era ciego, tenía visión física pero necesitaba ver más claramente y más profundamente las cosas de Dios. Es muy posible tener una visión 20/20 y aún así estar ciego. ¡Sí, has oído bien! Entonces, la vista física es buena, pero necesitarás más que eso para sortear los obstáculos de la vida. Necesitará más que la vista física para ver las cosas de Dios.

El poder de la vista espiritual

La vista es física, que es el uso natural de la vista para ver cosas físicas, pero también puede ser espiritual. La vista espiritual es una habilidad y/o discernimiento otorgado por Dios para ver lo que no es físicamente aparente. Esta capacidad es exclusivamente de Dios, pero Él bondadosamente la concede a quien Él quiere. Por naturaleza, los humanos somos seres físicos y nos gusta sentir y tocar las cosas para que tengan sentido en el ámbito natural de las cosas, pero el mundo invisible es ajeno a la comprensión humana natural. Es una tarea bastante desalentadora hablar sobre la visión espiritual fuera del contexto de oscuridad y ceguera espiritual.

Es muy posible tener una visión 20/20 en el ámbito físico y estar ciego. Cualquiera que no conozca verdaderamente a Cristo y sea seguidor de Él es una persona ciega, espiritualmente hablando. La Biblia habla frecuentemente de personas que no son físicamente ciegas, que necesitan que les abran los ojos y aquí hay uno de esos casos:*Entonces Eliseo oró y dijo: "Oh Señor, por favor abre sus ojos para que pueda ver". Entonces el Señor abrió los ojos del joven, y vio, y he aquí, el monte estaba lleno de caballos y carros de fuego alrededor de Eliseo.*, 2 Reyes 6:17.

El contexto aquí fue que Eliseo, su asistente y los israelitas estaban rodeados por el ejército sirio y sus carros. El asistente de Eliseo miró hacia afuera y le informó a Eliseo que el ejército sirio y sus carros estaban por todas partes y que estaban en problemas. El asistente de Eliseo vio físicamente que el ejército contrario avanzaba hacia ellos y que eran superados en número. Estaba aterrorizado al ver físicamente al ejército contrario, sabiendo que no tenían la mano de obra ni el equipo para luchar. Y así respondió Eliseo:*Y él*(Eliseo), respondió, *No temáis, porque más son los que están con nosotros que los que están con ellos.*, 2 Reyes 6:16. Estas son dos personas que miran la misma situación, pero una ve físicamente y la otra ve espiritualmente.

Su asistente probablemente se dijo a sí mismo algo así como: "¿De qué estás hablando? ¡Estamos a punto de morir!". y la clara distinción era que Eliseo veía espiritualmente y su asistente veía físicamente. El asistente no estaba físicamente ciego, pero no podía ver lo que Eliseo estaba viendo. Eliseo veía fuera del ámbito físico, pero su asistente veía en el ámbito físico. Eliseo oró e intercedió para que Dios le concediera a su asistente ojos para ver lo que él estaba viendo.

Y cuando Dios concedió el pedido de Eliseo, la visión de su asistente fue transportada del reino físico al espiritual. Dios abrió los ojos del joven, y vio lo que Eliseo estaba viendo: y he aquí, el monte estaba lleno de caballos y carros de fuego alrededor de Eliseo y su ayudante. El joven pasó de la ceguera espiritual (aunque veía físicamente) a la vista espiritual. Pero no así para el ejército sirio, los enemigos de Dios y los que acampaban para matar a Eliseo y a los israelitas. Pasarón de la vista física a la ceguera física:*Y cuando descendieron a él, Eliseo oró al Señor, y dijo: Te ruego que hieras a este pueblo con ceguera. Y los hirió con ceguera según la palabra de Eliseo.*, 2 Reyes 6:18.

Entonces, el sexo sólo puede verse como Dios lo ve y si se nos dan nuevos ojos y visión para verlo como Dios lo ve, entonces tendremos una vida sexual plena. La oración de

Eliseo a Dios resultó en ceguera física, de modo que ya no pudieron ver ni luchar contra Eliseo. Si alguien tiene vista física pero está ciego espiritualmente, entonces no puede ver el sexo como lo ve Dios. Tendrán una visión desviada del sexo simplemente porque están espiritualmente ciegos. La ceguera (ceguera espiritual) es una imagen de estar muerto en pecado y separado de Dios. Es un estado de depravación y estar bajo el poder y control de Satanás y aquí hay una descripción vívida de eso:*Para abrirles los ojos, para que se conviertan de las tinieblas a la luz y del poder de Satanás a Dios, para que reciban el perdón de los pecados y un lugar entre los santificados por la fe en mí.*, Hechos 26:18.

La gente en este contexto tenía vista física pero el texto dice que necesitaban que se les abrieran los ojos porque estaban en oscuridad y bajo el poder y control de Satanás. Así como la oscuridad representa estar bajo el control de Satanás, la luz representa estar bajo el control de Dios y Cristo. La luz representa a alguien que ha recibido el perdón de sus pecados y ahora es cristiano y las tinieblas representan a alguien que no lo es, de ahí los dos reinos: la luz y las tinieblas; cualquiera que vea el sexo de una manera pervertida, entonces, con toda probabilidad, todavía está en la oscuridad y necesita que se le abran los ojos espirituales para poder ver y ser trasladado del reino de las tinieblas al reino de la luz. Es imposible tener una visión correcta de las relaciones sexuales a menos que también tengas ojos espirituales 20/20 para ver con claridad, pero los malos ojos también conducen a malos pensamientos.

El poder de los pensamientos en el sexo

Los pensamientos son una fuerza muy poderosa que puede mejorar o arruinar nuestras vidas en general y nuestra vida sexual en particular. Lo que vemos y percibimos quedará incrustado en nuestros pensamientos. Si alguien pasa mucho tiempo viendo pornografía, pensará de manera pornográfica, ya que las imágenes que ha visto se almacenan en el cerebro de la cabeza y en el cerebro del vientre (intestino). Somos la suma producto de lo que pensamos. Ya hemos establecido el hecho de que los pensamientos provienen del corazón, pero esos pensamientos están fuertemente influenciados por imágenes que se ven, registran y almacenan en el corazón (cerebro intestinal). Lo que usted piensa puede, en gran parte, afectar su visión de la vida y es por eso que millones de personas toman algún tipo de medicamento para la ansiedad o la depresión, recetado o sin receta, con el fin de adormecer sus sentimientos y controlar su pensamiento. Todas las batallas sexuales se libran en el cerebro y por eso el pensamiento correcto conduce a una vida correcta.

Las expectativas poco realistas pueden dañar la vida mental de cualquier persona. Es posible que creas que el sexo con una determinada persona puede resultar en cierta cantidad de felicidad y rápidamente te des cuenta de que no era así y quedas abandonado y rechazado. Y como resultado, la vergüenza entra en la ecuación. Hay un sentimiento de inutilidad que se apodera de ti y, antes de que te des cuenta, la persona se deprime e incluso tiene tendencias suicidas. La gente practica el sexo con todo tipo de expectativas poco realistas que casi nunca se materializan. El pensamiento racional ha sido reemplazado por el emocionalismo. Los hechos no importan porque las emociones han tomado el control.

Las personas toman decisiones emocionales sobre el sexo porque el placer impulsa su pensamiento y el objetivo es la gratificación instantánea. Las personas pasan toda su vida arrepintiéndose por malas decisiones sexuales

151

y las consecuencias no se pueden revertir. Lo que esperaban obtener de ese encuentro sexual mal pensado no valía el precio pagado décadas después. Millones de personas han muerto de SIDA/VIH y otras ETS debido a malas decisiones sexuales. Actualmente, millones de personas están pagando el precio de graves problemas de salud debido a malas decisiones sexuales.

Millones de bebés no deseados han sido abortados debido a malas decisiones sexuales. Las personas toman decisiones sexuales sin considerar todas las posibles ramificaciones. La culpa y la vergüenza que conlleva abortar a un bebé, ¡y ese bebé no es sólo un montón de pañuelos de papel! Que el bebé es una persona en el momento de la concepción y terminar con la vida del bebé es asesinato, simple y llanamente. El bebé no alcanza la personalidad en una fecha posterior, pero la personalidad está innata en el ADN del niño en el momento de la concepción e incluso antes. Todos los atributos de una persona están en ese feto y lo único que se necesita es desarrollo y crecimiento.

Entonces, el aborto es matar a una persona y quitarle la vida, hecha a imagen de Dios. El bebé es un ser humano completo con valor y potencial ilimitados que es brutalmente asesinado en el útero. Un pensamiento erróneo sobre el sexo ha llevado al asesinato de millones, si no miles de millones, de bebés. Millones de personas viven con una cantidad increíble de trauma emocional debido a malas decisiones sexuales. Es muy importante pensar correctamente sobre la vida en general y sobre el sexo en particular, así vivirás correctamente. Y aquí hay una cita sobre el pensamiento correcto:*Finalmente, hermanos, todo lo que es verdadero, todo lo honorable, todo lo justo, todo lo puro, todo lo amable, todo lo digno de elogio, si hay*

virtud alguna y si algo digno de alabanza, en esto pensad.
Filipenses 4:8.

El apóstol Pablo estaba amonestando a su audiencia a tener pensamientos verdaderos y ¿qué significa realmente tener pensamientos verdaderos? Entonces, tener pensamientos verdaderos significa que nuestro pensamiento sobre cualquier asunto o tema determinado debe estar en línea con el pensamiento de Dios. Estaremos en un error si no pensamos en los pensamientos de Dios. Tenemos que ver el pecado como Dios lo ve y tenemos que ver el sexo como Dios ve el sexo. El texto anterior también habla de tener pensamientos honorables.

La palabra griega traducida aquí como honorable tiene la idea de pensamientos reverendos y venerables, pensamientos que se reflejan en carácter y reverencia. Luego el texto habla de tener los pensamientos correctos. La palabra "correcto" ha sido traducida de la palabra griega "dikaia" y tiene la idea de tener pensamientos rectos, virtuosos y rectos. Si alguien tiene pensamientos rectos sobre el sexo, entonces no puede tener una visión desviada de las relaciones sexuales. Actuarán y harán lo correcto.

El texto anterior también habla de tener pensamientos puros. La palabra que se traduce aquí en la mayoría de nuestras traducciones al inglés como "puro" proviene de la palabra griega "hagios", que significa "santo", "sagrado", "inmaculado", y este es un atributo exclusivamente Divino. Estamos llamados a pensar como piensa Dios. El apóstol Pablo finalmente amonesta a su audiencia a tener este patrón de pensamiento en sus vidas. Es imposible tener pensamientos sexualmente impuros y pensamientos puros simultáneamente. ¿Cómo puede alguien llegar a tener pensamientos puros? Los humanos naturalmente tienen pensamientos impuros hasta que Dios quiere concederles un corazón nuevo y un trasplante de corazón. Ya hemos establecido el hecho de que, en general, la vida de pensamiento humano es corrupta y mala porque la fuente de nuestros pensamientos es mala y corrupta. Nuestros pensamientos se originan en nuestro corazón (Mateo 15:19), que es malo y corrupto.

Un corazón corrupto es incapaz de tener pensamientos puros y rectos y esto es lo que Dios le dijo al profeta Ezequiel con respecto a un corazón nuevo:*Además, os daré un corazón nuevo y pondré un espíritu nuevo dentro de vosotros; y quitaré de vuestra carne el corazón de piedra y os daré un corazón de carne. Y pondré mi Espíritu dentro de vosotros, y haré que andéis en mis estatutos, y seáis cuidadosos y sigáis mis ordenanzas.*Ezequiel 36:26-27. Dios es el primer cirujano de trasplante de corazón que nunca perdió a un paciente durante y después de la cirugía.

Para poder tener pensamientos puros y rectos, primero deben suceder dos cosas: (1) debe haber tenido lugar un trasplante de corazón realizado por Dios y (2) el Espíritu de Dios colocado junto al nuevo corazón y además de un trasplante de corazón y el Espíritu de Dios, también se incluyen nuevas habilidades. La capacidad de caminar en los estatutos de Dios y seguir sus ordenanzas. Nuevas habilidades para ver el sexo como lo ve Dios. Nuevas capacidades para abstenerse de toda forma de conducta sexualmente desviada e inmoral. Nuevas habilidades para hacer la voluntad de Dios. Nuevas habilidades para ver y pensar con claridad sobre el sexo. Ahora bien, es posible que a veces los pensamientos no sean tan peligrosos hasta que se crea en ellos.

Los pensamientos llevan a las creencias

A veces difícilmente podemos controlar los pensamientos que pasan por nuestra mente mientras esos pensamientos no se conviertan en creencias. Las acciones que realizamos sobre el sexo o cualquier otro asunto se basan en conjuntos de creencias que han sido influenciadas por lo que vemos y pensamos sobre el tema. Los pensamientos no se convierten en acciones hasta que se cree y se confía en ellos. Somos literalmente productos de nuestro sistema de creencias. Así que puedes ver malas imágenes y pensar en ellas todo el día, pero hasta que no creas lo que viste, no actuarás en consecuencia.

Entonces, si alguien tiene relaciones sexuales con un animal, entonces es porque ha visto u oído a otra persona tener relaciones sexuales con un animal y eso ha influido en su forma de pensar con el tiempo, y ese pensamiento se ha convertido en un sistema de creencias y en la adopción de medidas. Esa creencia es bastante fácil porque están convencidos de que es lo correcto. La homosexualidad se basa en lo que la gente ha visto, leído y pensado y, con el tiempo, esos pensamientos se convirtieron en creencias. Lo mismo ocurre con el adulterio y la fornicación, que se basan en lo que la gente ha visto, lo que hacen, leen y piensan sus amigos y familiares. Ahora, con el tiempo, esos pensamientos se convierten en un sistema de creencias y es fácil actuar en consecuencia.

Nadie puede tomar ninguna acción a menos que crea en esa acción y es por eso que es de vital importancia proteger y guardar lo que entra en su sistema de creencias porque sus acciones dependen de ello y esto es lo que dijo el autor de Proverbios:*Por encima de todo, guarda tu corazón, porque todo lo que haces fluye de él,*Proverbios

4:23. ¡Guau! Esta es la valoración de Salomón, el autor del libro de proverbios. Comenzó usando la frase "por encima de todo", para significar que este debería ser el tema número uno en tu vida, y nada más está por delante.

Salomón debe haber sabido algo que nosotros no sabemos y no sorprende que se le llame el hombre más sabio que jamás haya existido. Tu objetivo número uno en la vida es guardar tu corazón y protegerlo de todos los enemigos, nacionales y extranjeros. Es como depositar dinero en la bóveda del Banco de la Reserva Federal de Estados Unidos. Los ladrones no pueden entrar por la fuerza ni el dinero puede ser destruido por el fuego. Asimismo y de la misma manera guardad vuestro corazón. Salomón no está hablando de proteger su corazón de algún ataque cardíaco o alguna enfermedad cardíaca, sino que está hablando de poner guardia alrededor de las imágenes y la información que ingresan a su corazón.

Supongo que habrás oído la jerga de los sistemas de información informática: "basura que entra, basura que sale", lo que significa que la salida de la computadora es función de su entrada. Lo que pones es lo que obtienes, ni más ni menos. Entonces, debes guardar tu corazón y puedes hacer la pregunta lógica: ¿por qué? ¿No soy libre de hacer lo que quiera? Salomón tenía una respuesta lista para ti:*porque todo lo que haces fluye de ello.*Salomón está diciendo que no te engañes; Cualquier imagen e información que permitas entrar en tu corazón, tarde o temprano aparecerá en tus acciones. Salomón sólo se estaba haciendo eco de lo que el propio Señor Jesús dijo en Mateo 15:19 de que los malos pensamientos salen del corazón.

Entonces, qué información e imágenes introduces en tu corazón y las crees, pronto se reflejarán en tus acciones. Entonces, tener el tipo de visión correcto conducirá a los pensamientos correctos sobre las relaciones sexuales y esos pensamientos correctos y puros eventualmente conducirán a la creencia correcta y la creencia correcta conducirá a acciones correctas sobre las relaciones sexuales. Este es el resumen que hace Salomón del deber de la humanidad en la tierra: Este es el fin del asunto; todo ha sido escuchado:*Teme a Dios y guarda sus mandamientos; porque este es todo el deber del hombre*, Eclesiastés 12:13. Esto también fue expresado sucintamente por el Catecismo Menor de Westminster:*El fin principal del hombre es glorificar a Dios y disfrutarlo para siempre.*[110]

Entonces, buscar placeres temporales a través de comportamientos sexuales desviados no es el plan de Dios para la humanidad y para usted. Dios quiere que lo glorifiques en tus relaciones sexuales, que obedezcas sus mandamientos, que le temas y, al hacerlo, lo disfrutarás para siempre. Practique el sexo para la gloria de Dios. ¡Dios te está mirando! Que todo lo que hagáis, de palabra o de obra, sea para Su gloria. No busques gloria para ti mismo porque Él no compartirá Su gloria con nadie. No hay mejor manera de hacer esto que en una unión matrimonial heterosexual y monógama ordenada por Dios. La unión matrimonial es la institución más poderosa del planeta, pero ¿qué es una unión matrimonial?

---

[110]

https://en.wikipedia.org/wiki/Westminster_Shorter_Catechism#:~:text=Q.,and%20to%20enjoy%20him%20forever.

Capítulo 6

El poder del matrimonio

El matrimonio es la unidad que ayuda a establecer una familia, una aldea, un pueblo, una ciudad, un estado, un país y luego el mundo. Una nación, un estado, una ciudad o el mundo pueden arruinarse sin unidades familiares fuertes y estables, llamadas matrimonios. Cuanto más fuertes sean los matrimonios, más fuertes serán la nación y su gente. Cuando esta unidad se hace añicos y es inexistente, muchos males sociales salen a la superficie.

La ruptura o inexistencia de la unidad familiar llamada matrimonio ha provocado una serie de problemas como los siguientes: cada año se registran aproximadamente 1 millón de divorcios en Europa y otros 850.000 en Estados Unidos. Se estima que algo más de la mitad de todos los divorcios involucran a niños menores de 18 años. Además, un número cada vez mayor de padres no están oficialmente casados y, si se separan, sus hijos enfrentan cambios de vida similares a los de los hijos de padres casados que se casan. un divorcio. La ruptura de los padres se debe en la mayoría de los casos a conflictos a largo plazo en la familia y también a los efectos perjudiciales del divorcio y los conflictos subyacentes sobre el bienestar mental de los niños.[111]

Hay un dicho del Papa Juan Pablo II que dice: "Como va la familia, así va la nación y así va el mundo entero en el que

---

[111]

https://academic.oup.com/eurpub/article/27/5/829/3760077

vivimos".[112] Esta cita lo resume todo: la moral de una sola familia tiene el potencial de influir en la moral del mundo entero con el tiempo. Recuerde que el mundo comenzó con una sola familia, la familia de Adán y Eva.

La familia entonces es el núcleo que lo mantiene todo unido, sin el cual se desata el infierno. La moral de una nación, y por extensión del mundo, se deriva de la moral de la familia. Es posible que a menudo escuches el dicho: "una manzana no cae lejos del árbol". Lo más probable es que un niño crezca imitando la moral de su familia de origen. Los niños no fabrican de repente otra moral aparte del hecho de que nacen con una naturaleza corrupta. A Adolf Hitler no se le ocurrió de repente su moral, sino que debió estar fuertemente influenciado por la moral de su familia. La moral de una nación está influenciada positiva o negativamente por la moral de la familia. El matrimonio es el poder que lo mantiene todo unido. La unión matrimonial es el poder que lo mantiene firmemente unido. La unión matrimonial es lo que mantiene a la familia firmemente unida y unida. Pero ¿qué es realmente un matrimonio?

---

[112]
https://www.brainyquote.com/quotes/pope_john_paul_ii_138667

Imagen de un matrimonio feliz

¿Qué es un matrimonio?

El significado del matrimonio sigue siendo muy debatido y controvertido. Esta palabra puede tener una comprensión legal, cultural, religiosa y teológica pero el significado subyacente de la palabra es el mismo, en mi humilde opinión. La idea básica de esta palabra es unir, mezclar. Su aplicación y contexto pueden ser diferentes, pero su significado subyacente sigue siendo el mismo. La palabra "matrimonio" en realidad aparece en la Biblia, pero falta en algunos pasajes fundamentales sobre el matrimonio como Génesis 2:24, Mateo 19:5, Marcos 10:7, Efesios 5:31.

La palabra que se traduce principalmente como matrimonio en el Nuevo Testamento y en la mayoría de nuestras traducciones al inglés es la palabra griega "gamos", y en casi todos los contextos en los que se encuentra, significa fiesta, banquete, banquete de bodas, como en Juan 2:1, Mateo 22:8,10 y en Apocalipsis 19:7, se usa para referirse a la unión íntima y eterna de Cristo con Su iglesia. Esta palabra también aparece en LXX en Génesis 29:22, para significar fiesta, y en Ester 1:5, 2:18, 9:22 para significar banquete.

Este significado de matrimonio tiene que ver con los aspectos ceremoniales, como la presentación de los novios a los invitados, la bebida y los bailes, y cualquier ceremonia que implique celebrar o celebrar. Y, a veces, podría significar simplemente la celebración de un banquete. Entonces, en términos actuales, ¿qué es realmente un matrimonio? ¿Es la firma de papeles en la oficina del secretario del condado? ¿Es el intercambio de anillos de boda? ¿Es la pronunciación hecha por algún funcionario religioso en algún edificio religioso? ¿Qué es?

Esta palabra se traduce en el Antiguo Testamento de la palabra hebrea "mishteh,"y esto*La palabra hebrea aparece entre 43 y 45 veces en todo el Antiguo Testamento y aproximadamente 19 de ellas estaban en el libro de Ester.*[113] y eso debería hacer de Ester el libro de las fiestas. La palabra tiene varias otras apariciones en el Antiguo Testamento. Las siguientes definiciones de matrimonio se han obtenido del diccionario merriam–webster:*1.a) El estado de estar unidos como cónyuges en una relación consensual y contractual reconocida por la ley. b) La relación mutua de casados: MATRIMONIO. (c) la institución por la cual las personas se unen en matrimonio. 2. El acto matrimonial o el rito por el cual se efectúa el estado matrimonial, especialmente: la ceremonia nupcial y las festividades o formalidades que la acompañan. 3. Una unión íntima o*

113

https://www.biblestudytools.com/lexicons/hebrew/kjv/mishteh.html

estrecha: el matrimonio de la pintura y la poesía- J.T. Shawcross.[114]

Esta definición utiliza varios sinónimos como "unido" en (1a), "mutuo" en (1b), "unido" en (1c), "casado" en (2) y "unión íntima" en (3). Entonces, sea lo que sea o signifique el matrimonio, debe tener que ver con unir, mutuo, unirse y casarse. Este es un uso bastante interesante de sinónimos para definir el significado de matrimonio. La palabra "unirse" se utiliza en pasajes bíblicos clave para definir el matrimonio. La palabra griega "proskollao" ha sido traducida de la palabra hebrea "dabaq" en Génesis 2:24 en la LXX o la Septuaginta.

Esta misma palabra aparece fuera del contexto matrimonial en Josué 23:8, con el significado de "pegarse a Dios, unirse a Dios, aferrarse a Dios, unirse a Dios, aferrarse firmemente o retenerse" y también se transporta al Nuevo Testamento en el contexto matrimonial en Mateo 19:5, Marcos 10:7 y Efesios 5:31. Esta palabra griega lleva consigo la idea de significar: *pegar, pegar, unirse a uno mismo estrechamente, adherirse, adherirse.*[115]Entonces, la definición bíblica de matrimonio tiene el concepto de unirse permanentemente y ese concepto está sustentado en su significado básico.

La idea de unirse permanentemente sin posibilidad alguna de separación. Es cómo soldar dos piezas de metal. Se ha producido calor y fusión y los metales se han derretido y sus elementos se han entrelazado y la posibilidad de una separación limpia no volverá a existir jamás. Esta es la idea detrás de esta palabra y unirse puede adquirir varios significados e importancia.

---

[114]   https://www.merriam-webster.com/dictionary/marriage
[115]   https://www.studylight.org/lexicons/eng/greek/4347.html

Argumentos filosóficos a favor del matrimonio

¡La idea de unirse para significar matrimonio es bastante fascinante, por decir lo menos! La premisa de utilizar la palabra "unir" para aplicarla a cualquier cosa o en cualquier contexto implicaría necesariamente que las cosas o componentes que se unen son distintos y diferentes. Deben poseer esencias y cualidades distintas, de lo contrario sería innecesario unirlos. Alguien se preguntará por qué no se pueden unir dos piezas de madera idénticas. ¡Esa también es una observación interesante! Supongo que podrías unir o unir las piezas, pero no necesariamente unirlas teniendo en mente el mismo significado de esta palabra bíblica. Deben ser distintos y diferentes en esencia para que se produzca una unión real. Realmente no hay necesidad de unir nada a menos que sean diferentes en esencia.

Un mejor ejemplo sería unir o mezclar dos tipos de tomates idénticos y el resultado no tendrá ningún efecto porque son piezas idénticas en calidad y esencia. El propósito y objetivo de unirse es que el efecto resultante sea alterado y diferente. ¿Cuál sería realmente la meta y el propósito de estar unidos entre un ser humano varón y otro ser humano varón de idéntica esencia? ¿Qué están tratando de lograr? ¿Por qué un ser humano mujer se uniría a otro ser humano mujer? ¿Cuál es el objetivo a alcanzar? Realmente no se pueden unir porque son iguales en esencia y calidad. Recuerde que el propósito y objetivo de unir cualquier cosa es lograr un efecto resultante diferente.

Si son iguales en esencia, entonces el efecto resultante es cero y no se logra nada. Lo mismo ocurre si una mujer se une a otra mujer, entonces el efecto resultante también es cero. Incluso la misma palabra "matrimonio" implica la fusión de dos cosas distintas para formar una nueva entidad. Entonces, para que exista un matrimonio, las partes o las cosas que se casan deben poseer cualidades innatamente diferentes y distintas. Como el matrimonio entre deporte y poesía y no deporte y deporte o poesía y poesía.

La definición del diccionario Merriam-Webster mencionada anteriormente es "matrimonio de pintura y poesía", y es por eso que con razón se le puede llamar matrimonio. La unión entre el deporte y los medios de comunicación sería otro ejemplo. Si todo esto es cierto, y creo que lo es, entonces ¿por qué el término "matrimonio entre personas del mismo sexo"? La palabra "igual" y "matrimonio" no pueden estar en la misma frase. Si los sexos son iguales entonces no se le puede llamar matrimonio o unión. Porque, para que sea verdaderamente un matrimonio o una unión, los sexos tienen que ser opuestos. La idea del matrimonio entre personas del mismo sexo es verdaderamente un oxímoron. Otro término que se usa a menudo es "unión del mismo sexo", y nuevamente, la palabra "mismo sexo y" unión "son mutuamente excluyentes sin posibilidad de convivencia. Pero ¿qué pasa con el hecho de que los sexos son diferentes y realmente importa?

Argumentos biológicos a favor del matrimonio

¿Es la biología un factor a considerar cuando se trata del matrimonio? Hemos planteado un argumento filosófico de que debe haber una diferencia en esencia y calidad para que se produzca cualquier matrimonio, unión o unión, pero ¿de qué tipo de diferencia estamos hablando? Ninguna unión verdadera puede ocurrir sin una diferencia biológica. Dos personas con partes idénticas del cuerpo no pueden casarse porque todas sus partes del cuerpo son iguales. La misma palabra "matrimonio" significa juntar o unir dos partes, cosas que son completamente diferentes.

No es necesario llamarlo "matrimonio" si son idénticos en partes del cuerpo. Las partes del cuerpo femenino son innatamente femeninas y nunca pueden replicarse en un hombre, ni siquiera mediante cirugía. Una mujer tiene dos senos y un hombre ninguno, y los senos femeninos proporcionan al menos dos funciones críticas: proporcionar placer sexual al marido masculino y alimentar al bebé. Estas diferencias biológicas críticas nunca pueden ser adquiridas por un hombre. Estas son diferencias biológicas exclusivamente femeninas.

Las partes del cuerpo reproductivo de una mujer son únicas y diferentes. Tomemos, por ejemplo, la vagina, que proporciona al menos tres funciones vitales: la liberación de desechos de orina y otros fluidos corporales, un lugar para que el pene masculino se inserte en el pene femenino para la reproducción y una salida para que nazca un niño. el mundo. Estas son partes del cuerpo innata y exclusivamente femeninas y no pueden replicarse en un varón nato. Estas distinciones son vitales y cruciales para que se pueda siquiera contemplar cualquier apariencia de matrimonio.

La matriz y el útero, donde tiene lugar la concepción de un niño, también son partes naturales del cuerpo femenino, que ningún varón nacido de forma natural podrá poseer jamás. Estas también son diferencias biológicas femeninas únicas y naturales. El pene masculino sobresale de la parte inferior del estómago y entre las piernas y su función es proporcionar relaciones sexuales entre un hombre y una mujer. Esta es una parte del cuerpo innatamente masculina y no se puede replicar en una mujer. El esperma que sale del macho durante las relaciones sexuales es exclusivo del macho y los óvulos de la hembra

165

en los ovarios que se producen solo en la hembra son diferencias únicas, esenciales y requeridas para que cualquier idea de matrimonio sea siquiera contemplada o concebido. Estos argumentos biológicos sostienen que para que se produzca un matrimonio, debe haber una diferenciación biológica en los sexos o parejas involucradas y esa diferencia también se ve teológicamente.

Argumentos teológicos a favor del matrimonio

El matrimonio no sólo está respaldado por un argumento filosófico y biológico sino también teológico, en las áreas de jefatura, trinitarismo, el matrimonio entre Dios e Israel, y el Señor Jesucristo y la iglesia. La relación matrimonial tiene un profundo significado teológico. Dios, el Padre, Dios, el Hijo y Dios, el Espíritu Santo son iguales en esencia pero diferentes en función y papel. Y por "esencia", me refiero a que la naturaleza, cualidad, carácter y ser intrínsecos del Padre, el Hijo y el Espíritu Santo son iguales e iguales.

No hay diferencia en su calidad de ser. Felipe, uno de los discípulos de Jesús, inicialmente no obtuvo esta comprensión teológica y esto es lo que dijo:*Felipe le dijo: "Señor, muéstranos al Padre, y nos basta". Jesús le dijo: ¿Hace tanto tiempo que estoy con vosotros y todavía no me has conocido, Felipe? El que me ha visto, ha visto al Padre; ¿cómo puedes decir: Muéstranos al Padre?* Juan 14:8-9. Felipe había estado con Jesús durante mucho tiempo (no estoy seguro de cuánto tiempo), pero mucho tiempo (posiblemente tres años) y, sin embargo, no sabía realmente quién era. (Bastante aterrador por decir lo menos, estar con Jesús y no conocerlo).

Es posible estar cerca de Jesús o en una iglesia durante un largo período de tiempo y no conocer realmente a Jesús, y ese fue el caso de Felipe. Él no conocía su verdadera identidad. No tenía idea de que estuvo en la presencia de Dios durante todo ese tiempo y no lo sabía. El punto aquí es que Jesús estaba reclamando igualdad con el creador del universo en esencia, naturaleza, calidad y carácter intrínsecos. Entonces, Juan 14:8-9 establece el hecho de que son iguales pero en otros lugares habla de su diferencia en rol o función y aquí hay una cita:*Pero quiero que entendáis que Cristo es cabeza de todo hombre, y el hombre es cabeza de la mujer, y Dios es cabeza de Cristo.*, 1 Corintios 11:3. Este texto dice que Dios es la cabeza de Cristo y el hombre es la cabeza de la mujer. Las cuestiones de liderazgo aquí se refieren sólo a roles y funciones, pero no en términos de esencia. Entonces, lo mismo ocurre entre marido y mujer. Son iguales ante Dios en asuntos de salvación y su posición ante Dios, pero son diferentes en roles y funciones. Esto es lo que dice el texto:*No hay judío ni griego, no hay esclavo ni libre, no hay varón ni mujer; porque todos son uno en Cristo Jesús,*Gálatas 3:28.

La conclusión clave de este versículo es que "porque son uno en Cristo Jesús". Un hombre y una mujer se presentan ante Dios como iguales en asuntos de salvación, pero con roles y funciones diferentes, mientras están en la tierra y en una relación matrimonial. Entonces, la relación matrimonial masculina y femenina es una imagen de Dios y Cristo. Dios es coigual con Cristo y el hombre es coigual con la mujer. Dios es coigual a Cristo en esencia y el hombre es coigual a la mujer en esencia. Esta relación refleja la de nuestros matrimonios terrenales. No se menciona que las parejas del mismo sexo sean coiguales con Dios o Cristo. Un varón (hombre) y otro varón (hombre) no son iguales a Dios y a Cristo y de igual manera una mujer (mujer) y otra mujer (mujer). No hay necesidad teológica de tal comparación.

También existe un vínculo teológico trinitario en el matrimonio.

Argumentos trinitarios a favor del matrimonio

Algunos de ustedes podrán decir que no es posible que exista ninguna conexión trinitaria en el matrimonio y eso es un escepticismo justo y válido. El escritor de Eclesiastés parece sugerir que podría haber una tercera persona en una relación matrimonial heterosexual monógama ordenada por Dios y así es como se lee el texto:*Dos son mejores que uno porque obtienen un buen rendimiento por su trabajo; porque si alguno de ellos cae, el uno levantará a su compañero. Pero ¡ay del que cae cuando no hay otro que lo levante! Además, si dos se acuestan juntos se mantienen calientes, pero ¿cómo puede uno estar caliente solo? Y si uno puede dominar al que está solo, dos podrán resistir. Una cuerda de tres hilos no se rompe rápidamente.*Eclesiastés 4:9-12.

El libro de Eclesiastés está escrito en el género de la poesía y en el área de dichos sapienciales del autor Salomón. Entonces, los versículos del 9 al 12 deben tomarse en el contexto de una unión matrimonial monógama heterosexual. Y de importancia para nosotros es el versículo 12 que hace la progresión planteando una posibilidad hipotética, y la progresión es "si", uno es capaz de dominar al que está solo, dos pueden resistirlo. Y esto encaja perfectamente con la génesis del argumento del versículo 9, que dice: "mejores son dos que uno, porque obtienen una buena recompensa por su trabajo". El argumento que presenta el escritor es que el matrimonio es una fuerza a tener en cuenta, pero un matrimonio ordenado por Dios es una fuerza muy poderosa e inquebrantable.

Note la progresión en el argumento en el versículo 12:*uno puede dominar, dos pueden resistir y tres no se destruyen rápidamente.*Pero ¿cuál es la identidad de la tercera persona representada al final del versículo 12? Esto es lo que un comentarista describió como la identidad de la tercera persona en este pasaje:*Aquí se ve un esbozo de la doctrina de la Santísima Trinidad, los Eternos Tres en Uno; de las tres virtudes cristianas, fe, esperanza y caridad, que constituyen la vida cristiana; del cuerpo, alma y espíritu del cristiano, que son consagrado como templo del Altísimo.*[116]Estoy de acuerdo con este comentarista en que se trata de la Trinidad, pero no estoy de acuerdo con que la Trinidad en el pasaje signifique esperanza, fe y caridad.

Estos son atributos de la Deidad y no veo que esa idea se piense en ningún otro lugar de las Escrituras. Creo que la tercera persona en el "cordón de tres hilos" es una persona de la Deidad, no un atributo de la Deidad. Probablemente el Espíritu de Cristo o el Espíritu Santo. En un matrimonio ordenado por Dios, marido y mujer tienen el Espíritu Santo viviendo dentro de ellos (Romanos 8:9) y están sellados (Efesios 4:30) con él y nunca se irán. Sólo en Romanos 8:9, el Espíritu Santo se identifica como el Espíritu de Dios y el Espíritu de Cristo. Entonces, el Espíritu de Dios y el Espíritu de Cristo son sinónimo del Espíritu Santo.

Ahora bien, si el Espíritu Santo está en el matrimonio entonces no hay posibilidad de que se rompa rápidamente. Si Dios está a favor del matrimonio, ¿quién puede estar en contra del matrimonio? A menudo escuchas la frase "dos son mejores que uno", pero una frase mejor sería "tres son mejores que dos". Sin la ayuda y ayuda del Espíritu Santo, es muy difícil e imposible sostener un matrimonio. No veo

---

[116] https://biblehub.com/commentaries/ecclesiastes/4-12.htm

cómo cualquier otra forma de matrimonio encajaría en la descripción de Eclesiastés 4:9-12. El versículo 11 habla de: "Si dos se acuestan juntos, se calientan; pero ¿cómo puede uno calentarse solo"?

Estoy seguro de que dos hombres o dos mujeres pueden acostarse juntos y calentarse mutuamente. Me gustaría creer que es todo lo contrario, pero no hay evidencia en el texto de que se esté contemplando o siquiera contemplando una relación homosexual. Así, la doctrina teológica de la Trinidad se refleja también en la relación matrimonial. Y por matrimonio me refiero a un matrimonio ordenado por Dios por seguidores y discípulos de Jesucristo. Entonces, dos personas del mismo sexo deberían repelerse en lugar de atraerse, naturalmente.

Argumento electromagnético a favor del matrimonio

Alguien puede simplemente plantear la pregunta: ¿qué tiene que ver el electromagnetismo con el matrimonio? ¡Esa es una pregunta muy justa y lógica! La pregunta que intentamos responder en este capítulo es: ¿qué constituye un matrimonio? ¿Realmente importa la orientación sexual de las personas involucradas? ¿Significa esto que dos personas cualesquiera de cualquier sexo o género pueden unirse en unión matrimonial? ¿Cómo es que las personas del mismo sexo se sienten atraídas entre sí con el propósito de tener relaciones sexuales e incluso una unión matrimonial?

¿Cuál es la fuerza y la química que atrae y atrae a humanos del mismo sexo o de sexos opuestos entre sí? ¿Alguna vez has sostenido dos pedazos de imanes en tu mano para probar su polaridad? Los polos son el movimiento de ondas electromagnéticas. Hay una frase famosa en física y electromagnetismo, que dice: "los polos iguales se repelen y los polos diferentes se atraen", y eso simplemente significa que la fuerza magnética se atraerá a cada orden si los polos o polaridades son diferentes y se repelen entre sí si los polos o polaridades son diferentes. Los polos son iguales. Incluso en la teoría simple de la generación de energía, hay un terminal positivo y uno negativo.

No se generará energía si todos los polos o polaridades son positivos o negativos. Ambos son necesarios para que se genere energía. Entonces, naturalmente, cuando un hombre se siente atraído por una mujer, vuelan chispas por todas partes y la cantidad de energía que se genera podría iluminar una ciudad. La cantidad de poder es tan fuerte que nada puede detenerlo. ¿Alguna vez has intentado impedir que tu hija de dieciocho años vea a su novio? ¿Cómo le fue? ¿Quién ganó y quién perdió? Esta es la fuerza que se genera cuando los polos opuestos se atraen. No hay evidencia de que exista una fuerza de esa magnitud en una relación homosexual.

¡Todo el sistema nervioso entra en pánico al recibir la noticia de que tu amado chico o novia está a punto de dejarte por tu amigo cercano! Su generación de energía se acelera. ¡Ni siquiera puedes pensar bien! No puedes funcionar. De repente empiezas a pensar que tu vida se acabó. Eres incluso suicida.

La ciencia de la ingeniería eléctrica dice "que los polos iguales se repelen". Hay un rechazo natural y un alejamiento de los polos. Dos seres humanos del mismo sexo son considerados polos y no tienen ningún poder natural. Se anulan mutuamente. Se supone que repelen cada orden debido a su polaridad idéntica. Es como tener un terminal positivo y otro positivo o un terminal negativo y otro negativo. No se puede generar energía. No puede ocurrir ninguna unión porque no hay terminales femeninos y masculinos y no se puede generar energía. Hay poder en una unión heterosexual y el matrimonio se define en tal unión. Así, las sociedades y las comunidades mundiales a lo largo del tiempo han aceptado los matrimonios heterosexuales de un hombre y una esposa como normativos; sin embargo, las comunidades de todo el mundo ven la poligamia como una visión alternativa del matrimonio.

Matrimonios monógamos o polígamos

El debate sobre el número de mujeres con las que cualquier hombre debe casarse se ha prolongado desde los primeros tiempos bíblicos y no tiene posibilidades de disminuir en el corto plazo. ¿Con cuántas mujeres debería casarse un hombre? ¿Y es normativo

Imagen de un matrimonio polígamo

casarse con varias mujeres? Me parece que el deseo humano de tener más relaciones sexuales puede ser una fuerza impulsora detrás de la necesidad de tener más parejas sexuales. Escuché a una señora que está en una unión matrimonial monógama y dijo: "No me veo teniendo relaciones sexuales con un solo hombre por el resto de mi vida; eso es muy aburrido".

Por lo tanto, la insatisfacción sexual puede ser otro factor detrás de la necesidad de tener más de una pareja sexual matrimonial durante toda la vida. Hay un anhelo de más, y más, y más. He hablado con varios hombres que están en uniones matrimoniales monógamas y, sin embargo, todavía miran con lujuria a una mujer, justo frente a mí, y me dicen qué pueden hacer con esa mujer. Les diré algo como esto: "Pensé que estabas casado", y recibiré una respuesta como esta: "Sí, pero no es suficiente, necesito saciar mi sed". ¡En realidad!

Entonces, ¿la esposa que está en casa o el esposo en casa no pueden brindarle satisfacción sexual, pero alguien más sí lo hará? Este es un problema mucho mayor de lo que puedo entender completamente. Los defensores de la poligamia a veces argumentan que la poligamia impide que las personas cometan otros pecados sexuales, como el adulterio. El argumento aquí es que en lugar de cometer adulterio, preferirían casarse legalmente con varias mujeres, para que no hubiera necesidad de cometer adulterio. ¿En realidad? ¿A quién estás engañando? Conozco personalmente una lista interminable de hombres que son polígamos fuera de los Estados Unidos y en otros países y, sin embargo, han engendrado un número interminable de hijos fuera de esos matrimonios polígamos. David Koresh, líder de la Rama Davidiana, que fue asesinado durante una redada del FBI en su complejo en 1993, también era un polígamo muy conocido en los Estados Unidos.

Se informa que tuvo 16 hijos.[117]También se informa que tuvo relaciones sexuales con casi cualquier mujer o niña que entró y vivió en su complejo en Waco, Texas. Si lees la historia de su vida, verás que tenía una obsesión con el sexo, y eso puede ser cierto para la mayoría, si no para todos, los hombres que participan en matrimonios polígamos.

Entonces, la poligamia no es la respuesta al adulterio. Si alguien desea tener más sexo, estar casado legalmente con varias mujeres no detendrá ese deseo. Si no estás satisfecho con uno, no estarás satisfecho con cien. Se registra que Salomón tuvo 700 esposas y 300 concubinas (1 Reyes 11:3) y no se registra evidencia de que tuviera nada parecido a la felicidad y el contentamiento en esos matrimonios y probablemente sea cierto lo contrario. Algunos defensores de la poligamia han argumentado que la práctica en realidad está sancionada por la Biblia; después de todo, varias personas bíblicas, incluido Salomón, estaban en uniones maritales polígamas. Ésta es una observación y objeción muy justa y válida.

Los patriarcas bíblicos, como Abraham, Isaac y Jacob, estaban todos en matrimonios polígamos. El rey de Israel, el rey David, tenía una serie de conductas sexualmente desviadas, incluida la poligamia. El Antiguo Testamento está lleno de matrimonios polígamos y eso nos hace preguntarnos: ¿Dios realmente estaba de acuerdo con eso? Después de todo, ¡está por todo el Antiguo Testamento! Algunos defensores de los matrimonios polígamos han utilizado las enseñanzas de Pablo sobre el matrimonio en 1 Corintios 7:2 como prueba en el texto de que la poligamia

---

[117]   https://en.wikipedia.org/wiki/David_Koresh

está expresamente sancionada en la Biblia y aquí está el texto:*Pero a causa de las fornicaciones, cada hombre tendrá su propia mujer, y cada mujer tendrá su propio marido..*

La palabra "cada uno" es un adjetivo en singular, sustantivo, que funciona como sustantivo y sujeto de esta parte de la frase (los traductores agregaron hombre porque no está en el texto griego original) y objeto de "cada uno" es "esposa", también un sustantivo femenino singular. En segundo lugar, la palabra "cada uno", junto a "mujer", es también un adjetivo femenino singular, en sustantivo, que funciona como sustantivo y su objeto es "su propio marido", en singular. Algunos defensores de los matrimonios polígamos han intentado decir que este pasaje enseña que "cada hombre", en singular, debe tener su "propia esposa", en plural. Concluyen que el hombre puede tener muchas esposas pero la mujer sólo puede tener un marido. La gramática y la lingüística de este versículo y todo el contexto de 1 Corintios 7 refuta cualquier interpretación de ese tipo. El contexto de 1 Corintios 7 no respalda esa interpretación y esa idea ni siquiera se enseña en ningún otro lugar de la Biblia.

Sin embargo, otros han recurrido a varios ejemplos del Antiguo Testamento de matrimonios polígamos y relaciones de concubina como evidencia irrefutable de que los matrimonios polígamos están sancionados por Dios. Esa es una forma bastante lógica de llegar a la conclusión, ¿verdad? Quiero decir, seamos realistas; ¡Está por todo el Antiguo Testamento! Es como decirle a tu mejor amigo que la Biblia está en contra del consumo de alcohol y los defensores del consumo de alcohol responderán diciendo algo como: ¿por qué Jesús convirtió el agua en vino y la gente en el banquete de bodas en Juan 2 se lo bebió todo hasta que se acabó? ?

Hay una diferencia entre permitir que algo suceda y permitir o aprobar que suceda. ¡Digamos que tienes una hija testaruda y le has advertido sobre los peligros de tener relaciones sexuales fuera del matrimonio y ella lo hace de todos modos! Así que no permitiste ni aprobaste la conducta de tu hijo, sino que la permitiste pasivamente a causa de la terquedad de su corazón. Dios permite el divorcio, pero no lo permite ni lo aprueba debido a la dureza del corazón humano.

Las pautas para el matrimonio están claramente establecidas en Génesis:*Por lo tanto, El* hombre dejará a su padre y a su madre, y se unirá a su mujer, y ellos *serán una sola carne.* Génesis 2:24. El hombre abandona a su familia natural y se une a su esposa. El pronombre personal "su" se coloca intencionalmente en ese lugar para enfatizar el hecho de que el hombre no se une ni se une a "mujeres", como ocurre con muchas esposas, sino a "su", "esposa", en singular.

Esto ni siquiera es sólo un concepto del Antiguo Testamento, sino que tiene aplicación para todas las personas y para todas las dispensaciones de todos los tiempos. La forma en que puedes saber que lo que he dicho es cierto es que este mismo versículo es citado por Jesús en Mateo 19:5, Marcos 10:7 y por Pablo en Efesios 5:31. Esta es la enseñanza fundamental sobre el matrimonio, sobre la cual todas las demás enseñanzas se derivan. No hay lugar para todas las demás opiniones maritales desviadas e incluso los matrimonios polígamos han impactado a la sociedad de maneras inimaginables.

Impacto sociológico de la poligamia

Lo creas o no, la poligamia es una desviación y deja un impacto profundo, duradero y dañino en el tejido social. No veo ninguna diferencia real entre poligamia y adulterio ya que todos producen los mismos resultados: infidelidad y otros. Los niños nacidos en hogares polígamos viven en un infierno de fuego. Hay problemas con la madrastra y el padrastro; hay problemas entre hermanastros y hermanastras; existen problemas reales para unir a extraños o medio hermanos y medias hermanas para formar una unidad familiar; Hay problemas emocionales y vinculares realmente profundos que a veces son irresolubles hasta la muerte en la mayoría de los casos.

Hay sentimientos profundos en el alma de ser diferente y no ser parte plena de la familia. El padre nunca se sienta a considerar todas las ramificaciones sociales de la poligamia antes de participar en ella. Se trata de acciones extremadamente egoístas en todas sus formas. Las familias y la sociedad funcionan sin problemas y en armonía en las relaciones matrimoniales monógamas. Entonces, cuando los hijos son del mismo padre pero de diferentes madres, tarde o temprano comenzarán a identificarse a través del linaje de su madre y se desatará el infierno si el padre muere. Es posible que escuche acerca de los hijos de Agar y los hijos de Sara, pero todos son hijos de Abraham. Hay dificultades con la unidad incluso entre los hijos de un matrimonio monógamo, entonces, ¿cuál espera que sea el caso en un matrimonio polígamo?

Apenas hay algo parecido a la unidad y difícilmente la habría. Abraham estaba casado con Sara pero también tuvo un hijo llamado Ismael con Agar, Génesis 16:1-16, 21:8-21. Por sugerencia de Sara, la esposa de Abraham,

Abraham accedió a tener un hijo con Agar, la sierva de Sara. Esto es lo que sucede cuando nos salimos del plan de Dios. Dios le había prometido a Abraham que tendría un hijo a través de Sara, pero ellos tenían dudas sobre el plan de Dios y lo consideraban poco realista porque estaban fuera de la edad de tener hijos, por lo que tomaron el asunto en sus propias manos.

Los resultados de su decisión todavía se sienten más de dos mil años después. Las guerras entre los pueblos judío y árabe están de alguna manera relacionadas con la poligamia. Los hijos de Sara (pueblo judío) están luchando contra los hijos de Agar (pueblo árabe). Ambos afirman que Abraham era su padre y tienen razón en el sentido físico. Piense en las doce tribus de Israel que se originaron con cuatro esposas o dos esposas y dos concubinas de Jacob, a saber, Lea, Raquel, Bilha y Zilpa, Génesis 29:32-35, 30:17-21. Casi todas las guerras terrestres en Israel son resultado de la poligamia. En su mayoría son guerras entre hermanos y hermanas del mismo padre pero de diferentes madres. El linaje del padre tiene cierta importancia cuando el padre está vivo, pero cuando el padre muere, casi todos los linajes vuelven a sus madres. Los niños se agrupan según el linaje de sus madres.

Incluso hoy en día, se libran todo tipo de batallas por la tierra y la propiedad como resultado de la poligamia. El rey David, rey de Israel, era un famoso polígamo y su casa estaba en llamas. Es cierto que hay batallas en casi todos los hogares debido al problema del pecado humano, pero la poligamia lleva los problemas a otro nivel. Los niños de hogares polígamos pueden tener que librar una guerra perpetua entre ellos mucho después de que sus padres se hayan ido. Isaac e Ismael, los hijos de Abraham de un hogar polígamo, todavía luchan hoy, aproximadamente 2000 años después.

Todos recordamos el adulterio en la vida de David con Betsabé pero eso no fue todo; También hubo violaciones en la familia. Amnón, uno de los hijos de David, violó a Tamar, una de las hijas de David, 2 Samuel 13-1-22. David era su padre pero eran de diferentes madres. Absalón, otro hijo de David, que era de la misma madre de Tamar, mató a Amnón por violar a su hermana, 2 Samuel 13:23-38. La raza humana ya tiene suficientes problemas en los matrimonios monógamos y agregar la poligamia a la mezcla exacerba los problemas sociales a niveles increíbles. Todo tipo de males sociales están relacionados con la poligamia y otros tipos de desviaciones sexuales.

Eres libre de hacer lo que quieras y Dios es bondadoso, paciente y sufrido, pero Su bondad no durará para siempre. Él os está dando una cuerda muy larga para que examinéis vuestros caminos. La unión marital monógama, ordenada por Dios, heterosexual, es la prescripción de Dios para el matrimonio. Los hombres no son los únicos que buscan una unión matrimonial polígama, sino que incluso las mujeres, en algunas culturas del mundo, también buscan la poliandria.

Matrimonios poliandria

Hemos estado defendiendo los matrimonios heterosexuales monógamos en contraposición a los polígamos, pero ésta es otra dimensión extraña en nombre del matrimonio. En los matrimonios polígamos, el hombre está legalmente casado con varias mujeres, pero en los matrimonios poliandros, una mujer está legalmente casada con varios hombres. Crecí escuchando sobre el matrimonio polígamo, pero nunca supe que existía algo como poliandria hasta hace poco. Cuando escuché sobre esto por primera vez, mi reacción visceral inicial fue: '¡De ninguna manera! ¡Esto debe ser falso y realmente no puede ser cierto!' Entonces, me conecté a Internet, verifiqué y todos mis temores y dudas fueron confirmados. Esto es real y los humanos son depravados hasta el fondo de su ser.

El nivel de degradación del significado del matrimonio es alucinante. Nunca supe realmente qué tan mal se habrían puesto las cosas si una mujer viviera en la misma casa con varios hombres como sus cónyuges legales. ¿Son los hombres normales o se trata realmente de un trastorno psicológico y mental grave? Es muy difícil para mí aceptar la más remota posibilidad de que un hombre o una mujer normal y natural comparta consciente y voluntariamente a su cónyuge con otro hombre o mujer. Uno de los maridos o comaridos se sentaba en la sala y miraba a otro marido tomar a la esposa, entrar al dormitorio, cerrar la puerta y empezar a tener relaciones sexuales y los otros maridos estaban viendo la televisión en la sala, ¿en serio? ¡Esto está más allá de mi comprensión!

Imagen de matrimonios poliandros

¿Están sus mentes realmente en la televisión? Quiero decir, ¡lo mismo ocurre con un matrimonio polígamo! ¿Cómo puede una mujer, que dice que ama realmente a su marido, mirar y ver a otra mujer llevada a una habitación donde se desnudan, se desnudan y tienen relaciones sexuales? La mujer, las mujeres, las coesposas o la esposa, lo observa y lo aceptan como conducta normativa. En un matrimonio monógamo normal, si un cónyuge descubre que el otro ha traicionado la confianza y el amor entre ellos, entonces el matrimonio casi termina, pero no ocurre lo mismo en un matrimonio polígamo o poliándrico. ¿Por qué no?

¿Qué está pasando realmente en la psique de las personas que se involucran en matrimonios polígamos y poliándricos? ¿Dónde están los celos y la rabia que ocurren en los matrimonios monógamos normales? ¿A qué se debe este nivel inusual y antinatural de aceptabilidad? Un matrimonio monógamo normal ya está lleno de drama, a veces, pero el potencial de mayores niveles de drama en tales matrimonios está fuera de este mundo. La poliandria realmente no es nueva porque existe desde hace un tiempo y aquí hay una cita:

Hay ejemplos de poligamia histórica y contemporánea en muchas culturas y religiones. Por ejemplo, "tanto la poligamia como la poliandria se practicaban en la antigüedad entre ciertos sectores de la sociedad hindú", que incluye a los hindúes brahmanes. Incluso hoy en día, no existe ninguna ley hindú que prohíba estas costumbres. Los principales factores que desalientan la poligamia son el coste y el tiempo necesario para criar bien a la familia".[118]

_____

[118]
https://www.christianity.com/wiki/christian-terms/what-is-polyg amy-and-what-are-examples-today.html

Entonces, estos matrimonios existen desde la antigüedad y también están presentes en varias partes del mundo y aquí están los hechos:*La poliandria es, de hecho, un fenómeno raro, si no raro como se pensaba, y la comprensión de las variables que definen el término está evolucionando. Las dos áreas más conocidas en las que se estudió y se continuó practicando la poliandria hasta el siglo XXI son la meseta del Tíbet (una región compartida por India, Nepal y la Región Autónoma del Tíbet de China) y las Islas Marquesas en el Pacífico Sur. . Sin embargo, en un informe publicado en 2012, los antropólogos Kathrine Starweather y Raymond Hames identificaron 53 sociedades no clásicas adicionales en todo el mundo (incluidas América del Norte y América del Sur) que también practican la poliandria, ya sea formal (es decir, reconocida por matrimonio y co-residencia). o informal (cuando dos o más son considerados co-padres de la descendencia y están involucrados en el cuidado tanto de la madre como del niño o los niños).*[119]Entonces, amigos, esto es real y está sucediendo al lado de ustedes. Esto no es un cuento de hadas y puede que esté sucediendo justo a tu lado.

Los antropólogos pueden intentar encontrar algún razonamiento sociológico y apoyo a la poligamia y la poliandria, pero dicho apoyo no está justificado. Es posible que escuche cosas como que la poligamia ayudará a reducir la población de mujeres solteras, ya que las mujeres solteras superan en número a los hombres solteros. O una mujer puede necesitar casarse con varios hombres para garantizar su sustento económico. Estas razones son, en el mejor de los casos, un camuflaje porque las verdaderas razones son un sistema de creencias arraigado, arraigado y erróneo.

---

[119]   https://www.britannica.com/topic/polyandry-marriage
182

Lo que usted realmente cree rara vez puede verse alterado por su situación económica. Si bien algunos han dicho que la poligamia y la poliandria no están explícitamente prohibidas en la Biblia, debe estar bien, pero ¿es ese realmente el caso? Todo el capítulo de Levítico 18 trata sobre una lista de prohibiciones sexuales y, sorprendentemente, la poligamia y la poliandria no están en esa lista. La exposición expositiva de Pablo sobre el matrimonio en 1 Corintios 7 claramente apoya y defiende la posición monógama pero no menciona la poligamia o la poliandria. Jesús habló extensamente sobre el matrimonio en Mateo 19, Marcos 10 y otros pasajes del Nuevo Testamento, pero no mencionó la poligamia o la poliandria. Entonces, ¿por qué la Biblia parece guardar silencio sobre la aprobación o desaprobación de tales matrimonios?

¡Esto es lo que creo que está pasando! La prohibición del adulterio y la fornicación está bien establecida en todo el Antiguo y Nuevo Testamento. El término fornicación incluye todas las formas de conducta sexual inmoral. Por lo tanto, un hombre que tiene varias esposas y una mujer que tiene varios maridos normalmente encajaría en la categoría de adulterio, ya que el matrimonio nunca tuvo la intención de ser una experiencia compartida sino exclusiva.

No era necesario mencionar la poligamia o la poliandria como una categoría separada, ya que naturalmente entrarían en la categoría general de fornicación y adulterio. El matrimonio monogámico es un reflejo de la relación que Dios tiene con la humanidad. El matrimonio es el espejo entre Dios y el hombre. Dios instituyó el matrimonio para reflejar sus tratos con la humanidad y, primero, Dios se casó con Israel.

El matrimonio de Dios con Israel

A algunos les puede parecer extraño escuchar que Dios estaba casado con Israel, pero ¿qué implica realmente todo eso? Dios mismo es identificado como el Esposo de Israel. Ya hemos establecido que el significado de matrimonio significa "unido", "unido", "pegado", y así, Dios está unido a la Nación de Israel. Esta no es sólo una unión física sino una unión espiritual mucho más profunda. Así también lo es la unión entre un hombre y una mujer, que también es una unión espiritual. El hombre y la mujer se unen y como resultado ahora son una sola carne.

Sus identidades individuales se mantienen pero de alguna manera están unidos o unidos en el espíritu. De la misma manera, Dios está casado o unido a Israel. Aquí hay un texto que identifica a Dios como el esposo de Israel:*Porque tu marido es tu Hacedor, cuyo nombre es Jehová de los ejércitos; Y vuestro Redentor es el Santo de Israel, llamado Dios de toda la tierra,*Isaías 54:5. Este versículo utiliza el matrimonio para señalar una verdad espiritual mucho más amplia. Por más importantes que sean los matrimonios terrenales, Dios le está hablando a Israel y, por extensión, al resto de la humanidad, que su verdadero esposo es Dios mismo. En otras palabras, estás casado con Dios.

Los matrimonios terrenales entre marido y mujer son sólo una sombra del matrimonio real y último con Dios mismo. Entonces, cualquiera que esté físicamente casado en la tierra pero no esté casado con Dios y Él no sea su esposo, entonces eso significa que es espiritualmente soltero y soltero. El texto identifica el nombre del marido ya que simplemente dice en la primera línea, "tu marido es tu hacedor", y en la segunda línea, tu hacedor se identifica como el "Señor de los ejércitos". En caso de que alguien se esté preguntando, "¿quién es tu creador?", esta segunda línea responde a esa pregunta.

Existe la idea de redención que está incorporada en el concepto de matrimonio como se menciona en la tercera línea poética de este versículo, que expande la identidad del esposo a la del redentor, que también es el Santo de Israel. Dios es su redentor en la dispensación del Antiguo Testamento, pero este versículo también espera al Mesías, el Señor Jesucristo, quien también está casado con la iglesia en esa dispensación. El matrimonio humano terrenal apunta a una historia redentora. La meta y el propósito de la humanidad es casarse con Cristo, así que conviértelo en tu esposo hoy.

El matrimonio de Dios con Israel fue instituido por un pacto pero ¿qué es realmente un pacto? En los matrimonios de hoy, escuchamos a menudo el término "contratos matrimoniales", pero ¿en qué se diferencia de un pacto?

Pacto matrimonial versus contratos

La palabra pacto probablemente se encuentre entre una de las palabras más importantes de la Biblia con una amplia gama de significados. En el Antiguo Testamento, la palabra hebrea "Berith" a menudo se traduce en nuestras traducciones de la Biblia al inglés como "pacto". Este significado de la palabra en realidad dependería del contexto en el que se usará. La palabra significa tratado, o una alianza *entre naciones o personas como en Génesis 14:13, Génesis 31:44., acuerdo, promesa como en 2 Reyes 11:4, alianza de amistad, como David y Jonatán como en 1*

Samuel 18:3, 20:8, o alianza de matrimonio como en
Proverbios 2:17, Malaquías 2:14.[120]

Esta palabra hebrea también se traduce en la LXX (la
traducción griega del Antiguo Testamento*) como "disthekes",
y aparece unas 30 veces en el Nuevo Testamento y 14 de
ellas sólo en el libro de Hebreos. Esta palabra griega
significa (1) una disposición, arreglo de cualquier tipo que
uno desea que sea válido, la última disposición que uno
hace de sus posesiones terrenales después de su muerte, un
testamento o testamento. (2) Pacto, pacto, testamento. El
pacto de Dios con Noé, etc.[121]*

Esta palabra hebrea, en un contexto matrimonial,
conlleva la idea de alianza, unión, unión. Un pacto es
básicamente un acuerdo entre dos partes para realizar
alguna acción. Un pacto puede ser condicional o
incondicional y cuando es incondicional, ambas partes no
están obligadas a cumplir los términos del acuerdo para que
permanezca en vigor. Un pacto o contrato condicional
requerirá que ambas partes cumplan con los términos del
acuerdo para que permanezca en vigor. Los contratos
firmados hoy en nuestros tribunales, incluidos los contratos
matrimoniales, son ejemplos de pactos condicionales.

El pacto abrahámico en Génesis 12:1-3 es un ejemplo
de pacto unilateral e incondicional. Si lees el texto, no había
ningún requisito que Abraham tuviera que tomar o no tomar
para que el pacto fuera anulado. Abraham fue pasivo en el
cumplimiento del pacto. El acuerdo sólo establecía lo que
Dios haría y no se requería ninguna acción por parte de

---

[120]   https://biblehub.com/bdb/1285.htm
[121]
https://www.biblestudytools.com/lexicons/greek/nas/diatheke.ht
ml

186

Abraham. Aquí está el pacto que Dios hizo con Abraham:*Ve de tu tierra, y de tus parientes, y de la casa de tu padre, a la tierra que yo te mostraré; Y haré de ti una nación grande, y te bendeciré, y engrandeceré tu nombre; Y serás una bendición; Y bendeciré a los que te bendigan, y al que te maldiga, lo maldeciré.*

. Y en ti serán benditas todas las familias de la tierra, Génesis 12:1-3. Este es un pacto o acuerdo unilateral entre Dios y Abraham, pero el pacto completo sólo estipula lo que Dios hará y Abraham no tuvo que tomar ninguna medida para que el pacto se cumpliera. Dios le prometió a Abraham que poseería la tierra, y esto es lo que dijo Abraham:*Pero él dijo: "Oh Señor Dios, ¿cómo sabré que lo poseeré?"* Génesis 15:8. Es posible que Abraham haya tenido dudas sobre lo que Dios había prometido, por lo que Dios actuó para asegurarle a Abraham que lo que prometió se cumpliría.

Entonces Dios se movió para ratificar el pacto y así sucedió mientras Dios hablaba con Abraham: Le dijo: Tráeme una novilla de tres años, una cabra de tres años, un carnero de tres años, una tórtola de tres años. y un pichón." Y trajo todo esto, los partió por la mitad y puso cada mitad una contra la otra. Pero no cortó las aves por la mitad, Génesis 15:9-10. Después que los animales fueron sacrificados y colocados en su lugar, esto es lo que sucedió después: Y aconteció que cuando el sol se puso, estaba muy oscuro. Y he aquí apareció un horno humeante y una antorcha encendida que pasaba entre estos pedazos. En aquel día Jehová hizo pacto con Abram, diciendo: A tu descendencia daré esta tierra, desde el río de Egipto hasta el río grande, el río Éufrates:Génesis 15:17-18.

Entonces, cortar un becerro por la mitad y pasar entre los dos pedazos era una forma de prestar juramento y decir que si no se guardan las palabras del pacto entonces seréis como el cuerpo del becerro cortado en dos partes. Aquí está el texto:*Y daré a los hombres que transgredieron mi pacto, que no cumplieron las palabras del pacto* que habían hecho delante de mí, cuando corté el becerro en dos y pasé *entre sus partes, los príncipes de Judá y los príncipes de Jerusalén, los eunucos y los sacerdotes, y todo el pueblo de la tierra, que pasaban entre las partes del becerro; Los entregaré en manos de sus enemigos, y en manos de los que buscan su vida; y sus cadáveres serán para comida de las aves del cielo y de las bestias de la tierra,*Jeremías 34:18-20.

El proceso de ratificación de un pacto requiere que ambas partes pasen entre los dos pedazos de becerro cortado, pero en el pacto de Dios con Abraham, está registrado que "apareció un horno humeante y una antorcha encendida que pasó entre estos pedazos" (Génesis 15: 17). El horno humeante y la antorcha encendida es la presencia de Dios pasando entre los dos trozos de becerro cortados. Un comentario dice que:*El símbolo de una lámpara encendida está vinculado con la salvación del pueblo de Dios (Isaías 62:1) y describe los ojos de Dios (Daniel 10:6). Además, cuando Dios descendió al monte Sinaí en el fuego, su humo ascendió como el humo de un horno".* (Éxodo 19:18).[122]Entonces, Dios mismo pasó entre los dos pedazos cortados del becerro, jurando contra sí mismo cumplir los mandatos del pacto. Esto es como hacer un voto en un matrimonio humano tradicional.

Si Abraham también hubiera pasado entre los dos trozos de becerro cortados, entonces no habría habido esperanza para Abraham y el resto de la humanidad porque

---

122

https://www.bibletools.org/index.cfm/fuseaction/Topical.show/RTD/cgg/ID/6870/Smoking-Oven-as-Symbol.htm había fallado y, por lo tanto, el resto de la humanidad no tendría esperanza. Los múltiples aspectos de este pacto, el matrimonio entre Dios y sus elegidos. Primero, es una unión, matrimonial entre Dios y Abraham, luego Israel como nación, luego la iglesia o los elegidos de Dios. También es un pacto de redención entre Dios y sus elegidos. Se registra que Abraham creyó en Dios y le fue contado como justicia, Génesis 15:6, y el apóstol Pablo aplicó este texto en Romanos 4:-5.

Entonces, este es un pacto matrimonial, pero el propósito final es la redención de Sus elegidos a lo largo de todas las dispensaciones. Dios también usó el arco iris en las nubes como un memorial de Su pacto con Noé y esto es lo que Dios dijo:*Cuando el arco esté en las nubes, lo veré y me acordaré del pacto eterno entre Dios y todo ser viviente de toda carne que está sobre la tierra,*Génesis 9:6. En el Antiguo Testamento, estos pactos, con diferentes pueblos o con la nación de Israel, siempre conllevan una unión, un matrimonio entre Dios e Israel, con el objetivo de redimir a Su pueblo.

En este contexto matrimonial, Dios es el marido e Israel es la esposa. Dios llama a Israel su esposa por pacto y aquí está ese intercambio*: Pero usted dice: "¿Por qué no lo hace?" Porque el Señor fue testigo entre tú y la esposa de tu juventud, a quien has sido infiel, siendo ella tu compañera y tu esposa por pacto. ¿No los hizo uno, con una porción del Espíritu en su unión? ¿Y cuál era el que Dios buscaba? Descendencia piadosa. Guardaos, pues, en vuestro espíritu, y ninguno de vosotros sea infiel a la esposa de vuestra juventud,*Malaquías 2:14-15.

Este texto y muchos similares declaran que Dios era un esposo para Israel y que Dios estaba casado con una esposa infiel. El objetivo de Dios en este matrimonio con Israel era

189

buscar una descendencia piadosa, pero la esposa era adúltera y rompía el pacto, y esto es lo que dijo Jeremías acerca de que Dios hizo un nuevo pacto:*He aquí vienen días-declara el SEÑOR- en que haré con la casa de Israel y con la casa de Judá un nuevo pacto, no como el pacto que hice con sus padres el día que los tomé por la mano. mano para sacarlos de la tierra de Egipto, mi pacto que ellos rompieron, aunque yo era un marido para ellos, declara el Señor,* Jeremías 31:31-32.

Debido al carácter adúltero de la esposa de Dios, Israel, Dios decidió instituir un nuevo pacto con Israel. Realmente no entraremos en el contenido de este nuevo pacto en este libro ya que nuestro enfoque principal aquí es establecer el hecho de que Dios estaba casado con la nación de Israel. Este matrimonio entre Dios e Israel es un espejo o reflejo del matrimonio entre Adán y Eva, en Génesis 2:24 y todos los demás matrimonios posteriores a ese. Este es un matrimonio monogámico, un hombre y una mujer. ¿Te imaginas a Dios estando en un matrimonio polígamo?

El matrimonio entre Dios e Israel también es monógamo. Dios es el marido e Israel es la esposa. Entonces, así como hay relaciones matrimoniales desviadas en el ámbito humano, también hubo relaciones matrimoniales o de pacto desviadas entre Dios e Israel. Esto es lo que el Señor dijo acerca de Israel:*Entonces el Señor me dijo en días del rey Josías: ¿Has visto lo que hizo la incrédula Israel? Subió a todo monte alto y debajo de todo árbol frondoso, y se prostituyó allí. Pensé: Después de haber hecho todas estas cosas ella volverá a Mí; pero no volvió, y su hermana traidora Judá lo vio. Y vi que por todos los adulterios del infiel Israel, la despedí y le di carta de divorcio, pero su traidora La hermana Judá no tuvo miedo, sino que fue y se prostituyó también.*Jeremías 3:6-10.

Los defensores de la poligamia pueden leer este texto y concluir que Dios de alguna manera estaba casado con dos esposas: Israel y Judá, pero eso estaría muy lejos de la verdad. Hubo tiempos en que Judá e Israel eran reinos divididos y este fue uno de esos, y Josías era rey de Judá. Esto tenía menos importancia porque el pacto de Dios con Abraham se aplica al pueblo judío y, por extensión, a toda la humanidad. Entonces, el pacto de Dios con Abraham no sólo se aplicó a Israel sino, más importante aún, a los elegidos de todos los tiempos, tanto en el Antiguo como en el Nuevo Testamento. Este pacto de bendición se aplica a todos los que fueron elegidos por Dios para la salvación. Pablo sostiene en Romanos 9 y Gálatas que los hijos de Dios no son aquellos con linaje nacional de Israel como nación, sino todos los que creerán en la obra expiatoria de Jesucristo en la cruz del Calvario.

Esto es lo que dijo Pablo: No es que la palabra de Dios no haya surtido efecto. Porque no todos los que son de Israel son Israel; ni por ser descendencia de Abraham, todos son hijos; sino que en Isaac te será llamada descendencia, Romanos 9:6-7. Pablo está argumentando que tu El linaje nacional o natural de Israel o Abraham no te llevará a una unión matrimonial con Jesucristo. Así como Dios estaba casado con Israel, así el Señor Jesús estaba casado con la iglesia.

Jesucristo casado con la iglesia

Es casi imposible entender el matrimonio entre Jesucristo y la iglesia sin comprender plenamente las costumbres matrimoniales en las que Él vivió. Él era judío y vivió bajo las costumbres y tradiciones matrimoniales judías, y Dios ha usado esas costumbres para impactar grandemente el matrimonio entre Cristo y la iglesia.

Básicamente, un matrimonio judío consta de tres partes: el compromiso, el compromiso y el banquete de bodas.

Se observan dos fiestas durante un matrimonio judío y son las fiestas de esponsales y bodas y aquí hay algunos comentarios sobre ellas:*Hasta finales de la Edad Media, el matrimonio consistía en dos ceremonias que estaban marcadas por celebraciones en dos momentos distintos, con un intervalo entre ellas. Primero vino el compromiso [erusin]; y más tarde, la boda [nissuin]. En el momento del compromiso, la mujer estaba legalmente casada, aunque aún permanecía en la casa de su padre. No podía pertenecer a otro hombre a menos que estuviera divorciada de su prometido. La boda significaba sólo que la mujer prometida, acompañada por una colorida procesión, era conducida desde la casa de su padre a la casa de su novio, y se consumó el vínculo legal con él. El matrimonio, como cualquier tipo de compra, constaba de dos actos. Primero se pagó el precio de la novia y se llegó a un acuerdo sobre las condiciones de la venta. Algún tiempo después, el comprador tomó posesión del objeto. En el matrimonio judío, se pagaba el "mohar" (palabra hebrea para el precio de compra) y se llegaba a un acuerdo detallado entre las familias de la novia y el novio. A este compromiso le seguía la boda, cuando la novia era llevada a la casa del novio, quien tomaba posesión real de ella.*[123]

El concepto de que una mujer comprometida esté legalmente casada con el novio no es una tradición judía inventada, sino que en realidad tiene sus raíces en la ley del Antiguo Testamento:*La raíz de la palabra ("desposar"), de la que se deriva el resumen talmúdico ("desposar"), debe*

---

[123]

https://www.myjewishlearning.com/article/ancient-jewish-marriage/

tomarse en este sentido; es decir, contraer un matrimonio real aunque incompleto. En dos de los pasajes en los que aparece, la mujer prometida es designada directamente como "esposa" (2 Sam. 3:14, "mi esposa con quien me he desposado" ("erasti"), y Deut, xxii. 24, donde el la prometida es designada como "la esposa de su prójimo"). En estricta conformidad con este sentido, la ley rabínica declara que el compromiso es equivalente a un matrimonio real y sólo debe celebrarse.disuelto por un divorcio formal.[124]

Por lo tanto, un compromiso es un matrimonio legal pleno aunque no haya tenido lugar ninguna relación sexual. En este sentido, sólo una promesa de casarse, un contrato matrimonial y una dote llevan a los novios a una unión matrimonial pactada. No sorprende que esta ley se aplicará a José y María en Lucas 1:27. Fue entre el período de compromiso cuando se descubrió que María estaba embarazada. Llevaban un año juntos y durante este período de esponsales, ella apareció embarazada antes de la ceremonia nupcial y consumación del matrimonio. Pero durante esta etapa se han cumplido todos los demás trámites, como el pago de la dote.

El padre del novio paga el precio de la novia para comprarla. Al final del período de compromiso, esto es lo que sucede: era una costumbre común que la novia se uniera a la casa del padre del novio, en lugar de que el novio y la novia establecieran su propia casa. Entonces, si la novia y el novio estaban en edad de casarse, el novio regresaría a la casa de su padre después del compromiso para preparar una cámara nupcial.

---

[124]

https://www.jewishencyclopedia.com/articles/3229–betrothal

Este proceso tradicionalmente tomaba un año o más (el período de tiempo lo dicta y determina el padre del novio). Cuando el tiempo era completo y cumplido, el novio regresaba a buscar a su novia. La novia no sabía el día ni la hora del regreso de su novio o futuro esposo, por lo que la llegada del novio generalmente se anunciaba con un toque de trompeta y un grito para que la novia tuviera alguna advertencia.[125] Entonces, al comienzo de Mateo 25, Jesús hizo esta fascinante analogía en esta parábola que refleja la tradición matrimonial judía. Al igual que en la tradición matrimonial judía, el novio regresa para llevarse a su novia en un momento desconocido para la novia.

Entonces, Cristo regresará para tomar a Su novia, la iglesia, en un tiempo desconocido para la novia, la iglesia. En el matrimonio tradicional judío, el momento en que el novio regresará para llevarse a su novia sólo lo sabe el padre del novio. Ni siquiera el novio lo sabe. Escuche lo que Jesús mismo dijo sobre esto:*Pero del día y la hora nadie sabe, ni siquiera los ángeles del cielo, ni el Hijo, sino sólo el Padre,* Mateo 24:36. ¡Guau! ¡Cosas increíbles! Uno de los puntos de la parábola de las diez vírgenes en Mateo 25:1-13, es que la novia debe estar preparada para ser tomada por el novio en cualquier momento.

La novia debe estar esperando expectante a que llegue el novio en cualquier momento. Podría ser mañana o podrían ser dos mil años, pero la novia tiene que estar lista en todo momento porque su regreso es inminente. Vendrá por su novia como un ladrón entra en una casa para robar. El dueño de la casa habría estado bien preparado si hubiera sabido la fecha y la hora en que el ladrón entró a robar. Por lo tanto, el dueño de la casa debe vivir su vida en su casa

---

[125]   https://www.gotquestions.org/marriage-customs.html

como si el ladrón pudiera entrar en cualquier momento. ¡Debes estar preparado para que el novio te lleve, incluso hoy! Ésta es una analogía muy sorprendente y fascinante entre la tradición matrimonial judía y el matrimonio entre Cristo y la iglesia. Ahora, se requiere que el novio pague la dote o el precio de la novia como parte del proceso de compromiso en la tradición matrimonial judía.

Este precio de la novia se llama "mohar" (palabra hebrea) y lo paga el padre del novio al padre de la novia. El precio de la novia y cualquier obsequio asociado se pagan durante la parte del compromiso del matrimonio. El matrimonio consta de dos ceremonias principales: El Erusin, (palabra hebrea para esponsales) que es la parte del compromiso/esponsales y el Nissuin, palabra hebrea para ceremonia nupcial) que es la ceremonia nupcial o cena de bodas. El "mohar" se resuelve durante el "Erusin" y le sigue una fiesta para conmemorar el evento y la emisión de la ketubah o el contrato matrimonial, como se muestra a continuación.

La Ketubah o Contrato de Matrimonio.[126]

¿Es sorprendente que Jesús fuera crucificado el día de la Pascua? La Pascua es la más celebrada de todas las fiestas judías del Antiguo Testamento y Jesús vivió en la tierra bajo la dispensación del Antiguo Testamento. Una vez al año, cada judío iba a Jerusalén para celebrar la Pascua. Fue durante esta fiesta que se inauguró el nuevo pacto.

Se estaba llevando a cabo una ceremonia de matrimonio y compromiso. Así como el padre del novio está pagando la dote y el precio de la novia al padre de la novia, así el Padre celestial está enviando al novio de la iglesia (Jesucristo) a ofrecer Su sangre en la cruz del Calvario, como precio de la novia o dote, para comprar Su novia, la iglesia. En esta analogía, el padre del novio y el novio mismo están separados pero son iguales. El Padre y el Hijo (Novio) son uno y esto también es un misterio. Esto es lo que dijo Jesús:*Y tomando pan, y dando gracias, lo partió y se lo dio, diciendo: Esto es mi cuerpo que se entrega por vosotros; haced esto en memoria de mí. Y de la misma manera tomó la copa después que hubieron comido, diciendo: Esta copa que por vosotros está derramada es el nuevo pacto en mi sangre, Lucas 22:19-20.* Este precio de la novia, la dote (mohar), Su sangre, que se pagó para comprar la redención de los elegidos, Su novia, la iglesia. Esta es la ceremonia de compromiso/desposorio entre la novia y el novio. También está el anillo de compromiso, entregado por el padre del novio al padre de la novia, que se muestra a continuación:

126

https://www.myjewishlearning.com/article/ancient-jewish-marriage/

Anillo de bodas judío arriba.[127]

Esta es la primera de dos ceremonias matrimoniales, "Erusin", que también implica un contrato matrimonial, que es el pacto, inaugurado con Su sangre. Como en el matrimonio tradicional judío, el precio de la novia lo paga el padre del novio al padre de la novia, pero ¿quién recibe el precio de la novia por el compromiso de Cristo con la iglesia? Esta pregunta plantea un verdadero dilema, porque para que la novia sea transferida del control de alguien que posee la novia, el padre de la novia, debe pagar un precio de la novia o una dote pero que recibió el precio de la novia para la iglesia. ¿Para llegar a ser la novia de Cristo?

Algunos han dicho que Dios recibe el precio de la novia. Si eso es cierto como muchos creen, entonces Dios

127

https://www.myjewishlearning.com/article/ancient-jewish-marria ge/

tendrá que ser el Padre del novio (Jesucristo) y de la novia (la iglesia, los elegidos, la humanidad caída). Es un pensamiento bastante fascinante que Dios tendrá que ser el Padre del novio y de la novia. Si es cierto, ¿existe realmente la necesidad de pagar el precio de la novia si Dios ya es dueño de los novios? El propósito del precio de la novia es proporcionar un rescate y liberar a la novia del control de su padre al control del novio. No será necesario dicho rescate si la novia ya está bajo el control del novio.

Se debe pagar un rescate antes de que Dios pueda ser el Padre de los novios. Entonces, si Dios ya es el Padre de la novia, ¿cuál es el propósito del rescate? Se cree ampliamente que el rescate se pagó a Dios y no a Satanás y he aquí una de esas opiniones:*El carácter santo de Dios requiere que el pecado sea castigado. El pecado nos convierte en objeto de la ira de Dios hasta que se pague la pena del pecado. Al entregar su propia vida,*Jesús pagó el precio por nosotros, satisfaciendo la demanda de Dios. Este pago fue *hecho, no a Satanás, sino a Dios.*[128]Me gustaría creer que este sea el caso, pero la lógica y la evidencia no son concluyentes.

Si este es el caso, entonces eso significa que los no regenerados o no salvos ya están en el campo de Dios, pero ¿es ese realmente el caso? Se cita diciendo:*Él nos ha librado del poder de las tinieblas y nos ha trasladado al reino de su Hijo,*Colosenses 1:13. Este texto dice que los no regenerados o no salvos están bajo el poder y el control de las tinieblas. Hay dos reinos: el reino de las tinieblas y el reino de Su hijo. Esto implicaría que los no salvos están en otro reino y una

---

128

https://www.moodybible.org/beliefs/positional-statements/substi
tutionary-atonement/#:~:text=Sin%20makes%20us%20the%20ob
jects,not%20to%20Satan%2C%20but%20God.

vez que se paga el precio de la novia, son transferidos al reino de Su Hijo o reino de luz. Pero ¿en qué reino podrían estar los no salvos?

 Los no salvos parecen estar firmemente bajo el control de Satanás; Escuche lo que dice el texto:*Para abrirles los ojos para que se conviertan de las tinieblas a la luz, y del poder de Satanás a Dios, para que reciban el perdón de los pecados y una herencia entre los que han sido santificados por la Fe en Mí.*, Hechos 26:18. La idea de que los humanos están bajo el poder de Satanás no es muy cómoda, por lo que la mayoría de los teólogos corren para rescatar a Dios afirmando que el precio de la novia no podría haberse pagado a Satanás. Simpatizo mucho con esa posición porque sé por qué hay cierta tensión para proteger el carácter de Dios. Algunos pueden decir que pagar el precio de la novia a Satanás es equiparar a Satanás con Dios. Eso es lo más alejado de la verdad. Dios tiene control absoluto de todas las cosas y no tiene competencia.

Entonces, digamos que el rey de un país se casará con un ciudadano común de ese país. De acuerdo con la tradición, se requerirá que el rey baje de su palacio real y visite al plebeyo, el padre de la futura novia, y pague el precio de la novia. El rey sigue siendo el rey y el plebeyo sigue siendo el plebeyo, pero la novia no será liberada hasta que se pague el precio de la novia. Dios no necesita el permiso de Satanás para hacer nada y Él hace lo que le place. Los no salvos no sólo están bajo el dominio de Satanás, sino que él es en realidad el padre de los no salvos, así como Dios es el Padre de los salvos. La gente actúa como su padre. Puedes actuar como el diablo porque el diablo es tu papá. No puedes actuar como Dios a menos que Él sea tu papá y algunos de Su naturaleza y atributos te hayan sido imputados.

Sé que mucha gente también se siente muy incómoda con esta posición, pero dejemos que la Biblia hable: tú perteneces a tu padre, el diablo, y quieres realizar los deseos de tu padre. Fue homicida desde el principio y no retuvo la verdad, porque no hay verdad en él. Cuando miente, habla su lengua materna, porque es mentiroso y padre de mentira, Juan 8:44. En este contexto, Jesús estaba respondiendo a los fariseos que tenían dudas sobre quién era Él realmente, y por extensión, esto se aplica al resto de la humanidad. En los versículos anteriores de Juan 8, los fariseos estaban debatiendo sobre Jesús, diciendo que Abraham era su padre, pero Él les dijo sin rodeos que Abraham no era su padre porque si lo fuera, entonces habrían hecho lo que él hizo.

El diablo o Satanás es el padre de todos los no salvos o no regenerados y antes de que alguien sea salvo, no tiene ningún deseo de Dios ni de las cosas de Dios, sino que sólo se esfuerza por llevar a cabo el deseo del diablo, su padre; ¡pero no sólo eso! Es imposible hacer la voluntad y el deseo de Dios a menos que uno pertenezca a Dios. A Satanás también se le llama "el gobernante de este mundo", Juan 12:31. El sistema mundial o el cosmos está bajo su gobierno y dominio. Isaías 61:1, hablando del Mesías, proféticamente, va a proclamar libertad a los cautivos y libertad a los presos. Si estas personas son cautivas y prisioneras, entonces alguien está custodiando la prisión y habrá que pagar un rescate para asegurar su liberación. Su sangre fue ese rescate y una vez que se paga, la ceremonia de bodas es lo siguiente en la agenda, y esto se llama la cena de las bodas del Cordero.

La Cena de las Bodas del Cordero

La cena de bodas se considera el banquete tan esperado que el novio y la novia están esperando. Imagínese que pagó el precio de la novia y hubo una fiesta para conmemorar las intenciones de ambas partes de reunirse (ceremonia de compromiso), pero la fiesta de bodas aún está en el futuro. En la tradición matrimonial judía, el tiempo entre la fiesta de compromiso y la ceremonia lo determina el padre del novio; suele ser un año, pero no siempre porque depende del padre del novio. Entonces, durante este período de espera, la novia vive en la casa de su padre y del mismo modo el novio vive en la casa de su padre.

No hay relaciones sexuales entre ellos durante este período. El matrimonio aún no se ha consumado, a pesar de que son una pareja legalmente vinculante. Si cualquiera de las partes de la boda decide, por cualquier motivo, que quiere retirarse del matrimonio, entonces la parte que quiera salirse tendría que solicitar un divorcio formal y este es un período lleno de tensión y ansiedad. En esa tradición, un matrimonio es más que la unión de la novia y el novio. Un matrimonio es un asunto de familia y es la unión de dos familias.

Es un gran problema para ambas familias. Una familia envía a su preciosa hija a los brazos de un completo extraño. La pequeña de papá o mamá está a punto de ser liberada en brazos de otro hombre. Es posible que a menudo escuche el dicho: "Los papás están apegados a sus hijas y las mamás están apegadas a sus hijos". Entonces, es muy emotivo soltar a un niño y dejarlo ir. Otra familia envía a su hijo a los brazos de otra mujer.

La mamá, el papá y los demás hermanos se sienten muy emocionados al liberarse y separarse de uno de sus familiares. Ambas familias sienten emociones de alegría y ansiedad. Ahora, para empeorar las cosas, la novia no tiene idea de cuándo regresará el novio para llevarla a la ceremonia nupcial. La novia tiene que estar esperando, preparada, sabiendo que el novio puede regresar en cualquier momento. Esto también eleva el nivel de ansiedad y anticipación a otro nivel. Esta tradición matrimonial judía es un reflejo de la tan esperada ceremonia nupcial entre Cristo y su novia, la iglesia. La unión normal entre un hombre y una mujer, fuera de la tradición judía, también refleja la unión entre Cristo y la iglesia. La relación de amor entre un marido y su esposa es un reflejo directo de la relación de amor que Cristo tiene por su iglesia.

El matrimonio humano es un espejo del matrimonio entre Cristo y Su iglesia. Esto es lo que el apóstol Pablo dijo: Maridos, amad a vuestras mujeres, así como Cristo amó a la iglesia y se entregó a sí mismo por ella; para santificarla y limpiarla con el lavamiento del agua por la palabra, para presentársela a sí mismo como una iglesia gloriosa, sin mancha, ni arruga, ni cosa semejante; sino que sea santo y sin mancha. Así también los hombres deben amar a sus esposas como a sus propios cuerpos. El que ama a su esposa, se ama a sí mismo. Porque ningún hombre ha odiado jamás su propio cuerpo; sino que la nutre y la valora, así como el Señor ama a la iglesia. Porque somos miembros de su cuerpo, de su carne y de sus huesos. Por esto dejará el hombre a su padre y a su madre, y se unirá a su mujer, y los dos serán una sola carne. Este es un gran misterio; pero hablo acerca de Cristo y de la iglesia, Efesios 5:25-32.

Pablo usó esta analogía del marido amando a su esposa como una imagen del amor de Cristo por su iglesia. Esta unión matrimonial humana y terrenal sirve como reflejo de la unión celestial entre Cristo y Su iglesia. En el versículo 27 de Efesios 5, Pablo habla de la meta de Cristo, que es presentar a Su novia, la iglesia, sin mancha y sin arrugas. Una novia impecable sólo puede ocurrir después de que se haya llevado a cabo la fiesta o ceremonia de bodas y cuando la novia haya sido llevada a vivir permanentemente en la casa del padre del novio.

Acordaos de las palabras del novio: En la casa de mi Padre muchas moradas hay; si no fuera así, os lo hubiera dicho; porque voy a preparar un lugar para vosotros. Y si voy y os preparo lugar, vendré otra vez y os tomaré conmigo, para que donde yo esté, vosotros también estaréis, Juan 14:2-3. Así como en el matrimonio tradicional judío, el Señor Jesucristo ha completado lo que fue enviado por el Padre para hacer. Él es el novio, enviado por el Padre como precio de la novia o dote para comprar, redimir o recomprar a la novia.

Él había terminado los esponsales y ahora le está diciendo a Su novia: "Mira, no estés triste ni ansiosa, porque te veré pronto, y pronto regresaré y te llevaré a la casa de mi padre para la ceremonia de la boda". lo que dijo: "consumado es", Juan 19:30 pero ¿qué está consumado? Dijo que "consumado es", pero aún estaba vivo y su obra estaba consumada, acababa de terminar de pagar el precio de redención, dote o el precio de la novia. Él sólo había terminado parte de la ceremonia de bodas y ahora se está preparando para la segunda parte, que es la cena de las bodas del Cordero.

Esta cena de bodas del cordero también refleja la ceremonia de matrimonio tradicional judía. En la antigua tradición matrimonial judía durante los tiempos bíblicos, la ceremonia matrimonial se llamaba "nasium o jupá", o también se la llamaba "recogida en casa", y se entiende que hupá significa "habitación", generalmente una habitación especial en el padre de la casa del novio. Esto es lo que nos dice la tradición:*El novio llega a la jupá antes que la novia. Dado que la jupá se considera [según el entendimiento tradicional] el hogar simbólico del novio, él debe estar allí primero para darle la bienvenida a su novia a su hogar.*

Algunos dicen que la tradición se remonta a la primera boda, cuando, según dice la Torá, Dios tomó a Eva "y la llevó a Adán". Eva, al ser creada después de Adán, es considerada en el pensamiento judío como una forma de vida superior a la de Adán, ya que pudo llevar un feto en su cuerpo. Como el primero en ser creado, se dice que Adán estaba esperando bajo la jupá en el Jardín del Edén cuando le trajeron a Eva.[129]

Esta es una asombrosa analogía humana: Dios mismo tomaría a la novia y la llevaría al novio. El novio estaba esperando a la novia así como el novio (Jesucristo) estaba esperando a Su novia (la iglesia), en una cámara especial (jupá) en la casa de Su padre, en el Cielo. Esta es una ceremonia de boda especial y nunca ha habido ni habrá algo parecido. ¿Imaginas que te inviten a una boda y a una ciudad donde las calles están construidas de oro? Y todo lo que puedes ver y tocar está hecho de oro. El billete de invitación cuesta alrededor de mil millones de dólares cada uno y alguien especial le consiguió un billete. Las huestes angelicales están a cargo del equipo de alabanza y adoración. Eres considerado bendito entre la humanidad; Si estás invitado, entonces es porque alguien aseguró tu boleto porque el costo del boleto estaba y está fuera del alcance de cualquier persona viva o viva.

Los invitados al banquete de bodas

El banquete de bodas se pone en marcha cuando el novio regresa para llevar a su novia desde la casa de su padre a la casa del padre del novio. En la boda judía tradicional, la llegada del novio va precedida por un toque

129

https://www.myjewishlearning.com/article/arriving-at-the-huppah-or-wedding-canopy/

de trompeta. Esta explosión es tan fuerte que todos en ese pueblo la oirán, incluida la novia. Este toque de trompeta no sólo alertará a la novia de que el novio está en camino, sino que también convocará al pueblo a reunirse para el banquete de bodas.

¡Esto es algo fascinante y sorprendente! Este toque de trompeta en una ceremonia de boda tradicional judía es una imagen clara de la llegada de Jesucristo (el novio) para llevarse a casa a Su novia (la iglesia). Este toque de trompeta en realidad se llama la fiesta de la trompeta. Hay varias fiestas judías en el Antiguo Testamento y estas fiestas señalan a Jesús para su cumplimiento final. Estas fiestas son un cuadro fascinante del plan de Dios para la redención. Hay cuatro fiestas en primavera y tres en otoño. Las fiestas de primavera ya se han cumplido en Cristo Jesús.

Estas son las fiestas de los Panes sin Levadura, la Pascua, las Primicias y las Semanas. Las últimas tres fiestas ocurren en el otoño y son: Trompetas, el Día de la Expiación y Tabernáculos, y estas tres fiestas de otoño ocurren dentro de un breve período de quince días. La fiesta de los Panes sin Levadura (Levítico 23:6) señala a Jesús como alguien sin pecado. Pablo dijo que "un poco de levadura fermenta toda la masa", Gálatas 5:9. La levadura es una imagen del pecado y la fiesta de los Panes sin Levadura señala Su vida sin pecado. La fiesta de la Pascua (Levítico 23:5) señala a Jesús como el Cordero de Dios sin pecado y por eso Juan dijo: "he aquí el Cordero de Dios que quita el pecado del mundo", Juan 1:29.

La fiesta de las Primicias (Levítico 23:10) señala a Jesús como las primicias de entre los muertos, 1 Corintios 15:20, garantizando la resurrección de todos los que duermen en el polvo. La fiesta de las Semanas (Levítico 23:16), también conocida como la fiesta de Pentecostés, ocurrió 50 días después de la fiesta de las Primicias Hechos 1:9-11 cuando Jesús fue llevado al cielo. Todas estas son fiestas del Antiguo Testamento que ya se han cumplido en Jesús. Estas son las fiestas de primavera y las fiestas de otoño aún están por cumplirse. Jesús se ha apartado de Su novia y regresará pronto para llevarla a la casa de Su Padre. La próxima fiesta que se cumplirá es la fiesta de las Trompetas (Rosh Hashaná). Esta fiesta se menciona en (Levítico 23:24) y es una imagen del anuncio y la venida del novio para llevarse a su novia. Esto comienza con un toque de trompeta como se ve a continuación.

El Shofar o Trompeta[130]

Este toque de trompeta es para anunciar la llegada del novio para llevarse a su novia a casa y consumar el matrimonio. Por eso se la conoce como la Fiesta de las Trompetas y en realidad es una fiesta que viene con fanfarria y júbilo. Es como anunciar la llegada del Presidente de los Estados Unidos de América, pero esto es tropecientas veces más grande y mejor y nada se puede comparar con ello.

---

[130]   https://www.myjewishlearning.com/article/shofar/

Algunos han dicho que la fiesta de las Trompetas señala el rapto en el Nuevo Testamento (1 Tesalonicenses 4:13-18 y 1 Corintios 15:52)

. Si vieras el rapto y la segunda venida de Jesucristo como dos eventos separados, entonces podrías ver otra fiesta de otoño, el Día de la Expiación (Yom Kippur) (Levítico 23:27), que señala la segunda venida de Jesucristo. Mesías. Los defensores de este punto de vista tendrán que concluir que sonó la trompeta y el novio vino y llevó a su novia al cielo y, en una fecha posterior, regresó nuevamente para la segunda venida. ¿Es realmente el caso? La pregunta fundamental es si el rapto y la segunda venida de Cristo son eventos separados. La opinión generalizada es que se trata de acontecimientos distintos y separados.

¡Quedan muchas preguntas sin respuesta! Todas las fiestas judías de primavera, la Pascua, los panes sin levadura, las Primicias y la fiesta de las Semanas o Pentecostés, se cumplieron en Cristo en menos de dos meses. Fueron diseñados para cumplirse juntos y esto también fue parte de la ceremonia de compromiso. El Novio vino por Su novia y cumplió todos los rituales que lo califican como el Novio legítimo. Él cumplió la fiesta de los Panes sin Levadura para mostrar que Él era el Cordero de Dios sin pecado y la novia requería un Novio sin pecado y Él era y es el único que cumplía con esos requisitos.

Él cumplió la fiesta de la Pascua en el sentido de que Él mismo era el cordero expiatorio que debía ser sacrificado por Su novia. Él era el novio y también la dote o precio de la novia que había que pagar para comprar a Su novia. Él cumplió la fiesta de las Primicias en el sentido de que fue el primero en resucitar corporalmente para indicar que Su novia también resucitará. Si Su novia no resucitó entonces la boda no se consumará y no habrá boda entre el novio y la

207

novia. Cumplió la Fiesta de las Semanas o Pentecostés para mostrar que el Novio debe regresar a la casa del padre del Novio para prepararse para recibir a Su novia.

Así, todas estas fiestas de primavera se cumplieron de forma secuencial y en un plazo inferior a 60 días. Entonces, ¿por qué las fiestas de otoño serían diferentes? ¿Por qué Cristo regresaría en el rapto para llevarse a Su novia a casa y luego regresaría en una fecha posterior para Su segunda venida? ¡Nadie puede realmente decirnos el tiempo entre el rapto y Su segunda venida! Las fiestas de otoño se completaban en el mes hebreo de Tishri o Tishrei del calendario civil judío, y no había mucho tiempo entre la Fiesta de las Trompetas (Levítico 23:24) (el rapto) (1 Tesalonicenses 4:13-18 , 1 Corintios 15:52 y el Día de la Expiación (la segunda venida), ni siquiera las Fiestas de las Tiendas o Tabernáculos (Levítico 23:34), que se cree ampliamente que será cuando Cristo habitará permanentemente entre Su pueblo. Las fiestas se completaron en aproximadamente veintitrés días y no parece haber razón por la cual su cumplimiento en Jesús requeriría una cantidad extensa de tiempo entre ellas para su cumplimiento. Ahora, todos estos eventos son puestos en movimiento por el sonido de la trompeta, pero ¿qué significa eso realmente?

Fiesta de las Trompetas

La fiesta de las trompetas también se llama Rosh Hashaná, que significa "el Jefe del año". Se le llama "Cabeza del Año" porque marca el comienzo del año civil judío. La fiesta de las Trompetas es una de las fiestas más fascinantes, ya que dura diez días y conduce directamente a la siguiente fiesta. Yom Kipur o Día de la Expiación El toque de la

Trompeta, también llamada Shofar o cuerno de Carnero, es una parte muy importante y significativa de la vida judía.

El Shofar o Trompeta se usaba para advertir al pueblo del peligro inminente de una nación enemiga pero, lo más importante, para advertir al pueblo del Día del Juicio de Dios. Esta fue la interacción entre el Dios de Israel y el profeta Ezequiel sobre el uso de la Trompeta:*entonces cualquiera que oye el sonido de la trompeta y no se da cuenta, si viene la espada y lo lleva, su sangre recaerá sobre su cabeza. Oyó el sonido de la trompeta, pero no se dio cuenta; su sangre será sobre él. Pero el que se apercibe salvará su vida. Pero si el centinela ve venir la espada y no toca la trompeta, y el pueblo no es advertido, y viene la espada y arrebata a alguno de ellos, será quitado por su iniquidad; pero su sangre demandaré de mano del atalaya,* Ezequiel 33:4-6.

La trompeta o el shofar se usaba a menudo para advertir al pueblo de Israel de que una nación invasora iba a entrar en guerra contra Israel. Dios usó esto como una imagen de su juicio venidero sobre el mundo. Así como Ezequiel debía advertir al pueblo, nosotros, los redimidos, también debemos advertir a cada ser humano sobre el juicio venidero de Dios para que su sangre no caiga sobre nuestras manos si no les avisamos. Entonces, este sonido de trompeta está anunciando el "Día del Temor", el "Día de la Venganza", el "Día del Señor" y el "Día de la Expiación".

A menudo se presenta como una ocasión gozosa porque el Señor viene por Su novia, pero no es tan gozoso para aquellos que se dirigen a la condenación eterna. En el Nuevo Testamento, algunos han identificado la fiesta de las trompetas como cumplida en el rapto, haciendo así que el rapto y la segunda venida sean dos eventos separados, pero ¿es ese realmente el caso? Veamos algunos usos y aplicaciones de la trompeta: Se usó trompeta para convocar a la congregación a reunirse, Números 10:1-7. También fue para convocar a los que están pereciendo a venir y adorar y aquí hay una cita:*Acontecerá en aquel día que se tocará una gran trompeta, y los que aparecían en la tierra de Asiria y los que estaban esparcidos en la tierra de Egipto vendrán y adorarán al Señor en el monte santo de Jerusalén.*, Isaías 27:13.

La frase "en aquel día" probablemente hace referencia al día del Señor, que también se considera la segunda venida de Jesús, que también es el Día de la Expiación. Entonces, ese día, no se tocará una trompeta cualquiera sino que se tocará la "gran trompeta". Entonces, ¿quién es el que toca esa gran trompeta? Una trompeta tocada por cualquiera de los profetas, incluido Moisés, no se llama "gran trompeta"; entonces debe ser muy especial pero ¿quién es el que la sopla?

Aquí hay otro texto que muestra el toque de la trompeta en el Día de la Expiación, que es la segunda venida de Jesús: Y contarás para ti siete sábados de años, siete veces siete años; y el tiempo de los siete sábados de años será de cuarenta y nueve años. Entonces harás sonar la trompeta del Jubileo el día diez del mes séptimo, en el Día de la Expiación harás sonar la trompeta por toda tu tierra, Levítico 25-8-9. Esto también deja claro que él también tocará la trompeta en el Día de la Expiación, que es la segunda venida. También los cuarenta y nueve años representan la fiesta de las semanas que también es Pentecostés. Y Pentecostés que representa la ascensión de Cristo y el regreso al cielo, la casa de Su Padre, y luego el próximo evento en el calendario será el regreso de Cristo con toques de trompeta para Su novia para consumar el matrimonio con un banquete de bodas.

Así, la trompeta se toca el primer día del mes de Tishri, inicio de la fiesta de las Trompetas, conmemorando el inicio del año o cabeza del año, Rosh Hashaná. Luego, diez días después, suena una trompeta en el Día de la Expiación. Estos diez días son un período completo de celebraciones y advertencias y es muy posible que la trompeta fuera muy fuerte porque Levítico 25:9 dice: "Haced sonar la trompeta por toda vuestra tierra". Ningún humano podría tocar tal trompeta que sonaba por toda la tierra. El contexto era la tierra de Israel pero, por extensión, estamos hablando de un sonido y un toque de trompeta global. También es muy posible que esto no haya sido ni vaya a ser un toque de trompeta intermitente, pero puede ser un toque muy largo que puede durar días.

Este fue y es posiblemente un toque de trompeta muy duradero que duró, posiblemente diez días o más. Se garantiza que toda la tierra escuchará este sonido venidero de la trompeta y aquí está quien tocará la trompeta:*Porque el Señor mismo con voz de mando, con voz de arcángel, y con voz de arcángel, descenderá del cielo.*sonido de la trompeta *de Dios; y los muertos en Cristo resucitarán primero; luego nosotros, los que estemos vivos y que hayamos quedado, seremos arrebatados juntamente con ellos en las nubes para recibir al Señor en el aire, y así estaremos siempre con el Señor. Por tanto, consolandonos unos a otros con estas palabras.*, 1 Tesalonicenses 4:16-18.

Este es el texto clave que probablemente dio lugar al debate sobre si el rapto y la segunda venida de Jesucristo son eventos iguales o separados. Mucho se ha centrado en el significado de la palabra "arrebato" o "arrebatado", y esto simplemente significa ser arrebatado y transportado violenta o repentinamente al Cielo. Este texto ha sido utilizado como apoyo para que el rapto esté separado de la segunda venida, pero ¿es ese realmente el caso? Se está volviendo muy difícil verlos como eventos separados cuando al final del versículo 17 dice: "para encontrarnos con el Señor en el aire, y así estaremos siempre con el Señor".

La frase "estar siempre con el Señor" implica la finalidad de Su venida y no volver más. No dijo que estaremos con el Señor cuando Él venga nuevamente por nosotros. Esto señala nuestro lugar de residencia final y no hay posibilidad de volver nuevamente. Siempre estaremos con el Señor, la finalidad de Su venida y ninguna posibilidad de otra venida. El rapto y la segunda venida parecen ser eventos claramente idénticos. Aquí hay otro texto que también se usa a menudo en apoyo del rapto como un evento distinto y separado de la segunda venida:*En un momento, en un abrir y cerrar de ojos, a la final trompeta: porque se tocará la trompeta, y los muertos resucitarán incorruptibles, y nosotros seremos transformados. Porque es necesario que esto corruptible se vista de incorrupción, y esto mortal se vista de inmortalidad,*1 Corintios 15:52-53.

Este texto se utiliza a menudo como prueba en defensa del rapto, pero ¿realmente defiende el rapto? Si el rapto es un evento que ocurre antes de la segunda venida de Cristo, entonces el toque de trompeta que ocurre en el rapto no sería la última trompeta porque hay otro evento en el horizonte. El texto anterior dice que, "al sonar la última trompeta", significa que hubo múltiples sonidos de trompeta y, de hecho, parecería que tocar una trompeta era parte de la vida y la cultura judía. Las trompetas son tan importantes en la vida judía que se dedicó una fiesta entera únicamente a las trompetas, llamada fiesta de las trompetas. Las trompetas fueron tocadas en las bodas y por los profetas para advertir al pueblo, pero esta se identifica como la última trompeta; lo que significa que nunca más se volverá a tocar la trompeta después de esto.

Las implicaciones podrían ser que nadie estará vivo después de este punto porque nadie estará vivo para escuchar o tocar las trompetas. No habrá más bodas y no habrá más profetas vivos ni nadie más. Esta es la última trompeta que volverá a sonar en la tierra. ¿Por qué sería la última trompeta si habrá una segunda venida? Y si la segunda venida todavía está en el futuro después del rapto, entonces eso significa que todavía hay gente viviendo en la tierra y eso realmente no encajaba con la realidad de la última trompeta. Este texto y muchos similares presentan un argumento convincente a favor de que el rapto y la segunda venida son el mismo evento y entiendo claramente que hay muchos que no estarían de acuerdo. Entonces, después de la fiesta de las trompetas, el Día de la Expiación es el siguiente en el calendario.

Día de la expiación

El Día de la Expiación se considera el más sagrado entre las fiestas judías. Esto también se llama Yom Kipur en hebreo. También se le llama con razón el Día de la Expiación, ya que la fiesta dura aproximadamente 25 horas o una hora más que nuestro típico día calendario de 24 horas. Esta fiesta o festival señala la segunda venida de Jesús cuando la expiación se realice plenamente. En los esponsales, en la fiesta de la Pascua, se pagaba la dote o el precio de la novia pero la novia aún no era llevada a la casa del Padre del novio.

Esto también puede llamarse con razón "Día de la Expiación", porque es en este día cuando la expiación se considera completa. Es en este día que los creyentes en Cristo resucitan y cambian instantáneamente. Así lo expresa el apóstol Pablo:*Y cuando esto corruptible se haya vestido de incorrupción, y esto mortal se haya vestido de inmortalidad, entonces se cumplirá la palabra que está escrita: Sorbida es la muerte en victoria. Oh Muerte, ¿dónde está tu victoria? Oh tumba, ¿dónde está tu aguijón?*1 Corintios 15:54–55.

La expiación se completa en la cruz del Calvario, pero se consumará en la resurrección cuando la novia resucite y sea conducida al Cielo, el hogar del Padre del novio. El Día de la Expiación contempla la finalización de la salvación y no el comienzo de la salvación y así es como Pablo lo expresa:*Y que, sabiendo el tiempo, ya es hora de despertar del sueño: porque ahora está más cerca nuestra salvación que cuando creímos por primera vez,* Romanos 13:11. La salvación se menciona a menudo en la Biblia de tres maneras: presente o parcial, progresiva y definitiva. En el momento que crees en el mensaje del evangelio, eres salvo y pasas de muerte a vida; salvación presente o parcial. Al vivir tu fe diariamente en obediencia a Dios, entonces estás siendo salvo o santificado, lo que significa que estás siendo salvo progresivamente, Filipenses 2:12–13.

Entonces nuestra salvación es completa y consumada cuando recibimos nuestros cuerpos espirituales glorificados, Romanos 13:11. Este versículo de Romanos dice que nuestra salvación está más cerca que cuando creímos por primera vez, lo que significa que hay un aspecto futuro de nuestra salvación que aún no se ha realizado ni consumado. Este es un concepto extremadamente importante de entender si queremos entender claramente el Día de la Expiación y su significado.

Así lo expresa el escritor de Hebreos: "Así que Cristo fue sacrificado una vez para quitar los pecados de muchos. A los que le esperan, aparecerá por segunda vez, sin pecado, para salvación, Hebreos 9:28. Este es probablemente uno de los pasajes más claros del Día de la Expiación. Este versículo defiende la aparición de Cristo: Primero, para lidiar con el problema del pecado desde el lado de la muerte espiritual y aparecerá nuevamente, ese día, para erradicar completamente el pecado al darnos un cuerpo espiritual resucitado y sin pecado. Note que el texto no dice que Él aparecerá en el rapto sino por segunda vez.

A continuación se presentan varios actos de Cristo que fueron iniciados pero aún no consumados:

Adoptado ahora (ROM. 8:15) – Adopción consumadora por venir (ROM. 8:23)

Redimido ahora (1 Cor. 1:30) – Consumando la Redención venidera (PHP. 3:14,ROM. 8:23).

Regeneración ahora (Tito 3:5) – Regeneración consumadora por venir (ROM. 8:18-21,PHP. 3:12-14)

Reino dentro de ti ahora (Lc. 17:21,Col. 1:13,Ef. 2:6) – Reino consumador por venir (2 Tim. 4:1,Apocalipsis 3:21)

En el monte Sión ahora (Tener. 12:22) – Ascenso consumador al Monte Sión por venir (Apocalipsis 14:1-5)

Resurrección ahora (ROM. 6:4) – Resurrección consumadora por venir (1 Cor. 15:50)

Vida eterna ahora (1 Juan 3:15,5:12-13) – Consumando la Vida Eterna por venir (2 Cor. 5:1-4,1 Tim. 6:12)

Superando el poder ahora (Ef. 2:5,1 Juan 5:4) – Consumador del poder vencedor por venir (1 Cor. 15:54-57)

Derrota de la Muerte ahora (ROM. 8:2,6,Ef. 2:5) – Derrota consumadora de la muerte venidera (1 Cor. 15:54-57)

En la Luz ahora (Ef. 5:8) – Consumando el Día Eterno de Luz por venir (Prov. 4:18,2 Pedro 1:19,Apocalipsis 21:23-25)

Ver a Dios ahora (2 Cor. 3:17-18,1 Cor. 13:12,Tener. 11:27) – Vista reveladora consumadora por venir (1 Juan 3:2)

Perfecto ahora (Tener. 10:14) – Perfección consumada por venir (PHP. 3:12,1 Cor. 13:10,Prov. 4:18)

"Tal como Él es" ahora (1 Juan 4:17) – Conformidad consumado, "como Él es" en gloria, por venir (1 Juan 3:2,Apocalipsis 2:27)

Conociéndolo ahora (1 Juan 2:4,Juan 17:3) – Conocimiento consumador, "como también soy conocido" por venir (1 Cor. 13:12)

Elija ahora (2 pulgadas. 1:1,13,1 mascota. 1:2) – Elección consumadora por venir (2 Pedro 1:10)

Llamado ahora (1 Cor. 1:26) – Llamado consumidor por venir (PHP. 3:14)

Elegido ahora (1 Pedro 2:9) – Elección consumadora por venir (Mate. 22:14,Apocalipsis 17:14)[131]

Estos son actos de Dios que están esperando una futura consumación y también lo está el Día de la Expiación. La expiación fue mencionada en el Antiguo Testamento:*Pero el macho cabrío sobre el que haya tocado la suerte como*

---

[131]
http://www.thecondescensionofgod.com/present-progressive-salvation-explained.html

chivo expiatorio será presentado vivo delante del Señor, para hacer expiación sobre él, y se le dejará ir como chivo expiatorio al desierto., Levítico 16:10. El chivo expiatorio debía ser el portador del pecado para llevar el pecado del pueblo al desierto. Este chivo expiatorio será condenado y aquellos cuyo pecado, el chivo expiatorio llevado, serán expiados y su pecado será perdonado y serán liberados.

Pero esto era sólo un cuadro de lo que estaba por venir porque la sangre de los toros y de los machos cabríos sólo puede cubrir el pecado pero no puede quitarlo, Hebreos 10:4. Cristo mismo se convirtió en el chivo expiatorio y el pecado de aquellos a quienes vino a redimir fue puesto sobre Él y así es como lo expresa el escritor de Hebreos:*No con sangre de machos cabríos ni de becerros, sino con su propia sangre entró una vez para siempre en el lugar santísimo, habiendo obtenido eterna redención,*Hebreo 9:12. Él es el perfecto portador del pecado porque no tenía pecado. El que no conoció pecado, por nosotros se hizo pecado, 2 Corintios 5:21.

Imagen de un chivo expiatorio extraída de Wikipedia.[132]

Entonces, el Día de la Expiación es el día del segundo y último regreso del Señor para consumar todo lo que Él había comenzado y completarlo. Este día no es distinto del rapto como muchos dicen, pero son eventos idénticos. La mayoría de los pretribulacionalistas ven el rapto y la segunda venida como eventos distintos y separados, y que Cristo regresará y arrebatará a la iglesia antes de la tribulación y regresará más tarde para la segunda venida. Los defensores de tales puntos de vista, como el Dr. Richard Mayhue, profesor de Teología en The Master's Seminary, en California, presentaron estos argumentos en su artículo titulado "¿Por qué un rapto pretribulacional?" en el que argumentó que el rapto y la segunda venida son eventos separados.[133]Algunos dirán que Mateo 24 es un pasaje del rapto pero ¿es realmente así? John Walvoord parece argumentar que en Mateo 24 se enseña un rapto pretribulacional, como se explica en su artículo "¿Se revela un rapto postribulacional en Mateo 24?"[134] No creo que seamos más inteligentes que los discípulos de Jesús, ellos ciertamente creían en el rapto posttribulacional de la iglesia y que la iglesia será arrebatada en la segunda venida de Jesús. Aquí hubo una pregunta hecha por los discípulos:*Mientras estaba sentado en el monte de los Olivos, los discípulos se le acercaron en privado, diciendo: Dinos, ¿cuándo serán estas cosas? ¿Y cuál será la señal de tu venida y del fin del mundo? Mateo 24:3.*

132

https://en.wikipedia.org/wiki/Scapegoat#/media/File:William_Hol man_Hunt_-_The_Scapegoat.jpg

133

https://tms.edu/educational-resources/journal/archive/why-a-pr etribulational-rapture/

134   https://biblicalstudies.org.uk/pdf/gtj/06-2_257.pdf

Los discípulos hicieron una pregunta muy interesante desde el principio: querían saber dos cosas: (1) "la señal de su venida" y (2) "el fin de los tiempos". Algunos pueden llamar a la señal de su venida "el arrebatamiento", mientras que otros también ven "el fin de los tiempos" como la segunda venida. Pero la pregunta fundamental que se plantea aquí es: ¿son estos dos acontecimientos separados o el mismo acontecimiento? La pregunta aquí también es el uso de la palabra griega "kai", que se sitúa entre "señal de tu venida y la consumación o fin del siglo". ¿Cómo funciona "kai" en este contexto? La palabra griega "kai" se puede traducir al Inglés como *y, también, incluso, de hecho, pero se considera un artículo primario, que tiene fuerza copulativa y a veces acumulativa.*[135]

Esta palabra griega tiene usos amplios y ampliados, pero la idea básica detrás del uso de la palabra griega "kai" es que conecta o complementa. Conecta dos ideas independientes o actúa como complemento de la idea principal. Entonces, ¿se usa "kai" aquí para conectar "la señal de Su venida" y "la venida o consumación de la era", o para complementar y ampliar la idea de "la señal de Su venida", que es "la ¿venida o consumación de la era?" Creo que la palabra griega "kai" en este pasaje y contexto debería haber sido traducida al español como "también", haciendo de "la venida de la era", una fuerza complementaria o acumulativa. a "la señal de su venida", haciendo así que el rapto y la consumación de la era o la segunda venida sean el mismo evento.

Esta comprensión marca el tono para el resto de Mateo 24 como respuesta de Jesús a la pregunta planteada por los discípulos. El Señor Jesús pasará el resto de Su

---

[135]

https://www.biblestudytools.com/lexicons/greek/nas/kai.html

tiempo respondiendo esta pregunta durante todo el capítulo de Mateo 24. Aquí hay un extracto de cómo respondió Jesús:*Inmediatamente después de la tribulación de aquellos días el sol se oscurecerá, y la luna no dará su luz; las estrellas caerán del cielo, y las potencias del cielo serán conmovidas. Entonces aparecerá la señal del Hijo del Hombre en el cielo, y entonces todas las tribus de la tierra harán duelo y verán al Hijo del Hombre venir sobre las nubes del cielo con poder y gran gloria. Y enviará a sus ángeles con gran sonido de trompeta, y reunirán a sus escogidos de los cuatro vientos, desde un extremo del cielo hasta el otro.*, Mateo 24:29-31.

El versículo 29 de Mateo 24 comienza diciendo: "inmediatamente después de la tribulación de aquellos días", comenzará el regreso de Cristo. Este versículo señala que el regreso de Cristo es postribulacional, como lo dice claramente el versículo. Pero tenga en cuenta que no hay reunión de Sus elegidos en el rapto sino en la segunda venida. Algunos incluso han propuesto la idea de que este capítulo se aplica sólo a la nación de Israel y no a la iglesia. ¿Por qué esto se aplicaría sólo a Israel cuando dice claramente: "entonces aparecerá la señal del Hijo del Hombre en el cielo, y entonces todas las tribus de la tierra harán duelo y verán al Hijo del Hombre viniendo sobre las nubes?"

Este es claramente un pasaje sobre la segunda venida y no el rapto a menos que sean los mismos eventos. Se trata del Día de la Expiación y no de la fiesta de las Trompetas. Se trata de la consumación del matrimonio entre la novia (la iglesia) y el novio (Cristo). Él viene a tomar a su esposa pero también para ser juzgada. Esto es lo que se dice al final del capítulo referente al juicio: El Señor de aquel siervo vendrá en el día que no lo espera, y a la hora que no sabe, y lo cortará en pedazos, y le designará. él tendrá su porción con los hipócritas, allí será el lloro y el crujir de dientes, Mateo 24:50-51. Él viene por su novia y para reunir a sus escogidos, tanto judíos como gentiles que creen. Él viene a reunirlos como la gallina reúne a sus polluelos debajo de las alas, donde estaremos para siempre con Él.

Fiestas de Tiendas o Tabernáculos

La fiesta de los tabernáculos o cabañas es la última de las siete fiestas que Dios les ordenó observar a los israelitas. A veces llamada la fiesta de la recolección o del refugio, es la tercera y última fiesta del otoño que debían observar. Esta fiesta también se conoce como "sukkot" y se celebra el día 15 del mes hebreo, Tishri. Este es el séptimo mes del calendario hebreo y normalmente ocurre a finales de septiembre y mediados de octubre. La fiesta del Día de Expiación es el día 10 del mismo mes y la fiesta de los Tabernáculos es cinco días después, que es el día 15 de ese mes. El concepto y el ser de una deidad es algo abstracto para la mentalidad humana. Un ser que no se puede ver, tocar ni oler; un ser que parece tan lejano que cualquier ser humano que de repente lo vislumbre caerá muerto instantáneamente; un ser, tan asombroso que sabe todas las cosas, conocibles e incognoscibles. Su poder y potencia no conocen límites.

No hay lugar donde Él no esté y Él no necesita viajar allí pero Su gloria llena el universo. Es en este contexto que el Dios de toda la tierra instituyó la fiesta del Tabernáculo. Esta fiesta presagia un tiempo en el que el Dios del universo ya no estará distante sino que en realidad habitará o hará tabernáculos entre su pueblo. Él será nuestro Dios y nosotros seremos su pueblo. Esta fiesta recordó a los israelitas su liberación de Egipto a la Tierra Prometida y también proporciona una imagen vívida de nuestra liberación del pecado para la salvación.

La mayoría de los eruditos también coinciden en que esto es un símbolo de la segunda venida de Cristo, cuando Él separará el trigo de la cizaña o la paja y habitará o tabernáculo para siempre con Su novia. Esto es lo que Dios dijo a los israelitas acerca de esta fiesta tan importante.*: En cabañas habitaréis siete días; todos los nacidos en Israel estarán en cabañas. Para que vuestras generaciones sepan que en cabañas hice habitar a los hijos de Israel cuando los saqué de Egipto; Yo soy el Señor tu Dios, L'23:42-43*

Los israelitas fueron llevados de la esclavitud a las cabañas y la fiesta sirve como recordatorio de que Dios los sacó de Egipto. La idea básica detrás de la fiesta de la recolección o tabernáculo es que Dios está reuniendo a sus elegidos de los cuatro confines de la tierra y morando entre ellos. Una vez que se complete el Día de la Expiación y el pecado sea completamente erradicado, entonces Dios estará listo para acercarse a Su pueblo.

Por eso el Día de la Expiación es un precursor de la reunión de sus elegidos. Los elegidos han recibido sus cuerpos espirituales resucitados y glorificados y están listos para entrar en la Nueva Jerusalén, donde no habita ningún pecado. Pero antes de llegar a esta Nueva Jerusalén, Dios fue muy misericordioso al darnos una imagen de Su presencia en la tierra. En el Antiguo Testamento, el Arca de la Alianza tenía la tarea de mostrar una presencia física y tangible de Dios sobre la tierra, la gloria shekhina como se la conoce. Dios habló con Moisés entre dos querubines (Números 7:89) porque no podía hablar con él cara a cara.

El Arca fue construida y transportada con los israelitas mientras viajaban desde Egipto a través del desierto.

Posteriormente, el Arca fue colocada en el tabernáculo de reunión (Éxodo 40:21) y más tarde en el templo (Éxodo 25:22).

He aquí una descripción del papel del Arca en la vida judía: sólo era accesible una vez al año, y entonces sólo podía acceder una persona. En Yom Kipur, el Sumo Sacerdote (Kohen Gadol) podía entrar al Lugar Santísimo para pedir perdón para sí mismo y para toda la nación de Israel (Levítico 16:2).

La relación entre el Arca y la shekhina se ve reforzada por el motivo recurrente de las nubes. La presencia de Dios se ve frecuentemente en forma de nube en la Biblia (Éxodo 26:16), y el Arca está constantemente acompañada de nubes: Cuando Dios habló entre los querubines, había una nube resplandeciente visible allí Éx. 40:35); y cuando el Sumo Sacerdote entró en presencia del Arca en Yom Kipur, lo hizo sólo al amparo de una nube de incienso, tal vez con la intención de enmascarar la vista de la shekhina en todo su esplendor Lev. 16:13). La santidad del Arca también la hacía peligrosa para quienes entraban en contacto con ella.

Cuando Nadav y Avihu, los hijos de Aarón, trajeron una llama extraña para ofrecer un sacrificio en el Tabernáculo, fueron devorados por un fuego que emanaba del Señor (Lev. 10:2). Durante la saga de la captura del Arca por los filisteos, numerosas personas, incluidas algunas que simplemente miraron el Arca, murieron por su poder. De manera similar, a los sacerdotes que servían en el Tabernáculo y el Templo se les dijo que ver el Arca en un momento inadecuado resultaría en la muerte inmediata (Números 4:20).[136]

136
https://www.jewishvirtuallibrary.org/the-ark-of-the-convenant

Está vívidamente claro que el Arte representaba la presencia de Dios sobre la tierra. También está claro que la humanidad, en su estado pecaminoso, es incapaz de acercarse a un Dios Santo. La humanidad ni siquiera es capaz de mirar a un Dios Santo sin sufrir graves consecuencias, incluida la muerte. La eliminación del pecado es necesaria para que la humanidad pecadora habite o habite en un tabernáculo con un Dios Santo. A continuación se muestra la imagen del Arca de la Alianza:

El Arca de la Alianza

El Arca de la Alianza contiene dos tablas de piedra (en las que se dieron los Diez Mandamientos a Moisés en el Monte Sinaí) 2 Crónicas 5:10. Pero el escritor de Hebreos, en el Nuevo Testamento, dice que el Arca también incluía la vasija de oro que tenía el maná, la vara de Aarón que reverdeció y las tablas del Pacto, Hebreos 9:4.

La presencia de Dios entre su pueblo también se manifestó en los nuevos testamentos. El plan de Dios es estar siempre entre Su pueblo. La fiesta de la recolección o tabernáculo presagia un tiempo en el que Dios reunirá a sus elegidos, su novia, la iglesia y el tabernáculo con ella para siempre. La primera venida de Jesús es también un presagio de su segunda venida. Jesús, en Su encarnación, dejó Su hogar en gloria y vino temporalmente a morar entre Su pueblo. Jesús nació en un momento y circunstancias muy interesantes que presagian su futuro recogimiento con su pueblo.

Estas son las circunstancias que rodearon su nacimiento: Mientras estaban allí, llegó el momento de que ella diera a luz. Y ella dio a luz a su hijo primogénito; y ella lo envolvió en pañales y lo acostó en un pesebre, porque no había lugar para ellos en el mesón. En la misma región había unos pastores que se quedaban en el campo y vigilaban su rebaño por la noche, Lucas 2:6-8. Este texto da lugar a dos observaciones muy interesantes: (1) Nació y fue acostado en un pesebre. ; y (2) los pastores vigilaban su rebaño durante la noche. Estaba en un pesebre porque no había lugar en la posada y la razón dada por la falta de lugar fue porque a la gente se le ordenó viajar cada uno a su lugar de nacimiento para poder hacer un censo. Por lo tanto, después de todo, nacer en un pesebre puede que tampoco sea accidental o coincidente.

Un pesebre es normalmente un lugar en un establo de animales fuera del edificio principal donde se mantienen los animales. En el Antiguo Testamento, a los israelitas se les dijo que abandonaran sus hogares, levantarán tiendas y habitarán en ellas para conmemorar la fiesta de las tiendas o tabernáculos. ¿Es sorprendente que Jesús naciera en una estructura similar a una tienda de campaña? Con toda probabilidad, esto fue un cumplimiento parcial de la fiesta del Tabernáculo. Dios está reunido entre Su pueblo y por eso nació en una tienda de campaña. La falta de espacio en la posada no fue accidental, sino que en realidad estaba de acuerdo con el plan y los propósitos de Dios. Era el momento adecuado. Este decreto de César Augusto pudo haber coincidido con alguna otra fiesta judía. Esto es pura especulación en este momento, pero los hechos son que los pastores estaban cuidando su rebaño por la noche. Eso nos dice que este período en el que los pastores cuidaban su rebaño tiene que ser durante el clima cálido, probablemente de mayo a octubre.

Aquí hay un informe del Directorio de Ciencia y Tecnología de Israel sobre el clima en Israel: La temporada de lluvias se extiende desde octubre hasta principios de mayo, y las precipitaciones alcanzan su punto máximo entre diciembre y febrero. Sólo caen fuertes nevadas en la parte más septentrional de los Altos del Golán, donde la cumbre del Monte Hermón (2.224 m sobre el nivel del mar) generalmente permanece cubierta de nieve de diciembre a marzo. En otras partes del país, rara vez se observa nieve.[137]Es muy poco probable que los pastores estuvieran cuidando su rebaño en diciembre, en medio de fuertes lluvias, frío, invierno o una combinación de los tres.

Eso pone en duda el 25 de diciembre como fecha de nacimiento de Jesús. Todo acontecimiento significativo en la vida de Jesús se cumple a partir de alguna fiesta judía. Un evento como el nacimiento de Jesús es muy importante, ya que fue predicho en el Antiguo Testamento, y no puede suceder simplemente el 25 de diciembre, sin ningún significado teológico y cultural real. El nacimiento de Jesús y su venida al mundo significa que Dios viene a habitar entre su pueblo. El Antiguo Testamento tenía el Arca del Pacto en

---

137

https://www.science.co.il/weather/Israel-climate.php#:-:text=The%20rainy%20season%20extends%20from,the%20North%20to%20the%20South.

medio de ellos para significar la presencia de Dios en medio de ellos.

No hay evidencia concluyente sobre el origen del 25 de diciembre como día del cumpleaños de Jesús. El origen de esta festividad y su fecha de diciembre se encuentra en el mundo grecorromano antiguo, ya que probablemente las conmemoraciones comenzaron en algún momento del siglo II. Hay al menos tres orígenes posibles para la fecha de diciembre:*El historiador cristiano romano Sexto Africano fechó la concepción de Jesús el 25 de marzo (la misma fecha en la que sostenía que se creó el mundo), que, después de nueve meses en el vientre de su madre, daría como resultado un nacimiento el 25 de diciembre.*

En el siglo III, el Imperio Romano, que en aquel momento no había adoptado el cristianismo, celebraba el renacimiento del Sol Invicto (Sol Invictus) el 25 de diciembre. Esta festividad no sólo marcó el regreso de los días más largos después del solsticio de invierno, sino que también siguió a la popular fiesta romana llamada Saturnalia (durante la cual la gente festejaba e intercambiaban regalos). También era el cumpleaños de la deidad indoeuropea Mitra, un dios de la luz y la lealtad cuyo culto en ese momento se estaba volviendo popular entre los soldados romanos.[138]

El nacimiento y primer advenimiento de Jesús también significa la presencia física de Dios en medio de su pueblo. Así lo expresa Juan:*Y el Verbo se hizo carne, y habitó entre nosotros (y vimos su gloria, la gloria del unigénito del Padre), lleno de gracia y de verdad,* Juan 1:14. La

---

138

https://www.britannica.com/story/why-is-christmas-in-decembe r#:~:text=The%20Roman%20Christian%20historian%20Sextus,in %20a%20December%2025%20birth.

interpretación aquí es simplemente que Dios tomó forma humana y se hizo carne y sangre. Se le puede ver y tocar. La dicotomía es que Él nunca renunció a Sus atributos divinos y, al mismo tiempo, fue plenamente humano. Él era completamente humano y completamente Dios simultáneamente y, sin embargo, sin pecado o sin pecado. Él era incapaz de pecar y, sin embargo, moraba entre criaturas pecadoras como nosotros. La palabra griega "skenoo", que en este texto se traduce al inglés como "morada", también significa tabernáculo, tienda, extensión y morada. La palabra hebrea "Ohel" se traduce en la LXX como "skenoo". Así, Éxodo 40:34-35 se cumple en Juan 1:14 y se cumplirá completamente en Apocalipsis 21:3, cuando Dios se reúna con sus elegidos. .

Con toda probabilidad, el nacimiento de Jesús ocurrió al principio o durante la fiesta del Tabernáculo, que es el día 15 del mes hebreo de Tishri, que es el séptimo mes en el calendario judío, que corresponde a septiembre/octubre en nuestro calendario actual. . No se nos da la fecha exacta, pero este es el período probable de Su nacimiento, pero al final del Día de la Expiación y al comienzo de la fiesta del tabernáculo o de la recolección, se alinea con la evidencia bíblica y los cronogramas de las fiestas judías que se han ya se ha cumplido.

Este Dios está habitando con Su pueblo en Su primera venida pero finalmente habitará con Su pueblo en Su segunda venida y esto es lo que dice el texto:*Y oí una gran voz del cielo que decía: 'He aquí el tabernáculo de Dios está con los hombres, y él habitará con ellos, y ellos serán su pueblo, Dios mismo estará con ellos y será su Dios.*, Apocalipsis 21:3. Este es el cumplimiento final de la fiesta del Tabernáculo. El capítulo se titula "El poder del matrimonio" por muy buenas razones, porque es la unidad y el tejido de la sociedad. Sin el matrimonio humano que comenzó con Adán y Eva, no habrá multiplicación de humanos y, por lo tanto, no habrá matrimonio o unión entre Cristo y Su*novia, la iglesia, por lo que el matrimonio es la fuerza más poderosa del universo.* las relaciones sexuales deben utilizarse adecuadamente; de lo contrario, puede conducir a conductas sexuales destructivas y adictivas.

El poder destructivo de la adicción sexual

Las relaciones sexuales son probablemente, con diferencia, la experiencia más placentera de la existencia humana. Es la experiencia más sagrada e íntima de la existencia humana. Las relaciones sexuales son muy poderosas; y si es poderoso entonces tiene el potencial de ser placentero, explosivo y destructivo. El potencial de ser útil y destructivo. Un cuchillo de cocina que normalmente se usa para ayudar a preparar alimentos para sustentar la vida, también puede usarse para dañar y matar a un ser humano, que ha sido creado a imagen de Dios. Un cuchillo puede ser poderoso y destructivo; de la misma manera, también lo es el sexo si no se usa en su contexto adecuado, con moderación.

La adicción sexual tiene el potencial y el poder de destruir vidas de maneras inimaginables. Se trata de un problema social enorme y, sin embargo, apenas aparece en los titulares. La mayoría de la gente difícilmente creería que la adicción sexual sea siquiera un problema. La sociedad es muy consciente de cosas como la adicción al alcohol, la adicción a las drogas, la adicción a la comida, la adicción al poder, la adicción al juego y las diversas formas de adicciones que existen. La simple verdad es que cualquier forma de adicción es destructiva para la persona involucrada y para la sociedad en general y, por lo tanto, la idea de que el sexo puede ser adictivo es una novedad para muchos.

La adicción sexual es un poco diferente de otras formas de adicciones en que se considera parte de una actividad humana normal y, por lo tanto, las personas son muy reacias a admitir siquiera que tienen un problema de adicción sexual. También existe el estigma social de etiquetar a alguien como adicto al sexo. Incluso las comunidades psicológica y psiquiátrica están luchando por identificar la adicción sexual como un problema de salud mental.

Entonces, ¿qué es realmente la adicción sexual? Aquí hay una definición de la Biblioteca Nacional de Medicina: El comportamiento sexual compulsivo (CSB) es un trastorno común que presenta pensamientos, impulsos y comportamientos sexuales repetitivos, intrusivos y angustiantes que afectan negativamente muchos aspectos de la vida de un individuo.[139] Esta es una definición y descripción bastante interesante y fascinante de la adicción sexual. Es interesante porque vincula dos partes muy importantes de la vida humana, a saber, los pensamientos y la conducta, pero la definición no nos dice si la conducta es el resultado de los pensamientos o si los pensamientos son el resultado de la conducta.

El hecho es que se trata de un gran problema y millones de vidas se ven afectadas. Aquí hay algunas estadísticas sobre la adicción sexual: El número de personas en los Estados Unidos que viven con adicción al sexo se estima actualmente entre 12 y 30 millones. Tanto hombres como

---

[139]   ¡El nuevo diseño de PMC ya está aquí! Aprende más sobre cómo navegar por nuestro diseño de artículo actualizado. El Vista heredada de PMC también estará disponible por tiempo limitado.

mujeres pueden verse afectados, aunque existe poca investigación sobre la adicción al sexo femenino. Los hombres con adicción al sexo tienen un promedio de 32 parejas sexuales, mientras que las mujeres tienen un promedio de 22 parejas sexuales. Existe una fuerte correlación entre la adicción al sexo y el trauma infantil. Las encuestas realizadas a personas con adicciones sexuales muestran que durante la niñez:

72% fueron abusados físicamente

81% fueron abusados sexualmente

El 97% sufrió abuso emocional.

Adicción al sexo y la pornografía

La adicción al sexo y la pornografía a menudo van de la mano. Muchas personas con adicción al sexo también recurren al porno para satisfacer sus deseos. Muchas personas con adicción al sexo dicen que dependen de la pornografía y se angustian cuando pasan largos períodos de tiempo sin verla.[140] Como se puede ver en estas estadísticas, la adicción sexual es un gran problema y el panorama real probablemente sea mucho peor de lo que se describe aquí. Es posible que la mayoría de los adictos al sexo nunca quieran realizar una encuesta y admitir abiertamente que son adictos al sexo. La adicción sexual también está estrechamente relacionada con la pornografía, en el sentido de que la pornografía puede utilizarse como un estimulante sexual visual para alimentar la fantasía del adicto al sexo. El poder y la fuerza que impulsa a un adicto al sexo

---

140

https://www.therecoveryvillage.com/process-addiction/sex-addiction/sexual-addiction-statistics/#:~:text=The%20number%20of%20people%20in,average%20of%2022%20sexual%20partners.

literalmente se apodera de los pensamientos y las facultades de toma de decisiones del individuo. Un adicto al sexo puede compararse con un alcohólico o un drogadicto. Un adicto, en general, es incapaz de poner freno a su conducta y comportamiento.

Esto es muy extraño de entender para la mente de una persona promedio. Permítanme decirlo una vez más: un adicto, en el verdadero sentido de la palabra, es incapaz de alterar su comportamiento por sí solo. ¿Por qué el presidente de los Estados Unidos de América, que está casado, tendrá relaciones sexuales con una joven pasante en la oficina oval, sabiendo que su matrimonio y su presidencia estaban en juego? ¿Dónde estaba la brújula moral? ¿Por qué no podía razonar dentro de sí mismo que no valía la pena correr el riesgo de unos pocos minutos de placer? No se apresuren a juzgarlo porque hay millones más que lo habrían hecho peor si se les hubiera dado la misma oportunidad. En realidad me refiero al presidente Bill Clinton y sus cuestiones sexuales que están bien documentadas en el dominio público.

Ni siquiera el entonces presidente de la Cámara de Representantes que encabezaba el juicio político a Clinton tenía las manos limpias, y aquí está ABCNEWS: En 2007, el presidente de la Cámara de Representantes, Newt Gingrich, admitió haber engañado a su primera y segunda esposa, incluso tener una asunto mientras lideraba el proceso de impeachment a Clinton. El primer matrimonio de Gingrich fue con su ex maestra de secundaria, Jackie Battley, en 1962. Gingrich se casó con su segunda esposa, Marianne Ginther, meses después de divorciarse de Battley en 1981. Gingrich se divorció de Ginther en 2000 y pronto se casó con Callista Bisek, con quien comenzó una aventura. con cuando era ex asistente del Congreso.[141] La entonces alcaldesa de Washington DC, Marion Barry, fue sorprendida y apresada por el FBI fumando crack en vivo por televisión. Se supone que sabía que el FBI estaba tras su rastro y lo seguía, pero simplemente no podía detenerse, ¿y por qué?

Carecía de capacidad para detenerse, simple y llanamente. Los adictos no dejan de actuar por alguna ley aprobada o incluso por saber que están siendo rastreados por el FBI. Por eso ninguna ley puede impedir que un adicto real, ni siquiera un adicto marginal, realice sus actos sexuales. Están dominados y no se les puede detener desde dentro, y la ayuda tiene que venir desde fuera. La adicción sexual no se limita a los hombres, ya que las mujeres tampoco pueden controlar sus deseos sexuales. Un ejemplo de ello es el de una congresista de Minnesota que quedó atrapada en una red de actividades sexuales. Parece demasiado fuera de control como para siquiera contemplar el daño que sus acciones pueden haber causado en su familia y su carrera.

---

[141] https://abcnews.go.com/Politics/photos/political-sex-scandals-43202982/image-newt-gingrich-43223585

Capítulo 7

El poder de la adicción sexual

El poder del sexo es tan fuerte que los humanos no pueden o no quieren resistir y cualquier sentido de razonamiento lógico queda fuera de lugar. Esto es lo que le pasó a la congresista de Minnesota:*Una madre de Washington, DC, dice que su marido, consultor político, la dejó por el representante Ilhan Omar, según una explosiva solicitud de divorcio obtenida por The Post. La doctora Beth Mynett dice que su cónyuge infiel, Tim Mynett, le dijo en abril que estaba teniendo una aventura con la representante estadounidense nacida en Somalia y que incluso le hizo una "impactante declaración de amor" a Minnesota.*congresista antes de abandonar a su esposa, alega la presentación, presentada en DC *Tribunal Superior el martes.*

La médica, de 55 años, y su marido, de 38, que ha trabajado para demócratas de izquierda como Omar y su Minnesota Predecesor, Keith Ellison –tienen un hijo juntos de 13 años. "Las partes se separaron físicamente alrededor del 7 de abril de 2019, cuando el demandado le dijo al demandante que tenía una relación sentimental y estaba enamorado de otra mujer, Ilhan Omar", dicen los documentos judiciales. El acusado conoció al representante Omar mientras trabajaba para ella", afirman los documentos. "Aunque devastada por la traición y el engaño que precedieron a su abrupta declaración, la demandante le dijo al acusado que lo amaba y que estaba dispuesta a luchar por el matrimonio.[142]Este es el poder destructivo de la adicción sexual que está acabando con familias en todo el mundo.

No importa el estatus de uno en la vida, éste es un verdadero poder destructivo. Deja a las partes ofendidas abandonadas, confundidas y rechazadas. Los niños quedan atrapados en el medio y probablemente también ellos se sientan confundidos, abandonados y rechazados. Entonces, la adicción sexual no ocurre simplemente en el vacío, sino que es un reflejo de algo más profundo. La compulsión profunda e incontrolable y el deseo aparentemente imparable de tener más sexo reflejan un problema profundamente arraigado que está impulsando el deseo. Una persona así sueña, come y piensa en sexo las 24 horas del día, los 7 días de la semana. Entonces, ¿cuál es la raíz de este deseo?

La causa fundamental y el remedio de la adicción sexual

Entonces, la causa de la adicción sexual o cualquier otra forma de adicción es un tema muy fascinante. La adicción se apodera de las facultades de pensamiento de cualquiera que se apodere de ella, de modo que dicha persona queda impotente frente a ese enemigo. Algunos han argumentado que el adicto tiene la fuerza de voluntad necesaria para detener su comportamiento destructivo, mientras que otros no están de acuerdo. Si consultara a un psiquiatra, es posible que le digan que es un problema médico que necesita medicamentos para solucionarlo; Los psicólogos ciertamente no estarían de acuerdo, calificándolo

---

[142]

https://nypost.com/2019/08/27/my-husband-dumped-me-for-rep-ilhan-omar-dc-mom-says-in-divorce-filing/

de un problema psicológico que necesita analizar la historia familiar de origen de la persona y sugerir algunas sesiones de psicoterapia o terapia cognitivo-conductual (TCC) con la persona.

Entonces, si hablaras con un teólogo, pastor o alguna persona de fe, es posible que escuches una perspectiva de fe incluida en la mezcla. Aquí hay una definición de comportamiento sexual compulsivo (CSB), según lo define la mundialmente reconocida Clínica Mayo:*El comportamiento sexual compulsivo a veces se denomina hipersexualidad, trastorno de hipersexualidad o adicción sexual. Es una preocupación excesiva por fantasías, impulsos o comportamientos sexuales que son difíciles de controlar, le causan angustia o afectan negativamente su salud, trabajo, relaciones u otras partes de su vida. Los comportamientos sexuales compulsivos pueden implicar una variedad de experiencias sexuales comúnmente placenteras. Los ejemplos incluyen la masturbación, el cibersexo, múltiples parejas sexuales y el uso de pornografía o el pago por sexo.*

Cuando estos comportamientos sexuales se convierten en un foco importante en su vida, son difíciles de controlar y son perjudiciales o perjudiciales para usted o para los demás, entonces pueden considerarse comportamientos sexuales compulsivos. No importa cómo se llame o la naturaleza exacta del comportamiento, el comportamiento sexual compulsivo no tratado puede dañar su autoestima, sus relaciones, su carrera, su salud y a otras personas. Pero con tratamiento y autoayuda, puedes aprender a controlar el comportamiento sexual compulsivo.[143]

143

https://www.mayoclinic.org/diseases-conditions/compulsive-sexual-behavior/symptoms-causes/syc-20360434

Esta es una respuesta médica a la adicción sexual. Esta respuesta médica dice que "cuando estos comportamientos sexuales se convierten en un foco importante en su vida, son difíciles de controlar". Esta respuesta médica lo llama "conductas sexuales", y con razón son conductas, pero ¿de dónde vienen? ¡Los comportamientos no surgen repentinamente de la nada! Los comportamientos se originan a partir de un patrón de pensamiento y el comportamiento depende del pensamiento y es un derivado de ese pensamiento. Entonces, para que se modifique cualquier comportamiento, primero se debe alterar el pensamiento sobre ese comportamiento. Normalmente progresa así: de un pensamiento a una creencia; y de una creencia a una acción. Pensamiento + Creencia = Acciones. Puedes pensar en algo, pero si no lo crees, no se refleja en tus acciones. No puedes actuar sobre lo que primero no crees y es por eso que tu vida y tu muerte penden de un hilo en tu sistema de creencias. La creencia errónea es perjudicial para su salud. El comportamiento de los adictos sexuales y de todos los demás adictos, en realidad, está arraigado en un sistema de creencias profundamente arraigado y arraigado.

La respuesta médica finalizó aseverando que "pero con tratamiento y autoayuda se puede aprender a manejar la conducta sexual compulsiva". Y con la palabra "tratamiento", lo más probable es que los médicos se refieran a medicar al adicto sexual o a personas con otras formas de adicciones para reducir o detener sus deseos sexuales fuera de control u otras conductas adictivas. Si estos comportamientos están vinculados a los pensamientos, ¿se pueden medicar los pensamientos para cambiar el comportamiento? ¿Cómo se pueden tratar los pensamientos de alguien con medicamentos para cambiar el comportamiento? Este es el enfoque médico para tratar la adicción sexual y todas las demás formas de adicciones. La mente no puede ser medicada para el bienestar. Los medicamentos sólo proporcionan un efecto adormecedor que altera los sentimientos sin ningún efecto tangible real. Esta es una solución que altera la mente y que no brinda ningún alivio real.

Ahora, veamos la adicción sexual a través de la lente de un psicólogo. Aquí hay una descripción de la adicción sexual publicada en un sitio destacado:*El concepto de adicción sexual se ha pensado de diversas formas. Una adicción sexual comparte muchas de las características de la adicción clínica. Una de estas características es que la persona será incapaz de controlar su comportamiento incluso si las consecuencias negativas son claras (o incluso probables). A diferencia de alguien con un deseo sexual saludable, una persona con adicción al sexo gastará una cantidad desproporcionada de tiempo buscando o practicando sexo mientras mantiene la actividad en secreto para los demás. Las personas con adicción al sexo no podrán detener el comportamiento a menos que exista algún tipo de evento intermedio. Como resultado, las relaciones personales y profesionales pueden verse afectadas. Incluso puede haber un mayor riesgo de contraer infecciones de transmisión sexual, incluido el VIH, si una persona no puede controlar sus impulsos sexuales.*[144]

La conclusión clave de esta evaluación es el reconocimiento de que la adicción sexual no es única, sino que en muchos aspectos es similar a otras adicciones. El denominador común de todas las adicciones es que "la persona será incapaz de controlar su conducta". Hay una

---

[144]

https://www.verywellmind.com/sex-addiction-symptoms-2329082

sensación de impotencia en las adicciones, ya que la persona se vuelve completamente impotente para salir de esa situación mediante cualquier esfuerzo propio. Es como ver a una persona ahogarse en un río porque no sabe nadar y tú estás parado al lado del río y gritando: "¡nada hasta la orilla!". y simplemente no pueden obedecer tus órdenes porque simplemente no saben nadar. Del mismo modo, si alguien sufre de adicciones sexuales u otras formas de adicciones, no puede dejar de hacerlo por sí solo. Por eso las leyes morales pueden ser buenas, pero inútiles para esa persona. Es por eso que la mayoría de los sistemas legales, incluida la Biblia, reconocen la locura como una defensa contra acciones que se cometen sin querer.

No estoy defendiendo una licencia para permitir ciertos comportamientos, sino sólo reconociendo la realidad del dilema. A decir verdad, conocemos a alguien, o tenemos un familiar, o nosotros mismos sufrimos algún tipo de adicción, incluida la sexual, y no podemos dejar de hacerlo, pero ¿a qué se debe? Pero, ¿cuál es la causa de la adicción sexual según los psicólogos? Aquí está su opinión sobre esto:*Existen varias teorías sobre por qué ocurre una adicción sexual. Algunos de ellos implican conceptualizar la adicción al sexo como una forma de control de impulsos, trastorno obsesivo-compulsivo o relacional. También incluyen la idea de que en algunos individuos las adicciones sexuales surgen como consecuencia y como forma de afrontar los traumas tempranos, incluido el trauma sexual.*[145]Parece haber una falta de respuesta concreta por parte de las comunidades psicológica y psiquiátrica en cuanto al origen de las adicciones sexuales y otras formas de adicciones.

---

[145]
https://www.verywellmind.com/sex-addiction-symptoms-2329082

Este artículo identifica una serie de teorías sobre por qué ocurre una adicción sexual, pero no se identifica una causa única. Identifica el control de los impulsos, el trastorno obsesivo-compulsivo o de relación y el trauma sexual en la primera infancia como posibles causas de las adicciones sexuales. Existe una clara confusión sobre la causa de la adicción sexual por parte de la comunidad psicológica en cuanto a la causa y el origen de la adicción sexual.

Aquí está la opinión de la comunidad psiquiátrica sobre la causa de la adicción sexual:*Las causas de los impulsos y comportamientos sexuales incontrolables a largo plazo no se comprenden bien. Personas de todas las edades pueden experimentar la afección y por diferentes motivos. Es probable que una combinación de factores conduzca a conductas sexuales compulsivas, entre ellos: desequilibrios químicos en el cerebro; condiciones de salud mental subyacentes o concurrentes, experiencias de la niñez; relaciones infantiles con padres o tutores; otras influencias del estilo de vida. La investigación preliminar de fuentes confiables sugiere que un desequilibrio de la dopamina, un neurotransmisor en el cerebro, también puede afectar el comportamiento sexual.*[146]Parece haber algún tipo de acuerdo entre psicólogos y psiquiatras en que la adicción sexual está relacionada con impulsos sexuales incontrolables y también coinciden en que el comportamiento y sus causas fundamentales no se comprenden bien. Los psicólogos los ven como cuestiones emocionales y los psiquiatras como cuestiones médicas. Es posible que haya escuchado el término: "desequilibrio químico en el cerebro", en el sentido de que se necesita algún tipo de medicamento para corregir el desequilibrio, de

---

146

https://psychcentral.com/lib/what-is-sexual-addiction#causes

ahí que se necesite el papel de un psiquiatra para corregir el desequilibrio.

Obtener ayuda a través de un psicólogo o psiquiatra

La gente busca ayuda basándose en sus sistemas de creencias. Entonces, si alguien cree que la adicción sexual es causada por sus sentimientos y emociones sobre la sexualidad, es probable que busque ayuda de un psicólogo; pero si creen que algún desequilibrio químico en el cerebro les está provocando deseos sexuales incontrolables, es más probable que hablen con un psiquiatra. Aquí están las sugerencias de los médicos o psiquiatras y psicólogos:*La adicción sexual requiere tratamiento por parte de un profesional médico con experiencia en el campo, como un psicólogo, psiquiatra o terapeuta sexual. El tratamiento puede variar según la causa subyacente, pero normalmente se realizará de forma ambulatoria con asesoramiento y terapias conductuales.*

Si la adicción al sexo está asociada con un trastorno de ansiedad o un trastorno del estado de ánimo, se pueden recetar medicamentos como parte del plan de tratamiento. Actualmente no existen recomendaciones establecidas sobre el uso apropiado de medicamentos para tratar la adicción al sexo fuera del ámbito de estos trastornos clínicamente clasificados.

También hay un número creciente de grupos de apoyo para la adicción al sexo, algunos de los cuales se ocupan de las coadicciones (como el sexo y el abuso de sustancias) y otros tipos de tratamientos que se basan en un modelo de recuperación de 12 pasos.[147] Es bastante interesante que en el segundo párrafo de este artículo se afirma que "actualmente no existen recomendaciones establecidas sobre el uso adecuado de medicamentos para tratar la adicción al sexo" y, sin embargo, se trata como tal. Si está relacionado con algún otro trastorno como ansiedad o depresión, entonces parecen sugerir que la medicación puede ser apropiada. Los psicólogos y psiquiatras coinciden en que se desconoce la causa, pero muchos están siendo medicados. Sin embargo, otros buscan ayuda de un psiquiatra a través de otros programas, incluido el modelo de recuperación de 12 pasos y aquí está ese programa:

Honestidad: Después de muchos años desde mayo, la recuperación puede comenzar con una simple admisión de impotencia ante el alcohol o cualquier otra droga a la que una persona sea adicta. Sus amigos y familiares también pueden utilizar este paso para admitir que su ser querido tiene una adicción.

Fe: Antes de que un poder superior pueda comenzar a operar, primero debes creer que puede hacerlo. Alguien con una adicción acepta que existe un poder superior que le ayuda a sanar.

Rendirse: Puedes cambiar tus decisiones autodestructivas reconociendo que tú solo no puedes recuperarte; Con la ayuda de tu poder superior, puedes hacerlo.

Buscando almas: La persona en recuperación debe identificar sus problemas y tener una idea clara de cómo su

---

147

https://www.verywellmind.com/sex-addiction-symptoms-2329082

comportamiento los afectó a sí mismos y otros a su alrededor.

Integridad: El paso 5 brinda una gran oportunidad de crecimiento. La persona en recuperación debe admitir sus errores frente a su poder superior y a otra persona.

Aceptación: La clave para el Paso 6 es la aceptación: aceptar los defectos de carácter exactamente como son y estar completamente dispuesto a aceptarlos.déjalos ir.

Humildad: El enfoque espiritual del Paso 7 es la humildad, o pedirle a un poder superior que haga algo que no se puede hacer por voluntad propia o por mera determinación.

Voluntad: Este paso implica hacer una lista de aquellos a quienes lastimó antes de recuperarse.

Perdón: Hacer las paces puede parecer un desafío, pero para quienes se toman en serio la recuperación, puede ser una excelente manera de comenzar a sanar sus relaciones.

Mantenimiento: A nadie le gusta admitir estar equivocado. Pero es un paso necesario para mantener el progreso espiritual en la recuperación.

Haciendo contacto: El propósito del Paso 11 es descubrir el plan que su poder superior tiene para su vida.

Servicio: La persona en recuperación debe llevar el mensaje a los demás y poner en práctica los principios del programa en cada área de su vida.[148]

---

[148]   https://www.verywellmind.com/the-twelve-steps-63284

Este programa se ha utilizado para combatir varios tipos de adicciones, desde el alcohol hasta las drogas, y ahora se ha añadido la adicción al sexo. El modelo de recuperación de 12 pasos es lo más parecido a reconocer que las adicciones de cualquier tipo son problemas espirituales. Este modelo parece suscribirse a alguna forma de espiritualidad genérica sin ningún apego absoluto a ninguna deidad en particular. En el ítem 2 del modelo de recuperación, se hace referencia a un poder superior genérico pero se tuvo cuidado de no identificar ese poder superior.

Esto es como querer el poder pero negar la fuente. Se pretendía que fuera un programa secular que reconociera el poder de un sistema de creencias para combatir las adicciones. Sin duda, este es un punto de partida que puede haber proporcionado alivio y recuperación a algunos, pero aún no se conoce plenamente su impacto duradero. Entonces, suponiendo que usted crea que las adicciones sexuales y las adicciones en general son cuestiones espirituales, entonces finalmente está listo para escuchar lo que los teólogos tendrán que decir sobre esto:

Puntos de vista teológicos sobre las adicciones sexuales

Anteriormente había argumentado que la mayoría de las adicciones, si no todas, tienen su origen en el proceso de pensamiento del individuo. Si alguien tiene una fantasía sexual hacia otra persona, entonces es lo que piensa lo que impulsa esas fantasías sexuales. Tanto los psicólogos como los psiquiatras coinciden en que la incapacidad de controlar la conducta está detrás de las adicciones sexuales, pero de alguna manera no logran vincular esas conductas con los patrones de pensamiento.

244

Pero podemos concluir con seguridad que los comportamientos no ocurren en el vacío. Pero ¿dónde se originan esos pensamientos? ¿Los pensamientos aparecen repentinamente de la nada? Eso es exactamente lo que sugieren la mayoría de los científicos y he aquí una de esas opiniones:*¡Los pensamientos vienen de la nada y de todas partes! Creo que ambos contienen un elemento de verdad. Subjetivamente, nuestros pensamientos surgen de la nada: simplemente aparecen en nuestra cabeza o emergen en forma de palabras que salen de nuestra boca. Objetivamente, decimos que los pensamientos surgen de procesos neuronales y que los procesos neuronales provienen de todas partes. Lo que quiero decir con esto es que las formas y dinámicas del pensamiento están influenciadas por todo lo que tiene una conexión causal contigo, tu sociedad y tu especie.*[149]

Este es el pensamiento del neurocientífico Yohan John, y esta es la opinión predominante entre la mayoría de los filósofos, psicólogos y científicos. La conclusión es que los pensamientos no tienen un origen real, o eso dicen. Hay una sensación de aleatoriedad en los procesos de pensamiento. "Simplemente aparecen en nuestras cabezas", pero ¿de dónde surgieron para meterse en nuestras cabezas? La simple verdad es que ningún pensamiento puede existir sin un origen; de lo contrario, no sería un pensamiento. Sin causa no habrá efecto. Esto parece caer en la misma categoría que la teoría de la evolución que afirma que la Tierra apareció repentinamente de la nada, de ahí la teoría del Big Bang. Aquí hay otro científico:*En 2001, el neurocientífico colombiano Rodolfo Llinas declaró que la predicción es la función última del cerebro. Este sentimiento*

---

[149]

https://www.forbes.com/sites/quora/2016/10/21/where-do-our-thinks-come-from/?sh=5540af322ee2

245

era evidente en las primeras formas de vida biológica. Los eucariotas utilizaron la intención para sobrevivir; avanzar hacia el sustento, huir de la toxicidad. Predecir dónde cosechar y evitar el peligro, argumentó, es la base de lo que evolucionaría hasta convertirse en los sistemas nerviosos y todo lo que siguió: emociones, pensamientos, conciencia.[150]

Este científico parece estar de acuerdo con el primero, pero esto aporta un nuevo giro al argumento. La frase "evolucionaría hacia sistemas nerviosos" probablemente implica que nuestras emociones, pensamientos y conciencia surgieron a través de un marco evolutivo. Yohan John decía que nuestros pensamientos surgieron a través de un proceso aleatorio y Rodolfo Liinas dijo que evolucionaron con el tiempo. Si nuestros pensamientos son aleatorios y evolucionados, entonces nuestros comportamientos que proceden de nuestros pensamientos también son aleatorios y evolucionados. Así como la creación no fue aleatoria, nuestros pensamientos no son aleatorios sino que están cuidadosamente orquestados. ¿Sabías que los pensamientos vienen del corazón? No evolucionan y tampoco son aleatorios.

El poder del pensamiento

Los pensamientos son la fuerza más poderosa del universo. Cada acción humana jamás realizada comienza con un simple pensamiento. Adolf Hitler puso en marcha la Segunda Guerra Mundial con un pensamiento y una idea. Los hermanos Wright inventaron la máquina voladora, un avión, con un pensamiento y una idea simples. Toda idea comienza con un pensamiento. Por tanto, la idea de que los pensamientos tienen un origen aleatorio ni siquiera es

---

[150]   https://bigthink.com/neuropsych/origin-of-thinking/

concebible ni posible. Jesús tuvo una conversación muy interesante con algunos fariseos y escribas en Mateo 15, cuando se acercaron a Él y le preguntaron por qué sus discípulos estaban rompiendo la tradición de los ancianos al no lavarse las manos antes de comer.

Jesús aprovechó esta ocasión para enseñar una de las verdades más profundas de toda la Biblia. Estaban preocupados por guardar las tradiciones de los mayores, pero a Jesús le preocupaba que ellos rompieran los mandamientos de Dios. Estaban preocupados por el lavado exterior de las manos, pero a Jesús le preocupaba el lavado interior de sus corazones manchados de pecado. Así es cómo sucedió todo:*Entonces vinieron a Jesús algunos fariseos y escribas de Jerusalén y le dijeron: "¿Por qué tus discípulos quebrantan las tradiciones de los ancianos? Porque no se lavan las manos cuando comen pan".* Mateo 15:1. Jesús aprovechó esta oportunidad para abordar dos verdades doctrinales muy importantes: (1) el origen del pensamiento y la pecaminosidad y (2) la naturaleza corrupta del corazón humano.

Primero el origen del pensamiento:*Pedro le dijo: "Explícanos la parábola", dijo Jesús: "¿También vosotros todavía os falta entendimiento? ¿No entendéis que todo lo que entra en la boca pasa al estómago y es eliminado? Pero lo que viene de la boca sale del corazón, y esas cosas contaminan al hombre. Porque del corazón salen los malos pensamientos, los homicidios, los adulterios, otras inmoralidades sexuales, los hurtos, los falsos testimonios y las calumnias. Estas son las cosas que contaminan a la persona; pero comer con las manos sucias no contamina a la persona,* Mateo 15-15-20.

Jesús ciertamente no está defendiendo la posición de que lavarse las manos adecuadamente antes de una comida no sea importante. Parecería que existía la tradición de los ancianos, transmitida de generación en generación, de que la limpieza exterior acercaba a la persona a Su Dios. Pero Jesús estaba diciendo que ese no era el caso en absoluto. El corazón es malo y asimismo, los pensamientos que de él proceden son malos. Dice expresamente en el versículo 19 que, "del corazón salen los malos pensamientos", y el texto continúa nombrando aquellos pensamientos que salen del corazón, y entre ellos, estaban "homicidios, adulterios, otros actos sexuales inmorales, Robos, falsos testimonios."

La palabra griega "poneroi" se ha traducido aquí al inglés como "malvado", y esta palabra griega significa más que malos pensamientos, como alguien que tiene un mal día en la oficina. De aquí proviene nuestra palabra inglesa "porn", como en "pornografía", y esto es tan malo como parece. Esto describe la fuente de los pensamientos más degradados, deplorables y degradantes que cualquier ser humano jamás concebirá, percibir o pronunciar por su boca. Todos ellos se originan en el corazón. Entonces, cuando la Biblia habla del "corazón", dependiendo del contexto, no se refiere principalmente al órgano que bombea sangre para mantenernos vivos, sino al asiento de nuestra voluntad, pensamientos y emociones. Aquí es donde se conciben los pensamientos y se toman las decisiones. Aquí es donde se toman las decisiones de cometer adulterio, cometer un asesinato o convertirse en adicto. Aquí es donde la batalla se pierde o se gana. Así que hemos visto y demostrado claramente que los malos pensamientos se originan en el corazón y, dado que el corazón es malo, los pensamientos también deben ser malos. Nuestra segunda pregunta es si la condición del corazón es buena o mala.

¿Es el corazón humano malo o bueno?

Esta es una pregunta muy importante en el contexto del origen del pensamiento y la adicción sexual. Si estás convencido de que los malos pensamientos se originan en el corazón, ¿cuál es entonces la condición del corazón? ¿El corazón es malo o bueno? Digamos que el suministro de agua de una ciudad muy grande proviene de un tanque reservorio muy grande que está unido a un río que cruza la ciudad. La ciudad obtiene toda su agua de ese tanque y los inspectores de agua descubrieron que había un cuerpo humano muerto en el tanque que se había descompuesto; Entonces, ¿qué pasará con el resto del agua que fluye de ese tanque? Entonces, la pregunta lógica es ¿cómo llegó el cuerpo al tanque y cómo el corazón humano se volvió malvado? ¡Y esa es una pregunta muy justa y lógica para reflexionar!

La cuestión de la naturaleza humana es central para la existencia humana; central porque muchos otros problemas humanos están ligados a una comprensión correcta de la naturaleza humana. Las respuestas a muchas de las preguntas de la vida, como la codicia, el egoísmo y la cooperación humana, están intrínsecamente ligadas a la naturaleza humana. El sufrimiento humano, el dolor, la muerte y los desastres naturales no pueden entenderse adecuadamente sin una comprensión adecuada del origen del bien, del mal y de la naturaleza humana. La opinión de que los seres humanos son intrínsecamente buenos es la opinión predominante y ampliamente aceptada, pero ¿es realmente cierta?

Esta visión suena muy atractiva; después de todo, ayuda a sentirnos bien con nosotros mismos y, de hecho, puede incluso aumentar temporalmente nuestra autoestima.

Nunca he conocido a nadie que no quiera que se digan cosas buenas sobre él. ¡Seamos realistas! ¡A mí también me encantan las cosas buenas que se dicen sobre mí! Cualquier cosa negativa que se diga sobre nosotros definitivamente aplastará nuestras emociones y nos dañaría. Admitir lo contrario significa que hay un problema y que es necesario un cambio; entonces, para mantener el status quo, está bien decir que nuestra naturaleza es buena. La opinión de que la naturaleza humana es buena es ciertamente muy atractiva e interesante, pero plantea más preguntas de las que responde.

Volvamos a nuestra analogía anterior con el tanque de agua. ¿Es posible alguna vez que el tanque de suministro de agua de la ciudad suministre a la ciudad agua potable limpia y agua contaminada desde la misma fuente del tanque simultáneamente? ¿Puede un buen ser humano cometer el mal? Piénselo y déjelo asimilar. ¿Puede un buen ser humano agredir sexualmente a niños? ¿Puede un buen ser humano utilizar una ametralladora AK-47 para matar a 30 niños en una guardería? ¿Puede un buen ser humano robar a otro ser humano a punta de pistola y quitarle el coche o sus pertenencias y dejarlo varado? La bondad puede definirse simplemente como la ausencia del mal y ¿alguien cree realmente que esta definición define con precisión la naturaleza humana? ¿De verdad crees que los seres humanos somos buenos porque no hay maldad en nosotros? Medita sobre las implicaciones de tus pensamientos y responde.

Hace unos años, tuve una conversación con una joven en mi oficina mientras ella estaba con su hija de dos años, y de alguna manera la conversación giró hacia el tema de la naturaleza humana, si es buena o mala, y de alguna manera tuve la audacia de dile que su hija de dos años nace con una naturaleza corrupta y malvada. Como puedes adivinar correctamente, ¡la conversación fue cuesta abajo a partir de ahí! Ella estaba sumamente enojada y respondió diciendo: "¿Cómo te atreves a decir que mi hija nace con una naturaleza malvada?" Y dijo que su hija es un ángel e inocente.

Le pregunté en voz baja si su hija alguna vez había estado en una habitación llena de juguetes con otros niños y ella dijo que sí, y le pregunté si su hija de dos años compartía gustosamente sus juguetes con otros niños que no tenían juguetes y ella dijo. absolutamente no. Entonces dije, ¿por qué es eso? Le pregunté: ¿le enseñó a su hijo esas habilidades de no compartir? ¡Ella dijo que no!" Entonces le dije, ¿de dónde los sacó? ¿Por qué ella no era naturalmente cooperativa y no compartía con otros niños?

¡Este encuentro no fue realmente una sorpresa para mí! He estado hablando con gente en mi oficina y en la calle sobre la naturaleza de los humanos y aproximadamente 7 de cada 10 personas con las que me encuentro me dicen que nacieron como buenas personas. De repente me di cuenta de que este problema era mucho más grande de lo que pensaba. ¡Salí a la calle preguntando a la gente al azar qué pensaban de sí mismos! ¿Nacieron con una naturaleza buena o mala? ¡El resultado fue idéntico! De repente me di cuenta de que alrededor del 80 por ciento de la población se considera de buen carácter. Entonces de repente me di cuenta de que la gente está desesperadamente enferma y ni siquiera lo sabe.

Ésta no es sólo la opinión predominante en las calles sino, muy probablemente, la opinión predominante entre el mundo académico. Aquí hay una visión de la naturaleza humana de Nigel Barber PhD, publicada en psicologíatoday.com: *Los humanos pueden ser*

intrínsecamente buenos, pero hemos acumulado un
historial terriblemente largo durante los últimos cinco mil
años, y no se está acortando.[151]Su punto de vista afirma que
los humanos son inherentemente buenos y se contradice
nuevamente al decir que tienen una larga historia de
cometer el mal. Sería como hablar con ambas partes de la
boca. Los seres humanos no pueden ser inherentemente
buenos y al mismo tiempo cometer malas acciones. La
lógica no cuadra y ambas cosas no pueden ser ciertas. Es
una proposición de uno u otro y no de ambos. Recuerda que
la bondad inherente de un ser es la ausencia absoluta de
maldad en ese ser.

Aquí hay otra visión de la naturaleza humana:*Aunque
esto no resuelve definitivamente el enigma de la naturaleza
humana, sí nos brinda evidencia que podemos utilizar para
resolverlo por nosotros mismos y nuestras soluciones
probablemente variarán según cómo definamos la
"naturaleza humana". Si la naturaleza humana es algo con
lo que debemos nacer, entonces puede que no seamos ni
buenos ni malos, ni cooperativos ni egoístas. Pero si la
naturaleza humana es simplemente la forma en que
tendemos a actuar en función de nuestros impulsos
intuitivos y automáticos, entonces parece que somos una
especie abrumadoramente cooperativa, dispuesta a dar
por el bien del grupo incluso cuando se trata de nuestra
cuenta personal. .*[152]

151

https://www.psychologytoday.com/us/contributors/nigel-barber-phd

152

https://www.scientificamerican.com/article/scientists-probe-human-nature-and-discover-we-are-good-after-all/

Este autor y muchos otros como él luchan por aceptar la verdadera naturaleza humana. Concluye que la naturaleza humana no es ni buena ni mala y eso puede parecer implicar que hay cierta neutralidad en la naturaleza humana. ¿Es una posibilidad real que la naturaleza humana sea neutral? Entonces, la pregunta que esta sección intenta responder es la siguiente: ¿La condición del corazón humano es mala o buena? Hemos pasado una cantidad considerable de tiempo observando la naturaleza humana desde el punto de vista humano, pero la simple verdad es que los humanos no se crean ni se hicieron a sí mismos, a menos que creas que los humanos evolucionaron a partir de alguna otra especie con el tiempo o de repente. ¡apareció!

Si no crees en esto, entonces debe haber un creador que lo creó por completo. No creo que ninguna persona normal querría llevar un Mercedes Benz clase superior 2023 nuevo a un concesionario Ford Fusion para recibir consejos de mantenimiento o reparar algún mal funcionamiento. Entonces los humanos no se hicieron a sí mismos, entonces ¿por qué consultar a otro humano para comprender la naturaleza humana? Ahora, sólo el creador de los humanos puede hablar con autoridad sobre la condición del corazón humano porque Él hizo el corazón. La Biblia habla del corazón humano como malo, malvado y la fuente y origen de la maldad. El corazón humano, desde el Génesis hasta el Apocalipsis, es referido como la fuente del mal y de la maldad y aquí está Moisés hablando:*Y vio Dios que la maldad del hombre era grande en la tierra, y que todo designio de los pensamientos de su corazón era siempre sólo malo, Génesis 6:5.*

Ésta fue y sigue siendo la evaluación que Dios hizo de la naturaleza y el corazón humanos, poco tiempo después de la creación de la raza humana. La palabra hebrea que se traduce en este versículo como "hombre" es una palabra que significa hombre como humanidad, no hombre como varón. Dios describe a los seres humanos como malvados, malvados y malos. Ésta es la totalidad de la condición humana de pies a cabeza. No hay nada bueno en la humanidad y no sólo que la humanidad sea mala, perversa y perversa, sino que el corazón del hombre es malo y también lo son sus pensamientos y acciones.

El texto dice que "todo designio de los pensamientos de su corazón era sólo malo". Este versículo también vincula los pensamientos humanos como provenientes del corazón. Los mejores y más inteligentes pensamientos y la imaginación humana son completamente malvados y están contaminados con el mal y no son intermitentes sino continuos. En este punto el corazón humano sólo es capaz de tener malos pensamientos. Este era Dios hablando a través de Moisés; Pasemos ahora a la evaluación de Dios a través de Jeremías en una dispensación diferente:*El corazón es más engañoso que todo lo demás. ¡Y es desesperadamente malvado! ¿Quién puede saberlo?*Jeremías 17:9.

Esto es probable, unos miles de años después del Génesis, y Dios habló a través de otro profeta, Jeremías, acerca de la condición del corazón humano, que es malo, engañoso y desesperadamente malvado. El corazón, que en este contexto representa la totalidad de la persona, la persona completa, está desesperadamente enfermo y malvado. Si el corazón, de donde se originan todos los pensamientos, es malo, entonces, por defecto, los pensamientos son malos. Un corazón malvado no puede tener pensamientos limpios y buenos ya que su fuente es el mal. No es de extrañar que si escuchas a alguien sacarse basura de la boca, sea porque proviene de su corazón. Si alguien te maldice con algún lenguaje soez y luego dice que cometió un error y que se arrepiente, no habló mal porque habló exactamente lo que creía. Un corazón malo es incapaz de decir buenas palabras y un corazón bueno y un corazón transformado es incapaz de decir malas palabras. El corazón humano es un veneno mortal y sus pensamientos son un veneno mortal.

Aquí está el apóstol Pablo.: *como está escrito: "No hay justo, ni siquiera uno; nadie entiende; nadie busca a Dios. Todos se han desviado; a una se han vuelto inútiles; nadie hace el bien, ni siquiera uno. "Su garganta es una tumba abierta; "Usan su lengua para engañar". "El veneno de los áspides está debajo de sus labios". "Sus bocas están llenas de maldiciones y amarguras". "Sus pies se apresuran a derramar sangre; en sus caminos hay ruina y miseria, y no conocieron el camino de la paz". "No hay temor de Dios ante sus ojos,"* Romanos 3:10-18. Está bastante claro que el corazón humano y la naturaleza humana no son buenos. Es malo y corrupto y a menos que sea transformado y reemplazado, ningún bien habita en él.

Entonces, si el corazón humano es malo, entonces los pensamientos humanos también son malos porque los pensamientos se originan en el corazón. Ahora bien, si los pensamientos son malos, ¿hay alguna sorpresa si el comportamiento y las acciones también son malos? ¿Es sorprendente que la conducta sexual inmoral, como la adicción sexual, esté tan extendida? La adicción sexual es un problema social real y se manifiesta de muchas formas, incluida la pornografía.

Pornografía y adicción sexual

La pornografía probablemente esté afectando a más personas de las que nadie es capaz de darse cuenta y cuantificar su impacto. La cantidad de personas involucradas en la pornografía es asombrosa y asombrosa. La cantidad de personas involucradas revela algo sobre la epidemia de pornografía y adicción sexual. Pero ¿qué es la pornografía? Aquí hay una definición de los psicólogos:*La pornografía, o pornografía, es cualquier material sexualmente explícito (escrito, visual o de otro modo) destinado a excitar sexualmente. El sitio porno más grande del mundo afirma que en 2018 tuvo un promedio diario de 92 millones de espectadores únicos, la gran mayoría de ellos hombres.*[153]Esta industria del porno es probablemente la industria más grande del planeta. La mayor parte del tráfico combinado del sitio web está relacionado con la pornografía.

Aquí hay algunas estadísticas sobre el impacto de la pornografía en la vida diaria de personas de todo el mundo:*Entonces, ¿cuántas personas hay en sitios pornográficos en este momento? ¿Cuántas personas ven porno? Bueno, según top global*tráfico *Los datos de Statista, los 3 principales sitios de pornografía del mundo, reciben un total combinado de 5.800 millones de visitas al sitio web por mes. Eso significa que hay alrededor de 134,491 nuevas visitas a sitios web por minuto, solo en esos 3 sitios web. Además, las herramientas de tráfico de sitios web sugieren que los visitantes de sitios pornográficos tienden a pasar unos 18 minutos en el sitio cada vez que lo visitan. En total, eso significa que hay alrededor de 2,4 millones de personas en los 3 principales sitios pornográficos cada minuto..*[154]Estas son estadísticas muy inquietantes sobre

---

[153]
https://www.psychologytoday.com/us/basics/pornography
[154]
https://fightthenewdrug.org/by-the-numbers-see-how-many-pe ople-are-watching-porn-today/

256

cómo la pornografía ha permeado a la raza humana. Esto está más allá de mi imaginación más salvaje. Aquí hay algunas estadísticas más:

Hoy en día, los sitios de pornografía reciben más tráfico en los EE. UU. que Twitter, Instagram, TikTok, Netflix, Pinterest y Zoom juntos.[3]

Según datos del sitio de 2019, en el tiempo que lleva leer este artículo, Pornhub habrá registrado más de 200.000 visitas.[4]

Pornhub estima que en 2019, se subieron al sitio 12.500 gigabytes de pornografía cada minuto, suficiente para llenar la memoria de todos los teléfonos inteligentes del mundo.[5]

En 2016 se vio suficiente pornoen este sitio web que todos los datos llenarían 194.000.000 memorias USB. Si colocas las memorias USB uno al lado del otro, rodearon toda la luna.[6]

Según un estudio de 2021, 1 de cada 8 títulos porno mostrados a quienes visitan sitios porno por primera vez describían actos de violencia sexual.[7]

"Adolescente" es la palabra más común utilizada en títulos porno.[8]

Sólo en 2017, Pornhub obtuvo 28,5 mil *millones visitas*. Eso es casi 1.000 visitas por segundo, o 78,1 millones por día, mucho más que la población de todo el Reino Unido. Ese número saltó a 2 billones 4 visitas al sitio en 2019.[9,10]

En 2016 En Pornhub se vieron 91.980.225.000 vídeos.En 2018, ese número saltó a más de 109.012.068.000. Son más de 14 vídeos vistos por cada persona en todo el planeta.[11,12]

Se vieron más de 5.824.699.200 horas de pornografíaen Pornhub solo en 2019. Eso equivale a casi 665 siglos de contenido consumido en 1 año, en un solo sitio porno.[13]

"Lesbiana", "adolescente", "madrastra", "mamá" y "hermanastra" tienentodos encabezaron las listascomo algunos de los términos más buscados en el sitio durante los últimos 6 años, al menos.

La tecnología ha cambiado no sólo el contenido de la pornografía, sino también*cómo,cuando, y que edad*la gente comienza a consumirlo. Los estudios muestran que la mayoría de los jóvenes están expuestos a la pornografía a los 13 años.[14]y según una encuesta representativa a nivel nacional entre adolescentes estadounidenses, el 84,4% de los hombres de 14 a 18 años y el 57% de las mujeres de 14 a 18 años han visto pornografía.[15]Y en el caso de los adultos, se estima que el 91,5% de los hombres y el 60,2% de las mujeres informan que han consumido pornografía en el último mes.[dieciséis]

En análisis publicados por el popular sitio porno PornhubHace un par de años, las mujeres tenían un 113% más de probabilidades de buscar el término "hardcore" que los hombres. También tienen un 105% más de probabilidades de buscar géneros pornográficos más intensos como "gangbang" y "sexo duro". (Haga clic aquí para leer un artículo sobre por qué puede ser así.)[155]

Así que toda la evidencia y las estadísticas arrojan luz sobre el alcance de las adicciones sexuales tal como se amplifican a través de la pornografía. El hecho de que el 92% de los hombres y el 60% de las mujeres consuman pornografía mensualmente es asombroso. Este es un tema de lucha para todos, incluidos los de la iglesia, incluido el clero. Se trata de una bomba de tiempo dormida que está dejando muchas víctimas a su paso. Es un asesino silencioso

---

155

https://fightthenewdrug.org/by-the-numbers-see-how-many-pe ople-are-watching-porn-today/

que mata lentamente. La pornografía es simplemente una manifestación de adicción sexual que tiene varias consecuencias negativas.

La pornografía destruye la intimidad sexual real. Quien se dedica a la pornografía obtiene su satisfacción sexual de la pornografía y puede tener dificultades para mantener una relación sexual real y verdadera. Pueden parecer física pero emocionalmente ausentes en su matrimonio o relación sexual. Ya han recibido su excitación sexual a través de la pornografía y pueden parecer emocionalmente ausentes y desinteresados en el sexo cuando están en presencia de una pareja o cónyuge sexual real. Muchos matrimonios que terminan en divorcio citan la adicción a la pornografía por parte del cónyuge como una de las principales razones. Entonces, cuando ocurre el divorcio, uno puede pensar en el daño colateral infligido a los niños y otros miembros de la familia involucrados. La pornografía puede considerarse un tipo de sexo en solitario, en el que una persona tiene relaciones sexuales sola, pero el sexo nunca fue pensado para disfrutarlo solo o en solitario.

Este no es el plan de Dios para el sexo y debe disfrutarse en el contexto de una unión matrimonial ordenada por Dios. Si una persona es sexualmente adicta a la pornografía, lo más probable es que sea adicta a otros comportamientos adictivos, como la masturbación.

Adicción sexual a la masturbación

Entonces, ¿qué es la masturbación? Es frotar o jugar con sus órganos sexuales (solos), como el pene en el hombre o la vagina en la mujer, con el fin de lograr la excitación y posiblemente la eyaculación. ¡Existe un debate continuo sobre si este es un comportamiento sexual ético y aceptable! Incluso hay un debate en las comunidades psicológicas que cuestionan si la masturbación es una adicción sexual. Algunos en esas comunidades lo ven como una actividad sexual normal y esto es lo que algunos dicen:*Si bien masturbarse con regularidad no significa necesariamente que tenga un problema, cualquiera de las siguientes situaciones podría significar que es hora de buscar ayuda:*

La masturbación ocupa mucho tiempo; Tu vida personal o laboral se ve afectada por la masturbación; Eliges la masturbación en lugar de actividades en persona (por ejemplo, ir a casa en lugar de quedarte en una fiesta, elegir estar solo en lugar de con tu pareja); Te encuentras masturbándote en público o en lugares donde preferirías no hacerlo (por ejemplo, un baño público); Te estás masturbando cuando no tienes ganas o cuando no estás excitado; Te masturbas para afrontar las emociones negativas; Te sientes culpable o molesto durante o después de masturbarte; Te encuentras pensando en ello a menudo.[156]Las comunidades psicológicas se muestran reacias a clasificar la masturbación como un comportamiento sexual compulsivo o una adicción sexual. Están aún más inclinados a validar la masturbación como un comportamiento normal y placentero. El sexo debe disfrutarse en el contexto de una unión sexual ordenada por Dios y cualquier cosa fuera de eso es una desviación del diseño del creador para el sexo. El sexo en solitario o la masturbación por parte de un hombre o una mujer es una desviación del diseño original. El sexo tiene como objetivo proporcionar un placer unitario y combinado para la pareja y no una alegría o placer en solitario para un individuo. La masturbación es un acto egoísta y egoísta destinado a

---

156

https://www.verywellmind.com/what-is-masturbation-addiction-5077411

cumplir y satisfacer el instinto humano natural del egoísmo. Se trata del individuo y no de la pareja.

La idea del placer compartido es ajena al ADN humano, que tiene que ver con mis necesidades, mi placer y cómo satisfacer mis necesidades y mi placer. Los seres humanos no somos altruistas por naturaleza y ese concepto es ajeno a la persona física. Por lo tanto, no sorprende que la pornografía, la masturbación y muchos otros comportamientos sexualmente desviados surjan de forma natural, y estas tendencias parecen extremadamente difíciles de resistir, tal como las experimentan todos, y más aún para la persona física. Entonces, nos hemos esforzado por mostrar que las adicciones sexuales se originan en pensamientos humanos, y esos malos pensamientos se originan en un corazón malo, y el corazón malo es causado por el pecado que separa a la raza humana de Dios.

Origen de un corazón malvado

La pregunta lógica es ¿cómo surgió un corazón malvado si nuestros malos pensamientos se originan en un corazón malvado? ¿Cómo se volvió malo el corazón humano? Esa es una pregunta muy lógica y aquí está el trato: cuando Dios creó a Adán y Eva, eran buenos y fueron creados en un estado de perfección y bondad. Hubo un tiempo en que nuestros padres originales, Adán y Eva, eran buenos, perfectos y sin defecto ni pecado. Eran ética y moralmente buenos y se encontraban en estado de perfección. Sus pensamientos eran puros y no estaban contaminados por el mal.

En un momento dado, toda la creación de Dios, incluidos los humanos, era buena y sin defectos. Aquí está la declaración de Dios: *Entonces Dios vio todo lo que había hecho, y en verdad era muy bueno. Y fue la tarde y la mañana el día sexto,* Génesis 1:31. Esta es la primera y única vez en la Biblia que Dios dijo algo bueno sobre el hombre. Toda la creación de Dios, incluida la humanidad, era sumamente buena y libre de pecado y defecto, ¡pero algo sucedió! Entonces, Dios pone a prueba a la humanidad y esto es lo que Dios dijo: *Y el Señor mandó al hombre, diciendo: De todo árbol del jardín podrás comer; pero del árbol del conocimiento del bien y del mal no comerás; porque el día que de él comas, seguramente morirá,* Génesis 2:16-17. En este punto del orden de la creación, a la humanidad se le presentó la primera prueba con una premisa y una promesa. La premisa era que el hombre era libre de comer de todo árbol del jardín excepto del árbol del conocimiento del bien y del mal.

Y la promesa era que una violación de esta orden explícita resultaría en la muerte. La muerte que se contempla en este contexto no es física sino espiritual. Esta es una muerte por separación espiritual de Dios. La desobediencia a Dios resulta en una separación de Dios. Toda desobediencia a Dios es pecado. El pecado siempre separa al hombre de Dios porque Dios no tiene pecado y no puede pecar. Si Adán y Eva simplemente hubieran obedecido a Dios, entonces el pecado no habría entrado al mundo ni al corazón del hombre. No habría habido ningún problema con la lujuria, la adicción sexual, la inmoralidad sexual, el adulterio, la fornicación, la pornografía y todo lo demás. Habríamos estado viviendo en un estado de perpetua pureza, bondad y perfección.

Lamentablemente, ¡ese no fue el caso! El tentador, el diablo, que ya había sido expulsado del cielo por desobediencia, ahora estaba en la Tierra (Apocalipsis 12:7-9). El tentador, sabiendo lo que Dios le había dicho a Adán, vino a Eva y diluyó lo que Dios dijo y, en cierto sentido, creó dudas en los corazones de Adán y Eva al cuestionar lo que Dios había dicho. "Dios realmente no quiso decir lo que dijo, ¿verdad?", según el tentador. Esto es lo que el tentador o diablo le dijo a Eva: "*Porque Dios sabe que cuando comáis de él, se os abrirán los ojos y seréis como Dios, sabiendo el bien y el mal. Cuando la mujer vio que el fruto del árbol era bueno para comer y agradable a la vista, y también deseable para adquirir sabiduría, tomó un poco y comió. También dio un poco a su marido que estaba con ella, y él comió.* Génesis 3:5-6.

Adán y Eva desobedecieron el mandato explícito de Dios en Génesis 2:17 y el resultado fue que murieron y fueron separados espiritualmente de Dios. No murieron físicamente inmediatamente, sino que fueron separados de Dios, y Él no volvió a hablar con ellos físicamente como lo hizo en tiempos pasados. Perdieron esa bondad moral y natural. A partir de ese momento el mal entró en el mundo. La raza humana a partir de ahora fue descrita como malvada, corrupta y pecadora.

Alguien puede plantear una objeción diciendo: pero el pecado y la desobediencia de Adán no tuvo nada que ver con nosotros, entonces ¿por qué se nos hace responsables de algo que no hicimos? ¡Esa es una objeción bastante interesante y válida! Entonces, digamos que Mercedes Benz diseñó su último vehículo de lujo y hubo un defecto de diseño en el diseño original del prototipo cuando ya habían enviado más de 10 millones de automóviles a concesionarios de todo el mundo, pero debido a que el prototipo estaba defectuoso, el resto de los También hay 10 millones de coches defectuosos.

Adán es el prototipo de la raza humana y si es defectuoso, corrupto y pecador, entonces todos los seres humanos son corruptos, malos y depravados. Aquí está el

263

apóstol Pablo sobre esto:*Por tanto, como el pecado entró en el mundo por un hombre, y por el pecado la muerte, así la muerte pasó a toda la humanidad, por cuanto todos pecaron,*Romanos 5:12. Esta es la entrada del pecado al mundo y a la raza humana. Esta es la entrada del pecado al corazón humano y de ahí salen los corazones corruptos y pecaminosos, luego los pensamientos corruptos, y de esos pensamientos corruptos surgen las creencias corruptas y luego las creencias corruptas terminan en acciones corruptas.

Creencias corruptas conducen a acciones corruptas

Ya hemos demostrado que los pensamientos se originan en el corazón y esos pensamientos, con el tiempo, se convierten en un sistema de creencias arraigado y una vez que eso sucede, las acciones fluyen de esa creencia. Los pensamientos pueden provenir de información que ha sido introducida en un corazón que ya es malvado y que pueden ser cosas como libros que leemos, personas que seguimos (personas influyentes) en la televisión, la radio, los libros que leemos o en línea y otras plataformas. Su sistema de creencias es una posesión preciada y necesita ser protegida y custodiada porque su vida depende de ello.

Al igual que la analogía del tanque de agua mencionada anteriormente, el corazón es el depósito de pensamientos del cual se extraen las acciones y se toman decisiones. El depósito de agua de esa gran ciudad debe ser vigilado porque alguien puede entrar y contaminar o envenenar el suministro de agua de la ciudad y habrá graves pérdidas de vidas. De la misma manera, el corazón humano debe ser custodiado con seguridad porque es el depósito del pensamiento. Porque si está contaminada por malos

264

pensamientos, entonces esos pensamientos eventualmente aparecerán en las acciones de la persona.

Aquí hay algunos consejos de Salomón, el hombre más sabio que jamás haya caminado sobre la tierra y esto es lo que dijo:*Por encima de todo, guarda tu corazón, porque todo lo que haces fluye de él,*Proverbios 4:23. Salomón consideró la cuestión de guardar el corazón como máxima prioridad. Comenzó usando la frase "por encima de todo" para referirse a lo más alto de la agenda, y la máxima prioridad en tu vida es proteger tu corazón. La razón que dio para guardar tu corazón es que "todo lo que haces fluye de él". ¡Ni siquiera conozco una mejor manera de decir esto! Este versículo lo deja muy claro para que la persona promedio lo entienda. Protege lo que entra en tu corazón porque pronto saldrá a la luz en tus acciones.

Dicho de manera tan sencilla, que no deja lugar a mayor claridad. Por lo tanto, es extremadamente importante proteger la información que llega a su corazón, como los libros que lee, las personas que sigue y los programas en línea que mira. Escucharás que casi todos los tiradores masivos se radicalizaron en línea y seguían los escritos y las enseñanzas de alguien. Creyeron y luego actuaron según esa creencia. Ser adicto a cualquier cosa, desde alcohol, drogas, comida, pornografía, sexo y la lista es interminable, se basa en un sistema de creencias y las acciones son función de ese sistema de creencias.

Y así, para que se modifiquen las acciones, buenas o malas, debe haber un cambio de creencia. No hay absolutamente ninguna razón para que nadie cambie o altere su comportamiento si está convencido de que sus acciones están justificadas y son correctas. Para cambiar el comportamiento, la fuente del pensamiento debe ser buena y limpia. De modo que un corazón malo no puede producir

265

buenos pensamientos y, por tanto, buenas acciones. Así como un tanque de agua contaminada tiene que ser reemplazado antes de que la ciudad pueda obtener agua limpia, así también el malvado corazón humano tiene que ser reemplazado para que el ser humano tenga buenos pensamientos y, por lo tanto, realice buenas acciones.

Eso es exactamente lo que hizo Dios; Reemplazó el corazón malvado del humano con un corazón nuevo. Le hicieron un trasplante de corazón. Dios fue el primer cirujano de trasplante de corazón que realizó un trasplante de corazón sin anestesia y nunca perdió un paciente. Esto es lo que pasó: *Os daré un corazón nuevo y pondré un espíritu nuevo dentro de vosotros; Quitaré de vuestra carne el corazón de piedra y os daré un corazón de carne,* Ezequiel 36:26. Este es el corazón que Él planea darle a quien Él elija. Y Él no sólo dará un corazón nuevo sino también un espíritu nuevo.

El corazón malo que tenemos será reemplazado por un corazón limpio y un buen espíritu. Este corazón nuevo y bueno resultará en buenos pensamientos, y los buenos pensamientos también resultará en buenas acciones. Entonces la persona mala con un corazón malo se ha transformado en una persona buena con un corazón bueno. De modo que el corazón de un adicto sexual se ha transformado en un corazón bueno y los pensamientos de pornografía, masturbación, adulterio, fornicación y todos los demás pensamientos sexualmente desviados han desaparecido o se han reducido mucho, al igual que las malas acciones y deseos. Estas conductas adictivas tienden a provocar otros problemas dentro del matrimonio que dañan la relación conyugal.

Capítulo 8

Los problemas del sexo dentro del matrimonio

Acabamos de terminar de hablar sobre la adicción sexual, la pornografía y el alcance de la necesidad de tener más sexo. Has visto que el mundo está en llamas con todo tipo de conductas sexualmente desviadas y por eso no sorprende que los matrimonios estén llenos de todo tipo de problemas. El matrimonio es una unión entre dos individuos únicos que necesitan ser seleccionados cuidadosa y divinamente para minimizar los problemas. Una de las principales razones citadas para la mayoría de los divorcios sin culpa en Estados Unidos son las "diferencias irreconciliables". Esta es una razón de divorcio legalmente reconocida.

Esto simplemente significa que la pareja no pudo ponerse de acuerdo en la mayoría de los temas clave del matrimonio. Muchas veces, realmente significa que difícilmente podrían ponerse de acuerdo en nada y como el sistema legal prevé que habría diferencias, entonces seguramente habrá problemas. Estos problemas pueden gestionarse y minimizarse adecuadamente si los cimientos del matrimonio son fuertes y seguros. Por la fundación me refiero principalmente al motivo del matrimonio. ¿Por qué decidiste casarte con esa persona? Esto es de vital importancia si pretende minimizar, pero no necesariamente eliminar, los problemas en su matrimonio. ¿Por qué te casaste con esa persona?

Razones para entrar en una Unión Matrimonial

Esta es la pregunta más importante a considerar y responder cuidadosamente porque la mayoría de las personas no pueden simplemente dar una respuesta directa a esta pregunta. La simple verdad es que la mayoría de las personas no tienen idea de por qué se casaron con esa persona. Entonces, ¿es sorprendente que los matrimonios estén llenos de todo tipo de problemas? La razón para contraer matrimonio es como los cimientos de una casa o el nombre de dominio de un sitio web. Todo depende de ello. Algunas personas se casan con la esperanza de obtener seguridad, y esa es la razón para casarse; en otras palabras, se casan por seguridad financiera.

¡Lo más interesante de todo esto es que no se revela la verdadera razón para casarse con el otro cónyuge! Es posible que el otro cónyuge haya sido engañado al pensar y creer que el amor era la razón, ¡pero probablemente en realidad no lo era! Incluso la idea de seguridad puede presentarse en diferentes formas, ya que algunos buscan seguridad financiera. Siempre que la persona tenga dinero que pueda asegurarle una gran cuenta bancaria, casas y automóviles, esa se convierte en la razón principal para contraer matrimonio. ¿Qué sucede, después de unos años de matrimonio y de repente te das cuenta de que no estás tan seguro como te hicieron creer, o que tu cónyuge lo pierde todo? ¿y que? El matrimonio ciertamente experimentará problemas y eventualmente llegará a su fin porque la razón no se está cumpliendo y usted se enfrenta a expectativas insatisfechas.

Algunos buscan seguridad en una pareja que los proporcione y los cuide en caso de que se enfermen o se encuentren en algún tipo de crisis. Toda su expectativa conyugal se basa en la seguridad en caso de enfermedad o de posibles crisis. Por lo tanto, la mayoría de los matrimonios pueden basarse en el engaño porque ambos cónyuges pueden haber ocultado diferentes razones y expectativas para contraer matrimonio y es posible que el otro cónyuge ni siquiera conozca esas razones y viceversa.

Nadie le hará saber abiertamente a un posible cónyuge que se va a casar con él por su riqueza; Algunas razones pueden estar ocultas o estar claramente a la vista. Seamos sinceros. ¿Qué tiene en común un hombre de setenta años que vale más de 10 mil millones de dólares con una dama joven, bella y atractiva de treinta años? ¡Puede ser muy difícil encontrar a alguien que crea que hay alguna otra razón para este matrimonio además de la seguridad financiera! Algunos no son tan abiertos, pero el motivo del matrimonio está oculto a la vista del público.

Cualquier matrimonio potencial cuyo motivo no sea un amor recíproco genuino por el otro está casi destinado al fracaso. Entras en una unión matrimonial para dar y no para ganar. Esto debe ser una entrega recíproca por parte de ambos cónyuges en el matrimonio, hasta tal punto que puede parecer una competencia para ver quién da más que el otro. Si alguien se casa para ganar, lo más probable es que ese matrimonio fracase y no dure mucho. Cuando la mayoría de las personas oyen hablar de donaciones, se quedan algo congeladas y asustadas, y casi instantáneamente piensan en el dinero. Dar es mucho más grande que las posesiones materiales y el dinero, y una persona que da toma el interés de su pareja más importante que el de ellos; esto es radical, ya que se trata de entregarse por el interés de la pareja.

Anteponen el interés de su cónyuge al suyo propio. Esto sólo puede funcionar perfectamente si ambos socios están en sintonía, de modo que un socio no se utilice ni se dé por sentado. Ésta es la imagen de un matrimonio perfecto y esto sólo es posible si ambos corazones están rectos y regenerados. Toda la avaricia y el egoísmo han sido erradicados. Un corazón generoso no es posible ni concebible si la avaricia y el egoísmo impregnan el corazón de uno o ambos socios.

Honestamente hablando, he estado reflexionando sobre las razones por las cuales las personas se casan, y cada noche que me voy a la cama, a veces, en medio de la noche, alrededor de las 2 o 4 de la mañana, una nueva razón aparece en mi mente. . Finalmente dejé de contar y concluí que hay un sinfín de razones por las que la gente se casa. Entonces se puede ver claramente que si los cimientos son inestables, la casa eventualmente colapsará. Este es probablemente uno de los temas centrales que generan problemas en los matrimonios y esto abre la puerta a muchos más problemas; y cuando se cuestiona la razón para contraer matrimonio, eso ciertamente conducirá a problemas de confianza.

Problemas de confianza en los matrimonios

Al igual que la razón por la que las personas se casan, la confianza es otro pilar fundamental en los matrimonios. Cuando hablo de confianza en este contexto, me refiero a una cuestión de carácter que representa a la persona. Fideicomiso podría significar un instrumento financiero mediante el cual se transfieren bienes conyugales en caso de fallecimiento de un cónyuge. Esto no nos preocupa en este contexto. Estamos hablando de la fe, la confianza y la creencia en una persona en función de su carácter y conducta pasada.

La confianza es una de las capas sobre las que se construye cualquier matrimonio. Cualquier indicio de desconfianza sacude los cimientos del sindicato. La confianza es el pegamento que lo mantiene todo unido y sin ella, todo se desmorona. En principio general, el funcionamiento de la sociedad en su conjunto, incluidos los gobiernos, las empresas, la banca y las relaciones internacionales entre las naciones, se basa y se construye sobre la confianza.

Entonces, en el contexto del matrimonio, la confianza es la piedra angular que lo mantiene todo unido. Realmente no hay matrimonio sin confianza. ¿Cómo puedes dormir en una cama con alguien en quien no confías? ¿Cómo puedes tener relaciones sexuales con alguien en quien no confías? ¿Cómo puedes compartir una comida con alguien en quien no confías? Hace unos años estuve conversando con alguien que se dedicaba a la venta de seguros e hizo esta declaración que causó una impresión en mi corazón hasta el día de hoy, y esto es lo que dijo: "No puedo hacer negocios con alguien con quien "No puedo dejar a mi esposa con ellos en mi casa".

Esa es una afirmación bastante fuerte que se hace eco de la importancia de la confianza, que una persona estuviera comparando una relación comercial con la de él y su esposa. Todo lo que hacemos en cada momento de nuestro día se basa en la confianza. Vivimos y respiramos confianza. Pones dinero en el banco porque confías en que estará ahí cuando lo necesites. Vas a trabajar todos los días porque confías en que al final de la semana o dos semanas recibirás un cheque o dinero depositado en tu cuenta bancaria. La confianza es como beber agua o respirar aire. Sin confianza, todo el sistema bancario global colapsará y, con él, todas las economías globales se paralizarán.

Entonces, ¿es sorprendente que haya tantos problemas en los matrimonios? La confianza está en la raíz de todo esto y es muy escasa, por lo que los problemas matrimoniales aumentan. Aquí está Dios hablando a través del profeta Amós: "*¿Pueden dos caminar juntos si no están de acuerdo?*Amós 3:3. Este es un versículo muy profundo que va al corazón de los problemas en el matrimonio.

Esta es una proposición de dos partes: la primera parte es "¿pueden dos caminar juntas?" y la segunda parte es una condición, introducida por la palabra "excepto", lo que significa que el requisito previo para que dos personas caminan juntas es el acuerdo y esto requiere confianza en esa persona. No puedes estar de acuerdo con alguien en quien no confías. Cuando no hay confianza, la pareja casada básicamente vive vidas separadas bajo el mismo techo. Viven y duermen en habitaciones separadas o áreas separadas de la misma casa. Si hay niños pequeños involucrados, entonces el costo del divorcio puede ser demasiado alto, por lo que se las arreglan para vivir bajo el mismo techo pero viven vidas separadas. Esto puede haber sido provocado por discusiones sobre dinero u otras cuestiones. El dinero es uno de los mayores problemas en los matrimonios.

Dinero y problemas en el matrimonio

Las discusiones sobre dinero parecen exponer problemas más profundos en una unión matrimonial. A primera vista, puede parecer que todo se trata de dinero, pero los problemas pueden ser mucho más profundos de lo que parecen. Es posible que una persona quiera ahorrar dinero pero que la otra quiera gastar más. Uno es ahorrador y el otro es ahorrador. Una de las parejas tiene un estilo de vida muy caro y la otra es muy cuidadosa con sus hábitos de gasto.

Están discutiendo sobre quién paga el alquiler o la hipoteca, quién compra alimentos, para el cuidado de los niños o paga las vacaciones. Hay discusiones y disputas constantes y persistentes sobre dinero y cuestiones materiales. No hay acuerdo sobre el presupuesto familiar y las prioridades de gasto. Esto presagia un desastre. Es muy difícil que un matrimonio sobreviva a menos que se aborden estas cuestiones de frente. A primera vista, puede parecer que se trata de dinero, pero en el fondo hay una serie de otros problemas profundamente arraigados. El matrimonio es una unión física y espiritual entre un hombre y una mujer. La mayoría de las parejas tienen una unión física pero no están unidas espiritualmente. Las parejas que están unidas espiritualmente tienen un propósito común para su unión, sabiendo que Dios los ha unido.

Están unidos en sus hábitos de gasto y administración del dinero. Están unidos en la crianza de los niños, incluida la forma de disciplinarlos. Están unidos en su amor por Dios. Si no hay unidad espiritual entonces difícilmente puede haber unidad física. La mayoría, si no todos, los problemas en el matrimonio se deben a la falta de unidad espiritual. Ésta es la raíz de los problemas en la mayoría de los matrimonios. Así es como Dios lo expresa:*Por esto el hombre dejará a su padre y a su madre, y se unirá a su mujer, y serán una sola carne,*Génesis 2:24. Este versículo y muchos similares claramente defienden la unidad espiritual en una unión matrimonial. Aquí hay dos palabras que son el foco del argumento y son "unidas" y "una".

Muchas parejas están físicamente en un matrimonio pero nunca estuvieron unidas espiritualmente, y no son una y no pueden funcionar como tal porque no están unidas espiritualmente. Es por eso que tales matrimonios están llenos de riñas, peleas, insultos, egoísmo, avaricia y cosas por el estilo. Esto es lo que Dios dijo acerca del origen de las disputas:*¿Cuál es la fuente de las riñas y conflictos entre vosotros? ¿No es la fuente de vuestros placeres la que lucha en vuestros miembros? Codicias y no tienes, por eso cometes asesinato. Y tenéis envidia y no podéis conseguirlo, por eso peleáis y riñáis. No tienes, porque no pides. Pides y no recibes, porque pides con motivos equivocados, para gastar lo que pides en tus placeres. Vosotros, adúlteras, ¿no sabéis que la amistad con el mundo es enemistad hacia Dios? Por tanto, el que quiere ser amigo del mundo, se hace enemigo de Dios,*Santiago 4:1-4.

Este capítulo de Santiago comienza identificando la fuente de las disputas y conflictos en la sociedad en general, pero que son más importantes para nosotros en el contexto del matrimonio. Los matrimonios no son zonas libres de riñas y conflictos, sino que están en gran medida infestados de riñas y conflictos. James parece identificar la fuente como proveniente de "guerra en sus miembros". James parece estar abordando conflictos y peleas con otros (conflictos externos) y al mismo tiempo, identificando la fuente de los conflictos y peleas como provenientes de dentro de ellos. . Eso podría significar desde dentro del grupo o desde dentro de cada persona individual. La cuestión es que hay peleas y conflictos y no hay paz. Hay guerras de palabras y James simplemente dice: ¡Mira! No puedes hablar con ambos lados de la boca.

No se puede aparentar ser para Dios y al mismo tiempo aparentar serlo para el mundo. Lo sabemos porque en el versículo 4 de Santiago capítulo 4, él las llamó "adúlteras", es decir, que estaban cometiendo adulterio espiritual. Parecen estar casadas con Dios pero, aun así, tienen otros maridos, es decir, otros dioses. Quieren estar casados con Dios y al mismo tiempo estar casados con el mundo. Eso es adulterio (espiritualmente) simple y llanamente, y no pueden tener dos maridos porque o estás casada con Jehová o estás casada con Satanás; es así de simple. No se permite el adulterio, y Santiago simplemente está diciendo que o estás a favor de Dios o en contra de Él.

No puedes ser para ambos. Si eres amigo del mundo, entonces, por defecto, eres enemigo de Dios. Esto es extremadamente importante en el contexto matrimonial y los problemas matrimoniales. Es seguro que las peleas, las peleas y los conflictos sucederán cuando las parejas no están realmente unidas y unidas como una sola espiritualmente. La pareja debe, ante todo, estar casada con Dios si las peleas, las peleas y los conflictos han de reducirse o eliminarse. No estar casados con Dios como su único esposo, significa que están involucrados en adulterio espiritual y fornicación.

De modo que cuando un hombre se une a su esposa, no pierden sus identidades individuales y preferencias en el lado físico de las cosas. El marido puede aún conservar su hábito de amar el fútbol americano o el baloncesto y la esposa puede conservar su hábito de, digamos, cocinar, bailar, nadar o cualquier cosa que le guste hacer en el aspecto físico.

Una pareja que está unida espiritualmente no tiene que discutir si deben orar juntos o no porque ese es un tema resuelto. No hay debate ni discusión si deben hacer un estudio bíblico semanal o no. No hay discusión sobre si deberían asistir juntos a la iglesia todos los domingos o no. Realmente no hay debate sobre si deberían servir a Dios por el resto de sus vidas o no. No tienen que debatir si deberían

275

dar dinero y recursos para apoyar y promover el plan de redención de Dios para la humanidad.

Pueden debatir la cantidad, pero no si deben apoyar la obra de Dios. Esta unidad viene con el entendimiento de que Dios tiene el control absoluto y Él es dueño de todo, porque no trajimos nada a este mundo y es seguro que dejaremos el mundo sin nada. Nacimos desnudos y dejaremos el mundo desnudos y bendito sea Su nombre. Estos son asuntos resueltos y no sujetos a debate o discusión y si surge algún debate sobre cualquiera de estos asuntos, entonces es una evidencia clara de que no están unidos espiritualmente.

Por lo tanto, no podéis estar unidos espiritualmente como pareja casada si constantemente peleáis, peleáis y tenéis conflictos por el dinero y las posesiones materiales. Entonces puede que el dinero no sea realmente el problema, pero puede revelar un problema espiritual mucho más profundo y arraigado. Puede que no estéis realmente unidos y unidos como uno solo. Puede que estés casado, pero espiritualmente eres soltero y Dios realmente no los ha unido, de ahí el dicho:*Así que ya no son dos, sino una sola carne. Por tanto, lo que Dios ha unido, que nadie lo separe,*Mateo 19:6. Si esto no ha sucedido realmente, persistirán todo tipo de problemas matrimoniales. Entonces, como mencioné anteriormente, la lista de problemas matrimoniales es interminable, y algunos problemas surgen por no tener suficiente sexo.

No tener suficiente o nada de sexo

Esto puede parecer una broma, pero es un asunto muy serio. La deficiencia de sexo en los matrimonios es un asunto muy serio. No tener suficiente sexo seguramente hará o deshará un matrimonio. Este es un tema del que pocos se atreverían a hablar, pero es fundamental para la

276

supervivencia de un matrimonio. Un matrimonio sin suficiente sexo es un matrimonio con soporte vital. Algunos esposos y esposas han estado, durante años, sin sexo, a pesar de vivir bajo el mismo techo. El sexo es una necesidad y un deseo humano innato que debe satisfacerse en el contexto del matrimonio, y no tenerlo en cantidad suficiente o en absoluto es muy perjudicial para el matrimonio.

Un marido y una mujer no son hermanos y el sexo es fundamental para su unión. Ésta no es la única razón para contraer matrimonio, pero sin duda es fundamental para ello. Recuerdo cuando era niña y escuché casos en los que una persona casada (en su mayoría mujeres, a veces raramente hombres) convocaba una reunión familiar, lo que significaba llamar a su lado de la familia y al lado de la familia de su marido, a veces entre 10 y 20 personas. La mujer presentaría una queja a la familia para que se pronunciara y su queja sería más o menos así: "¡Mi marido no me ofrece sexo y no me lo ha hecho desde hace más de dos años!". ¡Esta es la denuncia presentada ante la familia para que juzgue! No se trata de cuestiones baladíes, sino muy serias y como tales hay que tomarlas. Anhela la atención de su marido, o viceversa, y no la obtiene. Él o ella está frustrado y miserable y ha convocado una reunión familiar porque se ha quedado sin opciones y no tiene otro lugar adonde ir.

El sexo le hace algo a la psique humana que es inexplicable. ¿Has notado que el semblante de las personas cambia y se ilumina cuando han tenido relaciones sexuales buenas y placenteras? A veces se podía mirar a una mujer o a un hombre y saber si disfrutaron del sexo el día anterior tan pronto como entraron a la oficina. Hay una inusual sensación de satisfacción que se refleja en sus rostros. La forma en que caminan es diferente y se puede notar un brillo

277

inusual en sus rostros. Pero, por otro lado, puedes discernir rápida y fácilmente si no han tenido relaciones sexuales durante un tiempo: están enojados y agitados con los extraños o las personas que los rodean, aparentemente sin ninguna razón real. Puedes ver el ceño fruncido en sus caras. Se quejan de lo más mínimo y se enojan por lo más simple. A veces, eres capaz de mirar a alguien y reconocer que hace tiempo que no tiene relaciones sexuales, pero otras veces no.

¿Puedes realmente imaginar lo que le sucede a una pareja casada si pasan, digamos, cinco años o más sin tener relaciones sexuales? En realidad, este es el caso de millones de personas o parejas en todo el mundo. ¡Puede parecerse a la imagen de abajo!

Imagen de parejas que construyeron resentimiento entre sí[157]

¿Esta imagen representa su situación matrimonial actual? ¿De verdad duermen en habitaciones separadas en la misma

157

https://www.marriage.com/advice/intimacy/5-reasons-why-ther es-intimacy-missing-in-your-marriage/#:~:text=While%20sex%2 0is%20not%20the,damage%20a%20la%20relación%2C%20final casa? ¿Te despiertas sin siquiera decirle "buenos días" a tu cónyuge, a quien una vez dijiste que amabas? ¿Cada socio cocina su propia comida? ¿Se comunica a través de un tercero, como los niños? Seamos muy claros; El sexo es importante, pero hay muchas otras razones por las que las relaciones sexuales están ausentes en el matrimonio. Por muy importante que sea el sexo, hay muchos otros factores que conducen al sexo que son mucho más críticos e importantes. La intimidad y el romance ocurren mucho antes de que se contemple siquiera la posibilidad de tener relaciones sexuales. Hay intimidad no sexual que ocurre a diario y que no tiene nada que ver con el sexo.

Su cónyuge es su socio, amigo y confidente. Ellos son con quienes compartes tus pensamientos y aspiraciones más íntimas. Aquel con quien compartes tus pasiones y sueños. Tu compañero de juego y risas. Aquel con quien compartes tu dolor y sufrimiento, tus logros y tus fracasos. ¿A quién llamarías normalmente si de repente tienes un problema con el auto en la carretera? O estás en una crisis inesperada, ¿a quién llamarías primero? ¿Llamarías primero a tu mamá o a tu cónyuge? Si su cónyuge sabe que usted siente amor, cuidado y preocupación genuinos por él, es en este contexto donde las relaciones sexuales se producen de forma natural.

Podrás disfrutar del sexo si estas cosas no son ciertas en tu matrimonio. Es casi imposible tener y disfrutar relaciones sexuales con su cónyuge que no ha hablado con usted en aproximadamente un mes. De repente, muestran interés en tener sexo y tú te dices: "¿Qué onda con esto? ¿Y qué están tramando?". No es agradable tener relaciones sexuales con tu cónyuge, quien sabes que no se preocupa por ti como persona ni por tus intereses y que hace cosas que dañan y lastiman tu reputación. Por lo tanto, la falta de sexo puede generar naturalmente sentimientos de rechazo, como se muestra a continuación.

Sentimientos de rechazo como resultado de la falta de sexo

¿Te resulta familiar la siguiente imagen? ¿Estás pasando por esto ahora mismo? La aceptación es un fenómeno humano natural y cualquier sentimiento de rechazo llega al núcleo de nuestro ser. Naturalmente anhelamos amor y aceptación y nadie disfruta del rechazo. Cualquier sentimiento de rechazo destruye a la persona y su capacidad para funcionar. El rechazo derriba la estructura del matrimonio y cualquier apariencia del mismo. Le comunica a la otra persona varias comunicaciones no verbales, como: "No te quiero", "No te amo" y cosas por el estilo. El rechazo señala desunión, una separación, un desmantelamiento de la unión, si es que alguna vez la hubo. Ya no hay ningún interés en la actividad sexual con ese cónyuge. El cónyuge que se siente rechazado se retrae y se recluye. Como resultado, hay poca o ninguna comunicación entre ellos.

Sentimientos de rechazo y falta de intimidad.[158]

La imagen de arriba puede representar su situación actual cuando vive con sentimientos de rechazo. Algunos han sugerido que las razones de estos sentimientos de rechazo se deben a la baja autoestima y la apariencia física, y he aquí una de esas opiniones:*Si alguna vez piensas: "No sé por qué mi esposo/esposa no quiere conectarse sexualmente conmigo. No sé por qué me ignoran. No sé por qué no lo hacen". disponible relacionalmente para mí. ¿Qué he hecho mal? ¿Y qué puedo hacer?". La mejor manera de iniciar una chispa en su matrimonio es empezando por usted mismo. Déjame explicarte lo que eso significa.*

Hubo un estudio de investigación que tomó a 6.000 parejas casadas y midió su autoestima como una unidad. Después, les hicieron trabajar en sí mismos para mejorar. Como resultado, su autoestima aumentó. Descubrieron que había una correlación directa entre el hecho de que una persona aumentara su propia autoestima y el efecto positivo en el matrimonio. Cuando empiezas a trabajar en ti mismo y a convertirte en lo mejor que puedes ser, tiene un efecto positivo sorprendente en tu relación. Mejorarte a ti mismo es lo mejor que puedes hacer para traer a tu cónyuge atrás alrededor.[159]

El punto de vista defendido por esta publicación es bastante interesante y útil, y de ninguna manera debe ignorarse, pero es posible que en realidad no llegue a la raíz

---

158

https://www.marriage.com/advice/intimacy/5-reasons-why-ther
es-intimacy-missing-in-your-marriage/#:~:text=While%20sex%2
0is%20not%20the,damage%20a%20la%20relación%2C%20final
159

https://marriagehelper.com/emocionalmente-y-sexualmente-rec
hazado-por-cónyuge-fxb/

del problema. Aborda las cosas que hacen que los cónyuges se atraigan físicamente el uno hacia el otro. Esta publicación, en el segundo párrafo, dice que "la mejor manera de iniciar una chispa en su matrimonio es comenzando con usted mismo", pero no da más detalles sobre lo que eso significa. ¿Qué significa realmente empezar contigo para iniciar una chispa en el matrimonio? Esto es muy importante y muchas parejas casadas están luchando precisamente con esta pregunta.

¿Cómo iniciar una chispa en su matrimonio? El matrimonio está muerto, necesita soporte vital y necesita desesperadamente un resurgimiento. El objetivo de iniciar una chispa, con el objetivo de aumentar la autoestima, parece ser la manera de volver a encarrilar un matrimonio estancado. Así que mejorar la autoestima parece ser el objetivo y realmente no hay nada malo en ello; al fin y al cabo, somos seres visuales y lo que vemos y percibimos es lo que muchas veces valoramos más. Entonces, mirar a una chica alta, delgada y hermosa de 24 años o a un joven guapo, alto y bien vestido genera todo tipo de deseos sexuales en miembros del sexo opuesto y esos deseos surgen independientemente del estado civil.

La triste verdad es que la belleza exterior es muy importante, pero la belleza exterior por sí sola difícilmente sustentará un matrimonio. Es atractivo a la vista y te seduce para venir y tener relaciones sexuales, pero difícilmente mantendrá un matrimonio en las buenas y en las malas. Hay millones de mujeres muy hermosas y millones de hombres muy guapos que parecen muy atractivos desde la distancia pero una vez que se acercan, en tu cama y los conoces bien, no querrás tener nada que ver con ellos. . Si estás casado con una persona hermosa o guapa en apariencia, y además

282

tiene un carácter impecable, entonces tienes oro en tus manos.

Por mucho que amo la belleza, siempre preferiré el carácter a la belleza exterior. Cosas como honestidad, confiabilidad, integridad, confiabilidad, altruismo, cuidado, devoción a Dios, devoción a su cónyuge, responsabilidad, fidelidad a su cónyuge, no codiciar dinero; Estos son rasgos de carácter profundamente arraigados que le darán millas a su matrimonio. No puedes comprar estas cosas con dinero. Puedes pintarte, maquillarte, oscurecer tus canas, usar pelucas, pintarte la cara, ponerte la ropa más cara en el cuerpo, vivir en la casa más cara, conducir el vehículo más caro y lo tienes pero al mismo tiempo. Con el tiempo, no cambiarás ni un ápice de tu carácter.

Todas estas son cosas falsas destinadas a enmascarar tu verdadera persona y carácter. Estas cualidades del carácter trascienden las apariencias externas. La apariencia exterior es como una flor que brilla por la mañana y se desvanece por la tarde. Recuerda que irás a la tumba con tu carácter pero no con tu belleza exterior. El carácter de una persona es la verdadera persona que es constante y no cambia con el tiempo, pero la belleza se desvanece como una flor que florece en la mañana y se desvanece cuando calienta el sol.

Reparar estas cualidades externas hará muy poco para arreglar los sentimientos de rechazo y abandono y atraer a su cónyuge hacia usted. En realidad, puede proporcionar alguna solución temporal que tal vez no sea duradera. El verdadero problema es la belleza interior y no la belleza exterior. Ésta es la belleza que traerá una chispa a su matrimonio. ¡Ésta es la belleza que no envejece! Ésta es la belleza que resistirá la prueba de las pruebas en su matrimonio. Aspira a adquirir tal belleza porque es duradera y eterna.

283

Esto es lo que dijo Pedro acerca de este tipo de belleza interior:*1. Vosotros, esposas, también estáis sujetas a vuestros maridos; para que los que no obedecen la palabra, también ellos, sin la palabra, sean ganados por la conversación de las esposas; 2. Mientras contemplan tu casta conversación unida al temor. 3. cuyo atavío no sea el exterior de peinados ostentosos, de adornos de oro o de adornos de ropa; 4.Pero sea el hombre interno el del corazón, en lo que no es corruptible, sí, el ornamento de un espíritu manso y tranquilo, que es de gran estima delante de Dios. 5. Porque así también se adornaban en tiempos antiguos las santas mujeres que confiaban en Dios, estando sujetas a sus maridos: 6. Así como Sara obedecía a Abraham, llamándole señor: ¿de quién sois hijas mientras dure el tiempo? hacéis bien, y no tengáis miedo de ningún asombro. 7. Vosotros, maridos, igualmente, vivid con ellas sabiamente, dando honor a la mujer como a vaso más frágil, y como a coherederas de la gracia de la vida; que vuestras oraciones no sean estorbadas,*1 Pedro 3:-7.

Esta es una imagen clásica de la belleza de una mujer de adentro hacia afuera en contraposición a la de afuera hacia adentro. Ésta es una situación muy difícil en la que se encuentra la mujer. Lo más probable es que esté casada con un hombre que aún no tiene un corazón nuevo y transformado como ella. Dios, hablando a través de Pedro, está diciendo que ella debe estar sujeta a su propio marido. Es una tarea bastante difícil obedecer a alguien que no tiene en cuenta las cosas de Dios. Pueden estar casados pero viven vidas completamente separadas. De ninguna manera estoy defendiendo que ninguna mujer deba permanecer en una relación matrimonial abusiva, sino sólo que simplemente obedezcas las Escrituras y Dios te concederá sabiduría para saber qué hacer en cualquier momento y situación.

El ingrediente clave del cambio aquí es la conducta y el carácter de la mujer, y el objetivo es que el hombre pueda ser conquistado o convertido sin una palabra. La conducta y el carácter de la mujer hablarán por ella. La palabra "conversación" se usa en los versículos 1 y 2 según se traduce en la versión King James (KJV) de la Biblia. Esta palabra griega debería haberse traducido mejor como "modo de vida", "comportamiento", "conducta", para que el lector inglés promedio comprenda completamente su significado. Nada en contra de la belleza exterior y el maquillaje, pero los versículos 3 y 4 contrasta la belleza exterior y la belleza interior, y esa belleza interior es de gran precio ante los ojos de Dios, y también recuerda que tu actitud determinará tu altitud. Sólo aquellos con buen carácter tendrán las puertas abiertas para ellos en la vida y en el matrimonio.

Ésta es la belleza más importante que cualquier mujer u hombre debe esforzarse por lograr. Entonces el versículo 5 hace una aplicación a Sara y cómo ella obedeció y estuvo sujeta a Abraham, llamándolo "señor". No estoy sugiriendo que andes llamando "señor" a tu marido, pero recuerda que lo que dices a veces tiene poca importancia, pero lo que importa es lo que haces. Algunas mujeres pueden decir algo como: "Nunca lo llamaré señor". ¡No te obsesiones en llamarlo señor (a tu esposo)! ¡No es gran cosa si lo haces o no! Si tienes dificultades con esto, entonces esto puede estar revelando algo sobre la condición de tu corazón.

Un corazón que está completamente rendido a Dios probablemente no encontrará ninguna contradicción. Puedes llamar a tu esposo "señor", sin llamarlo "señor", es decir, en tu comportamiento y conducta hacia él, puedes estar llamándolo señor. sin llamarlo verbalmente señor.

Recuerde lo que dijo Jesús:*No todo el que me dice "Señor, Señor", entrará en el reino de los cielos, sino el que hace la voluntad de mi Padre que está en los cielos,* Mateo 7:21. El punto es que llamar "señor" a su esposo no significa absolutamente nada si no proviene de un corazón transformado, seguido de una conducta y un carácter transformador que lo respalden. Este tipo de matrimonio seguramente disfrutará al máximo de la intimidad sexual y no sexual. No hay sentimiento de rechazo y abandono en este tipo de matrimonio. Este es un matrimonio de ensueño para muchos y Dios está listo para hacerlo realidad si simplemente se lo pides. Pero para otros, los sentimientos de rechazo y abandono pueden afectar otras áreas de su matrimonio, incluida la disfunción eréctil (DE).

Disfunción eréctil (DE) y problemas en el matrimonio

Se ha identificado que el sexo es fundamental para el funcionamiento de un matrimonio y cualquier reducción o falta total del mismo puede tener consecuencias nefastas para el funcionamiento saludable y el futuro del matrimonio. Pero antes que nada, ¿qué es la disfunción eréctil? Según la clínica Mayo, "la disfunción eréctil (impotencia) es la incapacidad de conseguir y mantener una erección lo suficientemente firme para tener relaciones sexuales".[160] El pene masculino simplemente no logra erigirse y mantener una erección lo suficientemente larga y firme como para tener relaciones sexuales con una mujer (esposa).

Se trata de una cuestión de proporciones catastróficas tanto para el hombre como para la mujer. El

---

[160]

https://www.mayoclinic.org/diseases-conditions/erectil-dysfuncti on/symptoms-causes/syc-20355776 sexo es central y fundamental para la supervivencia de un matrimonio y su ausencia significaría graves consecuencias. No poder desempeñarse sexualmente destruye la confianza y la hombría del hombre. Algunos incluso pueden encontrar inútil su existencia en la tierra e incluso pueden conducir a otros problemas emocionales y psicológicos, como miedo, ansiedad, soledad, rechazo, abandono e incluso ideas suicidas. Todas las esperanzas de matrimonio se desvanecen si el hombre no puede tener y mantener una erección y, en última instancia, mantener relaciones sexuales.

El hombre queda impotente, impotente, confundido y sin saber qué hacer. La vergüenza también se suma a la ecuación, ya que el hombre puede sentirse avergonzado incluso de buscar atención médica o decírselo a alguien más. El hombre puede tratar de mantenerlo en secreto, pero su esposa o su pareja puede no estar dispuesto a hacerlo. El conocimiento de que esta información llegue a personas fuera del matrimonio será devastador para el hombre. Puede retirarse de las reuniones sociales y familiares porque sabe que su esposa o compañero ha difundido la información en la comunidad y todos lo saben. Estuve en una reunión y escuché a una mujer casada hablar burlonamente sobre el tamaño del pene de su marido con amigos.

Habló abiertamente sobre el tamaño y la longitud del pene de su marido con sus amigos y conocidos mientras todos reían juntos. Y ella dijo algo como esto: "Su pene es tan corto y pequeño, que ni siquiera puede penetrarme bien. Necesito un hombre con un pene largo y de tamaño grande para que pueda sentir cómo entra en mí. Con él, no siento nada y pienso que es una broma. "Este es simplemente el caso del tamaño y la longitud de su pene, y me pregunto qué habrían dicho ella o cualquiera de las otras mujeres si no hubiera habido ninguna erección. Supongo que ¡Habría sido un verdadero desastre!

De hecho, hubo un caso de una mujer casada que ridiculizó a su marido en público por falta de erección y por no poder actuar en la cama. Ella le dijo algo como esto a su marido en una reunión pública: "¿Eres siquiera capaz de tener relaciones sexuales con una mujer? ¿Mírate? ¡Tu pene ni siquiera puede levantarse! ¡Se acuesta como un perro muerto!" Esto es lo que esta mujer le dijo a su marido, en público y en presencia de muchos, ¡y qué burla pública de su marido! Puede que esto simplemente no sea un incidente aislado, sino que probablemente sea un hecho común.

Entonces, ¿qué tan común es la disfunción eréctil? Aquí hay algunas estadísticas de algunos profesionales de la salud:*Aproximadamente uno de cada 10 hombres adultos sufrir de la DE a largo plazo. Muchos hombres experimentan dificultades ocasionales para lograr una erección, lo que puede ocurrir por diversas razones, como beber demasiado alcohol, estrés, problemas de relación o estar extremadamente cansados. La imposibilidad de lograr una erección en menos del 20% de las veces no es inusual y normalmente no requiere tratamiento. Sin embargo, el hecho de no lograr una erección más del 50% de las veces generalmente significa que hay un problema y se requiere tratamiento. La disfunción eréctil no tiene por qué ser parte del envejecimiento. Si bien es cierto que algunos hombres mayores pueden necesitar más estimulación, aún así deberían poder lograr una erección y disfrutar del coito.*[161]

[161]

https://my.clevelandclinic.org/health/diseases/10035-erectil-dysfunction

Estos problemas pueden ser incluso más graves de lo que mostrará el estudio, ya que el estudio solo registra a quienes participan en el sistema de atención médica, como un hospital. Es posible que nunca se conozca la gravedad real del problema, ya que es posible que muchos hombres nunca informan ni recurren al sistema de salud debido a la vergüenza y el estigma asociados con tal revelación. Es posible que prefieran buscar soluciones alternativas en lugar de recurrir al sistema de salud. Pero, ¿cuáles son algunas de las causas fundamentales de la disfunción eréctil? A continuación se muestran algunos enumerados por algunos profesionales de la salud:

La disfunción eréctil puede ser causada por varios factores, que incluyen:

Enfermedad vascular: El suministro de sangre al pene puede bloquearse o estrecharse como resultado de una enfermedad vascular como la aterosclerosis (endurecimiento de las arterias).

Trastornos neurológicos (como la esclerosis múltiple): Los nervios que envían impulsos al pene pueden dañarse debido a un derrame cerebral, diabetes u otras causas.

Estados psicológicos: Estos incluyen estrés, depresión, falta de estímulo del cerebro y ansiedad por el desempeño.

Trauma:Una lesión podría contribuir a los síntomas de la disfunción eréctil.

Las enfermedades crónicas, ciertos medicamentos y una afección llamada enfermedad de Peyronie también pueden causar disfunción eréctil. Las operaciones de cáncer de próstata, vejiga y colon también pueden ser factores contribuyentes.[162]

La profesión sanitaria ha reconocido que estos factores pueden provocar disfunción eréctil, pero algunos identifican otros factores no médicos, como el estrés, los problemas de relación o el cansancio extremo, como posibles causas de la disfunción eréctil también. Esto es bastante interesante porque si alguien tiene tantos problemas matrimoniales que incluso duerme en habitaciones separadas, entonces puede ser normal tener problemas de erección en tales situaciones porque el deseo y el amor por esa persona están disminuidos o son inexistentes y como resultado , resulta difícil excitarse y conseguir una erección. Ahora bien, si estas cuestiones no se abordan a tiempo, pueden provocar otros problemas matrimoniales como la infidelidad.

Infidelidad en los matrimonios

La infidelidad conyugal es una de las principales causas de divorcio en la actualidad. De hecho, esta es la principal causa de divorcio en Estados Unidos y en el mundo en general. La tentación de tener y mantener relaciones sexuales con alguien que no sea su cónyuge es muy fuerte y poderosa, y millones de parejas simplemente carecen de la capacidad de hacerlo. resistir tal fuerza. Esto es como la fuerza de un tornado que está arrasando todo a su paso. La infidelidad deja muchos corazones completamente

---

162

https://my.clevelandclinic.org/health/diseases/10035-erectil-dysfunction

destrozados, rotos y devastados, y a veces es difícil cuantificar el costo emocional y físico que deja. La infidelidad es una traición a la confianza que puede ser muy difícil de reparar incluso si se concede el perdón. ¡Es una herida que tal vez nunca sane! Esta es una traición a la lealtad que va hasta el alma de la persona y es por eso que muy pocos matrimonios sobreviven a actos de infidelidad.

La simple verdad es que esta es la lucha humana y cualquier ser humano honesto admitiría estar luchando contra pensamientos sexuales impuros y la lucha o batalla es actuar sobre esos pensamientos para convertirse en infidelidad. No puedes controlar los pensamientos que vienen a tu mente, pero es posible que puedas controlar lo que haces con esos pensamientos. El sexo es placentero, pero también es a través del sexo que muchas vidas llegan a la ruina y al desastre. El pensamiento sexual es como una droga que domina todos nuestros pensamientos humanos racionales, y las personas pierden por completo cualquier apariencia de pensamiento racional. Es como estar ebrio con alcohol o alguna otra sustancia controlada como marihuana o cocaína que impide pensar y juzgar correctamente. ¿Por qué un hombre o una mujer abandonaría repentinamente su hogar conyugal, se subiría a un avión y volaría alrededor del mundo para ir a encontrarse con un extraño que conoció en Internet solo para tener relaciones sexuales, dejando atrás a su esposa e hijos, llorando? Hombres y mujeres dejarían atrás a niños hambrientos por semejante aventura. Esto es una locura, pero ese es el poder de la locura sexual.

A menudo aconsejo a los adolescentes, desde la escuela secundaria, que se abstengan de tener relaciones sexuales hasta que conozcan a su futuro esposo o esposa, y también les digo que nunca tengan relaciones sexuales, ni siquiera con la persona con la que pretenden casarse. La razón es simple: la persona con quien planeas casarte es la decisión más importante que tomarás en tu vida y una vez que tienes relaciones sexuales con esa persona antes de tomar la decisión, pierdes cualquier capacidad. para ver posibles obstáculos sobre su posible pareja. Lo único que puedes ver es la vida en el paraíso con esa persona y cualquier consejo en sentido contrario es inmediatamente descartado. Se han apoderado de tu mente y duermes, comes y sueñas con ellos.

Otros, como los padres y la familia, pueden verte y advertirte sobre esa persona que no es la pareja adecuada para ti, pero no puedes ver con ellos porque estás drogado con fantasías sexuales sobre ellos. Ahora estás pensando con tu pene o vagina y no con tu cerebro. La mayoría de los jóvenes apenas toman en serio estos consejos hasta que, años más tarde, recogen las consecuencias de sus decisiones. Los jóvenes a menudo me respondían así: "¡Abstenerse de tener relaciones sexuales! ¡De verdad! ¿Quién hace eso realmente? ¡Eso es de la vieja escuela!". ¿Es de extrañar que estemos donde estamos como sociedad y cultura? Por lo tanto, podemos concluir con seguridad que la infidelidad en el matrimonio es una cuestión generacional y cultural profundamente arraigada, pero en última instancia, espiritual.

¿Cómo pueden los padres enseñar a sus hijos sobre la infidelidad si ellos mismos no son fieles a su cónyuge? Herschel Walker perdió recientemente su carrera por el Senado de los Estados Unidos por el estado de Georgia y esto es lo que su hijo, Christian Walker, dijo sobre su padre: "No eres un 'hombre de familia' cuando nos dejaste para tirarte a un grupo de mujeres, amenazaste con matarnos y hacernos mudarnos 6 veces en 6 meses, huyendo de su violencia", escribió Christian Walker sobre su padre en

Twitter.[163] Según el hijo, su padre estuvo involucrado en repetidos casos de infidelidad y como resultado, sufrieron cuando eran niños sin culpa alguna.

Este es sin duda el caso de millones de niños en todo el mundo. ¿Pero qué tan grave es el tema de la infidelidad? Aquí hay algunos factores que se dan como razones de la infidelidad:*¿Por qué la gente hace trampa? Una variedad de factores pueden provocar tipos de aventuras. Un estudio de 495 personas reveló ocho razones clave: ira, baja autoestima, falta de amor, bajo compromiso, necesidad de variedad, abandono, deseo sexual y circunstancias. Es importante comprender que estas razones surgen dentro del infiel y no son responsabilidad de la pareja traicionada. Más del 40% de las parejas casadas se ven afectadas por la infidelidad. La frustración en el matrimonio es un desencadenante común; el tramposo puede hacer varios intentos de resolver los problemas sin éxito. Tal vez tuvieron dudas sobre casarse o están celosos por la atención brindada a un nuevo bebé y ninguno de los dos tenía las habilidades para comunicar estos sentimientos..*[164]Ciertamente, estos son problemas que pueden desencadenar causas de trampa o infidelidad, pero no estoy tan seguro de que estos problemas lleguen al nivel de ser la causa de la infidelidad. Es posible que haya escuchado un dicho acuñado por el venerable padre Patrick

---

163

https://www.nytimes.com/2022/10/06/us/herschel-walker-son-christian.html

164

https://www.verywellmind.com/why-married-people-cheat-2300656

Peyton, que dice: "Una familia que ora unida permanece unida".[165]

Puede que no esté necesariamente de acuerdo con el sistema de creencias del padre Patrick Peyton sobre rezar el rosario, pero estaré de acuerdo con esta afirmación tal como está. Veo esto como una declaración de conectividad espiritual entre parejas. Las personas están físicamente casadas pero no tienen conectividad espiritual. Viven vidas completamente separadas. Aparte de tener relaciones sexuales, no tienen nada en común. Un matrimonio no puede sostenerse si el único momento en que se juntan es para tener relaciones sexuales.

El sexo es el clímax, pero muchas cosas deberían conducir a eso. La falta de conectividad espiritual eventualmente conducirá a una serie de otros problemas, incluidos el engaño o la infidelidad. Si estás conectado espiritualmente con tu cónyuge y quieres lo mejor para él, orando por él cuando estás lejos de él, entonces puede ser casi impensable mirar a otro hombre o mujer que no sea tu cónyuge con intenciones lujuriosas. Sí, puedes pensar con lujuria, pero es menos probable que actúes según esos pensamientos porque estás conectado primero con Dios y luego con tu cónyuge. Su conexión horizontal dependerá de su conexión vertical. Si estás conectado verticalmente con Dios, entonces la probabilidad de infidelidad no se elimina por completo, sino que se reduce considerablemente.

Entonces, en mi humilde opinión, la razón de todos los problemas matrimoniales es la falta de conexión espiritual de las parejas. No tienen prácticamente nada en

---

165

https://onepeterfive.com/la-familia-que-reza-junta-permanece-junta-pero-por qué/

común espiritualmente. El matrimonio es ante todo una unión espiritual. No hay misión para el matrimonio sin estar conectados espiritualmente. A la mayoría de las parejas casadas se les puede hacer esta sencilla pregunta: "¿Cuál es la misión de su matrimonio?" Es posible que digan algo como "¿De qué estás hablando?" ¡No tienen idea de por qué están juntos! No están unidos como una sola carne. Están unidos físicamente pero no espiritualmente, y esto puede conducir a otros problemas sexuales donde el sexo se convierte en una mercancía.

Capítulo 9

El sexo como mercancía

Puede resultar muy difícil creer que el sexo se utilice como una mercancía, pero lamentablemente es así. Cuando hablamos de mercancías, a menudo pensamos en intercambiar dinero para obtener sexo a cambio, pero la idea de intercambiar sexo puede tener implicaciones más amplias. A veces, en el contexto del matrimonio, el sexo se da o se retiene en función de que la otra parte realice o detenga ciertas acciones para obtenerlo a cambio. Pero en un sentido más amplio, intercambiar dinero por sexo es el uso último del sexo como mercancía.

Esto también es discutible porque algunos argumentarían que si el sexo se considera una mercancía, eso conduce a la normalización del comportamiento, pero ¿es realmente así? Quienes se oponen a la idea de que el sexo es una mercancía probablemente considerarían pecado cualquier comercialización del sexo. Entonces la pregunta más amplia sería: ¿la prostitución es un trabajo o un pecado? Quienes la ven como trabajo y un medio de empleo buscarían aprobar leyes para despenalizar la prostitución, y quienes la ven como un pecado buscarían aprobar leyes para mantener a las mujeres y a los hombres fuera de las calles y los hoteles.

Los hechos son que esta es una economía y, como cualquier otra actividad económica, hay una demanda y una oferta. La única razón por la que cualquier actividad económica prosperaría es porque hay demanda. Ninguna actividad económica sobreviviría jamás sin demanda de su producto. Si hay oferta pero no demanda, entonces no hay actividad económica. Si no existiera tal demanda de sexo, entonces las mujeres y los hombres no estarían vendiendo sus cuerpos.

El dinero tangible no es el único medio de intercambio, ya que el sexo se ha utilizado desde tiempos inmemoriales para obtener favores y acceso. Tal vez no suceda regularmente en Estados Unidos, pero en la mayoría de los países en desarrollo alrededor del mundo, una estudiante de colegio o universidad a veces puede ofrecer sexo a un profesor universitario para recibir una calificación aprobatoria en su examen y suena poco realista, pero estos son hechos. . Algunos han ofrecido favores sexuales para obtener acceso al empleo o ascender en la escala corporativa, y la demanda parece superar la oferta y simplemente no habrá escasez en el corto plazo. El debate sobre la comercialización del sexo se ha centrado principalmente en las mujeres que venden sus cuerpos como medio de empleo para obtener ingresos y mantener a sus familias, ¡pero a menudo se habla poco sobre los hombres que crean la demanda para tal economía!

El comportamiento de los hombres parece haber sido normalizado por la sociedad en general, y el de las mujeres criminalizado, ¡qué tragedia! Aquí está el estado de la comercialización del sexo.: *Si bien la prostitución se ha convertido en una práctica relativamente común en toda América del Norte, la mayoría de las prostitutas son mujeres y, como resultado de esto, se han realizado muchas menos investigaciones sobre la prostitución masculina y gran parte del negocio sigue siendo enigmático. La prostitución masculina se puede definir como el acto de prestar servicios sexuales a cambio de un pago. Se ha estimado que de los 40 a 42 millones de prostitutas que hay en el mundo, entre 8 y 8,42 millones son hombres. La homosexualidad juega un papel decisivo en esta lucrativa empresa comercial, ya que las mujeres rara vez eligen pagar a los hombres por sexo, lo que hace que otros hombres se conviertan en los clientes más comunes.*[166]

Como se puede ver en esta entrada de Wikipedia, el sexo es una fuerza global extremadamente poderosa y su comercialización es solo otra evidencia del poder que ejerce el sexo en la vida de las personas. Se cree ampliamente que la prostitución es una industria dominada por las mujeres, pero como se puede ver en las estadísticas, hay literalmente millones de prostitutos masculinos en todo el mundo. Esta es una situación triste para el mundo si tantos hombres venden sus cuerpos por sexo a otros hombres que están dispuestos y deseosos de pagar por ello. Esto es increíble y el mundo ha llegado a un lugar muy oscuro y enfermizo.

Esta es la situación en Canadá en lo que respecta a la prostitución:*Aunque la prostitución tanto para hombres como para mujeres se considera legal en Canadá, existe un conjunto único de leyes que hace que el acto de vender legalmente el cuerpo por dinero sea casi imposible. En junio de 2014, el gobierno presentó el Proyecto de Ley C-36. Éste declaró que es legal vender servicios sexuales, pero es ilegal comprar servicios sexuales. Además, prohíbe la promoción y publicidad de servicios sexuales ajenos. El objetivo de esto es disminuir la demanda de prostitución. Sin embargo, el proyecto de ley c-36 se ha enfrentado a una reacción importante, ya que algunos críticos creen que estas directrices más estrictas impiden que las prostitutas realizan ciertos procedimientos de seguridad, como*

166

https://wiki.ubc.ca/Male_Prostitution_in_North_America#:~:text=M ale%20prostitution%20can%20be%20definido,millones%20of%2 0them%20are%20men.

examinar a los clientes antes de reunirse con ellos.[167] Se trata de una ley hábilmente elaborada que intenta complacer a los opositores y defensores de la prostitución. La ley parece decir que es legal vender sexo y al mismo tiempo ilegal comprar sexo. Los legisladores reconocieron que la razón por la que existe la prostitución es porque existe demanda y, por lo tanto, hacer que la demanda sea ilegal eventualmente reducirá o eliminará la oferta. Este es un proceso de reflexión muy interesante en la mente de los legisladores canadienses, pero no están seguros de qué efecto, si es que tiene alguno, está teniendo en la economía de la prostitución. Pero muestra un tremendo esfuerzo de su parte para utilizar la única herramienta que tienen disponible para intentar resolver una crisis social importante. Identificaron claramente parte del problema pero la solución está claramente a años luz de distancia.

Aquí está el estado de la prostitución en los Estados Unidos de América:*Según la Decimotercera Enmienda de la Constitución de los Estados Unidos, la prostitución es ilegal en los Estados Unidos, excepto en nueve condados del estado de Nevada. La prostitución se considera una forma de trata de personas y las penas por ser acusado de ello varían de un estado a otro. Si bien la prostitución masculina en Nevada todavía es poco común debido a una ley anterior que requería que se realizara un examen cervical para que una prostituta fuera empleada en un burdel, en 2010, Shady Lady Range contrató al primer gigoló masculino de los EE. UU. Sin embargo, en 2014, Shady Lady Ranch fue cerrado. Las leyes estatales de Nevada exigen que las prostitutas que trabajan en burdeles se*

167

https://wiki.ubc.ca/Male_Prostitution_in_North_America#:~:text=M ale%20prostitution%20can%20be%20definido,millones%20of%2 0them%20are%20men.

comprometan a realizarse pruebas de ITS mensuales y el uso de condones es obligatorio.[168] Estos legisladores de Nevada vieron claramente los peligros de las ETS para la población humana al exigir pruebas mensuales de ETS para poder trabajar como prostituta.

La prostitución se considera un delito en Estados Unidos; sin embargo, esto no ha disuadido a las personas que quieren dedicarse a esta profesión ilícita y peligrosa. La conducta moral difícilmente puede regularse mediante la aprobación de leyes, y rara vez se procesa a alguien por violar estas leyes. Elogiamos a cualquier gobierno por sus esfuerzos para abordar esta epidemia global, pero el problema es mucho más grande que cualquier esfuerzo gubernamental. Este único problema tiene el potencial de destruir miles de millones de vidas para las generaciones venideras. Los efectos duraderos del sexo y la prostitución difícilmente pueden cuantificarse y su cuantificación puede estar más allá de cualquier cálculo humano. El costo humano es mayor que la pérdida de vidas en todas las guerras jamás libradas, juntas. Los efectos del sexo, la pornografía y la prostitución tienen el potencial de acabar con toda la civilización humana tal como la conocemos. Veamos algo de la destrucción que la prostitución está dejando a su paso:

Prostitución y salud mental

El sexo es la actividad más sagrada del planeta después de tu relación con tu creador. Está diseñado para ser una actividad que debe realizarse con cuidadosa

---

[168]

https://wiki.ubc.ca/Male_Prostitution_in_North_America#:~:text=M ale%20prostitution%20can%20be%20definido,millones%20of%2 0them%20are%20men.

reflexión y consideración. No debe realizarse con cualquiera sino con un compañero cuidadosamente seleccionado y ordenado. Por lo tanto, tener relaciones sexuales con casi cualquier persona con más dinero es más peligroso que beber veneno. Esto destruye el carácter sagrado de la actividad. El sexo por dinero tiene el potencial de destruir la autoestima de la persona que se dedica a la prostitución. No es una profesión de la que nadie pueda estar realmente orgulloso. No conozco a ningún padre que anuncia con orgullo: "Mi hija o mi hijo es una prostituta", porque esto trae vergüenza y disgusto a los padres, familiares, amigos y a la persona. Lo más probable es que la vida de una prostituta esté llena de una serie de problemas emocionales como ansiedad, miedo, soledad, estrés, depresión y luego ideas suicidas.

Aquí hay un artículo publicado sobre el estado emocional de algunas prostitutas:*Muchas prostitutas apagan sus emociones mientras están con los clientes. Al menos ese es el caso de Roberta Victor, una prostituta que fue entrevistada en Working by Studs Terkel. Al comienzo de su entrevista, Víctor afirma que "el papel que uno desempeña cuando se apresura no tiene nada que ver con quién es usted". Sin embargo, al final de la entrevista, afirma que: "Te conviertes en tu trabajo. Yo me convertí en lo que hice. Me convertí en una estafadora. Me volví fría, me volví dura, me apagué y me entumece. Incluso cuando no era un estafador, yo era un estafador. Tampoco creo que sea muy diferente de alguien que trabaja en la cadena de montaje cuarenta horas a la semana y llega a casa aislado, entumecido, deshumanizado.*

La gente no está hecha para abrir y cerrar como un grifo de agua." Víctor parece no darse cuenta de que se contradice al afirmar que ella se convierte en su trabajo [una prostituta] cuando antes decía que es una persona diferente cuando trabaja. ... Su forma de pensar y su proceso analítico ha cambiado enormemente. ¿Qué factores afectaron su forma de pensar, desde que pudo separar su trabajo de su identidad hasta que pensó que se había convertido en una estafadora? ¿Cuáles son los efectos psicológicos y físicos de la prostitución en una prostituta? ¿Qué factores llevan a las prostitutas a tener esa mentalidad? ¿Existe alguna manera de disminuir el efecto que tiene la prostitución en el estado físico y mental de una prostituta?[169]

Entonces, esta fue una entrevista y posterior análisis por parte del entrevistador sobre el estado emocional de una prostituta. En este caso, la persona encuentra una manera de afrontar la situación y ocultar sus verdaderas emociones o aceptarlas como una forma de vida. En este caso, esa persona puede utilizar la negación como mecanismo de afrontamiento. El adormecimiento de sus verdaderos sentimientos y emociones se convierte en una forma de afrontar la situación. Aceptar que no hay nada de malo en ser prostituta y reprimir cualquier emoción negativa se convierte en una forma de afrontar la situación. Aquí está el mismo autor arriba y lo que dijo:*La prostitución tiene muchos efectos psicológicos, que incluyen trastorno de estrés postraumático, ansiedad, depresión, somatización y estigmatización. Los efectos físicos incluyen el alto riesgo de enfermedades de transmisión sexual, violencia física y*

169

https://edubirdie.com/examples/psychological-and-physical-effects-of-prostitution-on-the-prostitute/#:~:text=Prostitution%20has%20many%20psychological%20effects,y%20la%20introducción%20a%20drogas.

sexual y la introducción de drogas.[170]Esta es una actividad emocionalmente peligrosa y con consecuencias catastróficas. Es bastante preocupante que los efectos y riesgos asociados con la prostitución incluyan; "somatización". Esta es mi primera interacción con este término y, como mínimo, da bastante miedo.

Este es un término dado a una condición médica que los médicos simplemente no saben qué es y qué la causó. Digamos que usted está muy enfermo y los médicos no pueden identificar la fuente de su enfermedad, por lo que simplemente descartan una palabra: "somatización". Esta palabra puede tener múltiples significados y definiciones dependiendo de con quién esté hablando. Se define así en un diccionario de psiquiatría:*La producción de síntomas médicos recurrentes y múltiples sin causa orgánica discernible.*

Aquí hay otra definición, probablemente de la comunidad psicológica:*La somatización es la expresión de factores psicológicos o emocionales que se manifiestan como síntomas físicos (somáticos). Por ejemplo, el estrés puede provocar que algunas personas desarrollen dolores de cabeza, dolor de pecho, dolor de espalda, náuseas o fatiga. Los trastornos en los que se manifiesta la somatización van desde síntomas somáticos (anteriormente llamado trastorno de somatización) hasta la simulación. Las personas con estos trastornos siempre se centran en sus*

170

https://edubirdie.com/examples/psychological-and-physical-effects-of-prostitution-on-the-prostitute/#:~:text=Prostitution%20has%20many%20psychological%20effects,y%20la%20introducción%20a%20drogas.

problemas físicos, lo que significa que a menudo buscan soluciones físicas.[171]

Entonces, ¿podría la idea de somatización implicar que las personas se enfermen por trabajar como prostitutas y conduzcan a un diagnóstico médico? Ser inyectado con esperma por un número múltiple y desconocido de personas de las que la prostituta no sabe nada. La mezcla de todo tipo de ETS, desde el SIDA hasta la gonorrea, todas inyectadas en la misma vagina y los hombres que acaban de salir llevan esa misma infección a sus esposas, maridos o al próximo encuentro sexual. Por lo tanto, de muchos estudios se desprende claramente que las prostitutas exhiben una serie de problemas emocionales relacionados con su profesión.

Trabajan y viven en constante miedo, ansiedad y soledad. Imagínese tener relaciones sexuales con tres hombres por noche, lo que equivale a unos noventa hombres al mes. Puede que no recuerden o nunca recuerden los nombres de ninguno de ellos. Están completamente desapegados de cualquiera de ellos. Están muy solos y solitarios ya que no están apegados emocionalmente a nadie. Tienen mucho sexo pero ningún apego emocional. El miedo, la soledad y la ansiedad pronto regresarán hacia la depresión y las ideas suicidas. Los problemas emocionales no son todo lo que tienen que afrontar en el día a día; las ETS son grandes problemas.

---

[171]

https://www.psychologytoday.com/us/blog/strictly-casual/20141 0/do-sex-workers-have-more-mental-health-problems

Prostitución y ETS

Las ETS o enfermedades de transmisión sexual están causando estragos en la población general; entonces imagínese lo que potencialmente está sucediendo en la comunidad de la prostitución. Las ETS son enfermedades que se transmiten a través de las relaciones sexuales, ya sean heterosexuales u homosexuales. La situación y prevalencia de las ETS en la población general es bastante sombría y esto puede ser motivo de preocupación en la población prostituida.

Aquí está la evaluación del Centro para el Control de Enfermedades (CDC): El *análisis de los CDC de 2021 proporciona la imagen más clara hasta la fecha de cuán comunes y costosas son las infecciones de transmisión sexual (ITS) en los Estados Unidos. Las últimas estimaciones de los CDC indican que el 20% de la población estadounidense (aproximadamente una de cada cinco personas) tuvo una ITS en un día determinado de 2017, y las ETS adquiridas ese año le costaron al sistema de salud estadounidense casi $16 mil millones solo en costos médicos directos. El análisis de los CDC incluyó ocho ITS comunes, cuatro de las cuales se tratan y curan si se diagnostican a tiempo: clamidia, gonorrea, sífilis y tricomoniasis.*

También se incluyen en el análisis cuatro virus de transmisión sexual: el virus del papiloma humano (VPH), el virus del herpes simple tipo 2 (VHS-2), el virus de la inmunodeficiencia humana (VIH) y el virus de la hepatitis B, VHB.[172]Según el mismo informe de los CDC, hay casi 68

172

https://www.cdc.gov/nchhstp/newsroom/fact-sheets/std/STI-Inc idence-Prevalence-Cost-Factsheet.html#:~:text=CDC's%20latest%

millones de infecciones al año y casi el 46% de todas las nuevas ITS en el país ocurren entre jóvenes (de 15 a 24 años). Ésta es la situación de las ETS y las ITS en la población general y las estadísticas sobre la población prostituida son algo escasas, pero evidentemente está claro cuál es la situación realmente.

Las personas casadas tienen relaciones sexuales con una prostituta, se infectan con una ETS, la traen a casa y contagian a su cónyuge. Ni siquiera tiene que ser sexo con una prostituta; podría ser simplemente tener relaciones sexuales con un compañero de trabajo que ya tenía una ETS de alguna otra fuente. Recuerde que 68 millones de estadounidenses o más son actualmente portadores de ETS. En mi opinión, las cifras de los CDC son modestas. Tengo que creer, sin ninguna evidencia contundente, que la tasa de infección por ETS en la población general supera el 90%. Así que involucrarse en la prostitución de cualquier tipo, heterosexual u homosexual, es una sentencia de muerte. Es como emprender una misión suicida porque tienes un 90% de posibilidades de infectarte con algún tipo de ETS. El sexo es importante pero no tanto como para dar mi vida a cambio de ello.

Es por eso que a menudo les digo a las jóvenes (en su mayoría) que estudien mucho y obtengan una educación superior, para que no tengan que recurrir a vender el cuerpo que Dios les dio para obtener ingresos o intercambiar sus cuerpos para obtener favores de ningún hombre. Esto también se aplica a los hombres, pero sobre todo a las niñas. Una vez le dije a una niña que hay cuatro maneras en que una niña puede salir de la pobreza: (1) heredar mucho dinero de sus padres (2) ganar la lotería Powerball (3) vender

20estimates%20indicate%20that,in%20direct %20médicos%20costos%20solos.

drogas o cocaína para obtener ingresos (4) estudiar mucho en la escuela y obtener una educación superior, convertirse en abogado, médico o farmacéutico, o postularse para un cargo público y convertirse en presidente de los Estados Unidos de América.

La opción 1 es muy improbable porque no muchas niñas o niños tienen padres ricos. La opción 2 también es muy poco probable porque puede ser más fácil que le caiga un rayo que ganar la lotería Powerball. La opción 3, vender drogas o cocaína, puede parecer que proporciona algún beneficio a corto plazo, pero nada satisfactorio ni duradero, y es más probable que termines con una sobredosis, muerto o en una larga sentencia de prisión que disfrutar algo de eso. ¿Qué opinas de la opción 4? Tu cuerpo es muy precioso a los ojos de Dios y nunca debe usarse para la inmoralidad sexual, incluida la prostitución.

La prostitución, la prostitución y las enfermedades de transmisión sexual continúan impactando a las sociedades de maneras que van más allá de nuestra comprensión. Las personas son muy conscientes de los peligros asociados con tener relaciones sexuales con una ramera, una prostituta o cualquier actividad sexual ilegal, pero aun así se sienten atraídas por su perdición. Se podría pensar que la gente reflexionara sobre los millones de personas que han muerto a causa de todo tipo de enfermedades de transmisión sexual, incluido el SIDA, y eso sería suficiente para disuadir a la gente de adoptar ese comportamiento.

La gente simplemente no puede ni quiere detenerse porque la fuerza es irresistible. Esta fuerza interna y poderosa que atrae a la raza humana aparentemente está más allá de cualquier capacidad humana para ver el peligro y detenerse. Imagínese a un hombre insertando su pene en la vagina de una ramera o prostituta, sin protección. Esto es muy peligroso ya que es como meter la lengua en el inodoro y lamer las heces. Ninguna persona sensata debería hacer tal cosa y, sin embargo, millones de personas se están lanzando a la destrucción en nombre del placer.

No tienes idea de lo que la otra persona lleva en su cuerpo y que está listo para ser compartido y transmitido a ti. El deseo de tener relaciones sexuales anula el deseo de pensar y salvar la vida. Este capítulo se ha centrado en las rameras o prostitutas, pero es igualmente peligroso para un hombre o una mujer participar en tales actividades sexuales con alguien que no sea su cónyuge. .

Esta decisión puede ser la que acabe con su vida, ya que es probable que contraiga alguna forma de ETS, incluido, entre otros, el SIDA. No olvides que alrededor del 90% de los adultos en el país y alrededor del mundo tienen algún tipo de ETS y eso significa que tienes un 90% de posibilidades de contraer algún tipo de ETS simplemente por tener relaciones sexuales con alguien que no sea tu cónyuge. . Piénselo antes de embarcarse en su próxima aventura sexual. Hágase pruebas de ETS, usted y su cónyuge, y absténgase de tener relaciones sexuales entre usted y cualquier otra persona que no sea su cónyuge, para que pueda estar libre de ETS para siempre. Pero si eres una ramera o prostituta entonces mi oración por ti es: "Que Dios te permita abandonar ese estilo de vida". Cae de rodillas y ruega a Dios por la capacidad y Él está listo y dispuesto si sólo se lo pides antes de que sea demasiado tarde, porque muchos han muerto temprano. Él está listo para perdonarte y limpiarte de toda injusticia y liberarte de la pena, el poder y la presencia del pecado.

Prostitución, violencia y muerte prematura

El riesgo de contraer algún tipo de ETS como ramera o prostituta es aproximadamente del 99,9999 %, pero este es sólo uno de los muchos riesgos asociados con la profesión de prostitución. Como muchas otras profesiones, esto también es bastante arriesgado y francamente peligroso, por decir lo menos. Imagínense el riesgo de invitar a alguien de quien no saben absolutamente nada con el fin de desvestirse delante de él y tener relaciones sexuales a cambio de un pago.

Podría ser un violador, un asesino en serie, un abusador de menores, etc., pero ella no tiene idea de quién es esa persona. Esto es algo aterrador y peligroso. Niñas y mujeres son asesinadas y es posible que sus familias nunca sepan qué les pasó y que nunca vuelvan a saber de ellas. Esta es una profesión llena de violencia y saturada de miedo. Están constantemente temerosos y temerosos de quién pueda hacerles daño y aprovecharse de ellos. Los hombres suelen aprovecharse de ellos porque suelen estar indefensos e impotentes.

Algunos son golpeados, obligados a actuar en contra de su voluntad y voluntad, y esto me revuelve el estómago. Aquí hay parte de un artículo publicado en Psychiatry Times sobre violencia sexual.: *Son típicas las experiencias de una mujer que se prostituyó principalmente en clubes de striptease, pero también en masajes, acompañantes y prostitución callejera (Farley et al, 2003). En un club de striptease, ella era sexualmente acosada y agredida. Desnudarse le exigía aceptar, sonriendo, el abuso verbal de los clientes. Los clientes la agarraron y pellizcaron las piernas, los brazos, los senos, las nalgas y la entrepierna, lo que en ocasiones le provocó moretones y rasguños. Los* clientes le apretaron los senos hasta causarle fuertes dolores y la humillaron eyaculando en su cara. Los clientes y los proxenetas la maltrataban físicamente.

Estaba gravemente magullada por las palizas y con frecuencia tenía los ojos morados. Los proxenetas le tiraban del pelo como medio de control y tortura. La golpearon repetidamente en la cabeza con los puños cerrados, a veces hasta dejarla inconsciente. A consecuencia de estos golpes, su tímpano resultó dañado y su mandíbula se dislocó y permanece así muchos años después. La cortaron con cuchillos. Fue quemada con cigarrillos por clientes que fumaban mientras la violaban. Fue violada en grupo y también violada individualmente por al menos 20 hombres en diferentes momentos de su vida.

Estas violaciones por parte de Johns y proxenetas a veces provocan hemorragias internas. Sin embargo, esta mujer describió el dolor psicológico de la prostitución como mucho peor que la violencia física. Explicó que la prostitución "es internamente dañina. Uno se convierte en su propia mente en lo que estas personas hacen y dicen con usted" (Farley et al. 2003). Casi dos décadas antes, investigadores noruegos observaron que las mujeres en la prostitución eran tratadas como mercancías con las que los hombres se masturbaban, causando un inmenso daño psicológico a la persona que actuaba como receptáculo (Hoigard y Finstad, 1986).[173]

La imagen que describe este artículo me revuelve el estómago y parece algo producido en una sala de cine, pero esto es realidad y no ficción. Este tipo de violencia sexual

---

[173]

https://www.psychiatrictimes.com/view/prostitution-sexual-violence

está ocurriendo en todo Estados Unidos y el mundo. Las mujeres y las niñas, creadas a imagen de Dios, están siendo ridiculizadas y humilladas sexualmente por hombres con una mente degradada. Esto es pura esclavitud sexual. Esto va más allá de lo criminal y es simplemente un comportamiento animal inhumano.

Una persona hecha a imagen de Dios es humillada, ridiculizada y humillada por personas depravadas, degradadas,por destructivos hombres que buscan su propia satisfacción y glorificación a expensas de otro ser humano valorado y digno de honor y adoración. Pero esta no es sólo una línea de trabajo peligrosa en términos de la cantidad de violencia diaria, sino que las trabajadoras sexuales regularmente pagan el precio máximo con sus vidas.

Es muy fácil que maten a una niña o una mujer que trabaja como prostituta que a la población femenina no prostituida y aquí hay un resumen de la Biblioteca Nacional de Medicina de los NIH:*Se ha estimado que las mujeres involucradas en la prostitución callejera tienen entre 60 y 100 veces más probabilidades de ser asesinadas que las mujeres que no se prostituyen. Además, los homicidios de prostitutas son notoriamente difíciles de investigar y, como tales, muchos casos siguen sin resolverse. A pesar de estos grandes factores de riesgo, existe poca literatura sobre los homicidios de prostitutas y faltan estadísticas y conocimientos básicos sobre este grupo tan específico que podrían ayudar a los investigadores clave. El objetivo del presente estudio es realizar un estudio exploratorio para explorar las características clave de este grupo y en qué se diferencian de otros subgrupos de homicidio. Se analizan cuarenta y seis casos de homicidios de prostitutas en el Reino Unido y se comparan con 59 casos de homicidio no sexual de delincuente masculino-víctima femenina y 17*

311

casos de homicidio sexual de delincuente masculino-víctima femenina.[174]

Puede ser seguro concluir que el negocio de la prostitución sigue de alguna manera el modelo de negocio del crimen organizado porque, en algunos casos, pueden estar entrelazados, lo que significa que las redes del crimen organizado a veces se mezclan con la prostitución, lo que hace que los homicidios de prostitutas sean más difíciles de investigar. resolver. Las vidas y el potencial de muchos jóvenes se ven truncados demasiado pronto. O mueren por alguna ETS adquirida, por sobredosis de drogas o por violencia física.

He aquí un vistazo del estado de violencia y muerte asociado con la prostitución registrado por el museo del crimen:*En 2005, Markoff conoció a McAllister mientras trabajaban como voluntarios en el hospital. Ambos eran estudiantes de SUNY y pronto se convirtieron en novios universitarios. Markoff se graduó en sólo tres años con una licenciatura en biología y fue aceptado en la Facultad de Medicina de la Universidad de Boston. McAllister también había planeado asistir a la escuela de medicina, pero no fue aceptada por la escuela a la que quería asistir, la pareja se mudó a Boston y Megan suspendió sus planes. En 2008, Markoff y McAllister se comprometieron y fijaron la fecha de su boda para agosto. 14 de octubre de 2009. McAllister se mantuvo ocupada planificando la boda, mientras Markoff asistía a la escuela de medicina y frecuentaba casinos, acumulando más de 130.000 dólares en deudas.*

En abril de 2009, la policía de Boston estaba investigando dos ataques separados contra mujeres que habían anunciado servicios eróticos en línea y habían planeado

---

[174]   https://pubmed.ncbi.nlm.nih.gov/18319375/

encontrarse con su "cliente" en un hotel de lujo. El 10 de abril de 2009, Trisha Leffler, de 29 años, una escort, fue amordazada, atada y robada a punta de pistola en un hotel Westin por un hombre que respondió a un anuncio que ella había colocado en Craigslist. Cuatro días después, Julissa Brisman fue encontrada asesinada en la puerta de su habitación del hotel Marriott. Parecía que había estado tratando de luchar contra su atacante, cuando recibió varios disparos.

Había colocado un anuncio en Craigslist ofreciendo servicios de masajes eróticos y había programado una cita para encontrarse con un hombre llamado "Andy" en su habitación de hotel. La policía creía que el mismo atacante estaba relacionado con el intento de robo de Cynthia Melton, una bailarina exótica que ofrecía servicios de baile erótico. Markoff había programado una cita para reunirse con ella en un hotel Holiday Inn en Rhode Island mediante el uso de un teléfono celular TracFone desechable. Los tres incidentes fueron similares en que el motivo parecía ser un robo, que los ataques fueron contra mujeres que ofrecían servicios sexuales, las citas estaban muy juntas y dos de las mujeres habían sido atadas con cuerdas de plástico. A través de todo esto, la prometida de Markoff permaneció en la oscuridad creyendo que él era "hermoso por dentro y por fuera".[175]

Puede que este no sea un caso único porque muchas personas, en el lado masculino que están involucradas con prostitutas, también están casadas. Es posible que consigan, durante un tiempo, vivir varias vidas, pero pronto eso les alcanzará. Una prostituta no va a alquilar una habitación de

---

175

https://www.crimescenecleanup.com/prostitution-death-statistics/

hotel en el Marriott para tener sexo con una persona pobre. Las prostitutas de alto nivel mantienen una clientela masculina bien conectada. Se trata de empresarios, abogados, médicos y políticos. El deseo de tener sexo y pagar por ello no está determinado por el estatus económico de una persona. Este es el deseo y el anhelo del corazón humano, independientemente de la posición de cada uno en la vida, y este deseo sexual alimenta la necesidad de abastecimiento y niñas y mujeres jóvenes son asesinadas en el proceso. Esta demanda de sexo y la necesidad de suministrarlo ha dado lugar a una serie de otros delitos sexuales, incluido el tráfico sexual.

Prostitución y tráfico sexual

El tráfico sexual es un tema muy complejo y emocionalmente amplio que puede requerir volúmenes de escritos para llegar al meollo del asunto. Quizás sólo le abramos el apetito abordando las cuestiones elementales del tráfico sexual. Esto también puede denominarse esclavitud sexual porque millones de niñas son atraídas a la prostitución mediante el tráfico sexual. Se trata de una economía sumergida global que está floreciendo bajo la atenta mirada de las fuerzas del orden globales. Chicas jóvenes desesperadas son atraídas a la prostitución con el pretexto de una vida mejor y próspera. Es muy peligroso estar desesperado en cualquier situación porque la desesperación significa que se están quedando sin opciones. Cuando alguien está desesperado, puede significar que no hay buenas opciones disponibles (para que pueda pensar y concluir). La gente desesperada hace cosas desesperadas.

Imaginemos a una hermosa y joven graduada universitaria en algún país del tercer mundo, digamos en África, América del Sur o Asia, que ha completado su educación y no hay oportunidades de empleo. Durante años ha intentado solicitar empleo, pero sin éxito. Puede que sea la primera de diez hijos de su familia y sus padres, con recursos muy limitados, han hecho todo lo posible para apadrinar a su primer hijo. En algunas de esas culturas, se espera que ahora sea responsabilidad del primer hijo asumir la responsabilidad de mantener a sus padres y hermanos, por lo que están bajo mucha presión.

¡Ah, pero hay un problema! Ella está dispuesta pero no es capaz. No tiene empleo ni ingresos. Viven en completa pobreza. Viven en una casa de unas 20 personas, y la casa tiene aproximadamente dos dormitorios, sin plomería interior, sin electricidad, y utiliza una letrina como retrete. Esto es pobreza abyecta, por decirlo suavemente. Esto simplemente no es una excusa para convertirse en prostitutas, pero ésta es la situación en la que se encuentran muchas de estas chicas. Es posible que su familia incluso carezca de alimentos diarios suficientes para alimentar a 20 personas. El nivel de desesperación está más allá de lo aceptable.

Entonces, es en este contexto que de repente se entera de una oportunidad de trabajar, digamos, en Europa, Dubai o algún otro país occidental. Le prometen que le pagarán unos 1.500 euros al mes o 1.800 dólares al mes en Dubai. Le prometen alojamiento y alimentación gratuitos, ¡pero hay un inconveniente! Es posible que le hayan dicho que trabajará como "especialista en servicio al cliente" o algo similar, pero es posible que ni siquiera sepa lo que eso significa realmente y que tenga demasiado miedo de preguntar, por temor a perder la oportunidad. No hasta que suba al avión y aterrice y la lleven a su lugar de residencia; luego, a los pocos días, comienza a asimilarlo, después de que recibe sus asignaciones de trabajo. Le confiscaron el pasaporte y ella no tiene dinero para regresar a su país de origen aunque quisiera hacerlo.

Este es en cierto modo el panorama para la mayoría de las jóvenes en algunos de estos países, pero hay otras que permanecen en sus países y también eligen la prostitución, independientemente de su situación económica. Ven a su madre, abuela, bisabuela, hermanas y amigas ejerciendo la prostitución, y era natural hacerlo porque todos los que las rodean son prostitutos. Ahora, la situación en América del Norte y Europa es un poco diferente.

Las niñas que nacen en estos países viven en circunstancias económicas completamente diferentes y, sin embargo, algunas eligen la prostitución. Este es un tema extremadamente complicado con diversas razones situacionales por las cuales las niñas son atraídas a esa profesión. El nivel de desesperación no es tan abyecto como en la mayoría de los países en desarrollo; sin embargo, muchas niñas siguen eligiendo el camino de la prostitución. Incluso en estos países ricos, todavía existen traficantes sexuales para atraer a las niñas a la prostitución, engañándolas con la idea de una vida mejor.

Aquí hay algunas historias reales de tráfico sexual y prostitución:*En California, Sara tiene dieciocho años y tiene que abandonar su hogar de acogida; le ofrecen formación para ser camarera en cruceros. Ella acepta, pero Diane la vende a traficantes sexuales.*

En India, la joven adolescente Amba está de fiesta con sus amigos cuando un chico al que había rechazado intenta coquetear con ella nuevamente. Lo echan. En su camino de regreso a casa, él les arroja ácido a ella y a su amiga. Su amiga tiene el rostro desfigurado y la mano de Amba tiene cicatrices. Luego obliga a Amba a ser vendida como esclava sexual. Sara y Amba terminan juntas en un burdel de Texas con Mali, de Nigeria, y son violadas repetidamente. Mali les dice que hagan lo que puedan para sobrevivir y no contraatacar. Amba, desesperada, escucha, pero Sara se resiste y es golpeada y drogada.

Amba queda embarazada y Simon (Sean Patrick Flanery), el dueño del burdel, se entera y la obliga a tomar pastillas para abortar. Pierde mucha sangre y Mali le ruega a Simon que llame a un médico. Él lo hace y Sara le ruega discretamente al médico que le dé unas pastillas para dormir "para su amiga". Él cede. Sara conspira con Amba y Mali para escapar. Ella les dice que Simon se irá con el resto de sus hombres a pasar la noche y que solo quedará Max, uno de los guardias. Sara dice que podrían tomar un tren cerca.

Mali está de acuerdo, pero Amba, todavía deprimida por su aborto, dice que no se irá. Cree que su familia se avergonzaría demasiado de ella cuando descubrieran lo que ha estado haciendo. Sara pone pastillas para dormir en la bebida de Max y, una vez que él duerme, se escapa con Mali. Amba cambia de opinión y se va con ellos. Sara le quita las llaves de la puerta principal a Max, pero él se despierta y la estrangula. Mali lo golpea y lo deja inconsciente, y las tres chicas corren. Llegan a la estación de tren, pero ya es demasiado tarde; el tren ya partió. Mali tropieza y se lesiona el tobillo. Mientras tanto, Simon descubre que se habían escapado y vuelve corriendo.

Gameboy, otro guardia, registra la estación, que también es una parada de camiones, y escucha los gritos de dolor de Mali. Mali les dice a Amba y Sara que huyan, y ellas finalmente lo hacen, reacias a dejarla. Mali es capturada y Sara y Amba corren y se esconden en un camión. Los

317

llevaron a una estación de autobuses, donde compraron dos billetes. Suben al autobús y ven a Simón, que los ha seguido hasta allí y está registrando los autobuses. Se agachan, se esconden y logran evadir. Sara se reencuentra con su hermana menor y Amba llama a su familia, quienes están encantados de saber de ella. Simon y Diane son arrestados, junto con todos los demás involucrados en la trata. En cuanto a Mali, se la muestra con un grupo de prostitutas, sosteniendo a una de ellas y llorando mientras se la llevan.[176]

Esta es la triste situación en el mundo del tráfico sexual. Esto está sucediendo, a veces a plena luz del día y bajo la atenta mirada de las autoridades. Las niñas están atrapadas en un círculo de cautiverio y violencia y piden ayuda. La cuestión del tráfico sexual también es ampliamente malinterpretada y muchos incluso cuestionan su existencia. Mientras escribo, las niñas están siendo atraídas en todo el mundo, con el pretexto y la promesa de una vida mejor. Pero ¿qué es realmente el tráfico sexual?

---

[176]   https://en.wikipedia.org/wiki/Trafficked

A continuación se muestra la imagen de un burdel en el estado de Nevada, donde se practica la prostitución legal.

Imagen de un burdel en Nevada, EE.UU.[177]

¿Qué es el tráfico sexual?

Aquí hay algunas estadísticas clave para reflexionar:*En 2019, el Centro Nacional para Niños Desaparecidos y Explotados (NCMEC) estimó que 1 de cada 6 fugitivos en peligro que se les informó eran probablemente víctimas de tráfico sexual.*

La Organización Internacional del Trabajo y la Fundación Walk Free, en asociación con la OIM, estimaron que hay 4,8 millones de personas atrapadas en explotación sexual forzada en todo el mundo. En los Estados Unidos, la Ley de Protección a las Víctimas de la Trata de 2000 (TVPA), modificada por la Ley de Justicia para las Víctimas de la Trata de 2015 (JVTA), define la trata sexual como "reclutar, albergar, transportar, proporcionar, obtener, patrocinar o solicitar de un individuo mediante la fuerza, el fraude o la coerción con fines comerciales de sexo". Sin embargo, no es necesario demostrar fuerza, fraude o coerción en casos de tráfico sexual que involucran a niños menores de 18 años. El término "acto sexual comercial" se define como "cualquier acto sexual por el cual se entrega algo de valor a una persona". o recibido de cualquier persona" (22 U.S.C. 7102). El tráfico sexual se puede distinguir de otras formas de sexo comercial aplicando el modelo Acción + Medios + Propósito.

La trata de personas ocurre cuando un traficante realiza cualquiera de las acciones enumeradas y luego emplea medios de fuerza, fraude o coerción con el fin de obligar a

[177]

https://www.businessinsider.com/legal-prostitution-in-nevada-photos-of-brothels-marc-mcandrews *la víctima a realizar actos sexuales comerciales. Como mínimo, debe estar presente un elemento de cada columna para establecer una situación potencial de tráfico sexual. La presencia de fuerza, fraude o coerción indica que la víctima no ha dado su consentimiento por su libre voluntad. Además, los menores de 18 años que practican sexo comercial se consideran víctimas de trata de personas independientemente del uso de fuerza, fraude o coerción.* **178**

Claramente no hay duda de que la prostitución y el tráfico sexual representan una grave amenaza para las vidas y el futuro de nuestras jóvenes. Muchos son absorbidos por esto con el engaño y la expectativa de tener una vida aparentemente mejor y, sin embargo, sus vidas se hacen añicos o se truncan prematuramente. Las jóvenes son obligadas, coaccionadas y defraudadas para quitarles sus preciosos cuerpos, sólo para regresar, si es que regresan, con la vida destrozada. Pero ¿cuál es realmente la raíz de la prostitución y el tráfico sexual?

¿Qué empuja a las personas a la prostitución y el tráfico sexual?

Sin duda se trata de crímenes muy malos y terribles cometidos contra la humanidad, pero ¿qué es lo que realmente lleva a la gente a tal nivel de degradación? ¿Qué es lo que realmente impulsa a hombres y mujeres a forzar y coaccionar a las jóvenes para que se prostituyan y qué causa incluso que algunas niñas elijan una vida de prostitución? Este es un tema bastante complicado, ya que hay todo tipo de ideas sobre la causa fundamental de esto.

---

[178]
https://humantraffickinghotline.org/type-trafficking/sex-trafficking

Algunos pueden pensar y decir que el entorno en el que las personas crecieron puede haberlas expuesto a tales patrones de comportamiento. Ciertamente hay cierto nivel de verdad en eso, y la idea es que si la madre de alguien es una prostituta, entonces es probable que siga la prostitución como carrera profesional y si el padre o la madre de alguien es un traficante sexual, entonces es muy probable que siga ese camino también. Sin embargo, otros han argumentado que la coerción y la pobreza son la raíz de la prostitución y he aquí uno de esos argumentos:

Estas feministas sostienen que, en la mayoría de los casos, la prostitución no es una elección consciente y calculada. Dicen que la mayoría de las mujeres que se prostituyen lo hacen porque fueron forzadas o coaccionadas por un proxeneta o por la trata de personas, o, cuando es una decisión independiente, generalmente es resultado de la pobreza extrema y la falta de oportunidades, o de graves problemas subyacentes, como adicción a las drogas, traumas pasados (como abuso sexual infantil) y otras circunstancias desafortunadas.

Estas feministas señalan que las mujeres de las clases socioeconómicas más bajas -mujeres empobrecidas, mujeres con un bajo nivel de educación, mujeres de las minorías raciales y étnicas más desfavorecidas- están sobrerrepresentadas en la prostitución en todo el mundo; como afirmó Catherine MacKinnon: "Si la prostitución es una elección libre, ¿por qué las mujeres con menos opciones son las que más a menudo la practican?" Un gran porcentaje de prostitutas encuestadas en un estudio de 475 personas involucradas en la prostitución informaron que estaban en un período difícil de sus vidas y que la mayoría quería dejar la ocupación. Mackinnon sostiene: "En la prostitución, las mujeres tienen relaciones sexuales con hombres con los que de otro modo nunca tendrían relaciones sexuales. Por tanto, el dinero actúa como una forma de fuerza, no como una medida de consentimiento. Actúa como lo hace la fuerza física en la violación".

Algunos estudiosos de la lucha contra la prostitución sostienen que el verdadero consentimiento en la prostitución no es posible. Barbara Sullivan dice: "En la literatura académica sobre la prostitución, hay muy pocos autores que argumentan que el consentimiento válido para la prostitución es posible. La mayoría sugiere que el consentimiento para la prostitución es imposible, o al menos improbable". La mayoría de los autores sugieren que el consentimiento a la prostitución es profundamente problemático, si no imposible. Para las feministas radicales, esto se debe a que la prostitución es siempre una práctica sexual coercitiva. Otros simplemente sugieren que la coerción económica hace que el consentimiento sexual de las trabajadoras sexuales sea muy problemático, si no imposible".

Finalmente, los abolicionistas creen que no se puede decir que ninguna persona consienta verdaderamente su propia opresión, y que ningún pueblo debería tener derecho a la opresión de otros. En palabras de Kathleen Barry, el consentimiento no es "una buena vara divisoria en cuanto a la existencia de opresión, y el consentimiento a la violación es un hecho de opresión. La opresión no puede medirse efectivamente en función del grado de consentimiento, ya que incluso en la esclavitud había cierto consentimiento, si el consentimiento se define como la incapacidad de ver alguna alternativa".[179]

---

[179]

https://en.wikipedia.org/wiki/Feminist_views_on_prostitution#:~:t

Esta es una interpretación bastante fascinante de las razones de la prostitución, donde las feministas y otros argumentan que la pobreza y la coerción son las razones principales por las que las mujeres recurren a la prostitución como último recurso. Argumentan apasionadamente que cuando el dinero se convierte en un factor de motivación para tener relaciones sexuales, entonces no hay consentimiento. Esta es una forma bastante intrigante de considerar el consentimiento. El argumento es que cuando el dinero o algo de valor está presente en el contexto de las malas circunstancias económicas de la prostituta, entonces están motivadas por el dinero y quedan impotentes y sin la capacidad de dar su verdadero consentimiento.

La idea de "consentimiento" es aceptar u otorgar permiso para que se lleve a cabo alguna acción. Ambas partes que consienten deben estar de acuerdo, sin fraude, fuerza o coacción alguna. Deben ser mayores de 18 años y no estar bajo la influencia de ninguna sustancia controlada, marihuana, alcohol, drogas o cualquier sustancia que afecte el pensamiento y el juicio. Hay alrededor de 8,4 millones de prostitutos en el mundo y no estoy seguro de si también son obligados a prostituirse. Esto incluye a todas las razas y colores y no se limita apenas a la coerción económica.

Hay niñas muy pobres en todo el mundo que difícilmente venderán sus cuerpos por sexo y hay mujeres con trabajos regulares de 9 a 5 que también venden sus cuerpos por sexo. No es de extrañar que la prostitución sea considerada "la profesión más antigua del mundo". La cuestión fundamental aquí es asumir la responsabilidad de cualquier acción humana. Quien paga por la prostituta sin duda permite su acción, pero difícilmente provoca sus

---

ext=They%20say%20that%20most%20women,addiction%2C%20
past%20trauma%20(such%20as

acciones. Quien proporciona el sexo también tiene culpabilidad. Son igualmente culpables de un acto inmoral deplorable.

Utilizar la coerción como defensa de las acciones de la mujer, es buscar eximir a la mujer de cualquier culpabilidad. Un hombre tampoco puede utilizar la coerción como defensa de su acción y decisión de dedicarse a la prostitución. Las condiciones económicas, como la pobreza y los factores socioeconómicos, pueden actuar como causas inmediatas, pero no como causas reales de la prostitución. Si este fuera el caso, difícilmente nadie sería considerado responsable de sus acciones. La idea de coerción, si existe alguna, podría ser aplicable a las niñas de algunos países del tercer mundo, pero ¿por qué una niña en Estados Unidos alejaría la coerción y la pobreza como la causa de convertirse en prostituta? Este es un país lleno de oportunidades si tan sólo están dispuestos y son capaces de verlas y aprovecharlas.

Realmente no hay justificación para que una niña en Estados Unidos utilice la pobreza y la coerción económica como razones para dedicarse a la prostitución. La Biblia tiene mucho que decir sobre la prostitución que te dejará boquiabierto. Entonces no sorprende que la prostitución sea considerada la profesión más antigua y esto es algo de lo que la Biblia tiene que decir:

1. Deuteronomio 23:17 Ninguna de las hijas de Israel será prostituta de culto, y ninguno de los hijos de Israel será prostituta de culto.

3. Levítico 19:29 No contaminarás a tu hija haciéndola prostituta, no sea que la tierra se llene de prostitución y maldad.

4. Levítico 21:9 Si la hija de un sacerdote se contamina haciéndose prostituta, también contamina la santidad de su padre, y deberá morir quemada.

5. Deuteronomio 23:17 Ningún israelita, sea hombre o mujer, podrá prostituirse en el templo.

¡Uno con una prostituta!

6. 1 Corintios 6:15-16 ¿No te das cuenta de que tus cuerpos en realidad son partes de Cristo? ¿Debe un hombre tomar su cuerpo, que es parte de Cristo, y unirlo a una prostituta? ¡Nunca! ¿Y no os dais cuenta de que si un hombre se une a una prostituta, se hace un solo cuerpo con ella? Porque las Escrituras dicen: "Los dos están unidos en uno".

Inmoralidad sexual

7. 1 Corintios 6:18 Huir de la fornicación. Todo pecado que el hombre comete es sin el cuerpo; pero el que fornica, peca contra su propio cuerpo.

8. Gálatas 5:19 Ahora bien, las obras de la carne son evidentes: fornicación, impureza, depravación.

9. 1 Tesalonicenses 4:3-4 Es la voluntad de Dios que te mantengas alejado del pecado sexual como señal de tu devoción a él. Cada uno de ustedes debe saber que encontrar un esposo o una esposa debe hacerse de manera santa y honorable.

¡Ten cuidado!

10. Proverbios 22:14 Pozo profundo es la boca de la mujer adúltera; el hombre que está bajo la ira del SEÑOR cae en ella.

11. Proverbios 23:27-28 Porque la ramera es como un pozo profundo; una ramera es como un pozo angosto. De hecho, acecha como un ladrón y aumenta a los infieles entre los hombres.

12. Proverbios 2:15-16 cuyos caminos son torcidos y tortuosos en sus caminos. La sabiduría os salvará también de la mujer adúltera, de la mujer descarriada de palabras seductoras.

13. Proverbios 5:3-5 Porque los labios de la mujer adúltera destilan miel, y sus palabras seductoras son más suaves que el aceite de oliva, pero al final es amarga como el ajenjo, cortante como espada de dos filos. Sus pies descienden hasta la muerte; sus pasos llevan directos a la tumba.

Dios no acepta dinero de prostitución.

14. Deuteronomio 23:18 Cuando traigas ofrenda para cumplir un voto, no traerás a la casa de Jehová tu Dios ninguna ofrenda de las ganancias de una prostituta, sea hombre o mujer, porque ambas son abominaciones para el Señor tu Dios.

15. Proverbios 10:2 La riqueza contaminada no tiene valor duradero, pero una vida correcta puede salvar tu vida.

Dejaré que la Biblia hable por sí misma sobre estos asuntos de profunda importancia para nuestras vidas individuales y nuestras comunidades globales. Está bastante claro que la prostitución o la prostitución es una conducta pecaminosa que procede de un corazón pecaminoso. Dios dijo: "No contamines a tu hija haciéndola prostituta, no sea que la tierra se llene de prostitución y maldad", Levítico 19:29. La prostitución, el adulterio, la fornicación, la homosexualidad y todas las demás formas de conducta sexual inmoral hacen que la tierra se llene de maldad.

El pecado es cualquier transgresión de la ley de Dios y eso incluye todo pecado, como la mentira, el robo, el chisme y los celos; Todos estos son pecados, pero hay algo muy diferente con el pecado sexual. Cuando mentimos o no decimos toda la verdad, les mentimos y les está afectando. Cuando robamos a alguien, le quitamos lo que le pertenece. Codiciamos o queremos lo que otro tiene entonces todo este tipo de pecados son externos a nosotros y a nuestros cuerpos y por eso el pecado sexual y la inmoralidad sexual es diferente, porque si bien es igualmente pecado, se coloca en una categoría propia. , eso es un pecado contra nuestro propio cuerpo. Esto es muy profundo y de importancia crítica para comprender el alcance y el impacto del pecado sexual. ¡No hay nada como eso!

Hay algo acerca del pecado sexual que no podemos comprender completamente en nuestras mentes débiles. La temeridad con la que Dios trata el pecado sexual se ve algo diferente de cómo tratar otros tipos de pecado cuando ocurre una infracción, y Él ha prescrito el remedio para cualquier infracción de ese tipo. Esto es lo que Dios dijo en un caso: "Si la hija de un sacerdote se contamina haciéndose prostituta, también contamina la santidad de su padre, y debe morir quemada", Levítico 21:9. Si la hija de un sacerdote se prostituye, entonces la muerte será el único remedio para una infracción aparentemente menor.

Dios toma en serio el pecado sexual y todo pecado sexual es contra el cuerpo de la persona que comete inmoralidad sexual. Esto es lo que Dios dijo al respecto: Todo pecado que el hombre comete, quedan fuera del cuerpo; pero el que fornica, peca contra su propio cuerpo, 1 Corintios 6:18. Este texto coloca la inmoralidad sexual en una clase propia. Todos los demás pecados están fuera del cuerpo excepto la inmoralidad sexual, que es un término general para cualquier actividad sexual que se desvíe de los estándares establecidos por Dios. Génesis 2:24 es la norma y cualquier desviación sería clasificada como inmoralidad sexual. Entonces, ¿cómo salimos de este lío? ¿Cuál es la solución?

Solución a la inmoralidad sexual

Si bien el pecado sexual puede ser único en su clase, todos los pecados son esencialmente iguales. Todos terminan con las mismas consecuencias. Todo pecado separa al hombre de Dios y todo pecado resulta en muerte, que es una separación espiritual (muerte espiritual) entre el hombre y Dios. Toda desobediencia a lo que Dios ha dicho es pecado. Es así de simple. "El pecado es transgresión de la ley", 1 Juan 3:4. Dios tiene un estándar de santidad y nadie cumple con los estándares establecidos por Dios. Realmente no importa si eres prostituta, proxeneta o presidente de un país. Hay una cosa que es común a toda la humanidad.

Todos somos pecadores y el pecado nos separa de Dios. El terreno está nivelado en la cruz. No importa lo que hayas hecho y dónde hayas estado. No importa cómo empiezas la carrera sino cómo la terminas. Dios puede borrar completamente tu pasado y darte un nuevo comienzo. Pero tienes que saber y creer ciertas cosas sobre ti mismo. Tienes que saber y creer que eres un pecador. Ésta es la verdad más importante y fundamental. No eres pecador porque cometes actos pecaminosos como la prostitución; eres pecador porque naciste pecador desde el vientre de tu madre. La prostitución es sólo un pecado que cometes porque eres pecador.

Sin prostitución u otros actos sexualmente inmorales, seguirás siendo un pecador. Separa quién eres de lo que haces. Pecamos porque somos pecadores. No somos pecadores porque pecamos. La sociedad intenta elevar o menospreciar a una determinada clase de personas como pecadoras o justas en función de lo que hacen. Si alguien es un sacerdote o un pastor en lugar de ser una prostituta o un proxeneta, entonces la sociedad probablemente juzgaría que el pastor y el sacerdote probablemente terminarán en el cielo, pero no es tan simple.

La prostituta más famosa de la Biblia es una mujer llamada "Rahab", y aquí está su historia: "Por la fe la ramera Rahab no pereció con los incrédulos, cuando recibió en paz a los espías", Hebreos 11: 31. Esta ramera o prostituta apareció en la genealogía de Jesús en Mateo 1:5. Esta es una historia asombrosa de la gracia de Dios y la redención. Dios no hace acepción de personas. Si eres una ramera o prostituta, recuerda que hay esperanza. Y si no eres una prostituta sino el presidente de un país, entonces también hay esperanza para ti. Con la ayuda de Dios, tenéis que conocer, creer y reconocer vuestra verdadera condición. Nadie va a ver a un médico a menos que esté enfermo y sepa que está enfermo.

El pecado es una enfermedad que separa a la raza humana de Dios. Esto es lo que Dios dijo acerca de esto: "Pero vuestras iniquidades os han separado de vuestro Dios; vuestros pecados han ocultado de vosotros su rostro, para no escuchar", Isaías 59:2. El pecado es el muro de separación entre el hombre y Dios. Esta separación también se llama muerte (Efesios 2:1), lo que significa que el hombre o la humanidad está físicamente vivo pero espiritualmente muerto y separado de Dios en esta vida y algún día puede llegar a estar eternamente separado de Dios si muere sin esperanza.

Esto es lo que Dios dijo nuevamente: "Porque la paga del pecado es muerte, pero la dádiva de Dios es vida eterna en Cristo Jesús Señor nuestro", Romanos 6:23. Cuando trabajas para una empresa, ganas salarios semanales o mensuales para el trabajo hecho y de la misma manera, la muerte o la separación de Dios es salario por pecar contra

Dios. La segunda parte de este versículo habla de la vida eterna, la cual se contrasta con la parte anterior, que habla de la muerte. Esta vida eterna es un regalo de Dios para ti. Esta es la solución al problema del pecado. La eliminación del pecado para que puedas ser llevado a la presencia de Dios. El pecado es la barrera y el obstáculo.

El pecado mantiene a Dios fuera de tu vida, pero la sangre derramada de Cristo te reconcilia con Dios, porque sin derramamiento de sangre no hay perdón del pecado, Hebreos 9:22. El paso clave aquí es admitir su verdadera condición. Dios dice que eres un pecador y la pregunta es: "¿Estás de acuerdo con la evaluación que Dios hace de ti o no estás de acuerdo con Dios? ¿Crees que Dios se equivoca al llamarte pecador? La mayoría de las personas realmente creen que son buenas personas. pero ¿qué crees acerca de ti mismo?" Todos pecaron y están destituidos de la gloria de Dios, Romanos 3:25. La palabra "todos" significa todo incluido, es decir, todos, incluido usted, han pecado, sin excepciones. Estamos todos en muy mal estado y no podemos salir. Todo lo que tienes que hacer es estar de acuerdo con Dios y esto es lo que Dios dice: "Porque si confiesas con tu boca que Jesús es el Señor, y crees en tu corazón que Dios le levantó de los muertos, serás salvo. Porque con el corazón se cree y se justifica, pero con la boca se confiesa y se salva", Romanos 10:9-10. La palabra griega que aquí se traduce al español como "confesar", tiene la idea de estar de acuerdo con Dios o ser de la misma opinión con Dios sobre lo que Él dice sobre un asunto determinado. Estar de acuerdo con Dios en que eres pecador y también estar de acuerdo en que Él es el Señor, es decir, que Él es Dios, en forma carnal o humana.

Y también creyendo que fue crucificado, sepultado y al tercer día resucitó triunfante del sepulcro. Si realmente crees esto entonces tienes vida eterna. Has pasado de la muerte espiritual a la vida eterna y nunca más volverás a estar eternamente separado de tu creador. Pero a aquellos que rechazan la invitación de Dios y continúan en un camino autodestructivo, les espera una destrucción segura. Esto es lo que Dios dijo a través del escritor de Hebreos: "¿Cómo escaparemos si descuidamos una salvación tan grande?" Hebreos 2:3. Esta es una pregunta retórica y con la respuesta incrustada en la propia pregunta. Algunos pueden optar por continuar por el camino de otros comportamientos destructivos, como el sexo no deseado.

Capítulo 10

El poder destructivo del sexo no deseado

El sexo no deseado tiene el poder de destruir el ser central de una persona. El sexo es la actividad más íntima entre un hombre y una mujer, y dicha actividad sólo es placentera y placentera cuando existe consentimiento mutuo. El sexo forzado o no deseado invade y destruye a la persona. Es muy difícil de creer, pero el sexo forzado y no deseado ocurre todos los días en tu casa o en tu vecindario. Esta no es una idea marginal; en realidad está sucediendo todos los días. El sexo no deseado ocurre de muchas formas y, a menudo, es posible que escuche hablar de sexo no deseado o forzado debido a la intoxicación en los campus universitarios.

Algunos aparecen en los titulares, pero otros no y, en cualquier caso, está sucediendo en todo Estados Unidos y en todo el mundo. En estos momentos están ocurriendo en usted o cerca de usted casos de violación, incesto y muchas otras formas de sexo no deseado.

Sexo no deseado en los matrimonios

Aquí hay un análisis sobre el sexo no deseado:*A través del análisis de 41 entrevistas con mujeres que habían experimentado alguna forma de sexo no deseado en una relación matrimonial o de largo plazo, el autor identificó cinco tipos de aquiescencia a dicho sexo no deseado. Un tipo de aquiescencia involucraba ocasiones en las que las mujeres inicialmente no querían tener relaciones sexuales pero comenzaron a disfrutarlas después de unos minutos. En el segundotipo de aquiescencia, las mujeres no deseaban ni disfrutaban del sexo, pero lo consideraba su deber de esposa. El tercer tipo de aquiescencia se produjo cuando las mujeres consintieron en tener relaciones sexuales sólo para evitar el abuso verbal o no verbal de su pareja. El cuarto tipo de aquiescencia se diferenciaba del tercero en que las mujeres accedían por temor a sufrir daños físicos graves si no cumplían; y el quinto tipo de aquiescencia se debió a que la mujer había sido previamente abusada por su pareja por negarse a tener relaciones sexuales. Después de identificar estos tipos de aquiescencia, el artículo analiza las condiciones bajo las cuales las mujeres adoptan un tipo determinado. Esta investigación amplía los tipos de coerción no física de Finkelhor e Yllo para comprender mejor los contextos en los que las mujeres experimentan relaciones sexuales no deseadas en el matrimonio.*

El autor sostiene que los procesos y consecuencias de "ceder" al sexo no deseado con una persona íntima no han recibido mucha atención académica como otras formas de sexo forzado que tradicionalmente se han identificado como violación.[180] Por eso, este artículo analiza las relaciones sexuales no deseadas en el contexto de una unión matrimonial. En ocasiones, esto puede quedar fuera de la comprensión tradicional de las relaciones sexuales no deseadas o forzadas. Esta comprensión puede generar más preguntas que respuestas. Puede plantear algunas cuestiones éticas y filosóficas. ¿Podrían ser aplicables cosas como el consentimiento en un contexto matrimonial? ¿Qué pasa con la coerción? ¿Eso también ocurre en el contexto del

---

[180]

https://www.ojp.gov/ncjrs/virtual-library/abstracts/rape-acquiesc encia-ways-what-women-give-unwanted-sex-their-husbands matrimonio? ¿Se podría acusar de violación a un marido o una mujer? ¡Estas son preguntas difíciles de pensar y reflexionar!

¿Cómo sabes realmente que tu cónyuge no quiere tener relaciones sexuales? Porque, en la práctica, difícilmente te dirán verbalmente que no quieren sexo en ese momento. Puedes sentir que no lo quieren basándose en la química corporal y el lenguaje, pero no en una voz audible con certeza, como, "No me toques, no quiero sexo". Nunca se comunicó nada con ese tipo de claridad, pero se espera que el otro cónyuge sepa y haga lo que se espera. Podría estar equivocado, pero nuevamente, ¡podría estar 100% en lo cierto! La mayoría de los maridos normalmente no se acercan a sus esposas, se sientan en la cama o en el dormitorio y les dicen algo como: "¿Quieres tener relaciones sexuales ahora?". y luego simplemente sentarse y esperar algún tipo de respuesta, como "Sí" o "No".

Esto parece ser lo que se espera, pero no es la forma en que suele suceder. Hay cierto nivel de espontaneidad en estas cosas que no está claro. Las cosas simplemente suceden y se salen de control. ¿Qué pasa si uno de los miembros de la pareja está al rojo vivo y necesita desesperadamente tener relaciones sexuales, pero el otro está retraído y no tiene ese deseo? Todavía se espera que el que está al rojo vivo ejerza autocontrol sobre su testosterona furiosa.

La idea misma de sexo no deseado o forzado en el contexto matrimonial es extremadamente difícil y francamente imposible de controlar. Ni siquiera estoy seguro de que algo así exista en un buen matrimonio. El sexo se utiliza a menudo como arma o moneda de cambio para ajustar cuentas en otras áreas de desacuerdo. La cuestión del sexo forzado y no deseado, la coerción o la violación

335

nunca debería siquiera mencionarse en una unión matrimonial armoniosa. Incluso el más mínimo pensamiento de tal idea sólo revela que el matrimonio tiene otros problemas mayores que resolver. Hay períodos genuinos en un matrimonio en los que uno de los miembros de la pareja puede no estar de humor para tener relaciones sexuales y el otro debe poder comprenderse y soportarse mutuamente durante un tiempo. Si eres un seguidor de Jesucristo, entonces no debes negarle el sexo a tu pareja excepto con consentimiento mutuo por un tiempo, hasta que ambos regresen a la normalidad. Uno de los miembros de la pareja puede estar enfermo, cansado y físicamente agotado, y no estar preparado para someterse al rigor de una actividad sexual intensa, y el otro debe comprenderlo y aceptarlo amablemente. No es necesario forzar ni coaccionar a su pareja para que realice actividades sexuales no deseadas. Hay que soportar y comprender a la pareja, esperando que no sea un periodo prolongado, como meses de negarse siempre a tener relaciones sexuales.

Esto es lo que Dios dijo a través del apóstol Pablo: "La mujer no tiene potestad sobre su propio cuerpo, sino el marido, y asimismo el marido no tiene potestad sobre su propio cuerpo, sino la mujer. No os privéis el uno del otro. excepto con consentimiento por un tiempo, para que os entreguéis al ayuno y a la oración; y os reunáis otra vez, para que Satanás no os tiente a causa de vuestra falta de dominio propio," 1 Corintios 7:4-5. El tema del sexo forzado o no deseado nunca debería ocurrir en los matrimonios ordenados por Dios, pero quién sabe, ¡tal vez esté sucediendo! Las relaciones sexuales no deseadas siguen planteando problemas fuera del entorno matrimonial normal, como casos de relaciones sexuales no deseadas debido a intoxicaciones.

Relaciones sexuales no deseadas debido a intoxicación

Es muy probable que se tengan relaciones sexuales no deseadas debido a la intoxicación, especialmente en los campus universitarios de todo el mundo. Es probable que una pareja masculina introduzca alguna pastilla para dormir en una bebida para intoxicar e incapacitar a la mujer con el fin de tomar control de su cuerpo, de modo que puedan tener relaciones sexuales sin su consentimiento. Da mucho miedo pensar que esto pueda suceder cuando envías a tu hija a cualquier universidad del mundo para estudiar y recibir una educación. Los hombres jóvenes, en su mayoría, que no pueden obtener el consentimiento de una dama, recurrirían a otros medios toscos e ilegales para obtener relaciones sexuales.

Esto es simplemente una violación y es un delito. Entonces, ¿qué tan extendido está este problema? ¿Es realmente una preocupación seria? Los campus universitarios son a veces como una zona de guerra, desde chicos ociosos que acosan a chicas en pasillos y aulas hasta lanzarles insultos verbales y agarrarlas físicamente. A veces las niñas viven con miedo constante en los campus. Tienen miedo de salir de la biblioteca a altas horas de la noche para ir a sus dormitorios, por temor a ser agredidas sexualmente por un estudiante. Se supone que un campus universitario es un lugar de emoción, curiosidad y aventura; sin embargo, para muchos estudiantes, es un lugar de pavor, miedo, ansiedad y, a veces, depresión. Constantemente temerosos de insinuaciones sexuales no deseadas y cuando se introduce el alcohol en la mezcla, pronto seguirán otros delitos sexuales, como violaciones, agresiones y, en última instancia, asesinato.

Estudiantes universitarios protestan contra la violencia sexual[181]

Las imágenes de arriba lo dicen todo. La gente no se involucra simplemente en las manifestaciones universitarias hasta que se vuelve personal para ellos. O ellos mismos se han visto afectados personalmente o alguien que conocen se ha visto afectado. Ir a fiestas del campus, ya sea en un club o en una fiesta de cumpleaños en casa de un amigo, a veces es arriesgado, porque es allí donde un admirador sexual te echará algo en la bebida que dejaste en la mesa para ir al baño.

Puede ser la misma persona que lo llevará a casa en su automóvil una vez que esté ebrio y desmayado. Luego proceden a violarte como les da la gana. Este es un acto criminal contra los seres humanos hechos a imagen de Dios. Aquí hay un estudio sobre los efectos de la intoxicación y las relaciones sexuales no deseadas: El estudio encontró que para personas de todos los géneros,

---

181

https://www.apa.org/monitor/2022/04/news-campus-sexual-assault

las relaciones sexuales intoxicadas no deseadas se asociaban con una mayor probabilidad de experimentar relaciones sexuales forzadas, ser diagnosticadas con una enfermedad de transmisión sexual o consumir drogas. Para las mujeres, se asoció con un mayor riesgo de interrupción del embarazo y consumo excesivo de alcohol. En el caso de los hombres, también se asoció con el tabaquismo, un aumento de la angustia psicológica y una mala salud general.

El Dr. Carter dijo que beber era una parte importante de la cultura australiana (uno de cada cuatro hombres y una de cada 10 mujeres bebían en niveles riesgosos) y muchos jóvenes consumen drogas en fiestas, festivales de música y clubes. Sin embargo, dijo que la percepción de un buen sexo cuando se está borracho o drogado no es la realidad.

"Muy a menudo la gente piensa en el alcohol y otras drogas en términos de mejorar nuestras experiencias con el sexo: aumentar la excitación, el deseo, la atracción, la curiosidad, el coraje y el placer", dijo. "Pero, de hecho, el sexo consensual en estado de ebriedad se considera más a menudo como no deseado y menos placentero en comparación con el sexo consensual sobrio, y también la mayoría de las agresiones sexuales se atribuyen a estar demasiado borracho o drogado para dar su consentimiento".[182]

Estar bajo la influencia del alcohol o cualquier otra sustancia que afecte la capacidad de tomar decisiones ha

---

[182]

https://www.smh.com.au/lifestyle/life-and-relationships/consent-and-wanting-are-not-the-same-research-reveals-extent-of-unwanted-sex- while-intoxicated-20201121-p56gn2.html#:-:text=Una%20en%20seis%20mujeres%20y,%20asociadascon%20resultados%20pobres%20de%20salud *arruinado tanto las vidas de las víctimas de relaciones sexuales no deseadas como de los perpetradores. Las jóvenes han acabado sufriendo todo tipo de traumas emocionales como resultado de relaciones sexuales no deseadas. Para algunos, son los embarazos no deseados los que pueden terminar en el asesinato del feto mediante el aborto. Para otros, es una vergüenza y una violación de su dignidad humana. Sin embargo, otros son abandonados con sentimientos de vacío, inutilidad e ideas suicidas. Esto es violación, pura y simplemente, pero no todas las violaciones están asociadas con la intoxicación por alcohol.*

Sexo no deseado debido a una violación

La violación es lo más humillante que le puede pasar a una persona. Niega a la persona la dignidad humana básica. Viola su cuerpo en contra de su consentimiento y es muy dañino mental y psicológicamente. La gente queda indefensa y sin esperanza. ¿Por qué un ser humano le haría esto a otro? ¡Violando a otro! Esto es lo que hacen los animales en la naturaleza y, sin embargo, los humanos estamos reducidos a un nivel tan bajo de degradación. Nadie tiene derecho a coaccionar, forzar, intimidar o amenazar a otro ser humano para que le entregue su cuerpo para su placer y gratificación sexual. Su cuerpo no es tuyo y no debes abusar de él para tu placer y gratificación sexual. La violación es más común de lo que la mayoría de la gente parece darse cuenta.

Muchas violaciones son cometidas por personas que están sobrias y no bajo la influencia de ninguna sustancia intoxicante. Están despiertos, alertas y saben lo que están haciendo o lo que están a punto de hacer. Quieren sexo y han decidido que lo obtendrán, con o sin el consentimiento de la persona. El poder de tener este sexo los ha dominado tanto que son incapaces de pensar y tomar decisiones racionales. Son incapaces de considerar seriamente todas las ramificaciones de sus acciones potenciales. El poder de tener este sexo ha anulado el poder del autocontrol. Son incapaces de ver que están destruyendo a otro ser humano, pero son responsables de sus acciones.

La decisión de violar a alguien no sólo es pecaminosa sino que puede alterar la vida de la víctima y del violador. El violador debe pensar en la víctima como si fuera otra persona que viola a su propia hija, hermana o madre. ¿Cómo te afectaría eso si tu mejor amigo violara a tu hija, hermana o madre? ¿Cómo te sentará eso? ¡Piensa en eso por un segundo! He aquí una instantánea de la situación mundial en materia de violación: Además, las leyes de muchos países contra la agresión sexual son insuficientes, inconsistentes o no se aplican con regularidad. Esto puede dejar a la víctima convencida de que involucrar a las autoridades no servirá de nada y, en algunos casos, podría empeorar las cosas en lugar de mejorarlas.

Cualquiera que sea el motivo del silencio de la víctima, el efecto es que en muchos países la violación no se denuncia. Se estima que aproximadamente el 35% de las mujeres en todo el mundo han sufrido acoso sexual a lo largo de su vida. Sin embargo, en la mayoría de los países con datos disponibles sobre violaciones (incluido Estados Unidos), menos del 40% de esas mujeres buscan ayuda, y menos del 10% busca asistencia de las autoridades. Como resultado, la mayoría de los violadores escapan al castigo. En Estados Unidos, por ejemplo, se estima que sólo el 9% de los violadores son procesados y sólo el 3% pasan tiempo en prisión. El 97% de los violadores salen libres.[183]

Estas estadísticas revelan que aproximadamente el 35% de las mujeres en todo el mundo han experimentado algún tipo de acoso sexual. Esto también depende de lo que se clasifica como acoso sexual. Es muy difícil encontrar una mujer o una niña, en cualquier parte del mundo, que no testifique haber sido acosada sexualmente en algún momento de su vida. Si la definición de acoso no incluye la violación, entonces, en el momento en que una mujer o niña abandona su hogar, se enfrenta constantemente al acoso. El porcentaje de personas acosadas es mucho mayor, ya que la mayoría de las niñas o mujeres probablemente no denunciaron la mayoría de los casos de acoso. Aquí hay algunas estadísticas sobre la violación en Estados Unidos:

Cada 68 segundos, otro estadounidense es agredido sexualmente.

1 de cada 6 mujeres estadounidenses ha sido víctima de un intento o una violación consumada en su vida (14,8% consumada, 2,8% intento)

Alrededor del 3% de los hombres estadounidenses (o 1 de cada 33) ha experimentado un intento o una violación total a lo largo de su vida.

Entre 2009 y 2013, las agencias del Servicio de Protección Infantil fundamentaron o encontraron pruebas sólidas que indicaban que 63.000 niños al año eran víctimas de abuso sexual.

183
https://worldpopulationreview.com/country-rankings/rape-statistics-by-country

La mayoría de las víctimas infantiles tienen entre 12 y 17 años. De víctimas menores de 18 años: el 34% de las víctimas de agresión sexual y violación tienen menos de 12 años y el 66% de las víctimas de agresión sexual y violación tienen entre 12 y 17 años.[184]

Estadísticas de violaciones[185]

---

[184]https://www.rainn.org/statistics/scope-problem#:~:text=Every%2068%20segundos%20another%20American%20is%20sexually%20assaulted.&text=1%20out%20of%20every%206,completado%2C%202.8%25%20intentos).&texto=Aproximadamente%203%25%20de%20hombres%20estadounidenses,completado%20violación%20en%20la%20vida.
[185]https://www.rainn.org/statistics/scope-problem#:~:text=Every%2068%20segundos%20another%20American%20is%20sexually%20assaulted.&text=1%20out%20of%20every%206,completado%2C%202.8%25%20intentos).&texto=Aproximadamente%203%25%20de%20hombres%20estadounidenses,completado%20violación%20en%20la%20vida.

Como se puede ver en estas estadísticas, el estado del sexo forzado o no deseado mediante violación es bastante sombrío. Es realmente una situación triste, pero de estas estadísticas han surgido algunos hechos poco conocidos. Los hombres también denuncian casos de violación por parte de mujeres. Éste no es un hecho ampliamente conocido porque puede incluso ser ridiculizado y considerado ridículo por muchos que desprecian la validez de tal posibilidad. ¿Cómo es posible que una mujer viole a un hombre? Algunos dirían cosas como, ¿cómo le obliga ella a tener una erección? ¿Qué pasa en realidad? ¿Cómo se obliga a él si él se opone? ¡Estas son objeciones muy interesantes para reflexionar y reflexionar!

Violación de hombres por mujeres

Esto suena mucho a un cuento de hadas, pero en realidad está sucediendo: las mujeres intentan o completan violaciones a los hombres. Las mujeres están violando a los hombres a un ritmo inconcebible y aquí debajo se muestra la imagen de una víctima de violación.

Imagen de una víctima de violación.[186]

De modo que la violación de hombres por parte de mujeres es en realidad más común de lo que la sociedad es consciente. La mayoría de los hombres pueden incluso sentirse demasiado avergonzados como para denunciar que fueron violados por una mujer. La imagen de arriba muestra claramente la vergüenza y el disgusto que un hombre puede sentir y experimentar después de pasar por un intento o una violación consumada. Aquí hay un informe sobre la violación de hombres:

En 2014 publicamos unestudiarsobre la victimización sexual de los hombres, y encontró que los hombres tenían muchas más probabilidades de ser víctimas de abuso sexual de lo que se pensaba. Para comprender quién estaba cometiendo el abuso, a continuación analizamos cuatro encuestas realizadas por la Oficina de Estadísticas de Justicia (BJS) y los Centros para el Control y la Prevención de Enfermedades (CDC) para obtener una imagen general de la frecuencia con la que las mujeres cometen victimización sexual.

Los resultados fueron sorprendentes. Por ejemplo, el representante nacional de los CDCdatosreveló que durante un año, hombres y mujeres tenían la misma probabilidad de experimentar relaciones sexuales no consensuales, y la mayoría de las víctimas masculinas denunciaron agresores femeninos. A lo largo de su vida, el 79 por ciento de los hombres que fueron "obligados a penetrar" a otra persona (una forma de violación, en opinión de la mayoría de los investigadores) reportaron sexo femenino.

186

https://www.scientificamerican.com/article/sexual-victimization-by-women-is-more-common-than-previously-known/

perpetradores. Asimismo, la mayoría de los hombres que experimentaron coerción sexual y contacto sexual no deseado tuvieron agresores mujeres.[187]

Es una tendencia bastante preocupante que la violación y todas las demás formas de agresión sexual no se limiten al género sino que sean un problema humano. Es un problema del corazón humano que está empeñado en cometer el mal pase lo que pase. Las mujeres también necesitan desesperadamente placer sexual y están dispuestas a hacer todo lo que esté a su alcance para conseguirlo, y violar si es necesario. ¡Lo quieren y lo quieren ahora, con o sin el consentimiento del macho! Los casos de mujeres de entre 20 y 30 años a menudo han aparecido en los titulares de las noticias por violar a niños de entre 14 y 17 años.

A menudo se trata de profesores de secundaria o preparatoria que obligan a los niños que están bajo su cuidado y control a recibir instrucción académica. La razón por la que estas mujeres buscan hacer esto es la misma razón por la que los hombres que son maestros en la escuela media o secundaria buscarían violar a niñas menores de edad puestas bajo su cuidado y control. Estos delitos sexuales ocurren a diario en todo el mundo. Aquí hay un caso de violación que involucra a un entrenador y una estudiante: un ex maestro de secundaria y entrenador de atletismo de Oklahoma supuestamente violó a una estudiante adolescente en su casa en 2019, dicen las autoridades.

El viernes, Brandon Neal, de 34 años, de Bixby, quien renunció a la escuela secundaria Broken Arrow, se entregó a la policía con una orden de arresto que lo acusaba de violación en segundo grado y agresión sexual, según muestran los registros judiciales.

---

[187] https://www.scientificamerican.com/article/sexual-victimization-by-women-is-more-common-than-previously-known/

Las autoridades alegan que Neal y el estudiante no identificado comenzaron una relación sexual de un mes en diciembre de 2019 después de verse en el gimnasio The Body Masters Fitness en Bixby, según la declaración jurada de causa probable.KMRG informes.[188]

La cantidad de casos de violación en los campus de escuelas intermedias, secundarias y universitarias es, cuanto menos, alarmante. Su hija o hijo tiene una probabilidad muy alta de ser violado por alguien con autoridad sobre ellos, como un entrenador, maestro o administrador. Esto es más probable en la escuela media y secundaria, donde los estudiantes son menores de edad. He aquí un caso de violación de un adolescente de 16 años por parte de una profesora de 26 años:

188
https://people.com/crime/okla-teacher-allegedly-raped-student-in-his-home-mientras-esposa-e-hija-estaban-fuera-de-la-ciudad/

La profesora Andee Lantz ha sido acusada de violar a una estudiante de 16 años. Fotos: Carnegie High School/Cárcel del Condado de Caddo)[189]

Así sucedió:

Una profesora de 26 años llevó a un chico de 16 a su casa y luego lo violó, dice la policía. Se afirma que Andee Lantz tuvo relaciones sexuales con su presunta víctima en dos o tres ocasiones y también le envió una foto de ella desnuda.

Lantz, exprofesor de la escuela secundaria Carnegie en el condado de Caddo, Oklahoma, fue acusado de violación a principios de este mes y compareció ante el tribunal el miércoles pasado. Se dice que a mediados de noviembre la enfrentaron por rumores de una relación inapropiada con el niño.

Se dice que tanto Lantz como el joven negaron inicialmente las acusaciones. Pero más tarde, Lantz comenzó a abrirse y admitió que había arreglado al niño después de pasear en un automóvil con él después de un juego de bienvenida, se alega.

Se dice que les dijo a los investigadores que el niño "se inclinó y la besó y todo empezó desde allí". Lantz llevó al joven de regreso a su casa, por la primera de múltiples violaciones que ahora está acusada de infligir.[190]

Estos casos de violación son, cuanto menos, alucinantes. El poder de cometer tal o cualquier otro crimen o pecado, de hecho, abruma cualquier capacidad de cualquier persona con pensamiento racional y lógico. Estos son casos de niños menores, cuyas vidas cambian para

---

[189]

https://metro.co.uk/2020/12/28/teacher-26-llevó-al-niño-de-16-a-su-casa-y-lo-violó-13817349/

[190]

https://metro.co.uk/2020/12/28/maestro-26-llevó-al-niño-de-16-a-su-casa-y-lo-violó-13817349/

siempre gracias a personas colocadas en sus vidas para brindarles orientación e instrucción, y dejaron caer la pelota. Las vidas de estos perpetradores de violaciones también se alteran y destruyen para siempre. Pasarán años en prisión después de destruir sus vidas, las de sus familias y las de sus hijos, sin pensar en el costo para la sociedad, emocional, psicológico, financiero y de otro tipo. Todos los años que habían invertido en educarse para convertirse en maestros, se fueron por el desagüe y se fueron. El poder de tener relaciones sexuales se apodera de cualquier apariencia de lógica y pensamiento racional. Este es el poder del sexo, la fuerza irresistible.

Pero la idea de la violación es tan antigua como lo ha sido el hombre en la tierra. La violación no es una idea nueva, ya que ha existido desde que la humanidad existe sobre la Tierra. Aquí hay un caso típico de violación en la Biblia. La esposa de Potifar intentó seducir y violar a José. Potifar era una persona política de alto rango, cuya esposa intentó seducir a José, quien fue vendido como esclavo a su marido. Así sucedió todo:"[7 Y aconteció] después de estas cosas, que la mujer de su amo miró fijamente a José, y dijo: Acuéstate conmigo.8 Pero *él se negó y dijo a la mujer de su amo: "Mira, mi amo no sabe lo que conmigo hay en la casa, y todo lo que tiene lo ha entregado en mi mano.[9]No hay nadiemayor que en esta casa que yo, ni nada me ha reservado excepto a ti, por cuanto eres su mujer. ¿Cómo, pues, podría yo hacer este gran mal y pecar contra Dios?[10] Así fue que, mientras ella hablaba a José día tras día, él no le hacía caso, ni para acostarse con ella ni para estar con ella.11 Pero aconteció por aquel tiempo, que cuando José entró en la casa para hacer su trabajo, y no estaba ninguno de los hombres de la casa dentro,[12 que] ella lo agarró por su manto, diciendo: "Acuéstate conmigo". Pero él, dejando su manto en su mano, huyó y salió corriendo*, Génesis 39:7-12.

El versículo 7 dice que la esposa de Potifar tenía sus ojos puestos en José, y ella claramente le pidió en el versículo 7 que tuviera relaciones sexuales con ella y él se negó categórica y rotundamente. Ella comenzó pidiéndole que cometiera adulterio con ella y cuando eso no funcionó, se le ocurrió el plan B. El joven, José, probablemente contó cómo sus hermanos intentaron matarlo por celos y cuando eso no funcionó, lo vendió como esclavo a comerciantes que iban a Egipto. Ahora, por la gracia de Dios, estaba sirviendo en la casa de un oficial egipcio de muy alto rango.

Ahora, el diablo estaba obrando nuevamente, pasando a través de la mujer y tratando de obligarla a cometer adulterio. José reconoció que si se cometiera el pecado de adulterio, sería un pecado contra Dios. José reconoció cómo Dios lo había guardado y protegido todo este tiempo y preguntó cómo podía cometer un acto tan malvado. Tener relaciones sexuales con la esposa de su jefe será como emprender una misión suicida. No sólo era un pecado contra Dios, sino que también significaba una sentencia de muerte para él en el tribunal humano. Entonces, cuando no logró atraparlo por adulterio, ahora procedió a violarlo como siguiente opción. Ella no logró obtener el consentimiento y luego procedió a forzar, coaccionar y violar. Éste también es el poder del sexo, la fuerza irresistible.

El texto en el versículo 10 dice: "Ella hablaba con José día tras día", probablemente queriendo decir que ella lo regañaba todos los días acerca de lo mismo. Este era un ambiente de trabajo hostil. Una vez que su esposo salió de la casa, probablemente siguió a Joseph todo el día pidiéndole sexo y cuando Joseph no cedió, se cansó de los juegos que Joseph estaba jugando y entró en acción para satisfacer sus deseos, con o sin consentimiento. Como no logró obtener el consentimiento, ahora optó por la violación como única opción viable. Se aseguró de que no hubiera nadie en la casa excepto ellos dos, y lo agarró mientras él salía corriendo, dejando su camisa en su mano. Luego se dio la vuelta y lo acusó de violación, y le mostró la camisa que tenía en la mano como prueba a su marido cuando regresó. A veces los violadores no empiezan como violadores.

Inicialmente pueden intentar buscar el consentimiento y cuando eso falla, pueden pasar a la violación y, si eso falla, pueden llamar a la policía y la víctima puede convertirse en el violador y, si eso falla, pueden seguir otros delitos, incluido el asesinato. Un pervertido sexual no se detendrá hasta lograr su objetivo. Pero José hizo algo muy valiente que la mayoría de los hombres en la misma situación no harían. Cuando se enfrentó a la tentación sexual, José huyó para salvar su vida. No se sentó a jugar con él, sino que corrió. Salió de allí a toda prisa. Así que cuando te enfrentes a una tentación tan grande, ¡corre! Corre, corre y corre, porque la tentación te comerá vivo. Es posible que la mayoría de los violadores nunca se detengan hasta obtener lo que quieren, mientras que otros pueden proceder a otras formas de sexo no deseado, incluido el incesto.

Sexo no deseado por incesto

Todos los pecados y crímenes sexuales son terribles y repugnantes, pero el incesto es lo más bajo de lo bajo. ¿Cómo puede un ser humano descender a un nivel tan bajo de degradación? Este tipo de pecado está fuera de lo común. Esto va más allá del comportamiento animal. Las relaciones incestuosas han estado sucediendo desde que los humanos poblaron la tierra pero ¿qué es realmente el incesto o una relación sexual incestuosa?

Aquí hay algunas ideas sobre el incesto: El incesto es la actividad sexual humana entre miembros de la familia o parientes cercanos. Esto generalmente incluye la actividad sexual entre personas consanguíneas (relaciones consanguíneas) y, a veces, aquellas relacionadas por afinidad (matrimonio o familia reconstituida), adopción o linaje. Está estrictamente prohibido y se considera inmoral en la mayoría de las sociedades, y puede conducir a un mayor riesgo de trastornos genéticos en los niños. Una justificación común para prohibir el incesto es evitar la endogamia, un conjunto de trastornos genéticos que sufren los hijos de padres con una relación genética cercana. relación. Estos niños corren un mayor riesgo de sufrir trastornos congénitos, muerte y discapacidad física y de desarrollo, y ese riesgo es proporcional al coeficiente de parentesco de sus padres, una medida de cuán estrechamente están relacionados genéticamente los padres.[191]Esta definición anterior prohíbe cualquier actividad sexual entre parientes cercanos. Es bastante interesante que algunos trastornos genéticos están asociados con actividades sexuales con parientes cercanos. Imagine la posibilidad de actividad sexual entre padres e hijos o viceversa.

Esto es una perversión sexual que está más allá de mi comprensión, que un hombre o una mujer tenga relaciones sexuales con el niño que dio a luz. Los humanos han sido reducidos más allá del nivel de los animales. O un hermano y una hermana que nacieron de la misma madre, teniendo relaciones sexuales e incluso casándose. Los seres humanos han actuado así desde que existen en la Tierra.

Esto es lo que está sucediendo en otras culturas: en algunas sociedades, como las del Antiguo Egipto, hermano-hermana, padre-hija, madre-hijo, primo-primo, tía-sobrino, tío-sobrina y otras combinaciones de relaciones dentro de una misma sociedad. La familia real se casaba como medio para perpetuar el linaje real. Algunas sociedades tienen puntos de vista diferentes sobre lo que constituye incesto ilegal o inmoral. Por ejemplo, en Samoa

---

191   https://en.wikipedia.org/wiki/Incesto

se permitía el matrimonio entre un hermano y una hermana mayor, mientras que el matrimonio entre un hermano y una hermana menor se declaraba poco ético. Sin embargo, las relaciones sexuales con un pariente de primer grado (es decir, un padre, un hermano o un hijo) están casi universalmente prohibidas.[192]

Como se menciona en la entrada de Wikipedia, la codicia impulsa algunas de estas actividades y matrimonios incestuosos. La idea detrás de algunos de estos es que si un hombre o una mujer se casa con un miembro de una familia rica o real, al morir, la línea real o la riqueza se transfiere fuera de la familia real original. Estas familias reales o ricas llegaron a la conclusión de que el incesto era la única solución plausible al dilema. En estos casos, los linajes reales y el dinero son las fuerzas impulsoras detrás de la toma de decisiones, pero en otros casos, la pureza real es la que impulsa la decisión. Alguien de línea real no querría casarse con alguien que no sea de línea real. En su afán por proteger la pureza real, casarse con alguien fuera de la línea real podría potencialmente contaminar la línea real. Lo que significa que alguien puede potencialmente convertirse en rey, reina o realeza si no formaba parte de la línea real. De modo que instituyeron el incesto para mantener la perpetuidad del linaje real. Se trata de casos en los que el dinero, la riqueza y el poder son las fuerzas impulsoras del incesto. Aquí hay una imagen a continuación del rey egipcio casándose con su media hermana:

[192]   https://en.wikipedia.org/wiki/Incesto

El rey egipcio Tutankamón se casó con su media hermana, Anjesenamón.[193]

Todos los deseos sexuales desviados bajo el sol siempre han existido y han sido perpetrados por la humanidad, lo que ha hecho que algunos sectores de la población concluyan que estas acciones pueden haber sido sancionadas por Dios; después de todo, está en la Biblia, ¿verdad? Algunos pueden plantear preguntas como cómo estaba poblado el mundo; Si Adán sólo tuvo dos hijos, Caín y Abel, ¿de dónde vinieron entonces sus esposas, especialmente la esposa de Caín, ya que él era el mayor de los dos? ¡Y esas son objeciones justas y lógicas!

¿Quién fue la esposa de Caín?

La identidad de la esposa de Caín y cómo Dios pobló la tierra a través de Adán y Eva ha levantado todo tipo de preguntas y especulaciones. Algunos han convertido este en un caso clásico de incesto. Según el registro bíblico, Adán y

---

[193] https://en.wikipedia.org/wiki/Incesto

su esposa Eva tuvieron dos hijos, Caín y Abel, y más tarde Set. No se mencionan otros hijos ni hermanas, entonces, ¿cómo procreó Caín? Aparentemente sólo hay dos soluciones posibles a este aparente dilema: o Caín tuvo hijos con su madre (muy poco probable), o Adán y Eva dieron a luz a niñas que no figuran en el registro bíblico. Algunos incluso han sugerido que Caín pudo haber conocido a su esposa en la tierra de Nod, donde huyó después de matar a su hermano Abel.

Otras fuentes fuera de la Biblia tienen otras sugerencias sobre la identidad de la esposa de Caín. Una de esas fuentes es el "libro de los Jubileos". Este libro fue rechazado como parte de los libros aceptados incluidos en el canon bíblico. Aquí hay algunos datos sobre el "libro de los Jubileos":*El libro de los jubileos, a veces llamado Génesis Menor (Leptogénesis), es una antigua obra religiosa judía de 50 capítulos (1341 versos), considerada canónica por la Iglesia Ortodoxa Etíope así como por Beta Israel (judíos etíopes), donde se le conoce como el libro de divisiones.*[194]

Este libro, que no fue aceptado como parte del canon bíblico, mencionaba e identificaba a una señora llamada "Awan" como hermana de Caín, a quien tomó como esposa y aquí está la cita:*Jubileo hace una referencia incestuosa respecto del hijo de Adán y Eva, Caín, y su esposa, en el capítulo iv (1-12) (Caín y Abel). Él menciona que Caín tomó a su hermana Awan como esposa y Enoc fue su hijo.*[195] La pregunta que inmediatamente me viene a la mente es la de la inerrancia bíblica. ¿Está la Biblia sin errores y se puede confiar en ella como la palabra infalible de Dios?

---

[194] https://en.wikipedia.org/wiki/Book_of_Jubilees

[195] https://en.wikipedia.org/wiki/Book_of_Jubilees

El libro de los Jubileos se completó en su forma final alrededor del año 100 a.C., según britannica.com[196] y entonces esto haría que la escritura del Pentateuco por parte de Moisés y la promulgación de la Ley en el Monte Sinaí fueran miles de años más antiguas que el libro de los Jubileos. ¿Cómo se les ocurrió la identidad de la esposa de Caín? El registro bíblico no nos lo dice explícitamente. ¿Cómo y dónde obtuvieron los escritores de ese libro ese nombre que Moisés no nos dijo? La idea de que Caín estuviera casado con una de sus hermanas es una posibilidad probable porque la mayoría de las veces, Dios solo mencionaré personajes en la genealogía que son parte de la narrativa bíblica que Dios está transmitiendo en el contexto inmediato, y a nosotros por extensión.

Adán y Eva posiblemente podrían haber tenido otros hijos e hijas además de Caín y Abel, y lo más probable es que el resto no formará parte de la narrativa bíblica y fueron excluidos, aunque no necesariamente ignorados. Esto es lo que se dijo acerca de lo que Jesús escribió: "Y muchas otras señales que verdaderamente hizo Jesús en presencia de sus discípulos, que no están escritas en este libro; pero éstas están escritas para que creáis que Jesús es el Cristo, el Hijo". de Dios; y para que creyendo, tengáis vida en su nombre", Juan 20:30-31. Jesús continuó diciendo en ese mismo texto que si todo lo que hizo quedará registrado, los libros del mundo no podrían contenerlo. Entonces es muy probable que Caín se casará con su hermana, aunque la Biblia no menciona que tuviera hermanas. En la genealogía desde Adán hasta Noé en Génesis 5 no se menciona ninguna mujer pero eso no significa que no hubo mujeres o que no fueran importantes.

---

[196]   https://www.britannica.com/topic/Book-of-Jubilees

El linaje familiar a menudo continuó a través de los hombres y, lo que es más importante, el linaje a menudo continuó a través del plan de Dios de redención de la humanidad. Dios incluyó a 4 mujeres en la genealogía de Mateo en el capítulo 1 de Mateo. La genealogía en Génesis 5:1 fue desde Adán hasta Set y pasó por alto a Caín. El plan de redención de Dios fue a través de Set y Caín ni siquiera fue mencionado. Abel ya fue asesinado por Caín. Y en Génesis 5:28 menciona que Lamec engendró un hijo, y en el versículo 29 identificó al hijo de Lamec como Noé pero en el versículo 30 dice que Lamec engendró un hijo e hijas. La conclusión es que Dios solo mencionará cualquier personaje que sea importante para la narrativa en ese contexto, y omitirá –no ignorará– lo que no sea necesario.

Algunos llegarían a la conclusión de que Caín se casó con su hermana, lo cual fue un matrimonio incestuoso, y eso podría dar motivos para justificar los matrimonios o las relaciones sexuales incestuosas hoy, en su opinión. Algunos dirían que si esto realmente sucedió y está en la Biblia entonces debe estar bien, ¿en serio? Esto realmente sucedió, pero hoy en día no da lugar a relaciones sexuales incestuosas de ningún tipo. Dios permitió el incesto temporalmente, pero eso no significa que lo aprobó o lo aprobó. Él lo permitió por un tiempo limitado para cumplir Sus prerrogativas divinas.

Les había dado la orden a Adán y Eva de multiplicarse y llenar la tierra de gente. Entonces, ¿de qué otra manera iban a obedecer el mandato de Dios si sólo eran dos de ellos sobre la tierra? ¿De qué otra manera ayudarían sus hijos en esa empresa a menos que un hermano y una hermana de sangre se casaran? Una vez que la tierra estuvo poblada durante miles de años, entonces primos y sobrinas muy extendidos que están separados por varias generaciones podrían casarse y no se consideraría incestuoso porque la línea de sangre se diluiría tanto que no habría cercanía con la línea de sangre original.

Y no había ninguna ley contra el incesto durante ese tiempo porque todos serían potencialmente infractores de la ley, ya que la única persona disponible para ser su esposa estaba relacionada directamente con usted por sangre. Realmente no tenía sentido aprobar leyes sobre el incesto entonces, porque el 100% de la gente violaría la ley. La prohibición del incesto no se dio hasta Levítico 18:6-18, cuando la tierra estaba bien poblada. El incesto no era pecado entonces porque no había ninguna ley que lo prohibiera. Eso no significaba que estuviera bien, sino sólo que Dios no se lo reprochaba al pueblo porque no había ley. Esto es lo que Dios dijo a través del apóstol Pablo: "Porque la ley trae ira, pero donde no hay ley no hay transgresión", Romanos 4:15.

Entonces, digamos que su estado de repente aprobó una nueva ley contra el exceso de velocidad de más de 50 millas por hora en alguna carretera que entrará en vigencia el 1 de enero de 2023. Se encontraba conduciendo a 70 millas por hora en la misma carretera el 10 de diciembre de 2022. Aunque tu acción sea mala, no eres un infractor de la ley porque no había ninguna ley contra ella cuando cometiste ese acto, y lo mismo era el caso del incesto cometido antes de la institución de la ley en Levítico 18. Entonces, cualquiera involucrado en el incesto, y otras inmoralidades sexuales o cualquier pecado es claramente un transgresor de la ley que necesita arrepentimiento y sin el cual, el sexo se convierte en una pasión de amor irresistible e incontrolable.

Capítulo 11

El poder del amor y el sexo

Podría decirse que el amor y el sexo son las fuerzas más poderosas del universo y sus efectos tienen consecuencias de gran alcance. El amor es probablemente la fuerza más poderosa del universo. Las personas caen en todo tipo de estados emocionales poco saludables simplemente porque no se sienten amadas ni deseadas. La gente busca desesperadamente el amor y alguien, cualquiera, que los ame y se preocupe por ellos. El amor es uno de esos atributos de Dios que ha sido plantado en el ADN humano. Millones de personas en todo el mundo se enfrentan a todo tipo de problemas emocionales simplemente porque no se sienten amados.

Las personas tienen miedo, están estresadas, se sienten solas, ansiosas y deprimidas. El sexo y el amor atraen y unen a las personas de tal manera que se vuelven inseparables, y ese poder finalmente se evidencia en la unión matrimonial entre un hombre y una mujer. Este poder del amor es invencible, pero tan potente que atrapa el alma y el espíritu humanos. El poder es inexplicable e imparable. Se considera que el amor es una de las emociones humanas más importantes y, sin embargo, la menos comprendida y la más incomprendida.

¿Es el amor un sentimiento? ¿Es el amor biológico? ¿El amor es cultural? ¡El amor es como respirar aire o beber agua para un humano! Una vida sin amor es catastrófica, por decirlo suavemente, y perjudicial para la psique humana. Se han compuesto todo tipo de canciones y músicas por amor.

El amor es como comer y beber agua, perecemos sin él. Pero ¿cuál es realmente el misterio detrás del amor? La gente pasa todo su tiempo en la tierra buscando el amor y la mayoría muere vacía sin encontrarlo. El amor parece esquivo; Parece que cuanto más te acercas, más se aleja. Los seres humanos necesitan amar y ser amados.

Se han avanzado todo tipo de ideas para definir el amor pero ¿qué es el amor? Aquí hay algunas ideas sobre el amor provenientes de la comunidad psicológica: El amor es un conjunto de emociones y comportamientos caracterizados por la intimidad, la pasión y el compromiso. Implica cuidado, cercanía, protección, atracción, cariño y confianza. El amor puede variar en intensidad y puede cambiar con el tiempo. Se asocia con una variedad de emociones positivas, que incluyen felicidad, entusiasmo, satisfacción con la vida y euforia, pero también puede resultar en emociones negativas como los celos y el estrés.1

Cuando se trata de amor, algunas personas dirían que es uno de los más importantes emociones *humanas*. Sin embargo, a pesar de ser uno de los comportamientos más estudiados, sigue siendo el menos comprendido. Por ejemplo, los investigadores debaten si el amor es un fenómeno biológico o cultural.

Lo más probable es que el amor esté influenciado tanto por la biología como por la cultura. Aunque las hormonas y la biología son importantes, la forma en que expresamos y experimentamos el amor también está influenciada por nuestras concepciones personales del amor.[197]

---

[197]   https://www.verywellmind.com/what-is-love-2795343

¿Qué es el amor?

Como dije antes, el amor es probablemente el tema más complejo del planeta y es por eso que puedes pedirle a diez personas que definan el amor y es posible que obtengas diez respuestas diferentes. Todo el mundo quiere amor pero casi nadie sabe qué es el amor. La cita anterior define el amor como "un conjunto de emociones y comportamientos caracterizados por la intimidad, la pasión y el compromiso". Entonces, la opinión aquí es que el amor es "un conjunto de emociones y comportamientos", y esta es su definición básica de amor y, como derivado de eso, viene la intimidad, la pasión y el compromiso. Aquí hay una definición de amor según un diccionario: sustantivo un afectó profundamente tierno y apasionado por otra persona. Un sentimiento de cálido apego personal o profundo afecto, como hacia un padre, un hijo o un amigo. Pasión o deseo sexual.[198]

El amor se define aquí como un "sentimiento de cálido apego personal o profundo afecto". La conclusión clave de esta definición es que el amor es un sentimiento. La primera definición dice que el amor es una "emoción". La comprensión social del amor es emocional. El amor se entiende en términos emocionales. Esta definición identifica correctamente "el afecto profundo por un padre, un hijo, un amigo y una pasión o deseo sexual" como amor. La agrupación de una categoría diversa de relaciones bajo una categoría singular ha contribuido poco a nuestra comprensión inglesa del amor.

Otro aspecto es que se entiende ampliamente que amor es un verbo estativo. Estos son verbos que describen un estado o una condición del ser en lugar de verbos dinámicos que describen una acción. Esta comprensión del

---

[198]   https://www.dictionary.com/browse/love

amor ha causado un daño irreparable a una gran mayoría de la población. Se cree ampliamente, desde los laicos hasta el mundo académico, que el amor es una emoción y un sentimiento de algún tipo. Se trata de cómo me siento y si eso me hace sentir bien. Ya sea que love se use como sustantivo o verbo en inglés, su significado suele ser emocional y orientado a los sentimientos. ¿Pero es ese el caso realmente? La idea de que el amor es un sentimiento o emoción es en realidad ajena a la Biblia. El amor se suele representar en un sentido dinámico más que estático.

El amor es una acción, y antes de abordar el tema del amor como acción, analicemos los diferentes tipos de amor. La palabra amor, en inglés, se entiende en el sentido general y genérico y sólo el contexto arrojaría algo de luz sobre de qué están hablando en realidad. Hay un dicho que dice que los griegos tienen una palabra para todo y ese dicho es en gran medida cierto, ya que el amor no es una excepción. Los griegos tienen al menos cuatro palabras diferentes que se traducen como amor a nuestro idioma inglés. Aquí están los cuatro tipos de amor:

Storge -Amor por lazos familiares.

Esta palabra identifica el amor basado en los vínculos familiares, el amor entre padres e hijos o el amor entre hermanos; este vínculo fluye naturalmente, sin condiciones. Naciste en la misma familia y sabes que son tus padres, hermanos, tíos, tías y primos. Así lo expresa Wikipedia:almacenamiento(esturión,Griego:afecto) es *gustar a alguien a través del cariño de la familiaridad, miembros de la familia o personas que se relacionan de manera familiar y que de otro modo se habrían unido por casualidad. Un ejemplo es el amor y afecto natural de un padre por su hijo. Se describe como el amor más natural, emotivo y ampliamente difundido: es natural porque está presente sin coerción,*

362

emotivo porque es el resultado del cariño debido a la familiaridad y más difundido porque presta la menor atención a aquellas características consideradas "valiosas" o dignas de amor y, como resultado, es capaz de trascender la mayoría de los factores discriminatorios. Lewis lo describe como un amor basado en la dependencia que corre el riesgo de extinguirse si las necesidades dejan de satisfacerse.

El afecto, para Lewis, incluía tanto el amor por necesidad como el amor por regalo. Lo consideró responsable de $9/10$ de toda felicidad humana sólida y duradera.[8]

Sin embargo, la fuerza del afecto es también lo que lo hace vulnerable. El afecto tiene la apariencia de estar "incorporado" o "ya hecho", dice Lewis, y como resultado, la gente llega a esperarlo independientemente de su comportamiento y sus consecuencias naturales.[9] Tanto en su forma de Necesidad como de Don, el afecto es propenso a "estropearse" y a ser corrompido por fuerzas tales como los celos, la ambivalencia y la asfixia.[199] Naces en esta relación de amor y no hay mucho que puedas hacer para alterar este vínculo natural. Otro tipo de amor es la filia.

Philia - Amor entre amigos

Este es el tipo de amor que hay entre amigos y personas sin vínculos sanguíneos ni sexuales. Este tipo de amor surge del compañerismo. A veces, el vínculo entre amigos es más fuerte que el amor entre parientes consanguíneos. Es posible que escuches a menudo que un buen amigo es mejor que un mal hermano o hermana. Realmente llamar amigo a alguien que no está relacionado con usted por sangre es profundo. Esto es más que un conocido casual. Se trata de alguien en quien se ha probado

---

[199]   https://en.wikipedia.org/wiki/The_Four_Loves

y en quien se ha confiado. Es alguien confiable. Se trata de alguien que defiende tus intereses en tu ausencia. Un hermano o hermana es un amor de sangre pero un amigo es un amor de elección. Es por eso que un amigo puede estar ahí para ti en las buenas y en las malas, pero un hermano o hermana de sangre puede abandonarte.

Aquí hay una cita sobre un amigo cercano:"El hombre que tiene amigos debe mostrarse amigable: y hay amigo más unido que un hermano", Proverbios 18:24. La amistad es una fuerza muy poderosa y llamar a alguien amigo es poderoso. Este amigo que es más cercano que un hermano puede suceder en esta vida, pero el mejor amigo que está más cerca que cualquier hermano es Jesucristo mismo. Jesucristo es el mejor amigo. Un amigo que nunca te abandonará. Un amigo para siempre.

Aquí hay otra cita:*El amigo ama en todo tiempo, y el hermano nace para la adversidad,* Proverbios 17:17. Este versículo habla de una clase de amigo que ama en todo momento. Este tipo de amistad nunca te decepcionará y él está a tu lado, en los buenos y en los malos momentos. Este es un amigo a quien puedes llamar a las 2 a. m. de la mañana y estará encantado de ayudarte. Si bien hay amigos que caminan por la tierra, este tipo de amistad sólo puede cumplirse completamente en Cristo Jesús. Incluso nuestro amigo de confianza de la infancia puede volverse contra nosotros en algún momento. Quizás tu amigo se ponga celoso por tu éxito.

Jesús es el único amigo verdadero que puede amar de verdad en todo momento. La palabra clave en el texto es "todos", y sólo Jesús tiene la capacidad de cumplir este versículo. Ningún amigo humano tiene la capacidad de amar el 100 por ciento del tiempo. La siguiente parte del versículo dice que "un hermano nace para la adversidad", ¿y qué significa esto realmente? Algunos piensan que este versículo significa que un hermano permanecerá con su hermano durante los tiempos difíciles y la adversidad, ¡pero dudo que ese sea el caso! Si eso fuera cierto, contradeciría directamente Proverbios 18:24, que dice que un amigo es más unido que un hermano. ¡Tenemos que considerar el género de literatura involucrado aquí! Estamos ante poesía hebrea y no prosa. Y en poesía, la segunda línea poética reafirma la primera línea poética con un enfoque más nítido. Así, un hermano, que ha nacido para la adversidad, en realidad está reafirmando "el amigo ama en todo tiempo", con un énfasis más agudo.

No puedes leer este pasaje como si estuvieras leyendo prosa, pero si lo haces terminarás con una comprensión errónea del pasaje. Los propios hermanos de Jesús estaban en contra de Él y la Biblia está llena de muchas historias de este tipo y algunas también de nuestras propias vidas. Un hermano que nace para la adversidad es reafirmar el vínculo entre amigos que se aman en todo momento.
Un amigo que ama en todo momento nace para la adversidad y nunca abandonará a su amigo en tiempos difíciles. Por eso exactamente nacen para la adversidad. Escuche lo que Jesús dijo:*"Este es mi mandamiento: que os améis unos a otros, como yo os he amado. Nadie tiene mayor amor que este: que uno ponga su vida por sus amigos.Vosotros sois mis amigos si hacéis lo que os mando. Ya no os llamo esclavos, porque el esclavo no sabe lo que hace su amo; pero os he llamado amigos, porque todo lo que he oído de mi Padre, os lo he hecho saber.Juan 15:12-15.*

Esto es lo que significa que un hermano nace para la adversidad, sufre por sus amigos. Todo esto se cumplió en Jesucristo, quien es el Amigo de los Amigos y el Amigo de todos los Amigos. Es el amigo más unido que un hermano. Él es el amigo que ama en todo momento. Es el hermano que nace para la adversidad. Jesús compara al que le obedece con su amigo. Un amigo significa cercanía y vínculo. Un verdadero amigo difícilmente haría nada para lastimarte, pero un hermano o hermana sí podría hacerlo. Un verdadero amigo definitivamente está más unido que un hermano. Esta sección trata del amor entre amigos, que es el amor philia. philia es un sustantivo y fileo es la forma verbal. Pero en este versículo de arriba, donde dice: "Nadie tiene mayor amor que este, que una persona pondría su vida por sus amigos", Juan 15:13. La palabra griega que se usa en este texto para amor es "ágape", que no es el amor entre amigos. Este es un amor sacrificial e incondicional.

Este es un amor radical que el mundo no puede comprender. Ésta es la perfección del amor. Esta es la cúspide del amor. No hay mayor amor. La gente ha ido a las montañas más altas del mundo en busca de amor y no ha podido encontrar ninguna mayor; algunos se han aventurado en el océano más profundo en busca de amor y no han podido encontrar ninguno mayor, otros han viajado a todas las ciudades del mundo, buscando amor y no han podido encontrar ninguno mayor, y otros han tenido relaciones sexuales con más de 1000 parejas. Buscando desesperadamente el amor y no pudo encontrar ninguno mayor. Salomón, el hombre más sabio que jamás haya existido, tenía más de 800 esposas y 300 concubinas, pero todavía estaba buscando. ¡Tu búsqueda ha terminado! ¡No busques más! ¡Deja de buscar!

¿Sigues buscando el amor? ¡Enamórate de Jesús! Escucharé a la gente decir: "Me he enamorado" y me preguntaré: "¿Qué quieren decir realmente?". pero supongo que lo que realmente quieren decir es "encaprichamiento" y que alguien se ha apoderado de su mente. No pueden dormir, pensar ni funcionar. Los pensamientos sobre la otra persona han tomado el control de su mente. Enamórate de Jesucristo y deja que Él sea el amor de tu vida, porque nadie tiene mayor amor que este, que uno ponga su vida por sus amigos. Pero el sexo se utiliza como sinónimo de amor y eso nos lleva al siguiente tipo de amor, el eros.

Amor eros-erótico

Eros es la palabra griega para amor que se demuestra a través de la pasión del sexo y de esta palabra obtenemos nuestra palabra en inglés, erótico. Así, a través de esta palabra, el sexo se ha convertido en sinónimo de amor. Es posible que a menudo escuches frases como "Hice el amor con esa persona", en el sentido de que tuvo relaciones sexuales con esa persona. Aquí hay una definición de eros:

De los cuatro términos griegos que describen el amor en la Biblia, eros es probablemente el más familiar hoy en día. Es fácil establecer la conexión entre eros y nuestra palabra moderna, "erótico". Y ciertamente existen similitudes entre esos dos términos, así como algunas diferencias. Eros es el término griego que describe el amor romántico o sexual. El término retrata la idea de pasión e intensidad del sentimiento. La palabra estaba originalmente relacionada con la diosa Eros de la mitología griega. El significado de eros es ligeramente diferente de nuestro término "erótico", porque a menudo asociamos "erótico" con ideas o prácticas que son traviesas o inapropiadas. Ese no fue el caso con eros. En cambio, eros describe las expresiones comunes y saludables del amor físico. En las Escrituras, eros principalmente **se refiere a** aquellas expresiones de amor realizadas entre marido y mujer.[200]

Eros era en realidad actividad sexual en el contexto de una unión marital ordenada por Dios, pero esa comprensión ha cambiado para significar principalmente actividad sexual fuera del contexto del matrimonio. Desafortunadamente, la idea de eros o erotismo se está utilizando casi exclusivamente para referirse a actos o actividades sexuales explícitas. Es posible que haya oído hablar de términos como bailes eróticos y así es como lo define una entrada de Wikipedia:*Una danza erótica es un bailar que proporciona entretenimiento erótico y cuyo objetivo es la estimulación de erótico o sexual pensamientos o comportamiento en los espectadores. La danza erótica es una de varias categorías de danza importantes basadas en el propósito, como ceremonial, competitivo, desempeño y baile social.*

La ropa erótica suele ser mínima y puede disminuirse gradualmente o eliminarse por completo. En algunas áreas de los Estados Unidos donde la exposición a los pezones genitales es ilegal, un bailarín puede usar empanadas tangas para permanecer dentro de la ley.[201] Por lo tanto, ahora se entiende que cualquier cosa erótica o erótica significa excitación, entretenimiento y placer sexual. La gente anhela ese placer y entretenimiento y hará casi cualquier cosa para conseguirlo. Eros fue tan mal utilizado en los tiempos bíblicos por la cultura pagana que la palabra griega eros ni siquiera aparece en todo el Nuevo Testamento. La idea del amor erótico se encuentra sin duda en el Cantar de los Cantares del Antiguo Testamento. Eros no es inherentemente

---

[200]

https://www.learnreligions.com/what-is-eros-love-700682

[201]   https://en.wikipedia.org/wiki/Erotic_dance

malo si el sexo erótico se realiza en el contexto de una unión marital ordenada por Dios. Cualquier

El casamiento que se construye sobre el eros y la excitación sexual constante está condenado al fracaso. Eros es importante pero un matrimonio sólo puede sostenerse mediante otro tipo de amor, el ágape.

Ágape -Amor incondicional

Éste es el tipo supremo de amor y es radical. Esto es amor sin ataduras y no busca nada a cambio. Esta clase de amor se origina en Dios y no se encuentra en los humanos a menos que Dios lo infunda. Este es amor sacrificial y se origina únicamente en Dios. Este es un amor unilateral e incondicional que sólo Dios posee y otorga a los pecadores indignos como Él quiere. Este tipo de amor es ajeno al ADN humano y sólo puede ser imputado por Dios. Todos los demás tipos de amor los experimentan naturalmente los humanos, excepto este. Los seres humanos están naturalmente desprovistos de amor ágape a menos que se les impute. La idea misma del amor incondicional no está disponible para los humanos. Nosotros, por naturaleza, mostramos amor y afecto a amigos y familiares como ellos, en la misma medida, nos muestran afecto a nosotros. Naturalmente, sólo podemos amar a quienes nos aman y esto es amor condicional.

Todo esto es condicional. Así, el amor ágape invade radicalmente la especie humana según la voluntad de Dios. Entonces, ¿qué es realmente el amor ágape? Este es el tipo de amor que antepone el interés de los demás al tuyo; este es el tipo de amor que nos obliga a tener compasión de las personas que nos han hecho daño; este es el tipo de amor que Cristo otorga a los pecadores indignos, desobedientes y rebeldes como nosotros. El Hijo de Dios fue a la cruz para sacrificar Su vida a causa del ágape. Él amó al mundo (elegidos) y envió a Su Hijo para expiar su pecado. Nosotros, la raza humana, tenemos una tendencia y capacidad de amar sólo a aquellos que nos aman y eso sería storg ofileo, pero no boquiabierto.

Y el tipo de amor que naturalmente ejercitamos unos hacia otros sería "fileo", amor entre amigos, o "storge", amor entre miembros de la familia. El origen del tipo de amor ágape es de Dios y como seres humanos, somos incapaces de dar ese tipo de amor porque no nacemos con él. Esto es lo que Jesus dijo:*Habéis oído que se ha dicho: Amarás a tu prójimo y odiarás a tu enemigo. Pero yo os digo: Amad a vuestros enemigos, bendecid a los que os maldicen, haced bien a los que os aman, orad por los que os ultrajan. vosotros, y os perseguiremos,* Mateo 5:43-44. El Señor pasó de un amor natural, que es un amor por el prójimo, a un amor por las personas que te tratan bien, como amigos y familiares, calificarían como prójimos. Estas son personas que corresponden con amor.

Este es un ambiente muy amigable para expresar amor. Lo más fácil de hacer es expresar amor a las personas que también te lo expresan a ti. Jesús estaba expresamente reafirmando lo que se dijo en el Antiguo Testamento cuando dijo: "habéis oído decir", y pasó a dar una nueva ley, ya que Él era el dador supremo de la ley, cuando dijo: "Pero yo digo: "Amarás a tus enemigos". Básicamente, elevó el listón y promulgó una nueva ley que elevó el listón. Esto eleva el listón de la posibilidad a la imposibilidad. No somos capaces de amar a quienes identificamos como enemigos. Éste es un amor radical que se nos debe imputar. Esta es realmente una misión imposible. Se nos ordena hacer algo que nosotros, en nuestro estado natural, carecemos del deseo y la capacidad de hacer.

¿Apenas tenemos el deseo y la capacidad de amar verdaderamente a nuestro prójimo y menos hablamos de amar a nuestros enemigos? Además se nos dice que bendigamos a los que nos maldicen, ¿en serio? Esto no es posible en nuestro estado natural. Hacer el bien a quienes te odian es bastante sorprendente e interesante. Dios tiene que imputar al corazón estas habilidades para que se realicen. Entonces, ¿cuál es la fuente de este tipo de amor? ¿De dónde vino? ¿Cómo se nos dice que hagamos algo que simplemente no tenemos la capacidad de hacer?

Dios es amor

Esta es una definición asombrosa del amor al afirmar simplemente que Dios es amor. Es así de sencillo. Esto es lo que dijo el apóstol Juan:[7 Amados], amémonos unos a otros, porque el amor es de Dios, y el que ama, ha nacido de Dios y conoce a Dios.8 Quien no ama no conoce a Dios, porque

Dios es amor.9 En esto se manifestó el amor de Dios entre nosotros, en que Dios envió a su Hijo único al mundo, para que vivamos por él.10 En esto está el amor, no en que hayamos amado a Dios, sino en que él nos amó y envió a su Hijo como propiciación por nuestros pecados.11 Amados, si Dios así nos amó, también nosotros debemos amarnos unos a otros.12 Nadie ha visto jamás a Dios; si nos amamos unos a otros, Dios permanece en nosotros y su amor se perfecciona en nosotros, 1 Juan 4:7-12.

Este versículo identifica la fuente del amor como de Dios y la fuente de este tipo de amor ágape y sacrificial es de Dios y no lo poseemos naturalmente y continúa al final del versículo 7 para decir que cualquiera que ama ha nacido de Dios y conoce a Dios. A menos que alguien haya sido justificado y regenerado, es incapaz de amar. Entonces, la capacidad y habilidad de amar (amor ágape) es imputada a los elegidos en el momento de la justificación. Entonces, con la justificación también vienen nuevas habilidades, incluido el amor. El tipo de amor ágape es una prueba más de que realmente lo conocemos como amor, que también es un fruto del Espíritu.

Luego dice en el versículo 8 que una vida sin amor es evidencia de un corazón no regenerado. Una vida sin amor es evidencia de no ser seguidor de Jesucristo. Si alguien tiene problemas para amar a su enemigo, tiene problemas para hacer el bien a aquellos que odian sus entrañas, entonces puede ser porque no ha nacido de nuevo, no ha nacido de arriba ni es salvo. Este tipo de amor radical debe aparecer en tu vida si afirmas conocer a Dios. Y el versículo termina con un argumento filosófico: "porque Dios es amor".

Simplemente está diciendo que, dado que Dios es amor, para amar debes estar conectado o apegado a la fuente del amor, que es Dios. Si alguien no está conectado con Dios, no puede tener la habilidad y la capacidad de amar porque no está enganchado a la fuente y al poder, que es el amor. Uno de los atributos esenciales de Dios es el amor y Él imputa ese atributo a la humanidad como le place. Entonces, una persona no regenerada no es capaz de obedecer el mandato de Dios de amar a sus enemigos, simplemente porque el amor de Dios no está en ellos y, por lo tanto, carecen de esa capacidad para obedecer. Entonces, el dicho "Dios es amor" implica que el ADN de Dios es amor. El dicho de que Dios es amor se compone de dos sustantivos, Dios, amor y el verbo "es", que los separa. Si esto fuera una ecuación matemática entonces sería Dios es igual a amor, o Dios = amor. Dios y el amor serían considerados lados iguales de la ecuación. Amor no se usa aquí como un adjetivo descriptivo o que describe algo acerca de Dios. Pero la palabra es un sustantivo.indicando y no describir quién es Dios. Comprender el amor resulta algo difícil de alcanzar para muchos; El amor es activo y no pasivo.

El amor es una acción realizada en beneficio de otra persona que no lo merece y no puede recompensar la acción realizada. El amor siempre busca una oportunidad para hacer el bien, sin buscar nada a cambio. Aquí está el amor en acción:*En esto se manifestó el amor de Dios entre nosotros, en que Dios envió a su Hijo único para que vivamos por él.*, 1 Juan 4:9. Esto es amor en acción y este versículo es como Juan 3:16, donde el amor de Dios lo impulsó a dar a su hijo. Y en el versículo 10 en el versículo anterior dice que la única razón por la que amamos a Dios es porque Él nos amó primero. Dios es la causa primera y sin que Él nos ame, somos incapaces de amarlo. Y el amor cubre el pecado.

El amor cubre el pecado

Una de las formas más fáciles de desarmar a tu enemigo es amarlo. Entiendo que esto puede parecer contrario a la intuición, pero es la verdad. No estoy defendiendo que nadie deba permitir una conducta pecaminosa, pero algo milagroso sucede cuando damos amor a alguien que espera odio y venganza. Están estupefactos, por decir lo menos. Personalmente he experimentado hacer el bien a alguien que me había tratado muy mal y su reacción fue increíble. Esperaban que yo devolviera mal por mal pero yo devolví mal con bien, y el amor es lo que obliga a cualquiera a devolver mal con bien. Esto es lo que dijo el apóstol Pedro:*Sobre todo, amamos profundamente unos a otros, porque el amor cubre multitud de pecados.*, 1 Pedro 4:8. El amor de Dios es una fuerza desarmadora que detiene en seco más pecados.

Digamos que alguien te insulta y tú le respondes. Luego la persona se enoja y viene a su casa y destroza su auto que estaba estacionado afuera de su entrada. También te enojas y le dices: "ya vuelvo"; Ahora estás realmente acalorado, mientras conduces de regreso a tu casa, a diez minutos de distancia, yendo a 90 millas por hora en una zona de 40 millas por hora y la policía te detiene y te multa por conducir imprudentemente. Ahora regresa con su pistola de 45 milímetros cargada y la cabeza de la persona sale volando. Resulta que usted es residente de Virginia o Texas y está acusado y juzgado por asesinato. El jurado lo declaró culpable y lo sentenció a muerte. Ahora, usted está detenido, condenado a muerte, en espera de ejecución. Dejas atrás 6 hijos y una esposa para que alguien más disfrute de tu esposa; dejas atrás a padres y hermanos, y a muchos otros miembros de la familia. Ahora bien, esto suena bastante a ficción, pero en realidad está sucediendo en todo Estados Unidos y el mundo.

Ahora, imagine el costo emocional y financiero que esta decisión ha traído a esta persona y a sus inocentes hijos, esposa y familia. El costo emocional y financiero realmente no se puede cuantificar. ¡No se puede poner precio a que los niños crezcan sin su padre! Pero todo esto podría haberse evitado si una de las partes en la disputa mostrara amor en lugar de represalias. Devuelves el mal con el bien. Si te insultan en la cara, a cambio, busca algo amable que hacerles, y el Espíritu de Dios ciertamente te revelará lo que debes hacer y eso les dejará boquiabiertos. Recuerda que sólo puedes hacer esto si el amor de Dios está en tu corazón. Sólo puedes dar lo que tienes y no puedes hacer el bien si el bien no está en tu corazón. Esto es lo que dijo Pablo:*17 Nunca pagues mal por mal a nadie. Respeta lo que es correcto ante los ojos de todas las personas.18 Si es posible, en lo que depende de vosotros, estad en paz con todos.¹*

*Nunca os venguéis vosotros mismos, amados, sino dejad lugar a la ira de Dios, porque escrito está: "La venganza es mía, Y Pagará", dice el Señor.20 "Pero si tu enemigo tiene hambre, dale de comer; si tiene sed, dale de beber; porque al hacerlo, carbones encendidos amontonarás sobre su cabeza.."21 No os dejéis vencer por el mal, sino vencer el mal con el bien,*Romanos 12:17-21. Vivimos en un mundo que está siendo bombardeado constantemente por el mal, pero el mandato aquí es vencer el mal con el bien. La palabra "amor" no está en este texto anterior, pero el amor está en todo el texto. La principal motivación para hacer el bien es el amor, sin el cual no podemos hacer ningún bien duradero. El amor es la raíz de cualquier acto de bien incondicional jamás realizado por cualquier ser humano y ese amor es imputado y no amor natural. Y también incluiré el amor que un marido tiene por su esposa.

El amor del marido por su esposa: el amor ágape

Es posible que a menudo escuches a un esposo hablar sobre amar a su esposa, pero si investigaras más para descubrir qué quieren decir realmente con amor, es posible que descubras que pueden tener algo completamente diferente en mente. Incluso en el matrimonio, el amor se entiende principalmente como eros o erotismo. Definitivamente es cierto que el eros o el amor romántico es muy importante en un matrimonio, pero un matrimonio necesita más que eros para sostenerlo. Eros es emocional y fluctuante y puede que difícilmente sostenga el matrimonio en tiempos difíciles. Así que el amor (ágape) en un matrimonio es un gran desafío, pero Dios ordena que el ágape sea parte del matrimonio. Incluso para aquellos que son regenerados, el verdadero amor ágape es un desafío constante.

A los maridos se les ordena amar (ágape) a sus esposas y esto no es de manera erótica sino incondicional y sacrificial. Cuando la mayoría de los hombres escuchan la palabra amor, inmediatamente piensan en algo erótico, por lo que este tipo de amor ágape es ajeno a los hombres. Entonces Dios está pidiendo a los hombres que hagan algo para lo que los hombres no están naturalmente preparados para hacer. Este es un tipo de amor radical, fuera de este mundo. No es de extrañar que los matrimonios a veces tengan todo tipo de problemas, porque los hombres simplemente no alcanzan este tipo radical de amor. Esto es lo que dijo el apóstol Pablo acerca de esta clase de amor:*Maridos, amad a vuestras mujeres como Cristo amó a la iglesia y se entregó a sí mismo por ella,* Efesios 5:25. Aquí se ordena a los maridos que amen (ágape) a sus esposas.

Esto es imperativo y no opcional. No es algo que deba suceder si los maridos tienen ganas de amar; no es algo que los maridos debían hacer después de que ella haya cocinado una buena comida; no es algo que deba hacer después de una buena noche juntos en la cama y abrazados; no es algo que él deba hacer si ella actúa correctamente y hace todo lo correcto. Este amor debe continuar sin cesar incluso cuando ella se niegue a darte sexo; este amor debe continuar desenganchado incluso cuando ella se niegue a cocinar para ti; este amor debe continuar sin obstáculos incluso cuando ella te insulte en la cara e insulte a sus suegros. Puede que a estas alturas me estés llamando loco y llamándome todo tipo de nombres.

Es posible que en este momento me estés diciendo: "Oye amigo, no conoces mi situación y esta mujer está realmente loca", e incluso puede que me estés diciendo: "Oye amigo, no sabes lo que estás haciendo". hablando", ¡y en cierto modo lo entiendo! ¡Entiendo de dónde vienes! Acabas de exponer mi caso y ese es el punto. Simplemente no tenemos la habilidad ni la capacidad de amar a quienes no son dignos de ser amados. Se nos ordena hacer algo que está fuera de nuestra capacidad de obedecer. Por eso es más fácil ir a la luna que amar a alguien que no es digno de ser amado. Después del mandamiento de amar a tu esposa, la siguiente parte del versículo dice: "Así como Cristo ama a la iglesia". ¡Guau! ¿Estás bromeando? ¡Esta es una tarea muy difícil! La norma del amor del marido por su esposa se mide con el amor de Cristo por su iglesia.

Por lo tanto, no sorprende que casi todos los hombres no cumplan con el estándar establecido por Cristo. El amor se demuestra con la acción. La prueba de que Cristo amó a Su novia, la iglesia, fue que Él se entregó a sí mismo por ella, de modo que los maridos también deben entregarse a sí mismos por sus esposas (tal vez no literalmente, pero al menos en sentido figurado). Es posible que a menudo escuches a un hombre decirle a su esposa: "Hola cariño, te amo". Ahora bien, ¿qué significa eso realmente? Esto es amor, sexo y matrimonio en acción. Este es el poder del amor y el sexo. La fuerza irresistible. El sexo es una parte integral de la expresión del amor, pero el amor real trasciende el sexo. Así que no nos pongamos ansiosos, cansados y sin esperanza cuando nos encontremos incapaces de amar como deberíamos, porque Cristo es nuestra esperanza y Él llenará nuestra copa cuando nos quedemos secos.

Capítulo 12

El poder de la esperanza

Entonces, ¿hay alguna esperanza para la humanidad en medio de un mundo sumido en deseos sexuales incontrolables y otros tipos de pecados? La inmoralidad sexual está asolando el mundo, dañando vidas y dejando un rastro de sangre a su paso. El sexo y los pensamientos sexuales se han apoderado de las mentes de las personas. Las cosas parecen bastante sombrías, si pensamos en los millones de bebés que han sido asesinados mediante el aborto. Los millones de personas que han muerto tras contraer todo tipo de ETS.

Los matrimonios que han sido destruidos por actos de adulterio y la cantidad de niños inocentes impactados sin culpa suya. Las ideas pervertidas sobre el sexo y sus secuelas. Los efectos de la pornografía y los deseos sexuales incontrolables y sus secuelas en las familias y comunidades. El alejamiento total y completo del plan y deseo de Dios por el sexo y sus efectos posteriores.

El sexo no es un juego y el cuerpo humano no debe usarse principalmente para obtener placer. El placer es un subproducto del sexo y no el propósito fundamental del mismo. Desafortunadamente, el placer es la fuerza impulsora detrás de la mayoría de las decisiones e impulsos sexuales. El sexo está roto y necesita ser restaurado. El sexo se ha convertido en una mercancía y niños, niñas, hombres y mujeres venden sus cuerpos a cambio de ingresos. Este no es el plan de Dios para el sexo, pero millones de personas están en este camino. La adicción sexual está arrasando en el mundo y, entonces, ¿cuál es la posible solución? ¿Deberíamos simplemente tirar la toalla?

Millones de personas desean sinceramente liberarse de cualquier tipo de adicción, ya sea sexual o de otro tipo. Tienen una necesidad desesperada de liberarse del poder de la desesperación y la adicción. Están perdidos y simplemente no saben cómo ni por dónde empezar. Están desesperados y la adicción los ha dominado. La adicción de cualquier tipo coloca a alguien en esclavitud y bajo el control de cualquier cosa a la que esa persona sea adicta. Su adicción los lleva a un estado de absoluta desesperación.

Incluso la capacidad de reconocer que estás en problemas es un buen punto de partida. Eso significa que odias tu situación y deseas un cambio. Esto es cierto para la adicción e igualmente cierto para cualquiera que viva en pecado de cualquier tipo. Admitir que estás en problemas y que necesitas ayuda y esperanza es lo mejor que te puede pasar. Este es el comienzo de la esperanza y el proceso de curación. La esperanza es el vehículo que te mantiene en marcha cuando no tienes ganas de seguir un día más. Cuando no hay esperanza, es como un auto que se queda sin gasolina al costado del camino.

Aquí hay algunas experiencias con la desesperanza publicadas en psicologíatoday.com: Mi primer noviembre como escritor profesional no fue fácil. Mi único cliente no pagó su factura, recibía más rechazos que asignaciones, mi artritis estaba empeorando y mi gato enfermó facturas veterinarias por valor de $1,200. No sabía cómo iba a hacer el pago de mi casa y tenía malestar estomacal. me detuve durmiendo. Pero nunca dejé de tener esperanzas. Creí que podía hacer que este negocio de escritura funcionara y me puse a trabajar para que eso sucediera.[202] La desesperanza

---

202 https://www.psychologytoday.com/us/blog/imperfect-spirituality/201902/why-hope-matters

la enfrentan y la experimentan todos los días personas en todo tipo de situaciones.

Crisis financieras, crisis de salud, crisis emocionales y la lista es un tanto interminable que puede desencadenar en la desesperanza. Casi cualquier persona que tiene ideas suicidas, intenta o se suicida, no es necesariamente porque quiera morir, sino principalmente porque ha perdido la esperanza de vivir. Se han convencido con éxito de que nadie se preocupa por ellos, que no tienen ningún valor y que nadie los extrañara cuando se hayan ido. Puede que esto no sea cierto, pero han luchado con estas creencias y se han convencido a sí mismos de que son verdad.

Según los psicólogos, la esperanza nos ayuda a luchar por un día más y a no rendirnos. Aquí algunos de sus comentarios:La investigación indica que esa esperanza puede ayudarnos a gestionar el estrés y ansiedad y afrontar la adversidad. Contribuye a nuestro bienestar y felicidad y motiva la acción positiva. Las personas esperanzadas creen que pueden influir en sus objetivos, que sus esfuerzos pueden tener un impacto positivo. También es más probable que tomen decisiones saludables para comer mejor, hacer ejercicio o hacer otras cosas que los ayudarán a avanzar hacia lo que esperan.

Luego, otras emociones positivas como el coraje y confianza(autoeficacia) y también emerge la felicidad. Se convierten en nuestra estrategia de afrontamiento; estas emociones son cruciales para ayudarnos a sobrevivir. Nos permiten tener una visión más amplia de la vida y ser más creativos en nuestro enfoque y resolución de problemas, y conservar nuestra optimismo.

La esperanza no es una ilusión. no es negación. No ignora los desafíos reales, los detalles del diagnóstico o la disminución del dinero en la cuenta corriente. No es un pensamiento de cortejo.[203] Este es el tipo de esperanza que depende de nosotros para salir de cualquier situación en la que nos encontremos. Este es un tipo subjetivo de esperanza. Puede que lleguen momentos en nuestras vidas en los que este tipo de esperanza simplemente nos falle. Por lo tanto, la esperanza no puede funcionar sola, sino en conjunto con su hermana, la fe. La esperanza no es un concepto independiente, sino que va de la mano de la fe y son como hermanos gemelos. Si ves uno, verás el otro a la vuelta de la esquina.

Conexión entre esperanza y fe

La esperanza sin fe está muerta. La esperanza está intrincadamente ligada y entrelazada con la fe. La esperanza se trata de acontecimientos futuros que aún no han ocurrido y la fe tiene que incorporarse a la esperanza para que la esperanza se materialice. Así define el escritor del libro de Hebreos la fe:*Ahora la fe es la certeza de las cosas.esperado porque, prueba de cosas que no se ven,*Hebreos 11:1. En realidad, esto es sumergirse en lo sobrenatural y algunas personas inicialmente pueden tener dificultades para captar este concepto. Si realmente crees en algo acerca de Dios, es como si ya hubiera sucedido. La fe actualiza la esperanza y la hace real y tangible.

La fe hace tangible la esperanza. Si realmente tienes fe, entonces ya sucedió y eso es esperanza. No esperas lo que ya ves, pero la fe hace que la esperanza sea real. Esto es lo que dice nuevamente el escritor de Hebreos:*Pero sin fe es imposible agradarle, porque el que se acerca a Dios debe*

203

https://www.psychologytoday.com/us/blog/imperfect-spirituality /201902/why-hope-matters *creer que Él existe y que es un recompensador de los que le buscan diligentemente*, Hebreos 11:6. Cuando crees en un evento futuro porque Dios lo dijo, entonces eso es una esperanza real y tangible. Ya sucedió sólo porque Dios lo dijo. Por eso la esperanza en el contexto de la conexión esperanza-fe es de vital importancia. Esta es una esperanza objetiva en contraposición a una esperanza subjetiva. Esta no es una especie de esperanza ilusoria. ¡Solo hay un problema! Este tipo especial de esperanza sólo está disponible para aquellos que son parte de la familia de Dios.

El mundo está experimentando mucha desesperanza, pero sólo aquellos que están en la familia de Dios están experimentando verdadera paz. Entonces puedes hacer una pregunta sencilla: "¿Cómo puedo experimentar verdadera paz, alegría y esperanza?" ¡Esa es una pregunta muy seria e interesante! ¿Cómo llegamos a ser parte de la familia de Dios si originalmente y naturalmente no éramos parte de Su familia? Digamos que te pones en contacto con Jeff Bezos, el propietario y fundador de Amazon y la persona más rica del mundo y le dices que quieres ser parte de su familia y él puede pensar que eres mentalmente inestable. Él no te dio a luz y ¿cómo es posible que le estés pidiendo ser parte de su familia? Sólo hay dos formas en las que podrías formar parte de la familia de Jeff Bezos. (1) Tuvo relaciones sexuales con una mujer (o su esposa) y de esa unión sexual usted nació o (2) fue adoptado en su familia.

No importa si usted fue su hijo natural o su hijo adoptivo, tiene los mismos derechos a heredar todos sus bienes por igual que el hijo natural. La adopción le otorga el mismo estatus que el hijo nacido de forma natural. Jeff Bezos tiene un patrimonio neto de unos 105 mil millones de dólares y me refiero a miles de millones con una (B). Tienes la oportunidad de heredar una parte de eso si él solo toma soberanamente la decisión de elegir y adoptarte como uno de sus hijos. Esta decisión es completamente suya y usted no puede sobornar, coaccionar ni influenciarlo para que tome su decisión de adopción.

El objetivo de la adopción es principalmente traer esperanza a una vida. Dar esperanza donde hay desesperanza. Dar sentido y propósito a una vida. ¿Por qué alguien subiría a un avión y viajaría a un país extranjero para adoptar a un bebé de un año? La esperanza debería ser la fuerza impulsora detrás de tal decisión. El bebé adoptado no tiene control ni voz en la decisión. La decisión la tomó el adoptante de elegir o elegir a este niño entre miles de millones de niños desesperados en el mundo. Dios quiere adoptarte entre miles de millones de pecadores, desesperados y pervertidos sexuales en el mundo. El proceso de adopción de Dios comienza cuando Él te elige para adopción y tú no tienes control en el proceso porque eres pasivo en el proceso.

Dios te elige para adopción en su familia

Para que ocurra la adopción en la familia de Dios, primero debe ocurrir la elección. Hay un debate en curso sobre la elección del hombre por Dios y la libertad de "voluntad" del hombre para unirse a la familia de Dios o rechazar unirse a la familia de Dios en nuestros propios términos. Imaginemos que un bebé de un año tiene que tomar la decisión de dejarse adoptar o rechazar la adopción por completo. La persona que realiza la adopción tiene todo el poder y la que es adoptada no tiene ningún poder en el proceso de elección y adopción. Este es un retrato de la elección y la salvación.

¿Pero quiénes son realmente los elegidos? Los elegidos son aquellos a quienes Dios había escogido desde la eternidad pasada y también les concedió la fe para creer en Él para salvación. Éstos son también aquellos a quienes Él llevará a la gloria. Esto es lo que Dios dijo acerca de aquellos a quienes había elegido:"Según él nos escogió en él antes de la fundación del mundo, para que seamos santos y sin mancha delante de él en amor", Efesios 1:4. La elección es total y completamente un acto de Dios sin participación e involucramiento humano alguno. El texto dice que Dios nos escogió o nos eligió a nosotros (los elegidos) en Él (es decir, en Cristo). El lugar de nuestra elección fue en Cristo. Los elegidos fueron puestos en Cristo. Los elegidos fueron sacados del mundo y puestos en Cristo. Ahora se nos dice dónde sucede, la ubicación y eso es en Cristo, pero ¿cuándo sucedió todo? ¿Cuándo fueron colocados los elegidos en Cristo? ¿Sucedió cuando se unieron a una iglesia local? ¿Sucedió cuando fueron bautizados? ¿Sucedió en algún evento de la iglesia después de que alguien predicó e hizo un llamado al altar?

¡Esta es una pregunta bastante interesante y desconcertante! ¡El texto anterior nos da una pista! Dice que los elegidos fueron colocados en Cristo "antes de la fundación del mundo". ¡Guau! ¡Esto es bastante sorprendente! Si eres uno de los elegidos de Dios, entonces debes saber que Dios te eligió, te apartó para Él y te colocó en Cristo antes de la creación de todas las cosas. Y debido a que es una obra de Dios, nunca podrás perder tu salvación. Cristo te llevará al cielo y estarás con Él para siempre, garantizado, y esto es una esperanza genuina, no una ilusión.

Nadie sabe quiénes son los elegidos, pero se nos manda predicar a Cristo a todas las naciones porque la fe viene por el oír y el oír por la palabra de Dios, Romanos 10:17. Entonces, ¿cuál es el propósito de Dios al elegir a algunos? La eliminación del pecado es el propósito principal de la elección. Dios está reuniendo a personas de cada nación, tribu y lengua para estar con Él en el cielo para siempre, y aquellos a quienes Él elija deben ser santos e irreprensibles. Los pecadores no pueden habitar el cielo. Nadie entra al cielo en su estado pecaminoso. Nadie se aventura en la presencia de Dios a menos que sea santo. De ahí el dicho: Bienaventurados los de limpio corazón porque ellos verán a Dios, Mateo 5:8. La santidad es un requisito previo para ver y entrar en la presencia de Dios y sólo aquellos cuyos pecados han sido expiados verán a Dios.

El adoptado es pasivo en el proceso de adopción. La elección de Dios para ser adoptado en Su familia es probablemente la enseñanza más humillante de toda la Biblia. La elección quita cualquier ápice de orgullo humano por haberse ganado el derecho a ser parte de la familia de Dios. Aquí hay algunas cosas que Dios dice.sobre las elecciones: "No me elegisteis a mí, sino que yo os elegí a vosotros, y os designé para que vayáis y deis fruto, y que vuestro fruto permanezca, para que os dé lo que pedís al Padre en mi nombre", Juan 15: dieciséis. Este es probablemente el texto más claro sobre la elección en todas las Escrituras. Este tipo de texto zanja todo debate para quienes realmente buscan esta verdad. ¡Seamos sinceros! ¿Qué tan claro puede llegar a ser?

¡Este tipo de texto directo! "No me elegisteis a mí, sino que yo os elegí a vosotros", y podéis pensar que un texto tan claro como este zanjará todos los debates entre el libre albedrío del hombre y el plan electoral de Dios, pero no ha movido ni un centímetro a algunos escépticos. La elección no es sólo una doctrina para algún debate teológico en algún aula de seminario, sino que está en el centro de la esperanza. No hay esperanza sin elección. Dios no abandonó a sus criaturas rebeldes, sino que eligió a algunas para que estuvieran con él por toda la eternidad. Espero que no haya ninguna confusión en cuanto al significado de la palabra "elegir", mencionada en el texto anterior, porque podría haberse traducido igualmente cómo "elegir", y esta elección o elección es enteramente un acto de Dios sin ningún tipo de confusión. aporte o consideración humana. Dios nunca consultó con la humanidad para ver cómo se sentían y si les gustaría ser elegidos. Dios no hizo una encuesta para ver quiénes quisieran ser elegidos.

Sin esta acción de Dios, la humanidad habría permanecido en un estado de perpetua desesperanza. Entonces, ¿por qué Dios te eligió para adopción? ¿Está Dios buscando personas con quienes estar? ¿Está solo y necesita compañía? ¡Ciertamente no y que nunca lo sea! ¿Entonces qué está pasando? Este verso no solo habla sobre las elecciones sino de otra cosa. Esto es lo que decía: "Yo os elegí y os nombré", y la idea de nombrar tiene que ver con "poner, poner, colocar, establecer, ordenar".[204]Entonces Dios no sólo te eligió, sino que también te estableció y ordenó, es decir, te apartó de los demás. Haciéndote especial para Él.

Recuerde que los elegidos son la novia de Cristo, y deben estar debidamente adornados para el novio. La doctrina de la elección es muy consistente con varias otras enseñanzas bíblicas, como que el novio siempre elije o elige a su novia. Y el novio distingue a la novia de todos los demás. Así que es prácticamente normal que después de que el novio elige a su novia, la separa y la prepara para la ceremonia nupcial, pero en el intervalo, la novia tiene que ser productiva al traer a otros al banquete de bodas.

Entonces, el propósito de que Dios elija y ordene a los elegidos se establece en la siguiente parte del versículo,

---

[204]   https://biblehub.com/thayers/5087.htm

que dice: "Irías y darás fruto, y tu fruto permanece". Así que no sólo la elección y la ordenación son actos completamente de Dios, sino que hay un propósito detrás de la elección. Dios tiene un plan y un propósito para tu vida. Él os eligió con el propósito de ir y dar fruto. Él no os eligió para sentaros sino para ir. Dios no elige a los asistentes sino a los asistentes. Si usted ha sido verdaderamente elegido, entonces debe haber hambre y sed de justicia en su espíritu y corazón, Mateo 5:6. ¿Tienes hambre y sed de las cosas de Dios? Una persona esperanzada tiene hambre y sed de las cosas de Dios. ¿De qué tienes hambre y sed? Los elegidos son asistentes y no sentados, y esto es lo que Dios dijo acerca de los elegidos: "Id por todo el mundo y predicad el evangelio a toda la creación", Marcos 16:15. Este es un viaje intencional, con un propósito. ¡Dios les dijo a los elegidos adónde ir! "a todo el mundo" y qué hacer a medida que avanzan; "predicar el Evangelio." Los elegidos darán fruto al menos de dos maneras: (1) yendo por todo el mundo y predicando el evangelio (2) teniendo hambre y sed de justicia. Aquellos a quienes Dios elige son siempre asistentes y nunca sentados. La vida de los elegidos está saturada de dar frutos y hacer la voluntad de Dios.

Ésa es su razón de ser. Aquí hay otro texto sobre los elegidos como asistentes y no sentados: "Id, pues, y haced discípulos a todas las naciones; enseñándoles a guardar todo lo que os he mandado. Y he aquí, yo estaré con vosotros todos los días, hasta el fin de los tiempos", Mateo 28:19,20. Los elegidos de Dios deben ser portadores de frutos y este texto no es diferente. A medida que los elegidos avanzan en su vida diaria, deben incorporar dos cosas en su misión de dar fruto: (1) hacer discípulos de todas las naciones y (2) enseñarles a guardar los mandamientos de Dios, y el resultado.de elección será que Dios nunca abandonará a los elegidos.

Este no es un trabajo o deber de algún pastor o teólogo sino el propósito y misión de todos y cada uno de los elegidos de Dios. Los elegidos siempre miran hacia adelante y nunca hacia atrás. No son verdaderamente ciudadanos de ninguna nación terrenal porque son extranjeros y extranjeros, porque su ciudadanía está en los cielos, Filipenses 3:20-21. No buscan consuelo ni consuelo en ninguna ciudad terrenal, sino que esperan ansiosamente la ciudad no construida con manos y cuyo constructor y hacedor es Dios, Hebreos 11:10. Los elegidos nunca están solos, porque reciben consuelo en esta vida mientras esperan ansiosamente la vida venidera. Esta es la esperanza de los elegidos, y esta es vuestra esperanza.

Los elegidos nunca están solos

Uno de los problemas que enfrenta cualquiera que vive una vida fuera de la voluntad de Dios es la soledad. Este es un problema importante en la vida de millones de personas. La mayoría vive vidas vacías de significado y propósito. La soledad afecta a más personas que todos los cánceres juntos. Todos los demás problemas emocionales como el miedo, el estrés, la ansiedad, la depresión y las ideas suicidas están relacionados con la soledad. Pero los elegidos están exentos de la cantidad y el nivel de soledad que enfrenta el resto de la humanidad. Aquí hay una palabra de esperanza y consuelo de Dios para los elegidos: Y he aquí yo estoy con vosotros todos los días, hasta el fin de los tiempos, Mateo 28:20B. Dios promete estar con sus elegidos siempre. Nunca hay un momento en que Dios no esté con sus elegidos y esta es una promesa reconfortante. Prometió nunca dejarlos ni abandonarlos, Hebreos 13:5-6. Tus familiares y amigos pueden y te abandonarán, pero Dios prometió nunca dejar ni abandonar a sus elegidos. Y el amor de Dios por sus elegidos es interminable, y nada puede separar a los elegidos de Dios. Los elegidos están seguros y protegidos en las manos de Dios.

Nada puede separar a los elegidos de Dios

La relación entre los elegidos y Dios está eternamente asegurada. No pueden caer en desgracia ni perder su salvación. Ni siquiera la muerte puede separar a los elegidos de Dios. Esto es lo que Dios dijo:[33]¿Quién acusará a los elegidos de Dios? es dios que justifica.

[34]¿Quién es el que condena? Cristo es el que murió, más aún, el que resucitó, el que también está a la diestra de Dios, el que también intercede por nosotros.

[35]¿Quién nos separará del amor de Cristo? ¿Tribulación, o angustia, o persecución, o hambre, o desnudez, o peligro, o espada?

[36] Como está escrito: Por tu causa somos muertos todo el día; somos contados como ovejas para el matadero.

[37]Es más, en todas estas cosas somos más que vencedores por medio de aquel que nos amó, Romanos 8:33–37. Medite en el versículo 35 que confirma que el amor de Dios por sus elegidos es seguro y nunca podrá romperse.

Los elegidos están seguros en las manos de Dios

Es posible que a menudo escuches enseñanzas como que puedes perder tu salvación a menos que trabajes duro para conservarla. Tales enseñanzas son ajenas a la Biblia. Si Dios te eligió para la salvación, eso nunca se puede perder, pero si de alguna manera aceptaste a Cristo por tu propia voluntad, entonces realmente podrías pensar que eres salvo, tal vez lo seas, sólo Dios lo sabe. Esto es lo que Dios dijo acerca de la seguridad de la salvación y la seguridad de los elegidos: "[28 Yo] les doy vida eterna y no perecerán jamás; nadie me las arrebatará de la mano.29 Mi Padre que me los ha dado, es mayor que todos[a]; nadie podrá arrebatarlas de la mano de mi Padre.30 Yo y el Padre uno somos", Juan 10:28-30. Esta es la esperanza de los elegidos y su salvación está segura en las manos de Dios. Han sido justificados y declarados inocentes por Cristo y el veredicto no se puede deshacer. La sangre ya ha sido sacrificada y la obra de expiación está completa. No es necesario volver a sacrificar la sangre. A partir de tanta evidencia, se vuelve más claro que el amor de Cristo se centra en Sus elegidos, ya que son ellos a quienes Él justificó.

Cristo justifica a los elegidos

La justificación es otro acto de Dios en el proceso de elección que coloca al pecador en una posición correcta ante Dios. Esta es una acción juiciosa necesaria que Dios toma para declarar al pecador inocente, justo y justo. Este único acto de Dios lleva al pecador a la comunión y compañerismo con Dios. Toma el acto de justificación para declarar inocente a una persona culpable porque su pecado ha sido propiciado por Cristo. Esto es como ser acusado de un delito de asesinato en alguna jurisdicción y todas las pruebas presentadas ante el tribunal apuntan a su culpabilidad. Aquí están los funcionarios que presiden esta sala del tribunal: Dios, el Padre, está sentado como juez que preside este caso, Satanás, quien también es llamado el dios de este mundo, (2 Corintios 4:4), también está en la sala y actuando como fiscal del estado, procurador del estado, y su trabajo es presentar las pruebas contra los elegidos de que merecen la muerte.

Merecen la pena de muerte y merecen ser condenados y ahorcados. Por eso a Satanás o el Diablo también se le llama acusador de los hermanos (Apocalipsis 12:10). Él representa el sistema gubernamental del mundo y antes de que alguien sea salvo, está y opera bajo el dominio de Satanás. Difícilmente alguien aceptaría la idea de que en realidad están bajo el dominio del diablo, pero ese es realmente el caso. Todos los seres humanos sólo pueden estar en uno de dos lugares. O están "en Cristo", lo que significa que son salvos, o están en el mundo y en el dominio de Satanás, quien resulta ser el dios de este mundo. No hay lugares neutrales de existencia. No hay indecisos. Si no estás a favor de Dios, entonces por defecto estás en contra de Él (Mateo 12:30). Difícilmente alguien admitiría abiertamente que está en contra de Dios, pero es posible que tampoco admitan con entusiasmo estar a favor de Dios y eso los hace estar en contra de Dios.

Si alguien no está seguro de su ubicación, lo más probable es que esté bajo el dominio de Satanás. Asegúrate de tu ubicación. No me refiero a tu ubicación GPS sino a tu ubicación con Cristo. ¿Estás con Cristo o con Satanás? Entonces, volvamos a la sala del tribunal donde Satanás y su equipo de abogados están presentando el caso y presentando acusaciones y cargos contra los elegidos diciendo que han cometido crímenes dignos de muerte. Para que cambie la posición o ubicación de cualquier persona, debe estar justificado. Deben ser removidos del dominio de Satanás y transferidos al de Cristo. Esto es lo que Dios dijo: "Porque nos rescató del dominio de las tinieblas y nos transfirió al reino de su Hijo amado", Colosenses 1:13. Los elegidos son rescatados del dominio de las tinieblas o de Satanás y transportados o transferidos a la de Cristo mediante el acto de la justificación.

Este es un cambio sorprendente e instantáneo de ubicación y posición. Antes de que los elegidos fueran transferidos, estaban bajo el dominio de Satanás y en realidad eran hostiles y enemigos de Dios y las cosas de Dios. No tenían ningún interés ni deseo por las cosas de Dios. Así es como Dios describe a todos los que están bajo el dominio de Satanás, incluyendo a los elegidos, antes de que Dios los rescatara y los quitara del control del Diablo: "Por cuanto la mente puesta en la carne es enemiga de Dios; porque no no se sujeta a la ley de Dios, porque ni siquiera puede hacerlo", Romanos 8:7. ¡Entonces de repente sucedió algo milagroso! Hubo una transformación radical de la mente y el corazón de los elegidos.

Luego regresamos a la sala del tribunal donde Satanás y su equipo de abogados están presentando argumentos finales ante Dios contra los elegidos. Pero en esa sala donde Dios mismo era el juez que presidía, había alguien en la sala de pie y actuando como abogado defensor. Jesucristo estaba en el palco solo para la defensa y actuando como abogado para la defensa de los elegidos. Mientras estaba en el palco del estado, estaba el fiscal principal, Satanás, y una gran cantidad de abogados que defendían el caso del gobierno. Después de un largo proceso, se presentaron las pruebas, el relato de un testigo presencial, la presentación en video y la presentación en audio. También se sentó un jurado de 12 personas para sopesar las pruebas presentadas y dictar sentencia.

Entonces Dios llamó al presidente del jurado para saber si habían llegado a un veredicto, y él respondió: "Sí, señoría", y Dios dijo: "Ahora puede leer el veredicto al tribunal", y "dijo, culpable de los cargos". Su Señoría", y luego Dios llamó a los funcionarios de la prisión para que se llevarán a los prisioneros para condenarlos y sentenciados a muerte en eterna separación de Dios. Pero antes de que los funcionarios de la prisión se los llevaran, el abogado defensor (Jesús el Cristo) dio un paso adelante y dijo: "Señoría, sólo tengo una moción para que la corte la considere", y Dios dijo: "

Tienes la palabra", e hizo esta moción al tribunal: "Yo recibiré su castigo, y sufriré en su lugar, moriré por ellos". Entonces Dios le preguntó al fiscal, Satanás, diciendo: "¿Hay alguna objeción? ¡Satanás guardó silencio! Entonces Dios respondió: "Moción concedida". Luego Dios golpeó el mazo en el banco y dijo: "¡Se levanta la sesión del tribunal! De ahí el dicho: "Al que no conoció pecado, por nosotros lo hizo pecado, para que nosotros fuésemos hechos justicia de Dios en él", 2 Corintios; 21.

El resultado de esto es que los elegidos ya no son enemigos de Dios y esto es lo que Dios dijo: "Así que, ya que hemos sido justificados por la fe, tenemos paz para con Dios por medio de nuestro Señor Jesucristo", Romanos 5:1. Este versículo habla de cuatro partes de la justificación; (1) el acto de justificación; (2) los medios de justificación; (3) el resultado de la justificación; (4) el vehículo de justificación. Comencemos con el acto de justificación: Este es total y completamente una acción divina tomada para declarar al pecador inocente, justo, limpio y libre de pecado. La palabra "been" en inglés, que está justo antes de la justificación, indica que el verbo "justificar" está en voz pasiva, lo que significa que un tercero está realizando el acto de justificación. Y cuando ese tercero no se menciona en el contexto inmediato, esto se considera una pasiva divina. Los teólogos llaman a esto una pasiva divina. Siempre que hay un verbo en voz pasiva y ningún sujeto en el contexto inmediato, actuando sobre ese verbo, Dios mismo es considerado el sujeto.

Este es un argumento de la lingüística y la gramática de que Dios es el sujeto de la justificación. Aquí hay una pregunta planteada por Pablo con respecto a la Justificación: "¿Quién acusará a los escogidos de Dios? Dios es el que justifica", Romanos 8:33. Este argumento de la "analogía de la fe" deja vívidamente claro que sólo Dios puede justificar. La idea de "analogía de la fe" se utiliza para interpretar las Escrituras con las Escrituras. El texto dice que los elegidos son justificados "por la fe", y la palabra "por" significa el medio o método de justificación. "Por" vinculan o es el puente entre la justificación y la fe. La creencia conduce a la justificación, que a su vez conduce a la justicia.

La fe o la creencia es el comienzo de la esperanza. El ingrediente más importante de la esperanza es la fe. Esto es lo que se dice de Abraham acerca de la fe: ¿Qué dice la Escritura? "Abraham creyó a Dios, y le fue contado por justicia", Romanos 4:3. ¡Esto puede parecer un poco confuso! ¿Cómo funciona la fe y la elección? ¡Esta también es una pregunta muy interesante! El texto anterior decía que "Abraham creyó o tuvo fe en Dios", y el resultado fue que la justicia fue acreditada a la cuenta de Abraham. Esta fe o creencia es el medio de justificación. Esto es lo que se dice sobre la creencia.:*9 Que si confiesas con tu boca al Señor Jesús, y crees en tu corazón que Dios le levantó de los muertos, serás salvo.*

10 Porque con el corazón se cree para justicia; y con la boca se confiesa para salvación. Romano 10:9-10. La justificación es sinónimo de ser salvo. Esta fe no es una fe subjetiva en ti mismo, sino una fe objetiva en tu creador. La idea de confesión significa ver las cosas desde la perspectiva de Dios y no desde la nuestra. Significa estar de acuerdo con Dios sobre cualquier cosa que Él haya dicho sobre cualquier asunto determinado. Confesar al Señor Jesús significa creer en Su deidad. Debe haber una fe sincera o creer en el fondo de su corazón que Jesucristo es Dios encarnado. Sin esa creencia no hay salvación ni esperanza para vosotros ni para la humanidad. Jesucristo no es sólo un buen maestro, profeta y hacedor de milagros, sino que es mucho más que eso.

El mundo fue creado por y a través de Él. Sin Él nada de lo que fue hecho fue hecho y en Él habita toda la plenitud de Dios. Él es 100% Dios y 100% hombre al mismo tiempo. No tiene principio de días ni fin de vida. Él juzgará a toda la humanidad en su próxima venida. Esto es lo que quiso decir el apóstol Pablo con "confiesa con tu boca al Señor Jesús", y hay un segundo hecho acerca de Jesucristo con el que debemos estar de acuerdo para ser salvos: "creeréis en vuestro corazón", y la ubicación de ese la fe está en tu corazón. No creas en tu cabeza sino en tu corazón. El corazón es el centro del pensamiento y la decisión. Este es el centro del hombre, el corazón.

Esta creencia conduce a una transformación. Entonces, ¿qué hechos hay que creer? "Que Dios le ha resucitado de entre los muertos". Nadie va a ser salvo sin creer que Dios resucitó a Jesucristo de entre los muertos. Esto es fundamental para la justificación. Este es el SINE QUA NON de la justificación. Entonces, se deben creer dos hechos acerca de Jesucristo para ser salvo: (1) Jesucristo es Dios encarnado y (2) Dios resucitó a Jesucristo de entre los muertos. El resultado de creer estos dos hechos se menciona al final de Romanos 10:9 arriba: "Serás salvo". Note que el texto no dice: "podrías ser salvo", sino que proclama enfáticamente: "serás salvo". ¡Guau!

Esta es una verdadera esperanza para la humanidad. Toda la fe cristiana depende de estas dos doctrinas. La doctrina de la resurrección es tan central para el mensaje del evangelio que Pablo dedicó todo 1 Corintios 15 a explicarla. Nuestra fe depende de ello y nuestra esperanza también depende de ello. Este es el mensaje central de esperanza en la Biblia. Desafortunadamente, a muchas personas que dicen ser cristianas se les ha enseñado un concepto del cristianismo que es ajeno a la Biblia. La mayoría dice que tiene fe en Jesús sólo para esta vida. Creen en Jesús para que les provea solo en esta vida.

Creen en Jesús para tener buena salud, dinero en el banco, alguien que satisfaga sus necesidades materiales solo en esta vida. Esto es lo que Pablo dijo acerca de este tipo de esperanza: "Si sólo en esta vida tenemos esperanza en Cristo, somos los más miserables de todos los hombres", 1 Corintios 15:19. Pablo está argumentando que si nuestra esperanza está solo en esta vida, entonces nosotros, entre los hombres, somos los más miserables. no animales que simplemente viven, comen y mueren mañana. Tenemos un alma eterna que vivirá con Dios o estará ausente de Dios. Entonces el resultado de la justificación es la paz con Dios. La paz con Dios es un bien escaso y la gente está buscando la paz. en todos los lugares equivocados. La gente está hecha pedazos porque no hay paz. ¡No hay paz para los malvados!

El mundo está lleno de agitación, plagado de conflictos y la gente necesita desesperadamente paz. La gente no busca más dinero sino que necesita desesperadamente paz. Entonces, ¿cómo pueden encontrar este tipo de paz? ¡No hay paz en el fentanilo! ¡No hay paz con los opioides! ¡No hay paz en la marihuana! ¡No hay paz entre la maleza! ¡No hay paz en la granja! ¡No hay paz en más sexo! ¡No hay paz en las drogas! ¡No hay paz en el alcohol! ¡No hay paz en la obsesión material! ¡No hay paz en tu hogar! ¡No hay paz con tu esposa! ¡No hay paz con tus hijos! ¡No hay paz con tus hermanos! ¡No hay paz con tu jefe en tu trabajo! ¡El mundo está en llamas! ¡No hay paz entre Rusia y Ucrania! ¡No hay paz entre Israel y Palestina! ¡No hay paz entre demócratas y republicanos en el Congreso ni en este país! Como dijo una vez Rodney King: "¡Podemos llevarnos bien todos!" Entonces, ¿dónde se puede encontrar la paz?

Esto es lo que Dios dijo acerca de la paz: "No hay paz para los impíos", dice el Señor, Isaías 48:22. Dios dijo que hay paz disponible, entonces Él la califica, "pero no para los impíos". Alguien puede decir algo como "¿pero quiénes son los malvados?" porque "no soy una persona malvada". ¿Las normas las establece Dios y sólo Él determina quiénes son los malvados? Aquí hay algo más que Dios dijo acerca de los impíos: Aun desde que nacen, los impíos se extravían; desde el vientre son descarriados, difundiendo mentira, Isaías 58:3. La conclusión es que todos nacemos en un estado de maldad desde el útero y de todos los que nacemos malvados, Dios eligió redimir a algunos. No hay paz para el que no está en Cristo Jesús porque el que está en Cristo es una nueva creación, 2 Corintios 5:17.

Ni siquiera todos los acuerdos de paz del mundo traerán una paz duradera. Pensemos en el histórico acuerdo de paz, llamado "acuerdo de Camp David", firmado el 17 de septiembre de 1978 y facilitado por el presidente estadounidense Jimmy Carter y firmado por el presidente egipcio Anwar Sadat y el primer ministro israelí Menachen Begin. El objetivo declarado de este acuerdo era marcar el comienzo de una paz duradera en el Medio Oriente. Fue aclamado como el último rayo de esperanza para Oriente Medio. Y ahora han pasado cuarenta y cinco años y no hay nada parecido a la paz. No habrá paz en la tierra entre los hombres ni la humanidad hasta que haya paz con el Príncipe de Paz. No puede haber una verdadera paz horizontal hasta que haya una verdadera paz vertical. Aquí hay un mensaje del Príncipe de Paz: "Estas cosas os he hablado para que en Mí tengáis paz; en este mundo tendréis aflicción; pero confiad, yo he vencido al mundo", Juan 16. :33.

El Príncipe de Paz es el único que puede decir "quédate quieto" y las olas del océano se calman. Él también tiene el poder de calmar las tormentas en tu vida. Él puede decir "quédate quieto" y las tormentas de tu vida se vuelven tranquilas y pacíficas. Él puede sacar la calma del caos en tu vida. Él puede calmar tus tormentas matrimoniales, tus tormentas financieras, tus tormentas relacionales, tus tormentas mentales y la lista es interminable. Él puede traer propósito y significado a tu vida. Él puede sacar paz de los pedazos de tu vida. Pero, ¿cómo llega esta paz a nosotros? ¿Cuál es el vehículo a través del cual obtenemos esa paz?

La última parte de la Justificación al final de Romanos 5:1 dice que "tenemos paz para con Dios por medio de nuestro Señor Jesucristo", y la palabra clave en la última parte del versículo es "a través", describiendo el vehículo a través de del que se apropia nuestra paz. Los medios a través de los cuales obtenemos esa paz. No hay otro nombre bajo el cielo mediante el cual el hombre pueda ser salvo, Hechos 412. Él es el nombre sobre todo nombre. No hay redención a través de Buda ni de Mahoma ni de ningún otro profeta o mediador. Porque hay un solo mediador entre Dios y el hombre, el Hombre, Cristo Jesús, 1 Timoteo 2:5. No hay muchos caminos para llegar a Dios, sino uno. Esto es muy exclusivo y no inclusivo. Él mismo dijo: "Yo soy el camino, la verdad y la vida, porque nadie viene al Padre sino por mí", Juan 14:6. Aquí nuevamente encontramos esa palabra mágica, "a través de mí". También se le llama "la puerta", Juan 10:9, "la puerta", Juan 10:7. La conclusión es que Él es el único camino hacia Dios y no uno entre muchos.

Entonces, aquellos a quienes Él justifica, también los adopta en Su familia como Sus queridos hijos.

Adopción de los elegidos por Dios

La adopción es una de esas enseñanzas humillantes de la Biblia que deja a quienes son adoptados humillados e indefensos. A los humanos les gustará volverse orgullosos de tener la libertad de elegir y creer en Cristo para la salvación. El libre albedrío del hombre es irreconciliable con las doctrinas de elección y adopción. La humanidad, en su estado natural, carece de la capacidad y/o voluntad de ejercer el libre albedrío para elegir un Dios Santo. La humanidad está muerta en sus transgresiones y pecados y esa muerte se extiende al ser total del hombre, incluida su voluntad. Los defensores de la libertad de voluntad también afirman tener apoyo de la Biblia para su posición. Este es uno de esos versículos que a menudo se usa en apoyo del libre albedrío del hombre al elegir a Dios para la salvación: "Porque tanto amó Dios al mundo, que dio a su Hijo unigénito, para que todo aquel que en él cree no perezca, sino que tenga vida eterna, "Juan 3:16.

Este versículo simplemente dice que Dios, "de esta manera", amó al mundo. Se ha entendido que la palabra "mundo" en este versículo significa "universal", "global", y si este es realmente el caso, entonces nadie debería ser enviado al infierno. Si en este contexto se entiende que "mundo" significa "universal", entonces Cristo murió en la cruz y expió el pecado de cada persona que jamás haya nacido, incluidos Idi Amin de Uganda, Adolf Hitler de Alemania, Saddam Hussein de Irak, Mussolini de Italia, Bin Laden de Arabia Saudita y muchos más. Estas personas eran malas, pero nadie en el mundo es mejor que ellos en términos de la visión que Dios tiene del pecado. Si la palabra "mundo" significa universal en Juan 3:16, entonces nadie estará en el infierno. Ningún estudiante serio de la Biblia creería que nadie estaría en el infierno, pero ese es en realidad el caso si Cristo muriera por todo el mundo. Esto es lo que se llama "universalismo", si nadie irá al infierno. La palabra "mundo" tiene un uso y significado limitado y universal.

Es posible que escuche una frase como "el mundo del deporte" (uso limitado) y esto claramente no se refiere a todas las personas en el mundo, sino sólo a aquellos interesados en los deportes. Pero cuando decimos que todos en el mundo necesitan respirar aire para estar vivos entonces esto es universal y nadie está exento (uso universal). Otro punto de confusión en este versículo es la palabra "cualquiera", y se ha entendido ampliamente que significa la capacidad de elegir. Este versículo ha sido ampliamente utilizado para apoyar el libre albedrío del hombre de elegir a Dios para la salvación, pero ¿es realmente así? Miremos la palabra "cualquiera" y cómo se ha entendido; Esta palabra ha sido traducida de la palabra griega "pas", que se traduce como "todos, cada uno, cada, cualquiera, todo, todos, todas las cosas, todo".[205]Esta palabra griega, "pas", no podría traducirse como "cualquiera", y este único error de traducción probablemente cometido por la versión King James de la Biblia ha descarriado a millones, si no miles de millones, de personas.

Esta traducción de la palabra griega "pas", como "cualquiera", probablemente apareció por primera vez en la traducción de 1611 de la versión King James de la Biblia y ha aparecido en aproximadamente el 99 por ciento de las traducciones de la Biblia desde 1611. Las traducciones

---

[205]

https://www.biblestudytools.com/lexicons/greek/nas/pas.html

simplemente han seguido la versión King James en lugar de hacer su propia traducción directamente del texto griego original. Aquí hay una traducción de la Biblia de Tyndale traducida en 1526-1530: "Porque tanto amó Dios al mundo que hadar su único hijo que ninguno que experiencia en él debería perisshe: pero debería haberlo hecho eterno vida, Juan 3:16.[206]Este es el inglés de 1526, así que no te preocupes por la ortografía de las palabras. Esta es la traducción de William Tyndale en 1526, directamente del texto griego. Curiosamente, Tyndale usa la palabra "ninguno", mientras que la versión King James usa la palabra "cualquiera", y esto es bastante fascinante e interesante.

Aunque la palabra griega "pas" nunca se traduce como "ninguno", los traductores de Tyndale eligen correctamente una palabra que se ajusta al significado y contexto del pasaje. "Ninguno que cree en Él debe perecer" y "Todos o todos los que creen en Él no perecerán jamás", significan exactamente lo mismo. Esta es la única y correcta forma de traducir este texto del griego al inglés. La palabra "cualquiera" parece introducir habilidad en el significado del texto. Todos los que crean tendrán vida eterna, pero el texto no implica de ninguna manera que todos los que crean tengan la capacidad de hacerlo. La palabra "cualquiera" ha causado un daño irreparable al significado de este amado texto, Juan 3:16, y este es el versículo más citado en toda la Biblia, incluso entre los incrédulos y también el versículo más incomprendido.

Tyndale acertó y King James se equivocó. Este versículo debe entenderse mejor así: "Porque así o de esta

---

206

http://oldebible.com/tyndale-bible/john-3.asp#:~:text=John%203%3A16%20For%20God,through%20him%20might%20be%20saved.

manera Dios amó a sus escogidos, que dio a su Hijo unigénito, para que ninguno de los que creen en él perezca, sino que tenga vida eterna". Esta es mi traducción del texto. El amor de Dios es para los elegidos (mundo limitado) y no para el mundo (mundo universal). Los elegidos son adoptados en la familia de Dios y no todos son adoptados. Aquí hay otro versículo que también se usa ampliamente para apoyar el libre albedrío del hombre para elegir a Dios y la expiación universal:**El Señor no retarda su promesa, según algunos la tienen por tardanza, sino que es paciente para con nosotros, no queriendo que ninguno perezca, sino que todos procedan al arrepentimiento, 2 Pedro 3:9.**

Este versículo y otros similares se han utilizado como texto de prueba del universalismo, que significa "todos los hombres o la humanidad serán salvos", ¿y es eso lo que este versículo realmente enseña? La idea de no querer que nadie perezca, sino que todos lleguen al arrepentimiento, parecería apoyar la idea de que corresponde al hombre elegir a Dios para la salvación; pero, ¿es ese realmente el caso? ¿Quiénes son realmente los "cualquiera" y los "todos"? ¿Quién es Dios que no desea que perezcan, pero vengan al arrepentimiento? En el contexto de este versículo en 2 Pedro 3:9, Pedro estaba escribiendo para responder a aquellos que tenían pensamientos acerca de la segunda venida de Cristo. Los escépticos decían que nada ha cambiado desde la creación del mundo y no hay ninguna razón para creer que Cristo regresará en absoluto. Pedro escribió y dijo que la visión que Dios tiene del tiempo no es como la ve el hombre. Si Cristo hubiera regresado, digamos hace dos mil años, entonces millones de los elegidos que aún no habían nacido habrían perecido. Así que hasta que todos los elegidos escuchen el evangelio y vengan a la fe, entonces vendrá el fin.

Entonces, cuando el texto dice, "no queriendo que ninguno perezca", debe estar hablando de los elegidos que aún están por nacer y venir a la fe. Todavía hay no nacidos ahora y hoy que son elegidos y en este sentido, Dios no desea que ninguno de ellos perezca sino que todos los elegidos, no todos los del mundo (todos universales) en contraposición a (todos limitados, los elegidos).) debería llegar al arrepentimiento. Hasta que el último elegido escuche el evangelio y llegue a la fe, entonces llegará el fin. Esto es lo que Mateo dijo sobre el fin: "Y será predicado este evangelio del reino en todo el mundo, para testimonio a todas las naciones; y entonces vendrá el fin". Mateo 24:14. Cristo no puede regresar hasta que todos (todos universales) hayan escuchado el mensaje del evangelio como testigo en contra de ellos, por lo que quedan sin excusa y todos (limitados todos), los elegidos hayan llegado a la fe, entonces vendrá el fin.

Por lo tanto, la elección no puede separarse de la adopción, ya que ambas dejan al pecador a la misericordia y gracia de Dios, incapaz de tomar ninguna decisión hacia un Dios Santo. La adopción es un acto sobrio de Dios que humilla al pecador. Nadie que yo conozca ha trabajado jamás para ser adoptado. La persona adoptada no tiene ninguna opción que tomar en el proceso y depende totalmente de la persona que adopta. El adoptado es pasivo en el proceso de adopción y también lo son los elegidos en su salvación. Dios, a través de Cristo, hizo todo el trabajo. Así es como fuimos adoptados en la familia de Dios: "Habiéndonos predestinado para ser adoptados hijos por Jesucristo para sí, según el beneplácito de su voluntad", Efesios 1:5. El versículo anterior a este dice que fuimos elegidos y colocados en Cristo desde la fundación del mundo y después de eso los elegidos fueron predestinados.

La elección y la predestinación son como hermanos gemelos, porque si ves aparecer a uno, debes saber que el otro está a la vuelta de la esquina. La elección se basa en la predestinación pero ¿qué significa realmente predestinar? La palabra griega "proorizo", de donde obtenemos nuestra palabra inglesa, "predestinación", simplemente significa "predeterminar, decidir de antemano, preordenar, designar de antemano".[207] Entiendo que este no es un tema popular entre la humanidad, pero la palabra significa que Dios predetermina a quién elegirá para adoptar en Su familia. Dios es Dios y Él nos hizo y nos creó y no fuimos nosotros los que lo hicimos o lo creamos.

¿Quiénes somos nosotros para cuestionar sus acciones y motivos? ¿Cómo puede una cosa hecha pregunta ¿Su creador? ¿Puede la cosa creada cuestionar a su creador, diciendo: "¿Por qué me hiciste así?" Él predeterminada de antemano a quienes creerán y pondrán su fe en Él, y estos son los que Él adopta en Su familia. ¡Todos estos actos de Dios son ciertamente humillantes, por decir lo menos! Piense en la elección, la predestinación y, ahora, la adopción. Ahora bien, una cosa es ser adoptado por una familia humana, pero otra cosa es ser adoptado por el creador de toda la tierra. ¡Esto es tan abrumador que Dios adoptaría a cualquiera! La idea de que Dios nos adopte implicaría que no tenemos padre (espiritualmente) y no tenemos esperanza. Difícilmente alguien adoptaría a un niño que tiene padres y los padres quieren a su hijo. Generalmente los niños adoptados son huérfanos o abandonados y rechazados por sus padres. Dios ciertamente no nos adoptaría si tuviéramos un padre o una madre, ¿verdad?

No tenemos padre y necesitamos desesperadamente una adopción. ¡Esta palabra que se

---

207   https://biblehub.com/thayers/4309.htm

traduce en este texto como adopción es bastante fascinante! La palabra griega es "huiothesian", que literalmente significa "adopción divina como hijos", y esta es una frase cargada que explica esta palabra griega. Esto es diferente de cualquier forma de adopción humana jamás realizada. Tal vez hoy estés sin padre terrenal, o nunca conociste a tu padre terrenal o te abandonaron siendo un infante; Dios está listo para adoptarte en Su familia. Quiere ser tu papá o papá. Escuche lo que dijo: "Padre de los huérfanos, defensor de las viudas, es Dios en su santa morada", Salmo 68:5. Dios no nos dejará huérfanos, corriendo por las calles, sin hogar, con frío y desnudos. Su amor por los elegidos es infinito y no tiene fin. Aquí hay algunos versículos para reflexionar en lo que respecta a los huérfanos y la falta de padre:

Religión pura y sin mancha ante los ojos de*nuestro*Dios y Padre es esto: visitar a los huérfanos y a las viudas en su angustia y mantenerse sin mancha por el mundo, Santiago 1:27.

Hace justicia al huérfano y a la viuda, y muestra su amor al extranjero dándole comida y vestido, Deuteronomio 10:18.

No os dejaré huérfanos; Voy a vosotros, Juan 14:18.

Aprenda a hacer el bien;
busca justicia,
Reprended al opresor,
Obtener justicia para el huérfano,
Aboga por el caso de la viuda, Isaías 1:17.

Así que medita y reflexiona sobre estos versículos, sabiendo que todos somos (universalmente) huérfanos espirituales. Sin el Padre celestial, somos huérfanos sin padre. Puede que tengas un padre terrenal muy bueno, pero sin el Padre celestial, estamos sin esperanza. Nuestra adopción por parte de nuestro Padre celestial es nuestra única esperanza. No puedes buscar tu propia adopción pero puedes comenzar a orar ahora mismo si le place al Padre celestial adoptarse en Su familia. Al final de Efesios 1:5, dice "adopción de hijos por Jesucristo para sí, según el beneplácito de su voluntad". Jesucristo es quien adopta a los elegidos para sí según la complacencia de Dios. La idea de "buen placer" significa que Dios tiene la libertad de elegir a quién decide adoptar y nadie se atreve a tener la audacia de cuestionarlo a Él y a sus motivos. Soy huérfano espiritual y he sido adoptado humildemente por Dios a través de Cristo y ¡no sé ustedes! ¿Te gustaría ser adoptado ahora mismo?

Los elegidos son herederos de la salvación

Ahora bien, a aquellos a quienes Él le place adoptar, también se les da una herencia para poseer. Cuando alguien está a punto de morir, mucho antes de su muerte, lo más frecuente es que designe un heredero para heredar sus posesiones terrenales y materiales. El heredero es cualquiera que hayan elegido personalmente para recibir la herencia. El heredero suele ser un familiar o un amigo de confianza, pero no tiene por qué serlo. La palabra clave aquí es "elección". La persona viva designa a su heredero mientras está viva y es posible que el heredero nunca sepa que es el heredero.

El concepto de herencia es de vital importancia para la doctrina de la salvación y, sin embargo, es ampliamente ignorado. Me sorprende cuánto habla la Biblia sobre herederos y herencia y, sin embargo, millones de personas simplemente no lo entienden. Esta humilde enseñanza está por toda la Biblia, pero millones de personas están completa y totalmente ciegas a la verdad del evangelio. La idea de que puedes hacer alguna acción o trabajo para ganarse un lugar en el cielo es la enseñanza más enseñada y, sin embargo, esa enseñanza es ajena a la Biblia. ¿Has visto a un heredero que trabaja para ganarse su herencia? Si encuentra uno, hágamelo saber.

Por eso se llama herencia, porque no se gana ni se merece. Cuando trabajas, ganas un salario pero cuando heredas no haces absolutamente nada. Lo creas o no, la gente pelea y se mata entre sí a causa de la herencia. Si una persona muy rica muere y deja, digamos, diez hijos para sucederle, y designa a uno de ellos para heredar sus bienes, habrá una guerra por la herencia y, sin embargo, sólo la persona con los bienes elige a su heredero y el resto no tiene parte en la herencia. Sí, la gente realmente saca cuchillos, pistolas o va a los tribunales y mata por herencia. El heredero es designado o elegido por la persona propietaria de los bienes y la herencia nunca debe tomarse por fuerza o coacción.

Desafortunadamente, millones creen que merecen una herencia y harán cualquier cosa para conseguirla. Pero, ¿qué es realmente una herencia en lo que se refiere a la salvación? Cuando hablamos de heredar la salvación, algunos han concluido que significa que la salvación se transmita de padres a hijos y aquí hay una de esas opiniones:No. La salvación no se hereda en absoluto. Si se pudiera heredar, la muerte de Jesús sería en vano. Efesios 2:8 es claro: "Porque por gracia sois salvos mediante la fe. Y esto no es obra tuya; es el don de Dios..."La salvación es la obra de Dios de principio a fin. No podemos heredar la salvación de nuestros padres o de personas piadosas que podamos conocer. Ellos pueden ayudarnos a llegar a conocer a Cristo enseñándonos acerca de Él, pero nadie puede salvarse a sí mismo o a otra persona. Sólo Cristo trae salvación a los perdidos.

En 1 Corintios 4:14, Pablo se refiere a los creyentes corintios como sus "hijos" porque ha invertido mucho tiempo en ellos como su padre/pastor espiritual. Sin embargo, para reforzar la analogía, él no los dio a luz. Los pastores, los líderes de Bible Fellowship, los líderes de grupos pequeños y los discipuladores individuales funcionan, en gran medida, como padres espirituales sustitutos de los más jóvenes en la fe. No nacimos ninguno de los niños a los que enseñamos, pero se nos da una gran responsabilidad al enseñarles.[208]

Entonces alguien planteó una objeción muy interesante, que la salvación no se hereda en términos de transmitirla de una persona terrenal a otra y tienen mucha razón en ese sentido, pero no entendieron por completo lo que la Biblia quiere decir con heredar la salvación. Nunca serás salvo solo porque tu padre era pastor, luego murió y heredaste su salvación. Ni en un millón de años existe la remota posibilidad de que algo así ocurra. La salvación nunca es transferible de un ser humano a otro; Ese no es el concepto de herencia que se enseña en la Biblia. Herencia, en el contexto de este escrito, es: "la participación que un individuo tendrá en esa bienaventuranza eterna".[209]

Incluso la salvación en la Biblia se considera claramente como una herencia, no del hombre sino de Dios, y aquí hay un ejemplo:¿No son todos espíritus ministradores, enviados a proporcionar servicio por el bien de aquellos que heredarán la salvación? Hebreo 1:14. Este versículo habla de ángeles que son espíritus ministradores para aquellos que heredarán la salvación. Entonces, la salvación es claramente un regalo de Dios y no una obra que podamos realizar para

---

208

https://enoughfortoday.org/2011/06/16/is-salvation-inherited/
209   https://biblehub.com/thayers/2817.htm

ganársela. Aquí hay otro versículo sobre heredar el reino de Dios: "Entonces el Rey dirá a los de su derecha: Venid, benditos de mi Padre, heredad el reino preparado para vosotros desde la fundación del mundo". Mateo 25 : 34. Efesios 1:4 dice que fuisteis elegidos por Dios desde la fundación del mundo y este versículo dice que el reino también es una herencia que fue preparada para vosotros desde la fundación del mundo.

El Reino se usa en este pasaje como sinónimo de salvación. También puedes ver que el concepto bíblico de herencia es sinónimo de elección. Todas estas son acciones tomadas por Dios desde la fundación del mundo. Las acciones e iniciativas de Dios hacen a los elegidos herederos de la salvación y esto es lo que Dios dice:"para que siendo justificados por su gracia seamos hechos herederos[a]de acuerdo a esperanza de vida eterna", Tito 3:7. Entonces, según este versículo, los elegidos son justificados o hechos justos por Dios. El texto también dice que "seríamos hechos herederos", y ser hechos herederos significa que hay una herencia reservada para el heredero y esa herencia es "la esperanza de la vida eterna". Así que la esperanza es una fuerza muy poderosa en la vida de los elegidos que nos mantiene arraigados en un mundo plagado de problemas y caos. Pero esta esperanza trasciende esta vida y más allá.

Esperanza más allá de esta vida y de la tumba

Volvamos una vez más a la analogía de la herencia humana terrenal: entonces, digamos que heredaste los ingresos del seguro de vida: tierras, casas y dinero de tus padres que fallecieron y, con el tiempo, vendiste la casa, el terreno y los ingresos del seguro de vida. gastó el dinero y se quedó completamente seco. Habéis agotado vuestra herencia pero no así la herencia que Dios os concede. Esta herencia no puede agotarse y es de naturaleza eterna y eterna. ¿No querrías una herencia que no se desvanezca? La verdadera esperanza tiene que trascender la tumba y cualquier esperanza que termine en la tumba no es esperanza en absoluto. La verdadera herencia tiene que trascender esta vida y cualquier herencia que termine en esta vida no es herencia en absoluto.

Esto es lo que dijo Pedro acerca de una herencia incorruptible:*según la presciencia de Dios Padre, por la obra santificadora del Espíritu,para obedecer a Jesucristo y ser rociados con su sangre: que la gracia y la paz os sean multiplicadas.*

Bendito sea el Dios y Padre de nuestro Señor Jesucristo, que según su gran misericordia nos hizo renacer para una esperanza viva, por la resurrección de Jesucristo de entre los muertos, para alcanzar una herencia incorruptible, inmaculada y no se desvanecerá, reservada en el cielo para ti, 1 Pedro 1:2-4.

Estos conjuntos de versículos comienzan diciendo que Dios nos ha hecho nacer de nuevo. Este es otro texto que descarta cualquier ápice de esfuerzo humano en nuestra salvación. Esto también se relaciona perfectamente con la elección en el sentido de que Dios ha hecho todo el trabajo para salvarnos. Nacemos de nuevo para una esperanza viva, no una esperanza muerta. Una esperanza que está viva y vibrante y que se obtiene mediante la resurrección de Jesucristo. Ésta es la esperanza más allá de esta vida. La resurrección de los muertos es fundamental para nuestra fe y esperanza, sin las cuales no hay salvación. Toda la fe cristiana depende de la doctrina de la resurrección. No habrá cristianismo sin la resurrección de Jesucristo.

El apóstol Pablo planteó este contundente argumento: ¿cuál era el objetivo de su labor si los muertos no resucitan? Luchó contra una fiera salvaje ¿con qué propósito si los muertos no resucitan? Naufragó en un viaje misionero a Roma ¿para qué si los muertos no resucitan? ¿Estaba entrando y saliendo de la cárcel con qué propósito si los muertos no resucitan? Fue golpeado y dado por muerto por causa del evangelio, ¿y por qué hizo todo eso si los muertos no resucitan? Esto es lo que Pablo concluyó: *Si por motivos humanos luché contra las fieras en Éfeso, ¿de qué me sirve? Si los muertos no resucitan,DEJAR COMAMOS Y BEBAMOS, QUE MAÑANA MORIREMOS.,*1 Corintios 15:32. Básicamente, Pablo está diciendo que, si los muertos no resucitan, entonces detengamos este ministerio de la iglesia y hagamos otra cosa con nuestro tiempo. Celebremos una buena fiesta porque solo tenemos una vida que vivir. Comamos y bebamos que mañana moriremos. En la práctica, si los muertos no resucitan entonces Cristo no resucitó, y si Cristo no resucitó entonces hemos creído en vano y moriremos con nuestros pecados. De nuevo, aquí está Pablo:*14Y si Cristo no ha resucitado, vana es también nuestra predicación, y vana también vuestra fe.*

15 Sí, y somos hallados falsos testigos de Dios; porque hemos testificado de Dios que resucitó a Cristo, al cual no resucitó, si es que los muertos no resucitan.

dieciséisPorque si los muertos no resucitan, tampoco Cristo resucitó:

17Y si Cristo no resucitó, vuestra fe es vana; todavía estáis en vuestros pecados.

18Entonces también los que durmieron en Cristo perecieron.

[19]Si en esta vida sólo tenemos esperanza en Cristo, somos los más miserables de todos los hombres., 1 Corintios 15:14-19.

Nuestra fe y esperanza dependen únicamente del hecho de que los muertos efectivamente resucitan. La vida carece de significado y propósito si nuestra esperanza se limita sólo a esta vida. Es por eso que casi cualquiera que se suicida o está pensando en suicidarse también tiene una creencia errónea acerca de la resurrección. Lea más sobre esto en mi otro libro, titulado: "Fending off Suicidal Thoughts", disponible en Amazon y otras librerías. Si alguien cree que la vida termina en la tumba, entonces es una receta para la desesperanza. Hay una esperanza aún más duradera cuando alguien cree que hay vida más allá de la tumba y que la vida es en Cristo Jesús. Creer que el alma humana es temporal es parte del problema. El alma humana no es temporal sino eterna.

El alma no deja de existir en el momento de la muerte física sino que continúa hasta la eternidad, ya sea en el cielo o en el infierno. Esta es la única esperanza para la humanidad y esta es la única esperanza para ustedes. Ahora, volvamos a la cita anterior de 1 Pedro que dice: *"para obtener una herencia incorruptible, incontaminada e inmarcesible, reservada en el cielo para vosotros."*1 Pedro 2:4. Este versículo claramente hace un contraste entre una herencia terrenal y celestial. La herencia terrena es perecedera, la celestial es imperecedera; la herencia terrenal está contaminada y la celestial está inmaculada; la herencia terrena se desvanece y la celestial no se desvanece; y ambos tienen ubicaciones diferentes; la herencia terrenal está ubicada en la tierra y no la llevarás contigo cuando mueras pero la herencia celestial está ubicada en el cielo y es tuya por toda la eternidad. ¿Cuál elegirás?

Este es el poder de la esperanza y ha sido probado y ensayado. Este tipo de esperanza te sostendrá cuando tengas ganas de renunciar a la vida. Este tipo de esperanza te sostendrá cuando tengas ganas de renunciar y renunciar a la vida. Esta esperanza te sostendrá cuando te avergüences de tu vida sexual. Esta esperanza te sostendrá cuando tengas baja autoestima. Este tipo de esperanza lo sostendrá cuando esté lidiando con cualquier tipo de adicción. Esta esperanza te liberará de la pena, el poder y la presencia del pecado. Esta esperanza te ayudará a disfrutar del sexo como lo pretendía el creador. Esta esperanza no os fallará. Este tipo de esperanza lo sostendrá cuando se sienta temeroso, solo, estresado, ansioso, deprimido e incluso francamente suicida.

Aquí hay algunas seguridades de esperanza que Dios te está dando hoy: "Porque yo sé los planes que tengo para ti", declara el Señor, Planes para prosperarte y no hacerte daño, Planes para darte una esperanza y un futuro, " Jeremías 29:11. No importa dónde hayas estado o lo que hayas hecho, Dios tiene un plan y un propósito para tu vida. Dios puede y está dispuesto a hacer nuevas todas las cosas. Él puede y está dispuesto a darte un nuevo comienzo. Cristo es nuestra única esperanza. Cristo en ti, la esperanza de gloria. Si Cristo está en ti, entonces estás destinado al cielo cuando mueres físicamente y eso es esperanzador y una buena noticia. Disfruta del sexo ahora al máximo a medida que lo estás haciendo. listos para asistir a la ceremonia nupcial celestial, mientras tanto, estén preparados para el novio que pronto regresará en cualquier momento por Su novia para consumar el matrimonio.

Conclusión

El sexo es, con diferencia, la cosa más placentera y placentera del planeta y tiene el potencial de volverse autodestructivo. El sexo es estimulante, animador, apasionante y lleno de excitación. El sexo está lleno de pasión, pero también debe restringirse por el bien de quienes participan y de la sociedad en su conjunto. ¿Por qué los humanos son incapaces de domar o controlar sus deseos sexuales? ¡Esta es una pregunta aleccionadora! El amor a menudo se utiliza y se entiende como sinónimo de sexo. Es posible que a menudo escuches cosas como "Estoy haciendo el amor" que significa "Estoy teniendo relaciones sexuales", pero ¿son lo mismo? ¡Estas son preguntas para pensar y reflexionar! ¿Y de dónde vino realmente el sexo? ¿Cuál es el origen del sexo?

El origen del sexo está en función de la creación del hombre. Sin los seres humanos en el planeta el sexo, es decir, las relaciones sexuales, no sería posible. La humanidad no apareció repentinamente sobre la tierra como algunos quieren hacernos creer, pero hay un diseñador inteligente detrás del origen y la creación de la humanidad y, por tanto, del origen del sexo. Hay placer en el sexo pero ese no es su propósito principal. El sexo fue hecho para el hombre y no el hombre para el sexo. El propósito subyacente del hombre en la vida no es el sexo, pero ha dominado su existencia.

Los fines primordiales del sexo por parte del creador del mismo son: la procreación, el compañerismo y por último, el placer. Sin embargo, se cree ampliamente que el placer es el objetivo principal del sexo. Como resultado, han surgido todo tipo de comportamientos sexualmente desviados. El nivel de confusión sobre el significado del

415

sexo, el amor y el matrimonio es alucinante y, como resultado, todo tipo de ETS han entrado en la población humana. Cada uno tiene su propia idea sobre el significado del sexo, el amor y el matrimonio. Todo está en debate; el significado del amor está en debate, el significado del sexo está en debate y el significado del matrimonio también está en debate. Y como resultado, las ETS están hasta el techo.

Todas las formas imaginables de ETS han entrado en la población humana y se desconocen todos sus efectos y consecuencias, pero millones de personas han muerto y siguen muriendo. Hemos llegado a la conclusión de que el bestialismo es la fuente de la mayoría, si no de todas, las ETS en la población humana. Este es un comportamiento sexualmente desviado muy grave que ha traído todo tipo de enfermedades imaginables a la población humana. Tener relaciones sexuales con un animal es un pecado contra Dios, moralmente depravado e ilegal en la mayoría de las jurisdicciones. El ser humano se hace una sola carne con un animal. Todo tipo de ETS, desde el SIDA hasta la gonorrea, están relacionados con la bestialidad.

Y para empeorar las cosas, muchos cánceres en la población humana son el resultado de enfermedades de transmisión sexual. La gente piensa y respira sexo y eso es principalmente lo que pasa por la mente de la gente. Y por eso los matrimonios tienen todo tipo de problemas debido a comportamientos sexualmente desviados. Los matrimonios también reflejan la unión entre Cristo y la iglesia y cómo Cristo pronto regresará algún día para llevarse a casa a su novia, la iglesia. El significado del matrimonio también se redefine y debate constantemente, y llegamos a la conclusión de que sólo el creador de la humanidad tiene la autoridad incuestionable para definir el matrimonio. La humanidad no se hizo a sí misma y carece de autoridad moral para hacer tal definición. La redefinición del matrimonio ha llevado a las personas a todo tipo de comportamientos adictivos y sexualmente desviados.

La adicción sexual ha dejado mucha destrucción a su paso. Esta es una de las partes más destructivas del sexo. La industria del sexo es una de las más grandes del planeta, si no la más grande, y la demanda de más sexo está impulsando su crecimiento. Se están arruinando y truncando vidas debido a las adicciones sexuales. Estos han aumentado la probabilidad de que el sexo sea una mercancía. El sexo se ha utilizado como una mercancía para generar ingresos. El cuerpo humano ha sido devaluado y vendido con fines comerciales. El cuerpo fue creado y diseñado para traer gloria a Dios y no para la inmoralidad sexual. La adicción sexual también ha llevado a otros comportamientos sexualmente desviados como la violación, el incesto y más.

La situación parece bastante sombría. ¿Existe realmente alguna esperanza para la humanidad? El sexo ha saturado toda la cultura hasta el punto de que todo gira en torno al sexo. Y millones están perdiendo la vida o pagando un precio muy alto por malas decisiones sexuales. ¿Hay alguna esperanza? La buena noticia es que hay esperanza disponible. Todo acto sexual que se desvíe del plan de Dios es un pecado. Dios ha expuesto cuidadosamente Su plan para el sexo en Su libro, la Biblia, y cualquier desviación de ese plan se llama transgresión de la ley. El pecado es la infracción de la ley o la transgresión de la ley.

La única solución es que el hombre reconozca y admita que es pecador y que ha transgredido o quebrantado la ley de Dios. Y con la ayuda de Dios, pueden pasar del pecado a Dios. El matrimonio tiene que ser entre un hombre y una mujer en una relación matrimonial heterosexual, monógama y ordenada por Dios. El pecado sexual no es una broma y no se puede jugar con él. Te quemará tanto a ti como a tu ropa. Cuando te enfrentes a una tentación sexual, huye y corre para salvar tu querida vida. El pecado sexual te comerá vivo. El sexo es ciertamente muy disfrutable y placentero, pero sólo debe disfrutarse verdaderamente en el contexto de una unión matrimonial heterosexual, monógama y ordenada por Dios. Disfruta del paseo, diviértete y disfruta al máximo de las relaciones sexuales.

Apéndice A

Consejos para padres de estudiantes de secundaria y preparatoria

1) Habla sobre sexo con tus hijos

Tan pronto como sea apropiado para su edad, hable con sus hijos sobre sexo. En lo que respecta a las ETS, es muy apropiado involucrar a niños de ambos sexos, pero las niñas necesitan una atención especial. Pueden quedar embarazadas y eso puede descarrilar todo su futuro. Pueden intentar un aborto que puede acabar con su vida. Los niños pueden acabar padeciendo alguna ETS mortal, como el SIDA. Si no hablas con ellos, alguien más lo hará y no te gustará el resultado. Tienen sus amigos, profesores e Internet. ¡Sea proactivo al respecto!

2) Predicar con el ejemplo

Por muy importante que sea hablar, es probable que los niños sigan lo que usted hace en lugar de lo que usted dice. Deje que su estilo de vida hable la mayor parte del tiempo. Si sus hijos ven que usted tiene múltiples parejas sexuales, perderá toda credibilidad para hablarles sobre sexo. Si sus hijos lo ven consumir drogas, es probable que las consuman. No hagas lo que no quieres que hagan tus hijos. ¡Es así de simple!

3) Hable con sus hijos sobre el vapeo, las drogas, la marihuana, los cigarrillos y el alcohol.

Los niños de secundaria y preparatoria se están desarrollando a un ritmo muy rápido y, como tal, también están lidiando con emociones que cambian rápidamente. La mayoría de los niños de secundaria y preparatoria carecen de sentido de propósito y dirección. Están confundidos acerca de muchas cosas, incluido el manejo de emociones cambiantes, como que el miedo, la ansiedad, la depresión y las ideas suicidas se disparan durante esta etapa de sus vidas. Esté allí para brindar orientación y dirección. Entiendo que la mayoría de las escuelas cuentan con consejeros vocacionales en su personal, pero los padres deben ser los principales consejeros vocacionales. Escribí otros dos libros titulados: "Defendiendo los pensamientos suicidas" y "Manejando las emociones cambiantes", disponibles en Amazon y dondequiera que se vendan libros. Estos son buenos recursos para algunas de estas cuestiones.

4) Ora por tus hijos

Asumiendo que eres seguidor de Jesucristo, entonces te exhorto a orar diariamente por tus hijos. Criar y criar a adolescentes es el acontecimiento más humillante y desafiante en la vida de un padre. Si apenas oras en tu vida, espera hasta que tus hijos sean adolescentes y mira qué sucede. Se le exigirá hasta el límite y, a veces, se hará preguntas como: "¿En qué me equivoqué?" Así es como Job manejó la oración por sus hijos:*Cuando los días de banquete habían cumplido su ciclo, Job les enviaba mensaje y los santificaba, levantándose de mañana y ofreciendo holocaustos conforme al número de todos ellos; porque Job dijo: "Tal vez mis hijos hayan pecado y hayan maldecido a Dios en sus corazones". Job lo hizo continuamente,*

Job 1:5. Este texto dice que Job lo hizo continuamente, lo que significa que nosotros también debemos orar continuamente por nuestros hijos. Job se levantaba temprano cada mañana para interceder por sus hijos, en caso de que hubieran ido a lugares o hubieran hecho cosas que no agradaban a Dios. Job dijo que tal vez sus hijos e hijas habían pecado y maldecido a Dios en sus corazones y por eso intercede continuamente por ellos. Ahora bien, no dejéis de arrodillaros diaria y regularmente para orar por vuestros hijos.

5) Hable con sus hijos sobre el embarazo y el aborto

Explicar el aborto como resultado de tener relaciones sexuales. El sexo no es por placer y no es un juego. Si tienes relaciones sexuales, existe la posibilidad de que quedes embarazada. Si quedas embarazada entonces tienes una persona viviendo dentro de ti, y no un tejido sin vida sino una persona real, con un latido y un ADN. El embarazo adolescente deja a tu hijo con varias consecuencias: 1) económicas; 2)sociológico; 3)teológico;4)académico.

Primero, las consecuencias económicas del sexo y el embarazo: hable con su hijo, niño o niña, sobre el impacto económico del sexo y el embarazo; Hágales preguntas como: ¿quién criará al niño? ¿Quién cuidará del niño mientras termina la escuela? Es posible que tenga que mudarse y pagar su apartamento, pero no tiene las habilidades necesarias para conseguir un trabajo. Entonces, ¿quién pagará su apartamento? ¿Cómo se mantendrá económicamente? No seas un facilitador y normalice tus malas decisiones. Permítanos asumir la responsabilidad de sus acciones y eso puede ser mejor para ellos a largo plazo.

Si vas a tener un hijo, puedes preguntar algo como: ¿Cómo te sentirías si un tipo dejara embarazada a tu hermana? ¿Estás listo para convertirte en papá? ¿Estás listo y eres capaz de cuidar de una esposa e hijos? En segundo lugar, el impacto sociológico; Traer un niño al mundo es una gran responsabilidad. Si se cría a niños en la pobreza, existe una gran probabilidad de que se perpetúe la pobreza generacional. En tercer lugar; teológico; El sexo fuera del matrimonio es fornicación y es un pecado contra Dios que debe ser solucionado. Por último, lo académico: abandonar la escuela o la universidad puede dejar a su hijo en una pobreza perpetua. ¿Realmente vale la pena todo el sexo? Espera unos años y disfruta de un sexo sano y duradero. ¡No hay necesidad de tener prisa! ¡Todo el sexo que alguna vez necesitarán está esperándolos si están listos para esperar!

6) Involúcrese y conozca a los amigos de su hijo

Haga todo lo que pueda para saber con quién sale su hijo. El tipo de amigos que hacen puede determinar dónde terminarán en la vida. A veces, los amigos pueden tener más influencia sobre su hijo que usted, por lo que tiene mucho sentido saber quiénes son. Hablan por teléfono hasta las 3 a. m., todos los días, por lo que es mejor que los conozcas. Si todos los amigos de su hijo fuman marihuana o hierba y su hijo sale con ellos las 24 horas del día, los 7 días de la semana, es probable que ellos también debían hacer lo que hacen. Aquí hay una cita:[33] No se deje engañar: "Las malas compañías corrompen el buen carácter".[a][34] Vuelve a tu juicio como debes y deja de pecar; porque hay algunos que ignoran a Dios; lo digo para vergüenza vuestra, 1 Corintios 15:33-34. Su hijo puede decirle algo como esto: "Mis amigos no me influyen", ¿en serio? ¿A quién engañan?

Es muy poco probable que su hijo salga constantemente con personas y no haga lo que ellas hacen. La única razón por la que un niño se hace amigo de otro niño es porque cree en quién es y en lo que hace. Entonces, padres, participen y conozcan a los amigos de sus hijos. Es posible que hayas escuchado el dicho: "muéstrame a tus amigos y te diré quién eres". Así lo expresa Salomón:*El que anda con sabios se vuelve sabio, pero el compañero de necios sufrirá daño.*, Proverbios 13:20. Advierta a sus hijos que elijan sabiamente a sus amigos porque su futuro bien puede depender de ello.

7) Invierta en su vida espiritual

Cómprele una Biblia a su hijo y anímalo a leerla diariamente. Por supuesto, es posible que sólo estén dispuestos a seguir su consejo si la Biblia es una prioridad en su propia vida. El estado mental de un niño es uno de los mayores determinantes de su éxito académico y de la vida en general. Es posible que a menudo les escuche decir cosas como: "No sé mi propósito", "Estoy deprimido", "Estoy perdido", "Estoy confundido". Este tipo de declaraciones provienen de niños de secundaria y preparatoria, a veces de la universidad y más allá. Están lidiando con baja autoestima y baja autoestima y una serie de problemas emocionales. Es posible que duerman en su habitación durante días y nunca hablen con sus padres, sólo salen a comer y dormir.

8) Dale a tus hijos sólo lo que necesitan:

Dios sólo nos da lo que necesitamos para sostener la vida y no lo que queremos. Porque nunca estaremos satisfechos con nuestros deseos. Los deseos nos destruirán. Un niño al que se le da todo lo que quiere difícilmente tendrá éxito en la vida. Muéstrele a un niño cómo pescar y no siempre le dé pescado para comer. Ayúdalos a tener éxito, pero no sea un facilitador. Recuerde que son un préstamo de Dios para usted y su trabajo es prepararlos para ser liberados en el mundo. He visto innumerables casos en los que los padres están haciendo todo lo posible por un niño que tiene entre

20 y 30 años. Eso no es amor sino destrucción. Nunca caminarán hasta que gateen. ¡Deja de atraparlos! A veces, si los dejas caer, ¡se levantarán!

9) ¡Escuche a sus hijos!

Escuche sus preocupaciones y lo que tienen en mente. Genere confianza en ellos para que puedan compartir sus dolores y logros con usted. Puede que no siempre estés de acuerdo con ellos, pero escúchalos.

10) ¡Sea el entrenador de vida de sus hijos!

¡Permítanos hablar con usted sobre cualquier cosa! Hable con las niñas sobre qué decir o cómo responder cuando los niños se les acerquen para tener sexo. Recuerden que este es un territorio totalmente nuevo para ellos. Piense en una niña a la que un niño se acerca por primera vez. Nunca recibió orientación sobre cómo responder a tales avances. Simplemente la arrojan allí para que resuelva las cosas por sí misma. ¡Es como arrojar un lobo en medio de leones! ¡Se lo comerán vivo! ¡Recuerde que la mayoría de los niños solo tienen una cosa en mente! ¡Sexo! Y destruirán a cualquier chica que sucumba a sus avances. Hable sobre poseer y operar un automóvil, obtener una licencia de conducir y abrir una cuenta bancaria. Muchos padres ni siquiera saben cómo comprobar el nivel de aceite de su coche y por eso sus hijos tienen problemas. Por último, orienten sus corazones hacia Jesús, déjenlos sobresalir en lo académico, preservar el sexo para el matrimonio y disfrutar de una vida plena.

Consejos para estudiantes de secundaria y preparatoria sobre el sexo y la vida

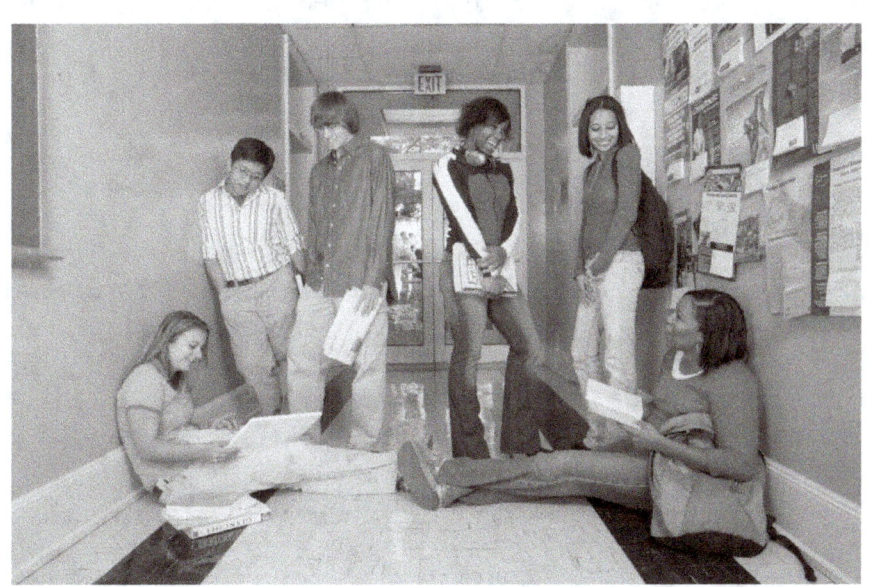

1) Hijos, obedeced a vuestros padres en todo lo lícito

Los padres son las primeras figuras de autoridad en tu vida. En caso de que no lo sepas, fuiste creado para estar bajo autoridad. Cuanto antes sepas y creas esto, más fácil será tu vida. Sé que puedes creer que ahora estás en la escuela secundaria y que eres libre de hacer lo que quieras. ¡No exactamente! Estarás bajo autoridad toda tu vida y tus padres son los primeros de una serie de figuras de autoridad. Si no obedeces a tus padres, no obedecerás a tus maestros. No obedecerás a la policía en la carretera; es posible que obedezcas pasivamente a tu jefe en tu primer trabajo sólo porque quieres tu cheque. Es posible que no obedezca al gobierno y termine pronto muerto o en la cárcel. Todo comienza obedeciendo a tus padres. También entiendo que no puedes obedecer verdaderamente a tus padres hasta que te hayan dado un corazón transformado y regenerado. El pecado te impide obedecer. Por favor, pídele a Dios que te dé un corazón nuevo y nuevas habilidades para que puedas obedecer verdaderamente a Dios, a tus padres, a tus maestros y a todas las demás figuras de autoridad que se crucen en tu camino. Disfruta la vida al máximo.

Esto es lo que Dios dijo:*Hijos, obedeced a vuestros padres en el Señor, porque esto es justo: "Honra a tu padre y a tu madre", "(este es el primer mandamiento con promesa, para que os vaya bien y viváis muchos años en la tierra")*. Efesios 6:1-3.*Hijos, obedeced a vuestros padres en todo, porque esto agrada al Señor.*, Colosenses 3:20. Si estás desobedeciendo a tus padres es porque, ante todo, estás desobedeciendo a Dios. A menos que estés en buena posición ante Dios, no podrás estar en buena posición con nadie más, y no todo te irá bien, y hagas lo que hagas, no prosperarán.

426

2) Nunca respondas ni discutas con tus padres

Responder y discutir con tus padres es un asunto muy arriesgado. Hable con ellos en un tono de voz tranquilo, no argumentativo. En Efesios 6:1-3, *se te ordena honrar a tus padres*. La palabra "honor" conlleva la idea de reverencia y temor a tus padres. No son tus amigos e intercambiar palabras con ellos de un lado a otro. Ellos son tu mamá y tu papá. Dales la reverencia y el honor que se merecen. Obedecer a tus padres es tan importante para Dios que la desobediencia se castiga con la pena de muerte.

Esto es lo que Dios dijo acerca de esto: Si un hombre tiene un hijo terco y rebelde que no escucha la voz de su padre ni la voz de su madre, y aunque lo disciplinan, no los escucha, entonces su padre y su madre lo tomará y lo sacará a los ancianos de su ciudad, a la puerta del lugar donde vive, y dirán a los ancianos de su ciudad: Este nuestro hijo es terco y rebelde; no obedece nuestra voz; es un glotón y un borracho". Entonces todos los hombres de la ciudad lo apedrearon hasta matarlo. Así limpiarás el mal de en medio de ti, y todo Israel oirá y temerá, Deuteronomio 21:18-21. La pena de muerte fue instituida por Dios como remedio por la desobediencia a los padres. La desobediencia es pecado y se propaga como el cáncer. La persona desobediente debe ser asesinada para que el pecado no se propague e infunda miedo al resto para que no camine en desobediencia.

3) No creas que sabes más que tus padres.

Puede que llegues a ser médico o abogado, pero tus padres nunca terminaron el grado 12. O tienes 15 años y estás en la secundaria, tus padres te triplican la edad y crees que sabes más que ellos. Esto también es pecado y orgullo. Detenlo antes de que te destruya.

4) Respeta a tus profesores

Discutir con tu maestro en clase puede hacerte quedar bien delante de tus amigos, pero no delante de Dios y tus padres. En realidad, es una vergüenza para tus padres y para Dios faltarle el respeto a tus maestros. Recuerda que algún día puedes volver con ese maestro para escribir tu recomendación de admisión a la universidad y él recordará y nunca mentirá sobre tu carácter.

5) Abstenerse de tener relaciones sexuales antes del matrimonio

Entiendo que esto va en contra de la cultura. No es necesario seguir la cultura. No tienes que seguir lo que hacen los demás. Puedes estar solo y tener razón. Sí, es posible que te ridiculicen por no tener un niño o una novia, pero sigue a Dios y no a la multitud. En Daniel 6:10-24, Daniel era un adolescente israelita que fue capturado y llevado a Babilonia; él estaba solo obedeciendo a Dios y desobedeciendo al Rey. Siempre ganarás obedeciendo a Dios incluso cuando estés solo. Tu cuerpo no es para la inmoralidad sexual sino para ser disfrutado en una unión matrimonial saludable.

6) Evite el coqueteo

Evite cualquier acción que pueda conducir al sexo. Ten cuidado al hablar con personas del sexo opuesto porque todo se entiende como sexo. No digas algo en un mensaje de texto o correo electrónico que no puedas decir en persona. Evite vestirse que incomode o atraiga al sexo opuesto hacia usted para tener relaciones sexuales. Vístase para cubrir su cuerpo y no para exponerlo y atraer al sexo opuesto para tener relaciones sexuales.

Evite coquetear con los ojos, las miradas, los labios, los paseos, los bailes, los dedos, los senos, el trasero, las publicaciones de Facebook, las publicaciones de Tiktok y cualquier publicación en las redes sociales. Lo más probable es que los niños y los hombres carezcan de autocontrol, por lo que las niñas y las mujeres los ayudan vistiéndose, no para atraerlos, sino ayudándolos a permanecer sobrios sexualmente. Algunas mujeres y niñas también luchan con el autocontrol, por lo que los niños y hombres las ayudan al intentarlas con palabras vacías y halagadoras que las destruirán.

7) Conoce tu género y sexo

Los estudiantes de secundaria y media se encuentran en un período de gran confusión e incertidumbre. Quizás te estés preguntando quién eres como persona. No se confunda acerca de su identidad. No te creaste a ti mismo y careces de la capacidad y autoridad para determinar tu identidad. Tu identidad se estableció al nacer. Es como un coche fabricado por Mercedes Benz y de repente decide que quiere llamarse Ford. Puedes decidir que te llamen Ford, pero eso nunca te convertirá en un Ford.

El fabricante fija y determina la identidad y es inalterable e inmutable. De la misma manera Dios hizo a la humanidad y grabó en piedra su identidad. Esto es bastante simple: si estás en la escuela media o secundaria y te desnudas en el baño y miras entre tus muslos, si encuentras algo que sobresale entonces eres un hombre, pero si no encuentras nada que sobresalga excepto un agujero por donde orinas, entonces eres mujer.

Es así de simple y no puede ser alterado hasta la muerte y ni siquiera un cambio de sexo alterará sus órganos internos que están intrincadamente moldeados por el creador. Sus órganos internos que determinan su sexo no pueden alterarse mediante cirugía. Es muy importante que esté seguro de su identidad, de lo contrario, esto puede provocar un estado emocional inestable, problemas de autoestima y otros problemas emocionales. Esto es lo que Dios dijo acerca de ti: Te daré gracias, porque estoy hecho de manera maravillosa y maravillosa; Maravillosas son tus obras, y mi alma muy bien lo sabe, Salmos 139:14. Dios dice que estás hecho de manera maravillosa y maravillosa. ¡Guau, deja que eso se hunda en tu alma! ¿Realmente crees eso? Dios te hizo a su imagen y semejanza. Eres precioso a sus ojos y no dejes que nadie te diga lo contrario. Tienes la opción de creerle a Dios o creerle a Satanás, quien es el dios de este mundo.

8) Conozca su propósito

Conocer tu propósito es lo más importante en tu vida. Sepa por qué está en la tierra y adónde irá desde aquí cuando todo termine.

9) Persigue tu propósito

Haga que la misión de su vida sea perseguir su propósito mientras tenga tiempo.

10) Conoce a tu Creador

¡Podrías pensar que eres joven y que tienes mucho tiempo libre! La gente muere a la una y otros mueren a las cien. Aprende a contar tus días. Esto es lo que Dios dijo:*Acuérdate de tu Creador en los días de tu juventud, antes que lleguen los días de angustia y se acerquen los años en los que dirás: "No encuentro placer en ellos,"*Eclesiastés 12:1. Otro texto dice:*¿Cómo puede un joven mantener pura su vida? Viviendo según tu palabra,*Salmo

119:9.*Pon a Dios primero y mira lo que Él hará con tu vida.*, paráfrasis de Mateo 6:33. Pon a Dios primero y disfruta la vida al máximo.

Consejería Prematrimonial

Aparte de tu relación con Jesucristo, el matrimonio es la segunda decisión más importante que jamás tomarás. Cómo vivirás el resto de tu vida dependerá en gran medida de la persona que selecciones o elijas como tu pareja para toda la vida. Tu vida en la tierra puede ser muy miserable si eliges a la pareja equivocada. ¡Imagínese que vive sesenta años y pasa veinte años con la persona equivocada! ¡Eso es un tercio de tu vida desperdiciada! Lamentablemente, más del cincuenta por ciento de todos los matrimonios terminan en divorcio.

La consejería prematrimonial ayuda a ambos socios potenciales a sentarse con un tercero como: un pastor, un terapeuta matrimonial o alguien con capacidad similar para brindar orientación y discernimiento. Este asesoramiento puede ayudar a descubrir cosas que a ambos les sorprenden. Tal asesoramiento puede incluso revelar que las diferencias entre las parejas potenciales son demasiado para ser reconciliadas. Este es el momento de la verdad para determinar si se trata de una combinación hecha en el cielo o en el infierno. El matrimonio podrá ser cancelado después de dicho asesoramiento. Durante estas sesiones de asesoramiento se analizan varias áreas de orientación. Los temas que se tratan a continuación sirven sólo como guía y nunca deben tomarse como una lista exhaustiva de elementos ya que cada caso es único y diferente:

1)Razón para casarse

La razón para casarse con esa persona es como los cimientos de una casa o de un edificio. Todo depende de ello para que el matrimonio tenga éxito. Uno de los socios puede ser genuino y el otro puede tener motivos ocultos y no revelados. Si no está realmente seguro de por qué se va a casar con esa persona, retrocede de inmediato. Es como un edificio que no está asentado sobre una base segura y que pronto puede derrumbarse con el viento, un tornado o un huracán. De la misma manera, un matrimonio establecido por razones ocultas o desconocidas pronto se desmorona.

La gente se casa por todo tipo de motivos: estas son algunas de las razones por las que la gente puede casarse; seguridad económica, protección, provisión de alimentos, sexo, obtener documentos de inmigración, amor (erótico), y las razones son infinitas. Esto es muy difícil porque es posible que nunca sepas lo que hay en el corazón de tu pareja potencial. Es posible que oculten su verdadera razón para casarse y te hagan pensar sólo en la parte amorosa (erótica). El matrimonio es mucho más grande que el amor (erótico). Mira a tu posible pareja a la cara y pregúntale claramente: "¿Por qué quieres casarte conmigo?". ¡Y escuche las pistas en su respuesta si considera que es genuina! ¡Esto no es un juego porque es tu vida! ¡No puedes darte el lujo de cometer un error!

2)Nunca tengas relaciones sexuales con tu posible pareja antes de tomar la decisión de casarte.

Tener relaciones sexuales con su posible pareja matrimonial afecta su capacidad de juicio y de toma de decisiones. Una vez que estás apegado emocionalmente a esa persona, te vuelves ciego e incapaz de ver nada malo en esa persona. Empiezas a pensar con tu vagina o tu pene en lugar de usar tu cerebro o tu corazón. Evite cualquier relación sexual para poder pensar claramente en la otra persona. Cualquier sexo en este punto también es fornicación y pecado contra Dios.

Tome decisiones basadas en hechos, no en emociones. Una persona no es un automóvil que deba ser probado antes de tomar una decisión de compra. Es posible que los familiares y amigos vean cosas sobre su pareja potencial y le adviertan, pero usted no puede ver lo que ellos ven porque usted está parado adentro y ellos afuera. Estás interior y demasiado involucrado emocionalmente para ver posibles defectos en la otra persona. Párese afuera y desde una distancia para poder ver claramente antes de entrar. Evite años de arrepentimientos futuros. Esto no es un juego. Evite la inmoralidad sexual.

3)Sistema de creencias compatible¿Es su sistema de creencias compatible con el de su posible cónyuge? Un sistema de creencias unificado sentará las bases para el correcto funcionamiento del matrimonio. ¿Cómo se cría a niños con un sistema de creencias dividido? ¿Cómo sirves y adoras a tu creador si no crees lo mismo acerca de tu creador? Un matrimonio saludable dependerá de un sistema de creencias unificado. No puedes estar casado con alguien y te levantas un domingo para ir a adorar a Jesucristo y tu cónyuge se despierta un viernes y va a la Mezquita a adorar a Alá, o si eres bautista y ellos son testigos de Jehová.

Debe haber unidad de creencias para que se produzca un matrimonio que funcione bien. En la mayoría de los casos, es posible que haya casos en los que alguien afirma seguir a Jesucristo y conoce a alguien que no lo hace.

Ahora están emocionalmente pegados el uno al otro y confundidos sobre qué hacer. Ahora el que dice seguir a Jesucristo puede decir algo como esto: "Bueno, yo sé que no son cristianos pero les evangelizaré y tal vez Dios los salve". ¡En realidad! ¡Desastre en ciernes!¿*Cómo pueden dos caminar juntos si no están de acuerdo?* Amós 3:3.

No hay garantía de que el sistema de creencias de su pareja cambie en el futuro. ¡Esté advertido! No puedes cambiar las creencias de nadie; sólo Dios, por Su misericordia, puede hacer eso. Así que no presumas porque no tienes idea de lo que Dios hará. ¡Tener sistemas de creencias divididos es como tener dos capitanes en un barco! Si uno dice que el barco debe ir hacia el norte y el otro concluye que el barco debe ir hacia el sur, entonces el barco está atascado y se hunde en medio del océano Atlántico y también lo hará su matrimonio con creencias divididas.

4) Dinero en el matrimonio

El dinero es una de las principales razones por las que muchos matrimonios terminan en divorcio. Los problemas de dinero pueden surgir desde muchos ángulos. Descubra si su posible cónyuge es un ahorrador o un gastador. Esto puede ser una fuente de conflicto en un matrimonio. A uno le gusta gastar dinero tontamente y al otro le gusta pensar en el futuro y ahorrar para los días de lluvia. ¿Su cónyuge acepta una cuenta bancaria conjunta o prefiere tener su propia cuenta bancaria? Las cuestiones de dinero revelarán muchas cosas sobre el matrimonio.

Pregúntele a su posible cónyuge si le gustaría hablar con usted sobre decisiones de gastos importantes. ¿Aceptará su cónyuge pagar todas las facturas del hogar en caso de que uno de ustedes quede discapacitado o

435

desempleado? ¿Discutirán sobre quién paga qué factura? ¿Realizará inversiones ocultas que su cónyuge no ha comentado ni conocido, ni aquí ni en ningún otro lugar del mundo? La conclusión es que las cuestiones de dinero son cuestiones de confianza.

No puedes simplemente casarte con alguien en quien no confías. Dice que está casado pero vive vidas completamente separadas. Si ni siquiera puedes confiar en que tu posible cónyuge use tu tarjeta de cajero automático, entonces no deberías casarte con esa persona. Estos son signos de problemas mayores por venir. ¿Planea ocultar algún asunto de dinero a su posible cónyuge? Si lo hace, simplemente no confía en ellos y no debería casarse con ellos en absoluto. No se puede planear casarse y además vivir vidas separadas. Esto no es compatible con un matrimonio real. ¡Discuta las expectativas monetarias! ¡Quién es responsable de qué! ¿Quién paga qué factura y cuándo? No haga suposiciones, haga preguntas y exija respuestas directas. Cualquier señal de evasión o de no dar una respuesta directa a las preguntas es una señal de alerta.

5)Matrimonio e ingresos

Los ingresos no deberían ser un factor determinante para casarse con alguien a menos que la seguridad de los ingresos fuera la razón para casarse. Sin duda, los ingresos son importantes. Si un matrimonio se basa principalmente en los ingresos, es posible que no dure porque el dinero nunca será suficiente. No obstante, esté abierto a discutir sus ingresos y sus ingresos potenciales. Haga preguntas como: ¿Cuánto dinero gana? Pregunte sobre sus hábitos de gasto. ¡Pregunte sobre las obligaciones de deuda pendientes de su posible cónyuge! Conozca sus hábitos de endeudamiento porque sus deudas se convierten en suyas.

Ahora, por muy loco que parezca, conozca el historial de conducción de su posible cónyuge según el DMV, su historial crediticio (puntuación) y sus antecedentes penales. Sé que algunos podrían decir que esto va demasiado lejos y puede que tengas razón pero estamos hablando de alguien con quien planeas pasar el resto de tu vida. Necesitas conocerlos bien. El historial crediticio de alguien es una especie de indicación de su carácter y confianza. Alguien con buen crédito también significa que se le puede confiar dinero y muchas otras cosas.

Ningún banco le prestará dinero para comprar una casa o un automóvil sin antes realizar una verificación de crédito y de antecedentes. Los bancos no te conocen y seguro que tampoco confían en ti. ¿No es su posible cónyuge más importante que una casa o un automóvil? Una persona es más importante que un automóvil o una casa. Los bancos deben saber algo que nosotros no. El FBI nunca contratará a nadie como agente sin realizar una verificación de antecedentes, historial crediticio, historial de manejo e incluso entrevistar a todos sus familiares, amigos y compañeros de trabajo de la escuela secundaria y a todos sus vecinos en cualquier dirección que hayan usado alguna vez. En países donde no existe un sistema crediticio, investigue los antecedentes de su posible cónyuge enviando personas a investigar su pasado. ¿Cómo saber si te vas a casar con un asesino en serie o un violador? Por eso no se empieza por tener relaciones sexuales.

6) Planificación familiar

Pregúntele a su posible pareja: "¿Quieres tener hijos?" ¡Sepa esto de antemano! La gente asume que cuando las personas se casan en matrimonios heterosexuales, uno de los principales objetivos es tener hijos. Quizás le sorprenda saber que su posible pareja responde a su pregunta sobre tener hijos diciendo: "¡No, no quiero tener hijos!". No tiene sentido casarse si no hay acuerdo sobre la cuestión de la procreación. Estos problemas se descubren durante el asesoramiento prematrimonial para evitar decepciones y vergüenzas más adelante.

7) **Fe y creencia**

Si eres un seguidor de Jesucristo y estás cimentado en tu fe y creencias, entonces es muy importante que sólo te cases con alguien que comparta tu fe y creencias. Sería muy diferente si no fueras seguidor de Jesucristo. No puedes ser un seguidor de Jesucristo y casarte con alguien que no es seguidor pensando que ayudarás a convertir en tu fe. Es por eso que el sexo prematrimonial nublará tu juicio sobre estos asuntos y terminarás pagando un alto precio años después. Escuche lo que Dios dice acerca de casarse con incrédulos:No os unáis en yugo desigual con los incrédulos. ¿Qué compañerismo tiene la justicia con la iniquidad? Y qué comunión tiene la luz con la oscuridad? 2 Corintios 6:14. Pensar que puedes convertirte en un incrédulo a través del matrimonio es una ilusión.

8)**Prueba de sangre**

Pregúntele a su posible cónyuge si está dispuesto a hacerse un análisis de sangre, especialmente si usted está en edad fértil y tiene la intención de tener hijos. Análisis de sangre para detectar el gen de células falciformes. Esto puede complicar la maternidad. Esto puede afectar su decisión de casarse o no. Haga también una prueba de ETS y puede salvarle la vida. No querrás casarte con alguien que haya dado positivo en la prueba del VIH/SIDA o de alguna otra ETS mortal, ¿verdad? Si su posible pareja se niega a hacerse un análisis de sangre, entonces sería prudente cancelar el matrimonio. Por eso el sexo prematrimonial es peligroso e irresponsable. Tu vida vale más que el sexo, ¿no crees?

9) Compartir intereses comunes

Trate de descubrir qué interés común tiene con su posible cónyuge. ¿Qué es lo que potencialmente disfrutarán haciendo juntos a diario? ¿Disfrutan orando juntos de manera constante? ¿Disfrutan de estudios bíblicos regulares juntos? ¿Disfrutan cantando juntos? ¿Disfrutan bailando juntos? ¿Disfrutan viajar juntos? ¿Qué intereses comunes comparten? Espero que su interés sea su salvación común y de eso fluya la oración y los estudios bíblicos juntos. Quizás hayas escuchado el dicho: "Una familia que ora unida, permanece unida".

10) Manejo de suegros

El trato con los suegros es un área de conflicto potencial. ¿Su posible cónyuge disfruta de las reuniones familiares o es un solitario? Si amas mucho a la gente y a tu familia, pero a tu posible cónyuge no le importa la familia, entonces debes saber en qué te estás metiendo. ¡Imagínese que su posible cónyuge no quiere que su mamá, su papá, su familia y sus amigos lo llamen o lo visiten! ¡Eso es un infierno en la vida! Nunca seas grosero con tus suegros si alguna vez pretendes tener un matrimonio feliz. Sea hospitalario con sus suegros si desea tener un matrimonio feliz. Nunca insulte a sus suegros, especialmente a su madre, su padre, su hermano y su cuñada. Eso podría potencialmente poner fin a su matrimonio. Esos son los abuelos de tus propios hijos a los que estás insultando. ¡Piénsalo!

11)La resolución de conflictos

Discuta de antemano cómo manejará y resolverá los conflictos. ¿Necesitará la intervención de un tercero o podrá solucionarlo usted mismo? Establezca como regla nunca irse a la cama enojado. Puede ser más fácil seguir esto si ambos son seguidores de Jesucristo. Resuelve disputas el mismo día. Mañana es un nuevo día. Esto es lo que dijo Pablo:*Enojate pero no peques; no dejes que el sol se ponga sobre tu ira*, Efesios 4:26. Decida de antemano quién será llamado a resolver los conflictos, cuándo y en caso de que no se pueda llegar a una resolución.

12) Infidelidad en el matrimonio

Esta es probablemente la principal causa de divorcio en todo el mundo. Discuten la fidelidad unos con otros. Discuta de antemano si su posible cónyuge tiene la intención de serle fiel. Míralos a los ojos y pregúntales: "¿Serás fiel a mí y a tu Dios? Necesito saber esto ahora".

13) Elección de carrera y nivel educativo

Discuta la elección de carrera y el nivel educativo con su posible cónyuge para asegurarse de que se sienta cómodo. Su posible cónyuge puede obtener buenos ingresos como piloto de aerolínea, pero nunca está en casa. ¿Estás listo y dispuesto a vivir con eso? O puede que sea una enfermera de urgencias que siempre trabaja durante la noche, ¿qué te parecería eso? Su cónyuge es médico, abogado o farmacéutico y usted tiene un diploma de escuela secundaria. ¿Habrá conflicto debido a la diferencia en el nivel educativo? No espere que su cónyuge tenga un nivel educativo similar al suyo después de casarse. Esa puede ser una fuente potencial de conflicto.

Otras cuestiones prematrimoniales para considerar y reflexionar

14) ¿Cómo te sentirías si te traicionan con una infidelidad?

15) ¿Qué importancia tiene tu creencia en Dios?

16) ¿Qué importancia tiene la Biblia para ti?

17) ¿Cuáles son tus ideas sobre quién debería hacer las tareas del hogar?

18) ¿Cuáles son sus ideas sobre quién debería pagar el alquiler, la hipoteca y los servicios públicos, etc.?

19) ¿Es importante para ti salir a discotecas y salir de fiesta?

20) ¿Estará satisfecho con tener relaciones sexuales sólo con su cónyuge o está bien intentarlo con otras personas también?

21) ¿Cuáles son tus ideas sobre quién debe limpiar, cocinar, lavar los platos, sacar la basura y lavar la ropa?

22) ¿Cómo te sientes al tener una cuenta bancaria conjunta o separada?

23) ¿Confías en tu socio potencial?

24) ¿Amas incondicionalmente a tu pareja potencial?

25) ¿Alguna vez has pillado a tu potencial pareja mintiendo sobre cosas sencillas?

26) ¿Cómo te sentirías si tu pareja potencial no comparte tu fe?

27 ¿Cómo te sentirías si no asistes a la misma Iglesia o fe?

28) ¿Estás listo para cortar todos los contactos, incluidos los vínculos sexuales, con relaciones pasadas?

29) ¿Se siente cómodo incluyendo a su cónyuge como beneficiario de su póliza de seguro de vida?

30) ¿Cómo te sientes al beber cualquier bebida embriagadora si tu cónyuge no lo hace?

31) ¿Cómo te sientes acerca de fumar cigarrillos, hierba, marihuana o lo que sea si tu cónyuge no lo hace?

32) ¿Cómo te sientes acerca de tomar sustancias controladas?

33) ¿Cómo planeas manejar los conflictos?

34) ¿Cuáles son algunas de las cosas que te irritan?

35) ¿Cómo manejarías a tu cónyuge si él es perfeccionista y tú no?

36) ¿Te gusta planificar y hacer todo a tiempo?

37) ¿Te gusta procrastinar?

38) ¿Eres muy organizado y ordenado?

39) ¿Eres muy desorganizado?

40) ¿Sientes ronquidos mientras duermes? (Suena loco pero puede ser un punto de irritación para algunos)

41) ¿Prefieres colegio público o privado para tus hijos?

42) ¿Cuál es tu idea sobre disciplinar a los niños?

43) ¿Es confiable su cónyuge?

44) ¿Puedes contar con ellos cuando realmente lo necesitas?

45) ¿Pueden anteponer tus necesidades a las de ellos?

Pon a Jesucristo en el centro y disfruta del viaje. ¡Disfruta la vida al máximo con Jesús!

Consejería Matrimonial

Ahora usted tomó la decisión y está casado y si las cosas van bien en su matrimonio entonces alabamos a Dios, pero para muchos otros las cosas pueden no ir tan bien. ¿Qué salió mal y hacia dónde vamos a partir de ahora? No hay mucho que decir si su matrimonio va bastante bien y no hay problemas importantes, pero muchos matrimonios están en problemas y realmente me refiero a problemas profundos.

Imágenes del sitio de consejería.[210]

Las parejas no acuden a hablar con un tercero a menos que estén en serios problemas. Deben haber agotado todos los recursos disponibles antes de tomar la decisión de ir a

---

[210]

https://anchorlighttherapy.com/33-premarital-consejería-preguntas-de-un-terapeuta-de-parejas/

hablar con un tercero. Para ser honesto y franco, la situación de los matrimonios no es buena. Hay algunos buenos matrimonios, pero en general las cosas parecen bastante sombrías. Por eso, si tu matrimonio está en problemas, nunca pienses ni por un momento que estás solo porque eso está muy lejos de la verdad. Aquí hay algunas estadísticas sobre el estado de los matrimonios:*El matrimonio y el divorcio son experiencias comunes para los adultos, aunque ambas pueden resultar desafiantes. Alrededor del 90% de las personas en las culturas occidentales se casan antes de los 50 años.Estados Unidos, alrededor del 50% de las parejas casadas se divorcian, el sexto lugar más alto tasa de divorcios en el mundo. Los matrimonios posteriores tienen una tasa de divorcio aún mayor: el 60% de los segundos matrimonios terminan en divorcio y el 73% de todos los terceros matrimonios terminan en divorcio.[211]*

Este es el estado de los matrimonios en Estados Unidos y si está casado hoy, existe un 50 por ciento de posibilidades de que su matrimonio termine en divorcio. Y esa posibilidad es aún mayor para el segundo y tercer matrimonio. Aquí hay algunas estadísticas más sobre matrimonios:*La edad promedio de las parejas que atraviesan su primer divorcio es de 30 años. Las parejas tienen más o menos probabilidades de divorciarse basado en varios factores. Las parejas casadas entre 20 y 25 años tienen un 60% de probabilidades de divorciarse. Aquellos que esperan hasta tener más de 25 años para casarse tienen un 24% menos de probabilidades de divorciarse. Aquellos con fuertes creencias religiosas tienen un 14%*

[211]

https://worldpopulationreview.com/state-rankings/divorce-rate-by-state

menos de probabilidades de divorciarse. Cuanto mayor sea el nivel de educación que tenga una persona, menor será su riesgo de divorcio. Según una encuesta de la Oficina del Censo de EE. UU., las tres razones principales para los divorcios son la incompatibilidad (43%), la infidelidad (28%) y las cuestiones monetarias (22).%)[212].

Curiosamente, esta encuesta secular proporciona evidencia que respalda de qué se trata este libro. La encuesta revela que "aquellos con fuertes creencias religiosas tienen un 14% menos de probabilidades de divorciarse". Este estudio secular sólo valida y defiende la tesis de este libro. Usaron cuidadosamente la frase "fuertes creencias religiosas" para diferenciar a aquellos que tienen menos probabilidades de divorciarse. Este grupo se distingue del resto. La tasa de divorcios en las iglesias no es muy diferente de la de la población general porque la mayoría de los miembros de la iglesia no tienen convicciones fundamentales sobre sus creencias.

Otra encuesta descubrió que sólo alrededor del 2% de las personas que dicen haber nacido de nuevo están comprometidas con un estudio bíblico y una oración diarios constantes. La mayoría son simplemente asistentes a la iglesia y no seguidores de Jesucristo. Sólo aquellos con fuertes convicciones doctrinales difícilmente contemplarán el divorcio. Y nadie obtendría ninguna convicción doctrinal sin pasar mucho tiempo en la Biblia y en oración constante. Y

---

[212]
https://worldpopulationreview.com/state-rankings/divorce-rate-by-state

para la mayoría, la iglesia es un lugar de reunión social los domingos por la mañana, por lo que no sorprende el estado de los matrimonios hoy. ¡Imagínese lo que sucede en la mayoría de los matrimonios! Dos seres humanos pecadores, egoístas y egoístas se fusionan y se les hace cohabitar juntos. Será un milagro si duran más de tres años juntos. Cada persona está ahí por su propio interés y beneficio. Es como intentar mezclar aceite y agua. Incluso aquellos que logran aguantar sin una fe fuerte pueden tener otras razones para aguantar. Ésta es también la razón por la que algunos sin creencias firmes pueden aguantar hasta que el último niño cumpla 18 años y vaya a la universidad, y luego todo se desmorone. Permanecieron juntos tanto tiempo debido a los hijos y una vez que terminaron, el matrimonio se desmoronó; No es cierto para todos pero sí para la mayoría. Entonces, ¿cuáles son algunas de las razones por las que los matrimonios tienen dificultades?

1) Carecen de creencias y convicciones doctrinales sólidas.

La gente puede tener mucho conocimiento pero muy poca convicción doctrinal.

2) Infidelidad

La infidelidad suele figurar como la razón principal de la mayoría de los problemas matrimoniales, pero detrás de todo eso hay una creencia errónea sobre el sexo y el matrimonio. Carentes del espíritu de Dios y de convicción doctrinal.

3)Dinero

El dinero también figura como probablemente la segunda fuente de problemas matrimoniales. El amor al dinero y la avaricia están en la raíz. Discutir constantemente por dinero definitivamente pondrá de rodillas al matrimonio. Si no hay amor al dinero y avaricia entonces esto difícilmente será un problema. Este amor al dinero se cita sin duda como la raíz de todo tipo de males. Es imposible amar el dinero y a Dios. Debes renunciar a uno para que tu matrimonio se esfuerce.

Cuando las parejas consideran la posibilidad de recibir asesoramiento matrimonial, eso significa que no pueden resolver las diferencias por sí solos. Puede que ni siquiera estén hablando entre ellos. Es posible que estén durmiendo en habitaciones separadas en la misma casa y que lo hayan estado haciendo durante algunos años. Es posible que uno de ellos se haya mudado de la casa y haya vivido en otro lugar. Es posible que haya habido repetidas llamadas a la policía para que interviniera. Puede haber hostilidad física entre sí. El hogar se ha convertido en un ambiente hostil y los niños quedan atrapados en el medio.

Es posible que se hayan dicho cosas que simplemente no se pueden retirar. Se han insultado unos a otros y todo parece desesperado. Es posible que no hayan tenido relaciones sexuales entre ellos durante un tiempo, a veces durante algunos años. Ni siquiera existe el deseo de eso. Aquí es donde la pareja es vulnerable a la infidelidad y al adulterio. Incluso puede existir una orden de restricción para mantener separados a los socios y evitar más violencia. El consejero matrimonial debe determinar el estado del matrimonio. ¿Hay alguna esperanza? ¿Son conciliables las diferencias? Dependiendo del contexto y la situación, el consejero puede hablar con cada socio por separado y luego hablar con ellos juntos.

Durante esas sesiones separadas, es posible que escuche a cada parte acusar a la otra de ser la que causa todos los problemas. El consejero puede desempeñar más un papel de escucha que de solución. Por supuesto, no se debe ignorar el comportamiento perjudicial. Uno de los objetivos es lograr que hablen entre ellos, señalar en qué se equivocaron, dejar que cada uno acepte la responsabilidad de sus acciones y señalarles una nueva dirección. Admitir lo incorrecto es clave para mejorar cualquier comportamiento. El perdón del mal cometido por la otra parte también es una herramienta muy poderosa para avanzar. Si una de las partes se niega a perdonar a la otra, entonces no hay reconciliación. No puedes aferrarte al mal de tu pareja y además querer permanecer en el matrimonio. ¡Son mutuamente excluyentes! Si admiten haber actuado mal, perdónalos y es posible que aún encuentre un lugar en su corazón para perdonar incluso si se niegan a admitir haber actuado mal. ¡Aquí hay algunas preguntas indagatorias que se pueden hacer!

4) ¿Quieres permanecer juntos?

5) ¿Amas (ágape) a tu otra mitad?

6) ¿Qué es lo que más te gusta de ellos?

7) ¿Confías en ellos?

8) ¿Puedes darle otra oportunidad al matrimonio?

9) ¿Estás saliendo con alguien más? ¿Esperas hacerlo?

10) ¿Cómo llegaste aquí?

11) ¿Qué esperas de tu pareja?

12) ¿Dónde ves tu matrimonio dentro de unos años?

13) ¿Qué cambios esperas de tu cónyuge?

14) ¿Aceptarás tu perdón?

15) ¿Tiene dificultades para dejar de lado el mal que hicieron?

16) ¿Estás muy enojado y amargado?

17) ¿Estás listo para aceptar el perdón de Dios por ti?

18) ¿Estás listo para extender el mismo perdón a tu pareja?

Al finalizar la sesión individual, se lleva a la pareja a una sesión conjunta. Esta puede ser la primera vez que se sientan juntos en más de un año, tal vez dos años. Entonces puede que esté un poco tenso. Están sentados uno al lado del otro y mirándose a los ojos. En este punto ambos han dado indicios de que quieren arreglar las cosas y salvar el matrimonio. Entonces, en este punto, el consejero puede pedirles que se miren y se turnen para decir: "Te he perdonado", y esperen una respuesta audible de la otra parte al aceptar su oferta de perdón.

Una vez que ambos han ofrecido y aceptado el perdón, se espera que se haya logrado la reconciliación. El consejero puede pedirle a la pareja que se ponga de pie y se abracen. El consejero puede alentar a la pareja a ser parte de una iglesia que cree en la Biblia y participar en el estudio bíblico y la oración con regularidad para que puedan crecer juntos en su fe. Y si no se logra la reconciliación, entonces el divorcio es probablemente la única opción viable.

Consejería de divorcio

Ahora que ha intentado todo para salvar su matrimonio y no funcionó o el abuso fue tan grave que estaba completamente exhausto y simplemente no pudo soportarlo más, y ni usted ni ambos pudieron reconciliar sus diferencias, entonces el divorcio es la única opción que queda. Esta es una experiencia bastante dolorosa que debe evitarse si es posible. El divorcio destroza a las familias, incluidos los niños, y a veces las vidas quedan alteradas sin posibilidad de reparación.

O tal vez uno de ustedes ya se haya puesto en contacto con un abogado de divorcios pero aún no haya firmado el acuerdo de anticipo mientras está sopesando sus opciones. La casa que ambos compraron hace años está a punto de ser vendida o embargada y todas sus cuentas bancarias conjuntas esencialmente se han cerrado. Ahora los niños han sido llevados a vivir con su abuela materna mientras se solucionan las cosas. Hay todo tipo de emociones pasando por la mente de ambos.

Hay sentimientos de rechazo, abandono, miedo, ansiedad, inutilidad, baja autoestima, depresión e ideas francamente suicidas que son bombardeados por ambas mentes a un ritmo rápido. El resultado es que uno o ambos sufren de presión arterial alta, dolor en el pecho y problemas cardíacos repentinos debido a los niveles elevados de emociones que cambian rápidamente. Este es el mundo real y esta es la situación de millones de personas en todo el mundo a diario. Rara vez hay ganadores y perdedores en la mayoría de los casos de divorcio, excepto los abogados involucrados que recaudan millones de dólares.

Entonces, pasar por un divorcio, especialmente en los casos en los que nunca lo viste venir, duele mucho. Tal vez pensó que estaba en un matrimonio realmente bueno e invirtió mucho en el matrimonio y, de repente, sorprendió a su cónyuge en el acto de infidelidad. Todo tu mundo está patas arriba. Así que la vida básicamente ha llegado a su fin, o eso parece. Entonces pasar por este tipo de divorcio es como recibir la noticia de la muerte repentina de un ser querido, porque el divorcio en realidad es muerte. Como bien sabrás al leer mis otros libros, la muerte es una separación de dos entidades.

Cuando alguien muere físicamente, simplemente significa que el alma o espíritu se ha separado del cuerpo. Cuando las personas mueren espiritualmente, simplemente significa que están separadas de Dios, aunque todavía están físicamente vivas. Cuando alguien muere eternamente, simplemente significa que está separado de Dios eternamente o por toda la eternidad. Entonces el divorcio es muerte o muerte súbita como lo es la separación de dos personas. Y entonces, si el amor realmente estuvo involucrado, entonces una o ambas partes experimentan las cuatro etapas del duelo: (1) Negación: una vez que se publica la noticia de que su cónyuge fue sorprendido en una aventura, su primera reacción es la negación y la incredulidad total.

Su siguiente reacción es (2) Negociar: Puede que esté negociando con Dios que si esto no es cierto, le irá mejor en su matrimonio. (3) Desesperación: ahora todos los hechos y las pruebas han salido a la luz y son indiscutibles de que su cónyuge, a quien ama mucho, ha caído en los brazos de otra persona. Luego, por último, (4) Aceptación y recuperación: poco a poco estás aceptando la realidad y estás tratando de recoger los pedazos para seguir adelante y ver si el matrimonio se puede salvar o no.

La raíz de la mayoría, si no de todos, los casos de divorcio es la base sobre la que se sustentaba el matrimonio. Incluso una casa o un edificio con cimientos defectuosos puede tardar años en desmoronarse finalmente cuando se prueba a través de las tormentas. También lo es un matrimonio construido sobre cimientos inestables. Puede parecer que se detiene por un tiempo, pero eventualmente se desmorona. Un matrimonio debe construirse sobre la roca y cualquier matrimonio que esté construido sobre la arena no puede echar raíces porque está construido sobre la arena y cuando las tormentas de la vida le lleguen se desmorona porque está parado sobre la arena.

¿Alguna vez has construido una casa sobre arena como base? ¿Qué sucede cuando las tormentas lo sorprenden parado en la arena? ¡Se desmoronó y grande será su caída! Un matrimonio que no está construido sobre Cristo es como una casa construida sobre cimientos de arena. No es estable y siempre cambia con el viento o la tormenta. Muy poco confiable y no confiable.

Estoy seguro de que no querrás pasar tus vacaciones en ninguna casa construida sobre cimientos de arena junto a una playa propensa a huracanes, ¿verdad? También lo es un matrimonio construido sobre cimientos arenosos. Esto es lo que Jesús dijo acerca de dos tipos de cimientos:[24] *"Por tanto, todo el que oye estas palabras mías, y[a]actúa sobre ellos, será como un hombre sabio que edificó su casa sobre la roca.25 Y cayó la lluvia y el[b]vinieron inundaciones, y soplaron los vientos y azotaron aquella casa; y sin embargo no cayó, porque estaba fundada sobre la roca.26 Y todo el que oye estas palabras mías y no las[c]actuar en consecuencia, será como un hombre necio que construyó su casa sobre la arena.27 Y cayó la lluvia y el[d]vinieron inundaciones, y soplaron los vientos y azotaron aquella casa; y cayó, y su colapso fue grande".* Mateo 7:24-27.

Cristo es el fundamento sobre el cual debes construir tu matrimonio. Y Él no es sólo el fundamento sobre el cual descansa todo el edificio, sino que también es la principal piedra angular del edificio. Aquí hay una definición de jefe o piedra angular principal:*Se coloca una piedra angular principal o principal sobre dos paredes para mantenerlas juntas y evitar que el edificio se desmorone.*.[213] A continuación se muestra una imagen de una piedra angular principal o principal que mantiene unido el edificio.

Curiosamente, se identifica a Jesucristo como la principal piedra angular sobre la cual se construye la iglesia. Si estás en Cristo entonces tu matrimonio está construido sobre la piedra angular. Esto es lo que se dice de Cristo como piedra angular:[19] *Ahora, pues, ya no sois extranjeros ni advenedizos, sino conciudadanos de los santos y miembros de la familia de Dios,* [20] *habiendo sido edificados sobre el fundamento de los apóstoles y profetas, siendo la principal piedra del ángulo Jesucristo mismo,* [21] *en quien todo el edificio, bien coordinado, va creciendo hasta convertirse en un templo santo en el Señor,* [22] *en quien vosotros también sois juntamente edificados para morada de Dios en el Espíritu,* Efesios 2:19-22.

213

https://www.google.com/search?q=what+is+a+chief+cornerstone+in+architecture&oq=what+is+a+chief+corner&aqs=chrome.2.0i512j69i57j0i512j0i10i22i30j0i22i30j0i15i22i30j0i22i30l4.18273j0j4&sourceid =cromo&es decir=UTF-8 #imgrc=m1HZhhh4g9HYfM

Imagen de un Jefe o Piedra Angular Principal en un edificio

Entonces, si construye su matrimonio sobre cualquier otra base, será insostenible o si no descansa sobre la piedra angular principal, pronto se arruinará.

Entonces, ¿qué piensa Dios sobre el divorcio?

Cualquier divorcio hiere el corazón de Dios pero especialmente el de un matrimonio ordenado por Dios. Es posible que me hayas escuchado usar el término "matrimonio ordenado por Dios" muy a menudo, pero ¿existe realmente un matrimonio ordenado por Dios? ¡Esa es una pregunta razonable! Algunos han argumentado que todo matrimonio es ordenado por Dios, pero ¿es ese realmente el caso? Escuche esta profunda declaración:*y dijo, 'POR ESTO EL HOMBRE DEJARÁ A SU PADRE Y A SU MADRE Y SE UNIRÁ A SU MUJER, Y LOS DOS SERÁN UNA SOLA CARNE'?⁶ Así que ya no son dos, sino una sola carne. Por tanto, lo que Dios ha unido, que nadie lo separe", Mateo 19:5-6.*Entonces, en este texto,

Jesús hizo una exposición de Génesis 2:24 y explicó que los dos serán una sola carne y por ser una sola carne, no pueden ser separados. Este es un misterio para la mente humana. Ahora bien, si realmente están unidos entonces ya no son dos sino uno. Tienen un propósito unificado de servir a Dios. Sus planes individuales han perecido porque ya no son dos. Entonces Dios hizo esta declaración muy profunda: "Lo que Dios ha unido, no lo separe el hombre". Esto es muy profundo en el contexto del divorcio. Pero ¿qué pasa con la cláusula de excepción?

Cláusula de excepción matrimonial

Jesús tuvo una interacción con el fariseo sobre el divorcio y esto es lo que algunos fariseos le preguntaron a Jesús:*Algunos fariseos vinieron a*[b]*Jesús, probándolo y*[c]*preguntando: "¿Es lícito al hombre*[d]*divorciarse de su esposa por cualquier motivo?,*Mateo 19:3. Se ha hablado mucho de la cláusula de excepción como motivo de divorcio, pero también se ha ignorado mucho. Está la pregunta que planteó el fariseo y es muy importante tenerla en cuenta. El propósito de la pregunta era probarlo (a Jesús) y no buscar la verdad.

Su intención nunca ha sido buscar la verdad sino hacer tropezar a Jesús para arrestarlo y matarlo. No buscaban saber nada acerca del divorcio sino sólo probarlo. Si fueran sinceros, podrían haber hecho esta pregunta: "¿Es lícito a cualquiera divorciarse de su cónyuge por cualquier motivo?" En su lugar, hicieron la pregunta usando "hombre", lo que implica que solo los hombres pueden solicitar el divorcio por cualquier motivo. Y tomar su pregunta al pie de la letra y la respuesta posterior de Jesús significa que una mujer no puede divorciarse por inmoralidad sexual, pero un hombre sí.

Los fariseos probablemente estaban leyendo lo que Moisés dijo sobre el divorcio y aquí está:"*Cuando un hombre toma una mujer y se casa con ella, y sucede que, si ella no encuentra favor ante sus ojos porque ha encontrado alguna indecencia en ella, le escribe un certificado de divorcio, se lo pone en la mano y[a]la despide de su casa,* Deuteronomio 24:1. Entonces Moisés estaba diciendo que un hombre podía divorciarse de su esposa porque había encontrado alguna indecencia en ella. Entonces la intención del fariseo era tentar a Jesús. La palabra griega que se traduce en Mateo 19:3 como prueba es "Peirazo", y esta palabra también podría traducirse como tentar, *probar, solicitar el pecado, el tentador[214]* Esta misma palabra griega podría traducirse al inglés como prueba.

Esta palabra debería traducirse en Mateo 19:3 como "tentar", no como prueba. La versión King James es una de las pocas traducciones que lo hizo bien. Una prueba tiene la mejor de las intenciones de revelar su carácter, pero una tentación tiene como objetivo hacer que el que está siendo tentado peque o tropiece. Entonces la intención de los fariseos era hacer tropezar a Jesús, preguntándole: "*¿Es lícito que un hombre se divorcie de su mujer por cualquier motivo?*Si Jesús hubiera dicho que no, entonces los fariseos lo habrían usado para acusarlo de no seguir la ley de Moisés. Eso habría sido evidencia suficiente para incitar a la población contra Jesús, ya que la población reverenciaba a Moisés.

---

[214]   https://biblehub.com/thayers/3985.htm

Pero Jesús, conociendo sus pensamientos, no les dio la respuesta que esperaban, sino que utilizó la pregunta para exponer sobre la permanencia del matrimonio. Jesús explicó la permanencia del matrimonio citando Génesis 1:27 y 2:24 en Mateo 19:4-6.

Entonces los fariseos regresaron con una refutación haciendo esta pregunta.: *Le dijeron: "¿Por qué, entonces, mandó a Moisés darle UN CERTIFICADO DE DIVORCIO Y DESPEDIRLA?"* Mateo 19:7. ¡Ésta es una pregunta justa! ¡Dices que no hay divorcio pero Moisés permitió el divorcio! Básicamente están haciendo la pregunta: ¿Está contradiciendo a Moisés? y Él responderá diciendo, ¡en absoluto! Esto es lo que dijo: Les dijo: "*Por la dureza de vuestro corazón Moisés os permitió*[Es]*divorciar de vuestras esposas; pero desde el principio no ha sido así,*Mateo 19:8. Moisés permitió el divorcio para acomodar al pueblo, pero no era el plan ni el deseo de Dios. Así como los israelitas querían un Rey como todas las demás naciones y Dios les dio a Saúl pero eso no quiere decir que Dios lo aprobará sino que por la dureza de sus corazones Dios les dio a Saúl y así es con el divorcio.

Se permitió el divorcio a causa del pecado. Jesús estaba hablando a una audiencia mixta: ¡los fariseos y sus discípulos! Ambos escucharon el mismo mensaje pero terminaron con conclusiones diferentes. Los fariseos escucharon que se puede divorciar por inmoralidad sexual y Sus discípulos escucharon que no se puede divorciar en absoluto según su respuesta y aquí está:*Los discípulos le dijeron: "Si la relación del hombre con su mujer es así, es mejor no casarse".*Mateo 19:10. Sus discípulos entendían claramente que el matrimonio era permanente, pero los fariseos no. Eso era lo que ellos (los fariseos) querían oír y eso es lo que obtuvieron. Obtuvieron la respuesta que querían y permanecieron en sus pecados. Esta excepción sólo apareció como respuesta a la pregunta de los fariseos. Pablo escribió una larga tesis sobre el matrimonio en 1 Corintios 7 y ni una sola vez mencionó la inmoralidad sexual como una excepción al divorcio y ¿por qué? Ningún otro autor del Nuevo Testamento mencionó ninguna excepción al divorcio. La cláusula de excepción sólo fue introducida como una respuesta de Jesús a los fariseos, cuyo objetivo era tentar y atrapar a Jesús. Él respondió manteniéndolos en su ceguera.

El matrimonio en una unión ordenada por Dios está unido por Dios. Para que Dios une el matrimonio, debe haber evidencia de que los dos son en realidad una sola carne. Dios mismo debe estar presente en la vida de ambos. El espíritu de Dios debe estar activo y presente en la vida de ambos, sin el cual Dios no los unió. ¡Piensa en esto filosóficamente! ¿Cómo puede un ser con menor poder deshacer lo que un ser con mucho mayor poder ha unido? ¿Cómo puede el hombre separar lo que Dios ha unido?

Si eso fuera posible entonces el hombre estaría a cargo, no Dios. ¿Cómo se desgarra una carne? ¡Incluso la evidencia secular apoya esta tesis! Esta tasa de divorcio entre parejas con una fe devota es muy baja y casi imposible. Pero si sucede, entonces se rompe el corazón de Dios. Dios odia el divorcio, Malaquías 2:16. El divorcio es un asunto muy complejo y cada contexto puede ser diferente y que Dios le conceda sabiduría mientras busca su guía. Esta sección no puede analizar todos los matices posibles en materia de divorcio. Algunas preguntas para considerar y reflexionar mientras contempla el divorcio:

1) Si su cónyuge quiere arreglar las cosas, ¿está dispuesto a considerarlo?

2) ¿El motivo del divorcio es adulterio?

3) ¿Tiene alguna duda si su cónyuge realmente se preocupa por usted?

4) ¿Se lleva bien su cónyuge con su familia?

5) ¿Está dispuesto y dispuesto a admitir cualquier daño cometido contra su cónyuge?

6) ¿Puedes nombrar al menos una o más cosas que hayas hecho y que no le gusten a tu cónyuge?

7) ¿Admiten fácilmente que estás equivocado en algo?

8) ¿Tiene dificultades para admitir que se equivoca en algo?

9) ¿Asume fácilmente la responsabilidad de sus acciones?

10) ¿Le resulta muy difícil pedirle perdón a su cónyuge?

11) ¿Aceptas fácilmente el perdón de tu cónyuge?

12) ¿A menudo interrumpes a tu cónyuge cuando habla?

13) ¿Eres un buen oyente?

14) ¿Interrumpes a menudo antes de que tu cónyuge termine de hablar?

15) ¿Qué actividades hacéis juntos?

16) ¿Su cónyuge le dice frecuentemente adónde va y cuándo regresará?

17) ¿Tu cónyuge valora y respeta tu opinión en la toma de decisiones?

18) ¿Su cónyuge desdeña su opinión al tomar decisiones?

19) ¿Existe consulta mutua en la toma de decisiones familiares?

20) ¿Cómo manejar los desacuerdos en la toma de decisiones?

21) ¿Se burla de su cónyuge delante de los demás, incluidos sus familiares cercanos?

22) ¿Habla usted sobre el desempeño sexual de su cónyuge con alguien fuera de su dormitorio?

23) ¿Tu cónyuge es parte de ti?

24) ¿Pones tus intereses por encima de los de tu cónyuge?

25) ¿Te resulta difícil perdonar a alguien que te ha herido con sus palabras o acciones?

26) ¿Está dispuesto a perdonar a su cónyuge incluso si continúa con el divorcio?

27) ¿Aceptarás el perdón de tu cónyuge?

28) ¿Estás listo y dispuesto a aceptar el perdón de Dios?

29) ¿Estás dispuesto a comprometerse a orar con tu cónyuge diariamente?

30) ¿Está dispuesto a comprometerse a un estudio bíblico semanal con su cónyuge?

31) ¿Estás listo para pedirle a Jesucristo que tome el control de tu corazón?

32) ¿Te comprometes a ser parte de una iglesia creyente en la Biblia y crecerás en tu fe?

Si Dios ha cambiado tu corazón, entonces disfruta el viaje en tu nueva fe. Mi oración es que sigan casados y se fortalezcan juntos. Pero tal vez ya solicitó el divorcio y finalmente se divorció o usted y su cónyuge cambiaron de opinión o están pensando en casarse con otra persona pero están un poco confundidos.

Consejería Rematrimonial

Así que ahora puede que estés divorciado y estés pensando en volver a casarte, pero quizás estés un poco escéptico y confundido. Volverse a casar es un lugar muy emotivo, especialmente para una nueva persona de la que sabes poco o nada. Todas las viejas emociones corren por tu corazón y quieres estar seguro de que estás haciendo lo correcto. Seguramente debería tener todos los motivos para preocuparse porque la historia no está a su favor. Los segundos y terceros matrimonios fracasan a un ritmo mucho mayor. Alrededor del 60% de los segundos matrimonios fracasan y más del 70% de los terceros matrimonios fracasan.

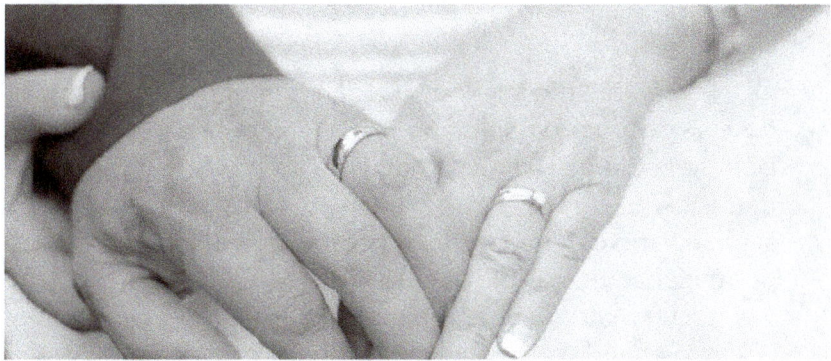

Es posible que se sienta lleno de miedo, culpa, vergüenza y ansiedad por el matrimonio anterior y se pregunte: ¿vale la pena? Pasar por un divorcio es bastante traumático, pero sumergirse en otro matrimonio puede ser aún más traumático. Ser divorciado produce vergüenza social y volver a casarse puede incluso agravar el problema.

Puede que no sea una buena idea apresurarse a iniciar un nuevo matrimonio después de terminar otro. Puede que tenga sentido tomarse un tiempo para reflexionar sobre uno mismo y conocerse un poco más profundamente. Haga preguntas como qué lo lleva a apresurarse a contraer otro matrimonio y, a veces, incluso a apresurarse a tener citas. ¿Estás realmente seguro de tu propia piel? ¿Te sientes incompleto sin otro ser humano del sexo opuesto en tu vida? La simple verdad es que ningún ser humano puede hacerte adecuado o completo. Este anhelo puede ser una indicación de problemas emocionales y espirituales mucho más profundos. Nuestra plenitud y adecuación están solo en Cristo y ningún ser humano tiene la capacidad de hacernos completos y adecuados. Es posible que nunca alcances la verdadera plenitud y felicidad si las buscas en otra persona con una naturaleza pecaminosa como la tuya. Sentirte completo y Dios traerá a alguien a tu vida en el momento apropiado.

Por lo tanto, algunos pueden preguntarse si volver a casarse después de un divorcio es siquiera una posibilidad. Dependiendo de sus puntos de vista sobre el matrimonio, el divorcio y luego volverse a casar se verán afectados. Si alguien tiene opiniones muy firmes de que el matrimonio es permanente, es posible que también desapruebe el divorcio y el nuevo matrimonio. Creo que la Biblia enseña que no hay divorcio en un matrimonio heterosexual monógamo ordenado por Dios. Ahora bien, si no hay divorcio entonces no habrá necesidad de volver a casarse porque nadie se divorció. Es posible que esto no se aplique a usted si no está en un matrimonio ordenado por Dios, como es el caso de la mayoría de las personas. Nadie puede obedecer la ley de

Dios a menos que el espíritu de Dios viva dentro de ellos. Su relación con Jesús y sus creencias sobre el matrimonio y el divorcio definitivamente afectarán sus puntos de vista sobre el nuevo matrimonio.

Después de separarse de un matrimonio muy difícil y abusivo, muchos pueden apresurarse a iniciar otra relación o matrimonio después de no haberse curado completamente del primero. Amontonando heridas de dolor sobre heridas de dolor. Algunos simplemente se sienten vacíos, solos y solitarios. Después de todo, apresurarse a entablar otra relación para sanar estas heridas emocionales puede resultar catastrófico. Entonces, ¿buscas las muertes de tu alma para saber realmente qué hay detrás de tu decisión de volver a casarte tan rápido?

Para algunos, ¡es una lucha contra la soledad! Verás, ¡estar solo y sentirse solo son completamente diferentes! Estar solo significa carecer de compañía física con otro ser humano. Un perro se ha ganado el título de "mejor amigo del hombre", pero sigues estando solo cuando estás con tu perro en la cama o donde sea. Pero estar solo es una indicación de la condición espiritual de tu corazón. Si te sientes vacío y sin propósito, eso puede ser una indicación de la condición emocional y espiritual de tu corazón.

Por lo tanto, contraer otro matrimonio puede remediar temporalmente su problema de soledad, pero difícilmente proporcione un remedio duradero al problema más profundo e importante de la soledad. (Consulte mi otro libro titulado "Defendiendo los pensamientos suicidas" sobre la diferencia entre soledad y soledad). Si realmente te sientes vacío y solo, pídele a Dios que te ayude y Él estará listo. Pero sobre la cuestión de volver a casarse, ¿qué dice la Biblia al respecto?

Nuevo matrimonio en la Biblia

La Biblia tiene mucho que decir sobre el nuevo matrimonio. Así es como Pablo comenzó este capítulo:*1En cuanto a las cosas sobre las cuales escribiste, bueno es para el hombre[a]no tocar a una mujer,*[2 Pero] a causa de las fornicaciones, cada hombre tendrá su propia mujer, y cada mujer tendrá su propio marido 1 Corintios 7:1-2. Pablo comenzó este capítulo amonestando a sus lectores a abstenerse de todo contacto sexual y luego continúa diciendo que a causa de la inmoralidad sexual, cásense.

Pablo continúa argumentando en el capítulo que el matrimonio es bueno, pero la soltería con contentamiento es mejor para que la persona pueda dar plena devoción a Dios sin distracciones. Aquí está la advertencia de Pablo sobre el matrimonio y el divorcio:[10 Pero] *a los casados yo doy instrucciones, no yo, sino el Señor, de que la mujer no abandone a su marido.*[11](pero si ella se va, debe permanecer soltera o reconciliarse con su marido), y que el marido no debe[F]divorciarse de su esposa,*1 Corintios 7:10-11.

Este es Pablo exponiendo lo que Jesús dijo en Mateo 19 y 5, que no hay excepción para el divorcio, de lo contrario Pablo lo habría dicho. Aquí está la amonestación final de Pablo sobre el tema del nuevo matrimonio:[39 La] *esposa está atada mientras viva su marido; pero si su marido[En]muere, es libre de casarse con quien quiera, sólo en el Señor.40 Pero en mi opinión ella es[X]más feliz si permanece como está; y creo que yo también tengo el Espíritu de Dios,* 1 Corintios 7:39-40.

Pablo presenta aquí el argumento final de que no hay lugar para el divorcio si alguno de los cónyuges está vivo. Pero sólo la muerte liberará a cualquiera de los cónyuges del matrimonio. En caso de volverse a casar, sólo pueden casarse "en el señor", es decir, casarse con otro seguidor de Cristo. Nadie, ni siquiera Pablo, esperaría que estos mandamientos se aplicarán a los no cristianos. Una vez que ambos sean seguidores de Cristo, estarán sujetos a estos mandamientos.

Si estás enfrentando la decisión de volver a casarte y eres cristiano, primero ora para que Dios abra tus ojos y tu corazón a Sus verdades. Se trata de decisiones extremadamente difíciles que requieren largos períodos de oración y ayuno. Necesitará mucha sabiduría para estar en paz con su decisión. Aquí hay algunas preguntas para reflexionar si está considerando volver a casarse:

1) ¿Es posible la reconciliación con su ex cónyuge?

2) ¿Cómo te sientes al estar solo? ¿Estar casado te hace sentir completo?

3) ¿Qué fue lo que te atrajo de tu ex cónyuge?

4) ¿Qué te atrae de un nuevo cónyuge potencial?

5) ¿Qué lecciones has aprendido de tu divorcio?

6) ¿Cómo ha crecido durante su proceso de divorcio?

7) ¿Qué importancia tiene para usted la fe y la creencia?

8) ¿Qué importancia tiene la fe y las creencias de su posible cónyuge?

9) ¿Está bien si su posible cónyuge cree diferente a usted acerca de Jesucristo?

10) ¿Qué errores piensas no cometer si te volvieras a casar?

11) ¿Cómo planeas abrazar a los hijos de tu potencial cónyuge?

12) ¿Qué harás si los hijos de tu posible cónyuge no te respetan como padre?

13) ¿Cómo manejar la desobediencia de niños que no son biológicamente tuyos?

14) ¿Cómo maneja que el ex cónyuge de su cónyuge venga a ver a sus hijos?

15) ¿Cómo combinarías a tus hijos y los de tu cónyuge, si los hay?

16) ¿En qué se diferenciaría el carácter de su nuevo cónyuge del de su ex cónyuge? 17) ¿Estaba realmente conectado espiritualmente con su ex cónyuge?

18) ¿Estará conectado espiritualmente con su cónyuge actual?

19) ¿Cómo te conectas espiritualmente con tu nuevo cónyuge?

20) ¿Tiene usted algún elemento no negociable en el carácter de nuevo cónyuge?

21) ¿Cuál es el fundamento de su unión matrimonial?

22) ¿Cuánto tiempo saldrías con alguien antes de considerar el matrimonio?

23) ¿Necesitas tener relaciones sexuales con ellos antes de considerar el matrimonio?

24) ¿Puedes salir con alguien sin tener relaciones sexuales?

25) Si ambos son dueños de casas de matrimonios anteriores, ¿vendieron la suya o se la quedarían?

26) ¿Estarás completamente dedicado a Dios y a tu cónyuge?

27) ¿Mantendrá cuentas bancarias separadas?

28) ¿Qué intereses comunes tienes con tu potencial cónyuge?

29) ¿Qué es lo que no te gusta de tu potencial cónyuge?

30) ¿Tienen una fe y salvación común?

Resuelve el tema de tu fe y salvación antes de aventurarte en tal aventura. ¡Diviértete y disfruta el viaje! Haz de Cristo el Señor de tu vida y disfruta la vida al máximo.

Sobre el Autor

Waltere Asili Koti es autor de varios libros, entre ellos "Defender los pensamientos suicidas", "Eres elegido", "Comprender y superar tus problemas emocionales", "Comprender y superar tus emociones" y, recientemente, "El poder del sexo". ".

Waltere obtuvo su maestría en teología (MDiv) en teología del Capital Bible Seminary en Lanham Maryland y estaba completando su doctorado en teología (ThD) del Faith Theological Seminary en

Baltimore, Maryland. También completó varios años de educación pastoral clínica y capacitación práctica en varios hospitales, incluido el VA Medical Center en Hampton VA, el Washington Adventist Hospital en Takoma Park MD y el Washington County Hospital en Hagerstown MD. Él es *aún* capellán clínico certificado y un consejero pastoral certificado. Trabajó como capellán clínico en el Hospital Adventista de Washington en Takoma Park, MD.

Ha asesorado a miles de personas que enfrentan todo tipo de problemas espirituales y emocionales, como soledad, miedo, ansiedad, depresión, adicciones sexuales, adicciones en general, problemas matrimoniales e incluso ideas suicidas.

Vive en el área de Baltimore con su esposa y su familia.

Solicitud de reseñas

Estamos muy agradecidos de que haya comprado una copia de este libro y haya trabajado incansablemente para leerlo. Esperamos y rezamos para que haya adquirido conocimientos valiosos y transformadores de vidas. Si este libro ha tocado e impactado su vida de alguna manera, le agradeceremos que sea tan amable de hacérselo saber a otros dejándonos una reseña en Amazon, Barnes & Nobles, Goodreads, Google.

Si estuvieras buscando un lugar para comer y encontrarás dos restaurantes, uno con cero reseñas y el otro con cincuenta y cinco estrellas, ¿dónde irías a comer? Tu opinión es muy importante para nosotros.

Muchas gracias por tomarse el tiempo de dejar una reseña.

Coloca tu teléfono cámara sobre este código qr y será llevado a nuestro barnes y pagina noble